21世纪学前教师教育系列教材

总主编　朱家雄

现代教育技术应用

刘名卓　编著

中国人民大学出版社

·北京·

图书在版编目（CIP）数据

现代教育技术应用/刘名卓编著. —北京：中国人民大学出版社，2019.1
21世纪学前教师教育系列教材
ISBN 978-7-300-26061-7

Ⅰ.①现… Ⅱ.①刘… Ⅲ.①教育技术学-教材 Ⅳ.①G40-057

中国版本图书馆CIP数据核字（2018）第181140号

21世纪学前教师教育系列教材
总主编　朱家雄
现代教育技术应用
刘名卓　编著
Xiandai Jiaoyu Jishu Yingyong

出版发行	中国人民大学出版社		
社　址	北京中关村大街31号	邮政编码	100080
电　话	010－62511242（总编室）		010－62511770（质管部）
	010－82501766（邮购部）		010－62514148（门市部）
	010－62515195（发行公司）		010－62515275（盗版举报）
网　址	http://www.crup.com.cn		
经　销	新华书店		
印　刷	中煤（北京）印务有限公司		
规　格	185 mm×260 mm　16开本	版　次	2019年1月第1版
印　张	18.25	印　次	2024年1月第4次印刷
字　数	428 000	定　价	38.00元

前言

从人类发展的历史来看，人类经历了农业时代、工业时代和信息时代，但今天这个时代可以说是一个技术多元化的时代，很难用一个名词来表示，在这个时代，网络、大数据、人工智能获得了极大的发展。在这一时代背景下，各国政府已充分认识到教育信息化这一构建基本公共教育服务的新契机，并将其作为促进教育发展的制高点。同时，各国政府也正在努力抢占教育信息化的高地，以提高本国的教育质量，促进教育公平。

随着学前教育信息化和基础教育课程改革的不断深入，教育技术也日益成为学前教育教师所必备的能力。为了适应学前教育教师对教育技术的实际需求，笔者在我国《教育信息化十年发展规划（2011—2020年）》《2006—2020年国家信息化发展战略》《中小学教师教育技术能力标准（试行）》《教育部关于实施全国中小学教师信息技术应用能力提升工程的意见》等文件精神指导下，以现代教育技术理论为基础，根据当前信息技术在学前教育中的应用现状与发展趋势，准确定位学前教育专业学生的现代教育技术学习内容，组织编写了本书。本书可作为幼儿教师继续教育培训教材或学前教育师范生教育技术能力培训教材，也可供教育信息化研究人员、学前教育工作者和教育技术工作者阅读参考。

本书主要由九章内容组成。

第一章　教育技术概述，主要以介绍常识性的概念为主，一方面对技术、信息技术、教育技术以及现代教育技术等相关概念进行介绍，另一方面对教育技术的发展历史、本质特征进行讨论。本章主要是帮助大家厘清相关概念，形成对教育技术各个层面的正确认识，本章的学习可为后续的学习打下基础。

第二章　信息技术与学前教育，主要介绍了信息技术在园所管理、家园共育、幼儿教学和教师专业成长领域中应用的常见软件工具、软件系统以及方法策略等，主要是让大家对信息技术在学前教育中的应用有基本的认识与了解。

第三章　现代教育技术环境与系统，主要从“多媒体教室”与“数字校园”两个方面重点介绍了几种典型的信息化教学环境，包括一般多媒体教室、多媒体网络教室、多媒体语言实验室、微格教室、移动课堂以及数字校园、智慧校园等。了解这些现代教学环境的特点，掌握其教学功能与应用，不仅有利于开展学前教学，丰富幼儿的学习体验，也能为教师的职业发展提供有利平台。

第四章　现代教学媒体，主要列举了各类教学媒体工具、幼儿玩教具和学前教育APP，为幼儿的学习提供更加丰富的工具和资源。

第五章　教学资源，主要介绍学习过程中所利用的各种软件资源和信息资源。教师在认识和应用这些软件资源和信息资源时，要扎根于教育自身规律，学会游刃有余地利用各种媒体技术，解决现实教育中的问题。

第六章　信息技术支持下的教学活动设计，主要结合了诸多集体教学、区角个别化活动案例，从教学准备、教学实施和幼儿发展评价等方面来阐述信息技术如何助力或创新这些工作。

第七章　多媒体素材的获取与处理，主要介绍了五种常用的多媒体素材的获取和处理方法。本章贯穿八个教师工作情境的任务，在解决问题的过程中传递素材处理技巧；除此之外，拓展学习部分的内容可以帮助教师更深入地学习相关教学技术。

第八章　PPT 制作技巧与设计艺术，主要介绍了 PPT 制作的一些技巧与方法，以操作类的方法为主，期望帮助读者高效地制作出高质量的 PPT。建议读者在理解的基础上多进行操作练习，从而更快地掌握 PPT 的制作方法与技巧。

第九章　微课程的设计与开发，主要介绍了微课程的概念、设计开发的一般流程、选题与设计原则以及常见的开发工具。建议读者在理解的基础上多进行操作练习，通过动手实践来掌握微课程的设计与制作方法。

本书主要由五位教师共同协作完成，具体的写作分工如下：第一章、第二章由刘名卓老师编写，第三章、第四章由王永玲和刘名卓老师共同编写，第五章、第七章由赵娜老师编写，第六章由王隽老师编写，第八章、第九章由童琳和刘名卓老师共同编写。刘名卓老师进行了写作策划与统稿，并对全书进行了多次审读。

本书参考和引用了较多文献与资料，文献与资料的来源已在参考文献中列出，如有遗漏，恳请谅解。同时，笔者在此对资料及案例的作者表示感谢。

此外，衷心感谢华东师范大学朱家雄教授对本书的指导与支持，衷心感谢中国人民大学出版社的编辑们为本书的出版付出的辛劳。虽然我们投入了大量的时间与精力，但是由于作者的经验与水平有限，书中难免有不足之处，恳请广大读者批评指正。

刘名卓

2018 年 9 月 10 日于华东师范大学丽娃河畔

目 录

第一章

教育技术概述

本章导读

这一章主要以介绍常识性的概念为主，首先介绍了技术、信息技术、教育技术以及现代教育技术的相关概念；其次从教学媒体发展的视角，对教育技术的发展历史进行了阐述，以帮助读者了解教育技术概念发展的时代意义，理解信息技术在教育中的发展规律；最后对教育技术的本质特征进行了讨论。本章主要是帮助读者厘清相关概念，形成对教育技术各个层面的正确认识，本章的学习可为后续的学习打下基础。

第一节　教育技术的概念

一、什么是技术

技术是人类在生产活动、社会发展和科学实验过程中形成的，包含两个方面的内容，即物化形态的技术和智能形态的技术。物化形态的技术包括有形的物质设备、工具手段，智能形态的技术包括无形的、非物质的、智能形态的方法、技能、知识经验等。

在传统的教育史叙事中，技术并非一个“显在”的影响变量。随着时间的推移，教育史研究者的注意力主要集中在教育的基本理念、教学内容、教学方式、学校组织结构等方面。至于支撑人类教育事业发展的那些技术，如造纸技术、印刷技术等，只被认为是为人类崇高的教育理念服务的工具和手段，是次要的影响因素。但是，理论上的“未表达”并不意味着技术没有影响人类的教育实践，相反，技术的进步一直在影响着教育的表达方式、传播结构、教学组织和实施策略，甚至影响着人类教育出现的组织结构。尤其是当人类历史上又一次传播技术——信息技术出现的时候，教育史中技术视角的缺失就严重影响了我们对未来教育发展的判断。

技术在教育史理论框架中的“未表达”也存在着客观方面的因素。人类历史上能观察到的传播媒介技术的显著变化只有几次，在特定的时期内，技术经常表现为一个常量，很难观察到它对教育发展的显著影响。以 15 世纪中叶至 20 世纪为例，支持人类教育发展的主要传播媒介技术就是印刷技术。因此，在印刷环境下发展起来的教育理论和教育史著作，也的确很难给技术留出更多的篇幅。

20世纪电子媒介的快速发展，引发了学术界对人类交流和传播手段的研究热情，传播学、教育技术学等研究领域纷纷出现。一般认为，以纸为媒介的报纸是第一媒体，以音频调制的电磁波为媒介的广播是第二媒体，以音视频调制的电磁波为媒介的电视是第三媒体。互联网出现以后，网络媒体得到广泛的应用。所谓网络媒体是指通过计算机网络传播信息的文化载体。这种以数字化方式存储、处理和传播，以比特为计量单位的电子媒体被人们称为第四媒体。网络媒体作为一种新兴的传播媒体，具备和上述三种媒体截然不同的特征，即数字化、网络化、多元化、全球化、多媒体化、实时化、交互性、及时反馈等。

二、什么是信息技术

信息技术是指有关信息的收集、识别、提取、转换、存贮、传递、处理、检索、检测、分析和利用等的技术。信息技术主要包括传感技术、通信技术、计算机技术、缩微技术和传播技术等。当然，这种划分只是相对的，比如传感系统里有信息的处理和收集，计算机系统里既有信息的传递也有信息的收集。

1. 传感技术

传感技术能够增强人感觉器官收集信息的能力。目前，传感技术中除了普通的照相机能够收集可见光波的信息、微音器能够收集声波信息之外，也有红外、紫外等光波波段的敏感元件可以帮助人们提取人眼看不见的重要信息，还有超声和次声传感器可以帮助人们获得人耳听不到的信息。不仅如此，人们还制造了各种嗅敏、味敏、光敏、热敏、磁敏、湿敏等一些综合敏感元件，这些元件可以把人类感觉器官收集不到的各种有用信息提取出来，从而增强和扩展人类收集信息的能力。

2. 通信技术

通信技术能够增强人神经系统传递信息的能力，其发展速度是惊人的。从电报、收音机、电话、电视到移动电话、传真等，这些新的、人人可用的现代通信方式使数据和信息的传递效率得到很大的提高，也使过去必须由专业的电信部门来完成的工作可由行政、业务部门办公室的工作人员直接完成。

3. 计算机技术

计算机技术能够增强人思维器官处理信息和进行决策的能力，它与现代通信技术一起构成了信息技术的核心内容。计算机从大型机、中型机、小型机到微型机、笔记本式计算机、便携式计算机等，其技术取得了飞速的发展。计算机体积越来越小，但其功能越来越强。计算机技术也被广泛地应用。比如：电子出版系统的应用正渐渐地改变传统的印刷出版方式；计算机文字处理系统的应用使作家改变了原来的写作方式，这种改变被称为“换笔”革命；光盘的使用使人类的信息存贮能力得到了很大程度的延伸，出现了电子图书这样的新一代电子出版物；多媒体技术的发展使音乐创作、动画制作等成为普通人可以涉足的领域。

4. 缩微技术

缩微技术能够拓展人记忆器官存贮信息的功能。国外的缩微技术发展很快，美国是缩微技术最发达的国家。例如，闻名世界的美国 UMI 公司是一个收集、贮藏以及提供文献检索的出版公司，其服务范围包括历代书籍、期刊、博士论文等。它的产品不仅包括印刷品、缩微平片，而且提供机读信息。第二次世界大战期间，该公司利用缩微技术，抢救了大英博物馆的许多珍贵文献。截至 2018 年 2 月，该公司存有自 15 世纪至今的 20 万种世界各地的绝版书及研究专集。

5. 传播技术

经典信息理论将一般信息的传播过程简化为信源、信道、信宿的模式。从纯技术的角度看，传播技术和手段正是信息的载体和流通的通道，是信息传输必不可少的物质基础。千百年来，人类在传播科技领域探索前进，为打破时间与空间的限制进行了不懈的努力。

（1）传播技术的发展历程

研究发现，最近百余年来传播技术的发展最为迅速。人类由语言到文字花费了 3 万多年的时间，但是由印刷到广播才 800 多年（从毕昇发明活字印刷术算起），再由广播到电视又缩短到 20 余年。1975 年后，几乎每一年都有突破性的进展，数字声音广播、卫星电视、有线电视、高清晰度电视、数字化电视等数字传播技术发展迅速。现在，传播技术又进入计算机网络时代。

（2）计算机网络传播

随着互联网的迅猛发展，网络传播也飞速发展。所谓网络传播是指通过计算机网络传播信息的活动。在网络上传播的信息，以数字形式存贮在光、磁等存贮介质上，通过计算机网络高速传播，并通过计算机或类似设备阅读使用。网络传播以计算机网络为基础进行信息传递和交流，它的出现对人类文明的意义不亚于中国人发明纸张的意义。网络传播的出现和发展，拓展了传播的广度和深度，打破了以往人类多种信息传播形式的界限。它既可以实现面对面传播，又可以实现点对点传播。当信息面对多个上网用户时，网络传播就是大众传播的工具，而个别独立的上网用户之间的交流就是点对点的人际传播。网络传播将大众传播和人际传播融为一体。

总而言之，信息技术的进步强有力地促进了社会经济的发展。信息技术在经济生产中的广泛应用，不仅改变了传统产业的生产方式、竞争方式和消费方式，促进了生产的增长和经济效益的提高，而且加速了信息产业的形成和发展，极大地推动了社会生产力的发展和信息化进程。信息技术也改变了人类的工作和生活方式，大大提高了人的社会化程度。许多以往不可思议的事情，如“家庭办公”“电子购物”“电子货币”“遥控看病”等正在成为现实。

三、什么是教育技术

“教育技术”这个名称是时代发展的产物。1972 年，美国教育传播和技术协会（Association for Educational Communication and Technology，AECT）顺应当时媒体技术的发展，对理论观念进行了创新，将“视听教学”正式定名为“教育技术”，自此该名称一直沿用至今。

比较有代表性的教育技术定义当属 AECT 在 1994 年所下的定义，又称 AECT′94 定义。按照 AECT′94 定义，“教育技术是关于学习过程和学习资源的设计、开发、利用、管理与评价的理论和实践”（见图 1－1）。我们注意到，教育技术的研究对象是学习过程和学习资源。此处的学习过程是指广义的学习过程，既包括无教师参与的学习过程，也包括有教师参与的学习过程。学习过程是学习者通过与信息、环境的相互作用而获取知识和技能的认知过程。学习资源并非仅指用于教学过程的设备和材料，还包括在学习过程中可被学习者利用的一切要素。学习资源有人力资源和非人力资源之分，人力资源包括教师、同伴、小组、群体等，非人力资源包括各种教学设施、教学材料和教学媒体等。这些学习资源可以单独使用，也可以组合使用。需要注意的是，此定义中没有直接描述媒体，但这并不排斥媒体在教育技术中的作用，它实际上是学习资源与学习过程的支撑技术。

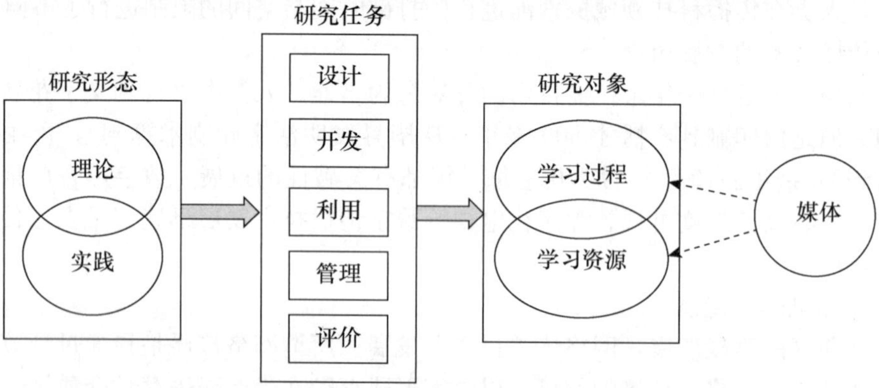

图 1－1　关于教育技术的 AECT′94 定义的结构

AECT′94 定义体现了现代教学观念从“以教为中心”向“以学为中心”、从传授知识向发展学生学习能力的重大转变。从人类发展和 21 世纪社会发展的需求出发，AECT′94 定义旨在建造一个能支持全面学习、自主学习、协作学习、创造学习、终身学习的社会教育大系统。

但是，在 2004 年到 2005 年间，AECT 又提出了一个新的教育技术定义，该定义为：“教育技术是通过创造、使用和管理适当的技术性的过程与资源，以促进学习和改善绩效的研究与符合道德规范的实践。”该定义又称 AECT′05 定义，与 AECT′94 定义相比有突出的优点，比如把原来的“for learning”（为了学习或关于学习）修改为“facilitating learning”（促进学习）。“为了学习或关于学习”强调的只有“学”，而“促进学习”则既强调“学”也重视“教”（对学习的促进很大程度上要依赖教，尤其在学校教育中更是如此）。但也存在很多争议，有的学者认为 AECT′05 定义与 AECT′94 定义相比，不仅没有前进反而后退了。不过这些争论主要存在于教育技术学科的研究人员之间，实际上，教育技术最重要的价值应该体现在信息技术在各学科的应用中。所以，为了促进教育技术学科的普及与发展，使非专业人员易于理解与应用教育技术，将教育技术的定义表述为：“教育技术就是运用技术来优化教育、教学过程，以提高教育、教学的效果、效率与效益的理论与实践。”这里的技术既包括有形的物化形态技术（如计算机硬件技术和软件技术），也包括无形的智能形态技术（如绩效技术和教学设计）；既包括现代信息技术，也包括传统技术。

四、什么是现代教育技术

从以上对技术和教育技术的概述可以看出，任何时代任何形式的教育都有其教育技术，只是技术的含量和水平有高有低。现代教育技术是近几年来随着信息技术在教育领域中的应用而产生的新名词。有学者指出，现代教育技术就是运用现代教育理论和现代信息技术，通过教与学过程和教与学资源的设计、开发、利用、管理、评价，以实现教学优化的理论和实践。

第二节　教育技术的产生和发展

历史是透视现实与预测未来的一面镜子。了解教育技术的发展历史，可以在继承和借鉴的基础上，更好地把握现实、面向未来。教育技术的历史与教育的历史一样源远流长，但作为一个领域、一门学科，教育技术还十分年轻，它是随着技术在教育中的运用而逐步发展起来的。

教育技术发展的历史线索很多，不但和教育的发展有关，而且和技术的发展有关，其中涉及多方面的问题。研究教育技术发展历史的方法有多种，最常用和有效的方法是按照教育技术不同发展阶段的技术内涵来研究教育技术的历史发展，这样能够更好地揭示教育技术的发展规律。以下，笔者将围绕教育技术中最活跃的因素——教学媒体来考察教育技术的发展。

一、从口耳相传到文字教材

人类原始的教育活动是凭借自己的身体感官进行的。人的感官，如口、耳是主要的教育工具，教育信息通过口、耳在教育者和受教育者之间进行传播，有时教育者运用肢体语言或实物帮助口述，使受教育者易于理解或进行模仿，这可以说是有目的的教育技术的萌芽。口传的主要特征是，表达符号成为由人的喉咙发出的由不同音节组成的口头语言。人既是内容的创作者，也是载体。

与口传相比，手工抄写开启了人类文明的新篇章，用字母文字作为表达符号，用莎草纸、羊皮纸作为记录的载体。内容与表达者分离，给人类社会的组织规模和组织方式带来了革命性的变革。但在手工抄写时代，“读”与“写”是少数精英参与的活动，普通大众仍然依靠口头语言来获取信息、相互交流和协作。

与手工抄写相比，印刷技术带来了新的变化。用人造纸取代了昂贵的羊皮纸，用印刷机替代了抄书匠。印刷技术营造出一种全新的社会媒介生态环境，使社会开始走上快速现代化的进程。书面表达使人类可以在文字世界中处理复杂的时空关系，描述外在表象和心理冲突等复杂的人性，解释可观察的证据、关系和理论体系等复杂的认知结构，这无疑为人类认识外在的自然世界和交互冲突的社会环境提供了一种新的表述技术手段。专为教育目的编印的教科书更使“书写-阅读”成为一种非常重要的教育途径，使教学信息的来源大大扩展，从而打破了教师必须面对面进行教育的局面。

二、从直观教学到视听教学

（一）直观教学

直观教学是以真实事物的标本、模型、图片等直观教具为载体传递教学信息，进行具体的教学活动。直观教学强调教室要布满图画，书本要配有插图，其实质是一种直观传授观察经验的技术。

著名的捷克教育家夸美纽斯主张，“让一切学校布满图像”，“让一切教科书充满图像”。他按照直观教学的原则编写了一本有 150 篇配图短文的教科书《世界图解》，于 1658 年出版，因此他被称为“直观教学之父”。17 世纪后期，瑞士教育家 J. H. 裴斯泰洛齐指出，在教学生初步计算的时候，最好能借助手指、小豆、石子等实物来表示数量关系运算；在地理教学中，可以先观察用黏土塑造的地形模型，逐步过渡到使用地图。他在教分数、小数时，采用许多积木堆成一个正方形，并把整个正方形当成整数“1”，再用它来对比整体与部分的关系。

我国北宋时期就有直观教学的先例。1026 年，御用大夫王惟一设计铸造了一尊针灸铜人像，它工艺精细，绘有十二经图，直观地展示了人体的经络脉穴位置，被用于传授针灸知识。这堪称世界医学模型的首创。此后，我国明朝有《蒙养图说》、清朝有《澄衷蒙学堂字课图说》等图文结合的教科书。

17 世纪至 19 世纪，由于社会生产和科学技术的发展，以及教学理念的推动，直观教具迅速发展。按反映事物空间范围的不同，直观教具可以分为平面直观教具和立体直观教具。平面直观教具包括图片、图表、地图、照片、磁贴等，立体直观教具包括实物、模型、标本、地球仪、计算器等。黑板是近代学校的象征，它可以被视为一类特殊的平面直观教具。

（二）视觉教学

19 世纪末，工业革命推动了科学技术的迅猛发展，一些新的科技成果，如照相技术、幻灯机、无声电影等被引入教学领域，给传统的以手工操作为主的教学送来了新的技术手段。在社会需求、技术发展和教育思潮的影响下，20 世纪初视觉教学最早出现在美国。

视觉教学与直观教学在本质上是一致的，其区别在于所用的媒体种类不同。最早使用“视觉教学”这一术语的是美国宾夕法尼亚州的一家出版公司（KeyStone View Company），1906 年该公司出版了一本介绍拍摄照片、如何制作和利用幻灯片的书，其书名就是《视觉教学》。“视觉教学”这一名称一直沿用到 1947 年美国教育协会的视觉教学部正式改名为视听教学部为止。

视觉教学倡导者强调的是利用视觉教材，使学习活动更具体化，并主张在学校课程中组合运用各种视觉教材，将抽象的概念做具体化的呈现。1937 年，霍邦（C. F. Hoban）等人在《课程的视觉化》一书中提出了视觉教材的分类模式和选用原则，分类模式如图 1-2 所示。

这个模式主要以教具为基准，按其所提供教材的具体-抽象程度排列成示意图：越向上，具体性逐渐减少则抽象性逐渐增加，相对来说，言语最抽象。

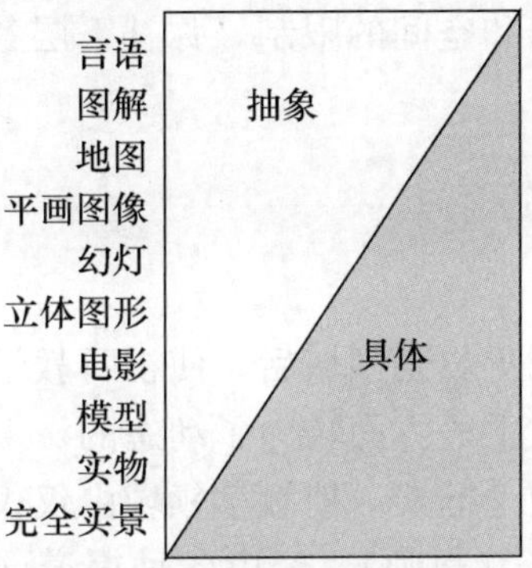

图 1-2 视觉教材的分类模式

（三）视听教学

20 世纪 30 年代后期，无线电广播、有声电影、录音机先后在教育中得到运用，人们感到视觉教学的名称已经概括不了已有的实践，这就促使视觉教学发展为视听教学。在诸多关于视听教学的研究中，堪称代表的是戴尔（E. Dale）于 1946 年所著的《教学中的视听方法》一书。该书提出的“经验之塔”理论成了当时以及后来视听教学的主要理论根据（见图 1-3）。

图 1-3 戴尔的“经验之塔”理论

“经验之塔”的理论要点是：（1）最底层的经验最具体，越往上越抽象，各种教学活动可以依其经验的具体-抽象程度排成一个序列；（2）教学活动应从具体经验入手，逐步进入抽象经验；（3）在学校教学中使用各种媒体，可以使教学活动更具体，也能为抽象概括创造条件；（4）位于“塔”中间部位的那些视听教材和视听经验，比上层的言语和视觉符号具体、形象，又能突破时间和空间的限制，弥补下层各种直接经验的不足。

三、从视听传播到教育技术

（一）视听传播

传播理论和系统论被引进视听教学领域后，使视听教学向一个崭新的方向发展，使人们的眼光从静态的、一维的物质手段方面转向了动态的、多维的教学过程，这就从根本上改变了视听领域的实践范畴和理论框架，使教学领域由仅仅重视教具、教材的使用，转向充分关注教学信息怎样从发送者（教师），经由各种渠道（媒体），传递到接收者（学生）的整个传播过程。

1963 年，美国视听教育协会组成的特别委员会建议将“视听教学”的名称修改为“视听传播”，并对此做了详细说明。视听传播的实际目标是，有效地使用每一种传播方法和媒体，以开发学习者的全部潜力。

（二）教育技术

由于媒体技术的发展和理论观念的创新，国际教育界深感原有视听教学的名称不能代表该领域的实践和研究范畴。1972 年，美国教育传播和技术协会（于 1970 年由美国视听教育协会改名而成）将实践和研究的领域正式定名为“教育技术”，得到了教育领域内专家学者的广泛认同。

四、从程序教学到计算机辅助教育

1924 年，美国的 S. L. 普莱西在美国心理学年会上，宣布自己设计了一台可以进行测验、记分和教学的简单仪器，当时人们把这种仪器叫作教学机器，又称其为程序教学机。几年之后，S. L. 普莱西又设计了其他类型的教学机器，但由于当时社会对“自动教学”的要求并不强烈，技术条件也很有限，所以教学机器在很长一段时间里仅仅处于少数专家的研制和改进之中。直至 20 世纪 50 年代中期出现了斯金纳教学机器，教学机器才由试验阶段进入实用阶段。

斯金纳教学机器是由美国著名心理学家 B. F. 斯金纳根据操作性的条件反射原理、基于教学材料程序化的思想而设计的。这种机器由输入、输出、储存和控制四部分组件构成，其主要功能有：储存和呈现教材，并向学生提出问题；接收学生的反应，并立即指出反应的正误；根据学生的反应调整教学程序，如当学生一直回答正确，就可跳过一些同类型题目；当学生答错时，就反复给予类似的题目；在学生未做出反应之前，不显示答案；最后进行计分、计时、报出成绩。

计算机，俗称电脑，是 20 世纪 40 年代问世的能高速、精确、自动地计算和处理信息的现代化电子设备，已经被广泛地应用于社会的各个领域。计算机应用于教育不仅完善了教学机器和教学程序的功能，还可以辅助教学过程的控制、教学活动的管理，实现教育管理自动化，因此是教育领域中的一次信息革命，是教育技术现代化的重要标志。计算机辅助教育（computer based education，CBE）主要包括两方面的功能：一是教学功能层面，如操练与练习、个别指导、模拟演示、问题解决、信息查询等；二是教学管理层面，如学习跟踪、学习诊断、作业分配、测试评价等。

世界上最早开展计算机辅助教育实验的是美国 IBM 公司，该公司于 1958 年设计了第一个计算机教学系统，利用一台 IBM 650 计算机连接一台电传打印机向小学生教授二进制算术，这一计算机教学系统能根据学生的要求产生练习题。与此同时，伊利诺伊大学也开始研制著名的 PLATO 教学系统，该系统由 1960 年的 I 型发展到 1979 年的 V 型。20 世纪 70 年代中期，微型计算机问世，计算机辅助教育进入第二阶段。随着计算机价格的直线下降，其应用重点从大学移向中小学，例如，至 20 世纪 80 年代末，加拿大中小学计算机普及率已达 60%，日本、美国的计算机普及率也非常高。我国从 20 世纪 80 年代初开始进行计算机辅助教育实验，到 20 世纪 90 年代形成了一定的应用规模。

五、走进信息化教育

信息化教育的概念是在 20 世纪 90 年代提出来的。所谓信息化教育，是指以现代信息技术为基础的教育形态。有一个与之相类似的称谓是“教育信息化”，但这两个名词在语义上是有区别的。教育信息化通常是指在教育领域全面深入地运用现代信息技术来促进教育改革和教育发展的过程，其结果必然形成一种全新的教育形态——信息化教育，即我们通常把教育信息化看作追求信息化教育的过程。

美国克林顿政府于 1993 年 9 月正式提出“国家信息基础设施”计划，俗称“信息高速公路”计划，其核心是发展以“internet”为核心的综合化信息服务体系和推进信息技术在社会各领域的广泛应用，特别是把信息技术在教育中的应用作为实施面向 21 世纪教育改革的重要途径。美国的这一举动引起世界各国的积极反响，许多国家政府相继制订了推进本国教育信息化的计划。

那么信息化教育的特点是什么？

从技术层面上看，信息化教育的基本特点是数字化、多媒化、网络化和智能化。

（1）数字化。数字化主要是指以计算机为基础的数字化技术。数字化使得教育技术系统的设备简单、性能可靠和标准统一。

（2）多媒化。以计算机为基础的多媒体技术使得信媒设备一体化、信息表征多元化、真实现象虚拟化。

（3）网络化。网络化的优点是资源共享、时空不限、多向互动和便于合作。

（4）智能化。人工智能将成为信息化教学系统的核心技术，智能化将使得系统能够做到教学行为人性化、人机通信自然化、繁杂任务代理化。

从教育层面上看，信息化教育的基本特点是教材多媒化、资源全球化、教学个性化、学习自主化、任务合作化、管理自动化和环境虚拟化。

思考题

1. 技术、信息技术与教育技术三者之间的区别与联系是什么？

2. 请谈一谈对教育技术概念的认识。

3. 请从技术发展视角，谈一谈教育技术发展的几个关键阶段。

参考文献

[1] 祝智庭. 现代教育技术：走进信息化教育 [M]. 北京：高等教育出版社，2001.

[2] 何克抗，李文光. 教育技术学 [M]. 北京：北京师范大学出版社，2009.

[3] 郭文革. 中国网络教育政策变迁：从现代远程教育试点到 MOOC [M]. 北京：北京大学出版社，2014.

[4] 陈力丹. 世界新闻传播史 [M]. 上海：上海交通大学出版社，2002.

第二章

信息技术与学前教育

本章导读

这一章主要介绍信息技术在园所管理、家园共育、幼儿教学和教师专业成长领域中应用的常见软件工具、软件系统以及方法策略等，主要是让读者对信息技术在学前教育中的应用有基本的认识与了解。

信息技术的发展呈现出多元化、智能化和低成本化的趋势，平板电脑、智能手机等进入了千家万户、学校和课堂，幼儿成为真正的“数字土著”。由此可见，信息技术已融入幼儿的生活和学习，成为幼儿生活和学习的重要组成部分。相应地，现代信息技术也成为幼儿园寻求管理与教育变革的有力手段。信息技术在学前教育中的应用主要体现在园所管理、家园共育、幼儿教学和教师专业成长四个方面。

第一节　信息技术在园所管理中的应用

一般地，信息技术在园所管理中的应用主要表现为，通过构建数字化的软硬件园所管理平台，提升幼儿园管理品质，使管理方式从传统走向现代、沟通模式从单向走向多维，从而实现园所管理的科学化、规范化、现代化、信息化和智能化。本节内容主要从门户网站、幼儿园信息管理平台、基于网络的幼儿成长档案管理、幼儿园卫生保健系统、教务教学管理平台这五个方面展开，利用信息技术构建管理系统来促进园所管理的高效有序。

一、门户网站

门户网站是幼儿园的一张名片，通过门户网站可以很好地向外界宣传和展示幼儿园的办园理念、办园特色、办园经验以及最新动态等，扩大幼儿园的知名度与影响力。常见的栏目有园所概况、新闻公告、师资教研、宝贝风采、家园之桥等。

二、幼儿园信息管理平台

幼儿园信息管理平台主要包括人事档案管理、绩效管理、财务管理、资产管理、安全管理等幼儿园的一些常规管理。将信息技术应用于这些方面，可以很好地提高幼儿园管理的实效性、安全性和广泛性。一个完善的信息管理网络，能使幼儿园的管理更安全、可靠且高效。例如：通过资产管理系统，可使教师详细了解幼儿园的图书、电教器材、实验仪器、教室、信息资源等的分布和使用情况，极大地方便了教师对各类资产的借用和管理，提高了工作的实效性；利用财务管理系统，财务人员可方便、快捷、准确地核算每个月应收的幼儿餐费、保健费等，使得账目清晰、明了，避免出现烂账、坏账。

另外，如何借助先进的信息技术将幼儿园建成最安全和最让家长放心的地方也是各个幼儿园重点考虑的问题之一。安全管理系统可以实现门禁、考勤、接送等管理功能。其中，门禁系统主要用于防止未授权人员随意进入校园，保证校园内部环境安全；考勤系统主要用于对工作人员进行点名统计，以及记录幼儿或者家长在规定时间段内的刷卡情况；接送系统着眼于幼儿接送环节的安全，保证接送人和幼儿本身具有合法对应的接送关系，确保幼儿不被接错等。另外，智能监控系统可对全园进行智能监控，将孩子的安全时时刻刻放在教师的监管之下，防止意外发生。

总体来说，这类系统通常可实现GPS定位、实时监控、身份验证、智能考勤管理、实时通知、大互动社区、智能语音、家园共育等。

三、基于网络的幼儿成长档案管理

幼儿成长档案的管理比较复杂，因为幼儿园中与幼儿成长相关的资料很多，如幼儿个人档案、幼儿电子作品、幼儿学习活动记录、幼儿学习评价信息以及幼儿身体发育、健康情况，幼儿在幼儿园生活中的一些趣事、奇思妙想、精彩瞬间等，这些资料和信息都是幼儿成长档案的重要内容。幼儿成长档案通常由教师、家长共同搜集制作，旨在更好地促进幼儿健康成长。

幼儿成长档案可以是有针对性地搜集反映幼儿发展的资料，如幼儿的活动记录、成果作品等；也可以是教师有目的地对幼儿活动行为进行及时观察记录和说明；或者教师集中在某个阶段对幼儿某方面的发展，通过白描、摄像、拍照等方式进行的连续观察、持续记录。基于网络的幼儿成长档案管理真实记录了幼儿发展的整个轨迹，为幼儿建立了一个展示自己的平台，不仅能让家长感受幼儿成长的点点滴滴，也能让幼儿看到这一过程，体验成长的喜悦。另外，基于网络的幼儿成长档案管理也能发挥家园沟通的功能，无论家长在哪里，只要能上网，都能随时随地了解幼儿的动态，与教师沟通。这也丰富了家长与教师沟通的内容，使沟通更有针对性。

四、幼儿园卫生保健系统

幼儿园的卫生保健工作，环节复杂、数据多、量大，因此，也可利用信息技术进行管理。建设由保健医生分管的数字化卫生保健系统，以此规范卫生保健工作档案，推动园所保健工作的开展，提高园所卫生保健工作的效率与水平。幼儿园可从以下几方面着手：

首先，建立幼儿保健资料库。将幼儿的姓名、班级、出生年月、入园时间、家长姓名、身高、体重等信息输入系统，建立全园幼儿保健资料库。有了资料库，就可以快速完成各类登记、统计与分析，也可方便地查看幼儿的身体健康情况。

其次，进行卫生保健工作记录。保健医生对幼儿的晨检、午检、全日观察、定期体检等都要及时记录，以便为今后的分析总结提供依据。有了这一系统只需按规定的程序就可以对数据进行综合处理，避免了烦琐的手工记录；同时可通过体质分析来检测幼儿体质的发展，并进行有针对性的调整。

最后，进行每餐的营养计算。营养计算是幼儿园一项重要的保健内容，通过将菜单输入系统中，然后用系统直接计算营养素含量，与标准供给量和食物成分含量进行比较分析并不断调整，为幼儿的健康成长提供足够的营养素。

五、教务教学管理平台

幼儿园教务教学管理平台一般包括日常教务（如教学安排、学业评价、教师考评等）、备课管理、资源管理等系统。通过这些系统：一方面，教师可以借鉴、学习网上优秀教学案例，以及与园内外教师进行交流与合作等；另一方面，管理者通过该系统可以统筹安排园所的教学计划，保障教学任务的正常进行，并能方便地监督检查教师班务工作计划、教学进度、教育笔记、教学反思等教学资料的撰写，及时掌握教师的教育教学动态。

总之，信息技术支持的园所管理是一种新的管理形态。信息技术支持的园所管理应达到教育管理自动化、自主化、规范化、智能化以及教育决策科学化。但是，利用信息技术管理园所一定要注意以下问题：所有措施都要基于园所实际，要充分整合园所人力、物力等因素，要以服务于幼儿学习与发展为核心目标；在这一过程中要考虑园所教师的需求，提供人性化的管理；要确保便捷、易操作且代价最小的软硬件设施建设；要建立相关制度，保持长效运行。

第二节　信息技术在家园共育中的应用

《幼儿园教育指导纲要（试行）》明确指出，“家庭是幼儿园重要的合作伙伴。应本着尊重、平等、合作的原则，争取家长的理解、支持和主动参与”，“幼儿园应与家庭、社区密切合作，与小学相互衔接，综合利用各种教育资源，共同为幼儿的发展创造良好的条件”。学者陈鹤琴也指出：“幼儿教育是一件很复杂的事情，不是家庭一方面可以单独胜任的，也不是幼儿园一方面能单独胜任的，必定要两方面共同合作方能得到充分的功效。”由此可见，家园共育是实施幼儿教育的重要途径。

过去，我国家园共育的形式是以家长会为主，且家长会的程序和模式也较为固定，几乎成为园长和教师的“通报会”，内容也大体上是园长和教师讲一些大道理和普遍性的问题，缺乏与家长协商解决问题的办法和耐心倾听家长的意见与建议的环节。

随着网络沟通工具的发展，人们的学习、生活、交流更加方便、迅速。因此，各类网络沟通工具目前成为家园联系的重要方式和家园互动的桥梁。家长通过网络沟通工具可以了解幼儿在园里的表现，还可以对幼儿园和教师提出自己的意见。因此，可以充分利用各种网络沟通工具开展家园共育。本节主要对几种常见的网络沟通工具进行讨论。

一、短信平台

教师可以通过网络短信平台，将每个幼儿的在园表现、幼儿园的通知、教育资讯、突发事件等随时发送到家长的手机上。家长可以把对教师和幼儿园工作的意见、疑问等通过短信发给相关人员，以此提高家园沟通的效率。

二、班级微信群

手机微信的广泛应用，实现了家长与教师不见面即可交流的可能。教师可在网上组织家长会，传达近期幼儿园的重点工作或者重大节日活动安排等，同时，让每位家长畅所欲言，与教师一同解决幼儿与园所存在的问题。微信群的方便快捷还体现在可以随时引导家长与幼儿参与有意义的活动，比如，引导家长诵读《亲子承诺文》，引导孩子诵读《大学》《弟子规》等经典名篇。这种交流方式使家长配合得更为密切。

另外，教师也可与每个家长互加微信，有针对性地与家长交流幼儿在园和在家的情况，与家长要做到互通有无。例如，教师可通过微信与家长交流，帮助幼儿克服分离焦虑，消除家长的担心。幼儿初入园时，分离的焦虑会使其情绪不稳定、爱哭闹，家长也很不放心。在这种情况下，教师可将幼儿在园的一日生活拍下来，发送到家长的微信，让家长了解幼儿在园的情况。另外，教师也可通过微信与家长交流，寻求解决幼儿入园焦虑的策略，比如，有位教师通过与家长的交流，了解到幼儿特别爱看《熊出没》的动画片，就让幼儿从家里把碟片带来和大家分享，几天下来，幼儿的焦虑感减轻很多。

三、微信公众号

微信公众号是近几年随着微信的兴起与普及而逐渐开始被人们使用的，可以分为服务号、订阅号和企业号。如果幼儿园想与家长交流互动，为家长提供内容查询、在线缴费、申请请假等服务，建议选择服务号；如果幼儿园想展示园所风采，发送信息，以达到宣传效果，建议选择订阅号；如果幼儿园想管理内部教师，建立园内教师的内部沟通平台，建议选择企业号。微信公众号相当于自己的一个微型网站，具有与校园门户网站类似的功能，管理员可将用户进行分类，向教师、学生、家长及其他用户分别推送不同的信息。微信公众号可以实现群发消息、公众号设置、自动回复、自定义菜单、投票统计、数据分析等功能，在使用上也较为简单、易上手。

四、QQ群

QQ也是一种常见的网络沟通工具。通过QQ群的“群聊”功能，家长可以和学校教师、其他家长进行实时沟通，即便没有添加对方为好友，也可以通过临时会话与其进行交流；通过“群空间”功能，教师和家长既可以在里面发表观点，也可以在相册里展示个性风采，并且在发表完成后，QQ群聊窗口中会提示新帖子的发布，以提醒大家前往查看；通过“群共享”功能，教师和家长都可以自由上传、下载和存储各种格式的有价值的资源、信息等，实现资源的共享；通过“群邮件”功能，教师可以方便地向家长群发一些有关幼儿疾病预防、营养饮食等方面的资料；教师还可以定期在QQ群的“群公告”处发布与孩子成长、学习有关的话题，邀请家长一起参与讨论，达到幼儿园和家庭协同教育的目的；通过“群投票”功能，直接在群里就能投票，非常方便。

五、班级博客

博客也是教师或幼儿园常用的一种与家长沟通交流的工具。班级博客可以让家长及时了解幼儿在班级中的情况，及时与教师交流。教师可以把幼儿在幼儿园的生活、学习、游戏活动的情况用手机、PAD、照相机、摄像机等记录下来，并发在班级博客中，使家长在任何时候都能了解幼儿在园的情况。

通过以上分析我们可以发现，这些互动交流的工具使家园共育的效果更为显著。这些工具也是日常生活中人们常用的交流工具。但在家园共育中，采用哪些工具没有统一的标准，由教师根据对工具的熟悉程度和个人的方便自由选取。另外，每种工具也各有利弊，比如，微信操作简便、通信及时，还支持各种媒体形式，但是信息刷屏太快，重要的信息容易被覆盖。所以，要根据园所、教师和家长的实际情况来选择沟通工具，要明确各种沟通工具的作用，根据家长的层次和幼儿园的现有情况选择最优的工具组合。需要注意的是，多人沟通时不要在交流群中批评某个幼儿，以防挫伤幼儿的积极性。教师应该用平等的语气和家长沟通，切勿用命令式的口吻。

第三节　信息技术在幼儿教学中的应用

幼儿园的教育活动主要包括科学、语言、艺术、健康和社会五大领域。信息技术因具有形象生动、效果逼真等特点，对培养幼儿的观察、想象、思维等能力具有独特的作用。所以，信息技术在幼儿园五大领域教学活动中都能得到运用，而且起到了举足轻重的作用。例如：在语言领域中，故事和诗歌等都可以变成生动形象的画面，帮助幼儿理解掌握；在科学领域中，通过信息技术再现风雨雷电或者动植物，让幼儿身临其境，可以消除教师说教的枯燥，让幼儿在快乐中丰富生活经验；在数学认知活动中，通过动画形式可以让幼儿理解数的实际意义等；在艺术领域中，通过信息技术让幼儿欣赏大师的作品，观看动感的舞蹈，倾听优美的歌曲，或者把幼儿的美术作品和幼儿的舞蹈表演等在多媒体中播放，可以激发幼儿的学习兴趣。总之，将幼儿园教学活动与信息技术整合的过程中，可以发现，集趣味性、仿真性、智能性、沉浸性、参与性为一体的整合方式，更符合幼儿的成长规律。本节内容主要从运用信息技术创设教学情境、呈现教学内容、拓宽教学渠道三个方面展开，来分析信息技术对幼儿教学的作用。

一、运用信息技术创设教学情境

学习兴趣是幼儿获得知识、扩大眼界、丰富经验的重要推动力。幼儿作为特殊主体，他们的学习不同于小学、初高中的学生，从某种角度来讲，他们的学习是离不开游戏、活动这一载体的。因此，在幼儿学习中倡导的是一种“学中玩、玩中学”的理念。而如何将他们的注意力从游戏中引入学习中是难倒教师的一个问题。在信息技术环境下，教师可以通过创设情境的方式，将普通的活动创设成吸引人的游戏来吸引幼儿，使幼儿积极、主动地探求新知，让幼儿成为知识的探求者，而不仅仅是知识的接收者。

例如，在开展美术活动“漂亮的房子”时，教师通过电脑动画演示了一组伴有音乐的图片让幼儿欣赏，每张图片中房子的图案都不同，不同的图片变化多样，给幼儿以视觉、听觉的享受，从而使活动进入轻松、愉悦的氛围。当这一组造型各异的建筑图片形象真实地展现在幼儿面前时，有的幼儿脸上露出了惊喜的笑容。当教师再次用鼠标画出房子的轮廓时，幼儿纷纷围到了教师的身边跃跃欲试。当幼儿自己动手用鼠标进行绘画时，幼儿得到了创造和成功的快乐，满足了心理的需要。在这个过程中，幼儿不再是在教师刻意的强调和要求下像完成一道数学题那样追求过程和逻辑，而是由自己随意发挥想象，运用电脑中的各种绘图工具进行大胆创作。这不仅满足了幼儿渴望触及电脑的认知需要，也使其体验了成功的快乐。教学完成后教师还将幼儿的作品通过大屏幕播放或打印出来进行展示和评价，这种直观的评价也能给幼儿以成功的体验。

总之，多媒体技术可综合运用形、声、色、光的效果，创设各种形象生动的学习情境和教学情境，再现生活物景，把静态的知识动态化、抽象的知识形象化、枯燥的知识趣味化，使许多只可意会不可言传的物象具体化，从而营造了轻松的学习氛围，唤起了幼儿大脑的潜意识，激发了幼儿的兴趣，陶冶了幼儿的情操，催生了幼儿的情感共鸣，增强了幼儿的认知动力和能力，使幼儿在不知不觉中全身心地投入学习活动。

二、运用信息技术呈现教学内容

幼儿好奇心强，对新生事物有着天生的亲近感，大部分幼儿都喜欢用计算机辅助的教学方式，原因主要是多媒体计算机可提供悦耳动听的音乐、形象生动的动画、流畅清晰的画面等，能给幼儿一定的视听觉冲击，增加教学的魅力，激发幼儿的学习兴趣。传统的教学更多地使用纸质的图片、书本来呈现教学内容，使呈现的教学内容很有限且不够直观、吸引人；而多媒体具有鲜明生动的艺术表现能力，通过声音、视频等手段多层次、多角度地呈现内容，可以智能性地启发和引导幼儿，将知识具象化、形象化。这种方式的教学，可以帮助幼儿更好地理解内容，更深刻地体会其中所蕴含的知识与道理。教师在教学中可以利用信息技术这些特点来呈现教学内容，利用多媒体素材进行教学，以弥补现有教学方式的缺陷。

例如，在开展综合教学活动“动物出租公司”时，教师利用幻灯片教学。随着音乐旋律的不断变化，屏幕上出现故事中的主要场景：一位孤单的老奶奶因为没有人陪伴而伤心哭泣，一名幼儿选择了一只小狗陪伴她。当幼儿单击画面时，一只小狗汪汪叫着从屏幕下方由远至近地投入老奶奶怀中。形象的画面、动听的旋律、生动的故事情节使幼儿不仅受到了作品美的熏陶，还受到了关心别人、帮助别人克服困难的德育教育。

三、运用信息技术拓宽教学渠道

幼儿的学习需要教师的身教多于言传，很多复杂的抽象的道理幼儿并不能很快理解，只有当他看到或感受到时才能理解。通过利用信息技术，特别是网络上的资源，教师可以在一定程度上拓宽教学渠道，使教学跳出某个固定的、一成不变的范围，以全新的姿态强化幼儿的学习体验。

例如，在开展活动“我的表情”时，有些幼儿因为无所适从而对活动毫无兴趣，甚至产生抵触情绪，在活动中对教师提出的问题也不知道怎么回答。鉴于这种情况，教师进行了教学模式的改革。教师首先让幼儿自由发挥，说出可以想象出的表情，并且利用网络进行搜索，找到相关的表情图片或动画图片；其次让幼儿尽力模仿，从而使活动开展得更加生动有趣，使幼儿学习更积极主动，培养了幼儿的思维能力和想象能力。这真正体现了以幼儿为主体的现代化教育新理念。在活动过程中，教师只是作为整个活动的参与者、合作者。

可以说，信息技术是达成幼儿教育目标的有效手段，在幼儿教育中应用信息技术，能为幼儿提供一个使其身心愉快、主动探究的良好环境。信息技术是幼儿教育中最为直观、形象和生动的传授工具，能使幼儿教育充满生机和活力。除了上述所提到的作用，信息技术在辅助教学中还有很多其他作用，教师应积极探索信息技术与教育教学的有机整合，以激发幼儿的学习兴趣，提高幼儿的审美情趣和能力；坚持理论和实践相结合，学以致用，尝试改变传统的教学模式和方法；积极使用多媒体技术进行辅助教学，优化教学过程，并努力从根本上改变传统的教学结构和教学模式，达到培养创新精神、实践能力的要求，以契合素质教育的目标。具体如何在教学中利用信息技术设计合适的教学活动，在本书的第六章有详细说明。

第四节　信息技术在教师专业成长中的应用

信息技术的飞速发展，给教育带来了生机，更带来了冲击和挑战，同时对幼儿教育的改革发展及教师队伍的建设提出了更高的要求。学会运用先进的信息技术是提高教师专业素质的需要，是实现教学改革、教育现代化的必由之路。要实现教育的现代化，首先需要一支具有现代化教育理念和拥有现代化教育手段的师资队伍。在这个信息化、网络化的时代，需要不断地创造机会、搭建平台，通过各种方式和途径，有效运用信息技术促进教师的专业成长。本节内容主要围绕两个方面展开：一个是观念，一个是能力。观念是非常重要的一个部分，只有树立全新的观念才能让我们以更广阔的视野去看待信息技术、接纳信息技术；而能力主要从课堂教学能力、教学评价能力、课程资源的开发与利用能力、教育科研能力与学术交流能力、管理能力等方面展开，具体说明了如何利用信息技术在这些方面使能力得到提升。

一、树立全新观念

教师的专业化首先体现在教师必须具备专业的从教观念，只有具备了这样的观念，才能促进教师自身的可持续发展。信息技术已成为教育领域的工具，这一点是毋庸置疑的，但是教师是否已经树立全新的、与时俱进的教育理念？在信息技术环境中，不仅需要现代化的信息技术手段，更需要全新的理念去重新审视和指导教育教学活动的各个领域和环节。观念层面的现代化，是实现我国教育现代化的关键。

因此，在信息技术环境下，教师需要通过多种途径了解最新的教育理论、教学方法与教育观念；从全新的视角出发，挣脱传统教学的羁绊，具备现代化的教育观念。在实际工作中，学校可以定期开展教育理论的学习与交流，让教师在学习与交流中树立新观念还可以利用信息技术建立在线的讨论群、论坛，给教师提供交流的平台。而各级教育部门也可以设立区域内教师交流平台，在交流平台上发布最新的教育教学政策，教师可以自由地交流并提出建议。

二、提升专业能力

在信息时代这一背景下，教师不仅需要利用信息技术树立全新的理念，还要学会运用信息技术不断提升自己的专业能力。教师的专业能力主要是指课堂教学能力、教学评价能力、课程资源的开发与利用能力、教育科研能力与学术交流能力、管理能力等，以下将从这几个方面进行详细说明。

（一）课堂教学能力

教学设计是非常重要的，如何采用新颖的、幼儿喜欢的方式来设计课堂教学是教师必须深思熟虑的。在信息技术背景下，教师可以通过网络学习优秀教师的上课案例，从而提高课堂教学能力；可以在各种在线学习平台上寻找资源，学习网上已有的教学案例，努力提高备课和设计教案的能力。幼儿教学与其他教学不同的是，幼儿需要更亲切、更良好的沟通方式，所以教师也要积极学习课堂互动与沟通技巧，与幼儿进行有效的互动，以进一步促进教学。

（二）教学评价能力

幼儿与其他阶段的孩子相比，更需要鼓励和肯定，所以很多幼儿园都会在一些活动后给予幼儿一定的小红花或者星星以奖励表现良好的幼儿。但是这些方式较为单一，因此可以适当利用信息技术使评价更多样化。比如，可以利用点赞功能，在某个教学平台上给所有小朋友都设定一个账户，某个小朋友表现良好就给他一个"赞"，最后一周或者最后一个月看哪位小朋友得到的"赞"最多。

（三）课程资源的开发与利用能力

教学离不开教学资源，尤其是幼儿教学，需要创设学习情境，将教学内容融合到情境中，通过丰富的教学资源来吸引幼儿的注意力以达到教学的目的。因此，教师需要学会快速高效地查找资源，将资源运用到课堂中。在信息技术的支持下，教师可以通过网络查找图片、视频、音乐等多媒体素材，并根据教学需求对其进行简单的处理。关于如何进行多媒体素材的获取与处理，具体途径与方法将在第七章中进行详细说明。

（四）教育科研能力与学术交流能力

教师的科研能力是非常重要的，教师要在做好教学本职工作的基础上，不断提高自身的科研能力。教师平时可以多查阅其他学者的论文等学术成果，利用信息技术在中国知网、维普网、万方数据知识服务平台等数据库中进行查找与阅读相关资料，国外学者的文献可以在 Wiley InterScience、SpringerLink、ScienceDirect、ERIC 等数据库中进行查找。除此之外，教师还可定时参加一些学术讲座，通过聆听其他学者的学术成果来学习；或者与其他学者进行学术交流，不断提高自身的能力。

（五）管理能力

对教学的管理，教师可利用信息技术在网上进行备课，这不仅可以缩短备课的时间，而且可以进行实时的存放与调用，还可以进行教学的记录。通过与之前的备课情况进行对比，教师可不断地提升自己的备课能力。对学生的管理，目前幼儿的学习成长的档案大多是纸质的，可能会发生遗失、毁坏等情况，因此教师可以利用信息技术给每一个幼儿设立电子档案袋。电子档案袋的传递与交接更方便，且可以利用云技术进行存储，在云端存放不需要考虑内存，可以实时查看与修改。

思考题

1. 信息技术在学前教育中主要有哪些方面的应用？
2. 谈谈信息技术在园所管理方面的应用。
3. 谈谈信息技术在家园共育中的应用。
4. 谈谈信息技术在幼儿教学中的应用。
5. 谈谈信息技术在教师专业成长中的作用。

参考文献

[1] 林书琼. 有效运用信息技术，促进幼儿教师专业成长 [J]. 教育探究，2014 (6).

[2] 邢宁宁. 运用现代信息技术促进教师专业发展 [J]. 黑河教育，2014 (9).

[3] 何晅. 现代信息技术在幼儿园管理中的应用 [J]. 中国教育技术装备，2012 (16).

[4] 杨卉，王陆，韩雪涛. 基于网络的家校互动支持平台的设计与应用 [J]. 电化教育研究，2007 (10).

[5] 马忠虎. 基础教育新概念：家校合作 [M]. 北京：教育科学出版社，1999.

[6] 吴晓东. 家校通：远程教育小组协同学习中QQ群的应用研究 [J]. 广西广播电视大学学报，2006 (6).

[7] 郑小军，杨满福，黄春燕. 基于社会性软件的青少年四结合教育博客圈学习共同体的建构与实践 [J]. 现代教育技术，2008 (8).

[8] 何磊，黄艳霞，金晓晓. 信息技术与幼儿教育的整合 [J]. 学前教育研究，2009 (1).

[9] 黄河清. 家校合作导论 [M]. 上海：华东师范大学出版社，2008.

第三章

现代教育技术环境与系统

本章导读

本章从“多媒体教室”与“数字校园”两个方面重点介绍了几种典型的信息化教学环境，包括一般多媒体教室、多媒体网络教室、多媒体语言实验室、微格教室、移动课堂以及数字校园、智慧校园等。了解这些现代教育环境的特点，掌握其教学功能与应用，不仅有利于开展学前教学，丰富幼儿的学习体验，也能为教师的职业发展提供有利的平台。

现代教育技术环境是指在教与学的实践活动中，不同种类的现代教育媒体有机地组合在一起开展多媒体教学活动，从而实现特定教学功能的教育环境。现代教育技术环境以多媒体、电视广播网和计算机网络为基础，具有教育媒体组合化、集成化、操作便利化、信息传输网络化等特点。它是学校现代化的标志，也是学校教育环境建设的重要组成部分。随着教育信息化的发展，我国各级各类学校的教育环境发生了重大改变，从传统课堂逐渐发展到信息空间，形成了信息化教育的大环境。

第一节　多媒体教室

近年来，很多幼儿园的教室都装备了现代化多媒体教学设备和相应的教学系统。其中，多媒体教室是根据现代教育教学的需要，将多媒体计算机、投影、录音、录像、音响系统等现代教学媒体有机结合在一起而建立起来的具有综合教学系统的教室。它能使教师方便、灵活地运用多种媒体进行教学，通过多媒体设备传输文字、声音、图像、动画、视频等丰富的教学信息，使教学过程更加符合幼儿认知、理解和记忆规律，从而提高教学的效果。

一、多媒体教室的基本构成

一般多媒体教室的基本配置包括多媒体计算机、中央控制系统（桌面控制面板）、视频展示台、投影仪、投影屏幕、音响系统、影碟机、录像机、音频卡座等多种教学设备（见图 3-1）。

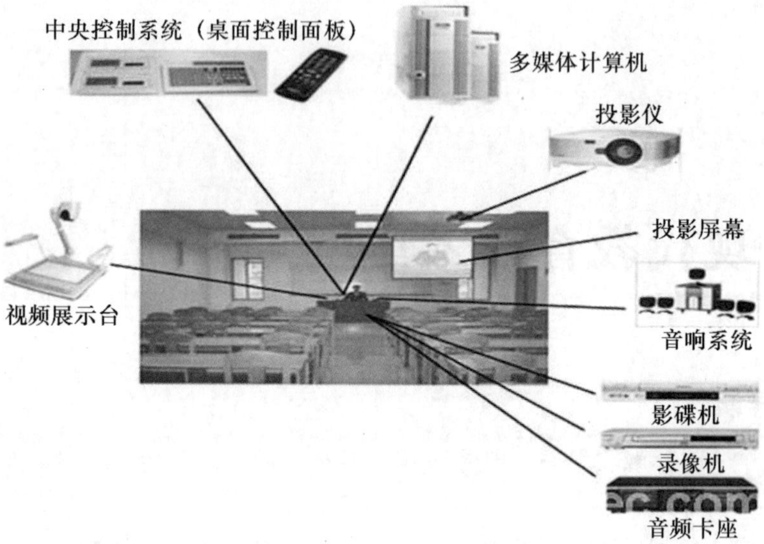

图 3-1　多媒体教室

以下介绍几种典型的多媒体设备：

1. 多媒体计算机

多媒体计算机是多媒体教室的核心设备之一。多媒体计算机可以演示课堂教学内容，播放视频、声音、动画，展示图像，检索、获取、分享网络资源等；还可以作为中央控制系统的操作平台。因此，多媒体教室中的多媒体计算机常需具备较高的性能；配置大容量的硬盘、光盘驱动器、声卡、网卡等硬件；安装有教师常用的 Word、PowerPoint、Excel 等办公系统软件，看图软件，媒体播放器，以及其他适合幼儿教学的学科软件等。总的来说，多媒体计算机就像多媒体教学系统中的大脑，能提供多样的教学资源并控制其播放与展示，通过对各种教学设备的全面控制为幼儿展现丰富的教学内容。

2. 中央控制系统

中央控制系统是用系统集成的方法，把整个多媒体教学设备的操作集成在一个平台上，使所有设备的操作均可在一个平台上完成，从而简化操作。中央控制系统的功能主要体现在：

(1) 控制投影仪的开关，投影仪关机时延时断电；

(2) 控制投影屏幕的升降；

(3) 进行各种接入信号源的切换（如台式机、笔记本、展台等）；

(4) 统一为计算机、投影仪、投影屏幕、音响等设备供电。

3. 视频展示台

视频展示台又称为实物展示台，是一种新型的视觉媒体设备。视频展示台是由摄像头、照明系统、载物台、控制系统组成，如图 3-2 所示。视频展示台是一种非常实用的设备，利用视频展示台可以把文字讲稿、书籍、图像、实物、模型、道具或者是投影片、幻灯片、底片等通过投影仪显示在大屏幕上。视频展示台的两侧和底部都装有照明灯，必要时可以打开，提高实物的亮度，从而提高画面的清晰度。

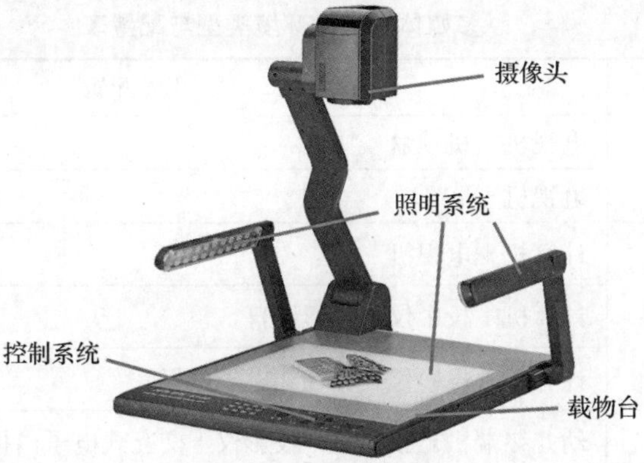

图 3-2　视频展示台

4. 投影仪

投影仪（见图 3-3），又称投影机，可以通过不同的接口连接到计算机、DVD、游戏机、DV 等设备，将图像、视频投影到屏幕上。连接投影仪的方法比较简单，只需要使用一根一端为 VGA 接口、另一端为 DVI 接口的串口线，将其连接到计算机上，通过功能组合键设置，使电脑和投影仪同时显示即可。

图 3-3　投影仪

5. 投影屏幕

投影屏幕与投影仪是配套使用的，选用投影屏幕要注意与多媒体教室的大小相适应。屏幕的感光材质直接影响投影的实际效果，投影屏幕的升降电机要求性能灵活、稳定。配有中央控制系统的教室可通过中央控制系统的按键控制幕布升降。使用幕布时要注意保持清洁，避免粉笔等涂污；课后要收好幕布，不让幕布长期暴露在空气中，以防氧化变色。

6. 音响系统

音响系统是多媒体教学的声音设备，一般包括功率放大器、扬声器（音箱、喇叭）、调音台、麦克风、周边设备（如限压器、效果器、均衡器、VCD、DVD）等。其中，音箱是声音输出设备。在多媒体教室环境的构建中，一般要考虑音箱数量和在室内摆放的位置与角度。

二、多媒体教室的一般分类

随着信息技术的发展，多媒体教室的软硬件系统配置也在不断改进与更新，很多学校都将多媒体教学环境的建设作为衡量校园信息化建设和发展水平的重要指标。根据教学媒体数量的多少、质量的高低、功能的差异等，可以将多媒体教室分为四类，即简易型、常规型、多功能型以及学科专用型。多媒体教室的环境类型与配置表如表3－1所示。

表 3－1　　多媒体教室的环境类型与配置表

类型	环境模式	环境配置
简易型	简易多媒体教室	电视机＋机顶盒
		电视机＋DVD
常规型	常规多媒体教室	计算机＋电视机
		计算机＋投影仪＋投影屏幕
		计算机＋投影仪＋交互式电子白板
多功能型	多媒体网络教室	幼儿终端机＋教师机＋投影仪＋交互式电子白板＋多媒体电子教师系统
		幼儿终端机＋教师机＋投影仪＋交互式电子白板＋多媒体电子教师系统＋网络教学平台
	移动网络教室	移动学习终端＋教师机＋投影仪＋交互式电子白板＋无线电子教师系统＋无线路由器＋充电设备＋网络教学平台
学科专用型	多媒体语言实验室	幼儿终端机＋幼儿终端网卡＋教师机＋三网合一交换机＋多媒体交换机＋语言学习网络平台
	数字化科学实验室	传感器＋数据采集器＋信号发生器＋实验设备＋计算机数据采集分析软件
	教师电子备课室	计算机＋打印机＋扫描仪＋课件制作工具
	录播教室	教师/幼儿跟踪主机＋录播工作站＋录播软件平台＋全场景自动调音台

根据多媒体教室的分类，除了第一部分讲到的一般多媒体教室以外，我们选择了另外几种典型的多媒体教室做简单介绍。

1. 多媒体网络教室

多媒体网络教室（见图3－4）又称为计算机教室或多媒体网络机房，目前国内各类学校应用较为普遍。它是集普通的计算机机房、语音室、视听室、多媒体演示室等于一体，利用现代网络技术和多媒体技术将若干台多媒体计算机及相关的网络设备互联而成的小型网络教室。多媒体网络教室为提高教学质量、建构协作化学习环境创造了良好的技术基础。

多媒体网络教室在中小学中应用最为广泛，具有以下功能，即实时广播教学功能、示范功能、远程控制功能、学习监督功能、分组讨论功能、电子举手功能、在线交流功能、学籍管理以及联机考试功能等。在学前教育阶段，教师可以利用网络教室组织幼儿进行分组协作、演示示范等教学活动，并利用多媒体计算机和网络环境开展基于 STEAM 的教学。

2. 多媒体语言实验室

多媒体语言实验室（见图3－5）是由多种媒体组合起来的、主要用于语言教学和训练

图 3-4　多媒体网络教室

的专用教室。第二次世界大战期间，美国首次将其用于外语教学，从而拉开了多媒体语言实验室用于教学的序幕。我国 20 世纪 50 年代中期开始试用多媒体语言实验室，其最早是由录音机、耳机等听觉设备与教师工作台组合而成的。随着计算机技术、多媒体技术的发展以及人们教育观念的转变，多媒体语言实验室也在不断发展与完善，已由最初的听音型语言实验室向视听对比型、多媒体学习型发展。

图 3-5　多媒体语言实验室

多媒体语言实验室发展过程中主要的类型、结构和功能表如表 3-2 所示。

表 3-2　　多媒体语言实验室类型、结构和功能表

类型	结构	功能
听音型	教师控制台（录音机＋电唱机＋耳机＋话筒）＋幼儿耳机	听力训练
听说型	增加幼儿话筒＋呼叫开关＋教师主控台双向通话系统（音源控制＋通话控制）	幼儿：听力训练、与教师对话 教师：监听幼儿发音、分组练习
听说对比型	增加双声道双轨或双声道四轨录音机	听音对讲、双人/小组组合练习、录音强化
视听对比型	增加幻灯机＋投影仪＋录像机＋影碟机＋电视机/投影电视机	视听并用
多媒体学习型	教师主控桌＋教师多媒体计算机＋幼儿终端＋服务器＋幼儿桌椅＋网络连接设备＋电源系统	常规语言教学、媒体素材播放、软件应用、获取网络资源

当前应用最多的是视听对比型和多媒体学习型语言实验室，它们集成了听音型、听说型和听说对比型实验室的基本配置和功能，并在此基础上进一步优化和改进，实现了为幼儿提供图像、文本、声音等多媒体学习内容，融合视听觉体验和交互的功能。多媒体学习型语言实验室还可以实现网络资源的获取与共享，使语言教学更加生动、有趣，提高了幼儿学习的积极性和主动性，从而提高了教学效率和效果。

多媒体语言实验室主要用于语言教学，可以进行语音语调训练、听力训练、对话训练、句型训练、跟读复述训练、口译训练等。但随着多媒体语言实验室的配置和功能越来越多，它不仅可以用于语言教学，而且适合其他学科的教学。在学前教育领域，多媒体语言实验室对培养幼儿的语言能力，包括发音、正音、语调、朗读、听力、对话交流等具有非常明显的优势。

3. 微格教室

(1) 微格教室的组成。

微格教室一般由若干个微型教室、一个主控室、一个观摩室和一个示范室组成，其结构布局如图 3-6 所示。

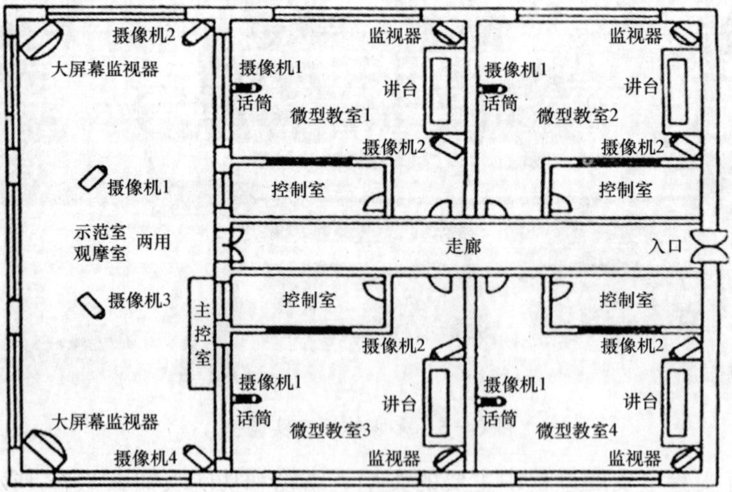

图 3-6　微格教室

1）微型教室。

微型教室一般装有话筒和摄像机，用来识取“模拟教师”的声音和教学活动形象。如有条件，还可多配备一台摄像机来识取“模拟幼儿”的学习反应情况。

2）主控室。

主控室内安装有电视特技台（视频切换器）、调音台、录/放像机、视频分配器、监视器等设备。从每间微型教室传来的“模拟教师”“模拟幼儿”视频信号由电视特技台控制分成两路，一路送至录像机进行录像，另一路则可经视频分配器把教学实况信号送到观摩室，供教师同步评述分析。

3）观摩室。

观摩室是安装有电视机的普通教室。可以把控制室中经视频切换器选择后的视频信号送到电视机上，实时播放模拟教师的教学实况，供指导教师现场评述以及使较多的模拟教师观摩分析使用。

4）示范室。

示范室、主控室以及各微型教室一起组成一个双向闭路电视传输系统。在示范室里可以选择收看任意一间微型教室的教学训练活动实况，也可以将示范室的教学活动情况同步传输到各间微型教室。示范室还可以作为学校闭路电视台的演播室，录制新闻、艺术、采访、知识竞赛等节目。

（2）微格教学。

微格教学又称微型教学，是以现代教育理论为基础，利用先进的多媒体信息技术，依据反馈原理和教学评价理论，分阶段系统培训教师教学技能的活动，也可以用来进行专门训练幼儿掌握某种技能、技巧的小规模教学。

进行微格教学的一般方法是：由接受培训的教师（以5～10人为宜）用10～15分钟的时间对某个教学环节，如“组织教学”或“授新课”进行试讲，试讲情况用录像机记录，由指导教师和接受培训的教师一起观看，共同分析试讲环节的优缺点，然后继续训练，直至其掌握正确的教学技能。微格教学的特点用一句话概括就是：“培训课题微型化，技能动作规范化，记录过程声像化，观摩评价及时化。”在幼儿园教学中，微格教室可以用来培训新入职教师的教学技能，开展教学模拟活动；也可以由名师示范，其他教师观摩学习；还可以对幼儿进行小范围的模拟教学、技能训练和主题活动，并进行教学转播和观摩学习等。

4. 移动课堂

移动课堂通常包括以下配置：无线网络、幼儿笔记本电脑或平板电脑、教师笔记本电脑或平板电脑、教学用机、笔记本电脑充电推车、交互式电子白板＋投影仪、教师白板备课与资源软件若干、无线教室教学与管理软件、多媒体学科网络课程与学科资源库等。

通常，移动课堂系统具有互联、互动、移动、丰富、创新等特点。互联着重指人与信息、设备、软件、他人之间的无线互联；互动包括人机交互、师生交互、生生互动、家校互动；移动体现为信息可在多个教室间移动共享，实现了信息技术进入每个课堂；丰富主要指整合集成国内外多种优秀的教学软硬件资源；创新着重指促进教学方式的发展变革，增强幼儿的学习兴趣，提高其数字化学习能力，促进其发展。

移动课堂应用前景非常广阔，特别是在中小学及幼儿教学中。在这样一种教学环境中，幼儿可以利用平板电脑进行学习，灵活的桌椅布局可以促进教师开展合作化教学等形式的教学活动，同时，互联网可以为教学提供丰富的资源、便利条件。

三、多媒体教室的基本功能与应用

1. 多媒体教室的基本功能

一般的多媒体教室具备以下基本功能：

（1）可播放文本、动画、视频、音频等多种媒体信息；

（2）通过视频展示台可将图片经大屏幕显示出来；

（3）配置音响系统和控制银幕、照明等相关辅助设备；

（4）可与校园网、Internet、卫星电视网等相连。

2. 多媒体教室的基本应用

（1）演示教学。教师可以通过多媒体设备将包含有多媒体信息（包括文字、图形图像、动画、视频、声音）的教学内容同步播放到电子白板上，或者传送到幼儿机上进行演示教学。多媒体演示功能是比较常用的教学功能，通常可用于教学内容的演示讲解和幼儿成果的展示、示范。

（2）分组教学。在多媒体网络教室中，教师可以将幼儿分组，开展分组讨论活动。比如，在幼儿专题教育活动中，教师可以利用多媒体网络教室环境来进行分组，通过分组的方式来实施教学，以培养幼儿团队协作的能力。

（3）交互式教学。幼儿可以通过电子举手的方式进行提问和回答问题，与教师进行交流；教师可以通过屏幕广播的方式，点名幼儿回答问题或展评某幼儿的作业；除此之外，幼儿也可以与其他幼儿及学习材料、学具进行交互。

（4）监控管理。教师可以随时监控每个幼儿的学习、操作情况，并可调回任一幼儿的屏幕内容进行观察。例如，运用平板电脑或多媒体网络教室环境开展美术课，教师可以通过屏幕监控功能观察到每位幼儿的创作过程，并进行个性化的指导和帮助。

（5）资源共享。教师和幼儿都可以利用多媒体环境进行教学内容的分享，也可以将练习、作业成果分享给班级同学。特别是在作品展示课当中，教师可以收集和展示幼儿作品，并与幼儿进行交流，培养幼儿分享交流的意识。

（6）网上学习。网络的互联互通有利于教师随时随地获取资源进行教学，幼儿实时地获取和利用资源进行学习。网络资源不仅极大地丰富了课堂教学内容，也为培养幼儿的信息检索、数字化学习能力提供了可能。

（7）语音对话辅导。在多媒体语音教室当中，教师和幼儿可以通过麦克风、耳机进行双向对讲，幼儿可以分组对话讨论等，教师也可以发布信息或接受提问，并进行语言指导等，这有利于幼儿语言的学习。

（8）屏幕录制与回放。在多媒体教室环境中，教师可以自主录制讲课时屏幕演示的内容，并根据需要进行回放，方便幼儿回顾和学习；此外，教师也可以较好地利用平板电脑、手机等移动设备的拍照功能，将教学场景拍成照片或视频上传到屏幕上，增加课堂的趣味性和真实性。

第二节　数字校园

一、数字校园的内涵与特征

数字校园是信息时代的产物，是伴随信息技术的发展而发展起来的。数字化校园的概念最早是在 1990 年由美国克莱蒙特大学教授凯尼斯·格林（Kenneth Green）发起并主持的一项大型科研项目“信息化校园计划”（the campus computing project）中被提出的。1998 年 1 月 31 日，时任美国副总统的戈尔在美国加利福尼亚州科学中心发表了题为《数字地球：21 世纪认识地球的方式》的演讲，提出“数字地球”的概念，从而引出“数字城市”“数字校园”等各种概念。

我国对数字校园的建设也是非常重视的。《国家中长期教育改革和发展规划纲要（2010—2020 年）》明确提出：“加快终端设施普及，推进数字化校园建设，实现多种方式接入互联网。”教育部发布的《教育信息化十年发展规划（2011—2020 年）》同样把数字校园建设列为重要工作，在学校信息化能力建设与提升行动计划中，明确提出制定中小学校和中等职业学校数字校园建设基本标准，推动中小学校、幼儿园、中等职业学校数字校园达标建设。数字校园建设已成为我国整体推动教育信息化的重要组成部分。我国于 2012 年 4 月启动“百所数字校园示范校建设项目”，计划用 4 年时间在全国范围内遴选一批信息化基础环境建设和应用效果好的学校，通过实验探索，形成百所国际领先、应用创新、成效显著的数字校园示范校，引领数字校园的建设与发展。该项目的主要工作包括推进数字校园的基础设施建设、推进国家数字教育资源公共服务平台的规模化应用、开展网络环境下教与学的创新应用课题研究、依托相关教育信息技术企业开展项目合作，此外，也有对数字校园建设和应用的投入和保障机制的研究。

具体地说，数字校园就是以计算机技术、网络技术、通信技术为基础，实现从环境（包括设备、办公空间、研究空间、教学空间等）、资源（如图书资料及专业数据库、教师讲义和课件、全球网上专业资讯）到活动（包括教、学、科研、管理、服务、办公等）的数字化，是网络化、数字化、智能化有机结合的新型教育环境。本质上讲，数字校园是一种环境，不只是“校园”，还因网络而延伸。数字校园建设不仅是教育设备、教育手段的改变，更是教育思想、教育观念、教学结构、教学模式以及教育服务模式的转变。

与传统的校园相比，数字校园具有如下特征：

（1）开放性与共享性。计算机网络是数字校园的核心技术，网络技术是校园信息资源高度共享和充分传播的基础，通过网络技术可以使教育资源联结成一个信息海洋。学校与学校之间更加开放，学校信息资源实现共享，这在很大程度上突破了传统校园的时空限制，使学校表现出极大的开放性和共享性，使每个学校都成为知识的建设者和使用者。

（2）高效性与快捷性。多媒体、网络、远程通信等技术应用于校园教育，使教育资源传播的速度和效率大大提升，获取资源的途径变得简捷、高效，极大地提高了资源获取的效率。

（3）交互性与协作性。数字校园不仅能实现人机交互，而且利用各类通信工具和软件也可以促进教师与幼儿、幼儿与幼儿的交互。利用互联网技术可以为合作、讨论等多种学习活动提供便捷的途径，实现比传统校园范围更广、质量更高的协作学习过程。幼儿教育由此不再局限于课堂、学校，可以在更大的范围内进行学习交流，这对传统的学校教育形态造成了很大的冲击，家庭教育、社会教育显示出越来越大的作用。

（4）有形性和无形性。传统校园受地域、空间限制，由校区、教室、图书馆、宿舍区等有形物质组成，而数字校园则是以有形的校园为根基，以网络为手段衍生出来一种新型的虚拟社区，因此数字校园兼具有形性和无形性。教师与幼儿的学习、生活既发生在真实的校园社区，也发生在虚拟社区，而数字校园能够将虚拟社区与校园社区紧密联系起来，形成有形校园和无形校园的统一体。

（5）综合性和智能性。在数字校园中共享与利用的信息不仅包括教学资源信息、科研信息，还包括管理信息、服务信息等。在共享与利用信息资源的基础上，数字校园还致力于创造出一个智能化的教学和管理服务环境，优化课程内容，转变教与学的方式，满足学生的个性化学习需求。在大数据时代的感召之下，充分利用数据分析支持幼儿的个性化成长，正在成为各种智能学习系统追求的目标。

二、数字校园的未来发展形态——智慧校园

智慧校园将是数字校园的未来发展形态。随着物联网、云计算、人工智能等新一代信息技术的迅速发展，以用户为中心、协同创新、开放创新为主要特点的知识社会创新2.0环境正在悄然形成。“智慧地球”“智慧国家”“智慧岛”“智慧城市”“智慧校园”“智慧教室”“智慧学习环境”等概念逐渐进入了人们的视野，多所大学已经将智慧校园建设付诸实践，典型的智慧应用正在逐步开展，如车牌自动识别、水电自动监控、移动智能卡、学习过程自动分析、学习情景自动识别等。智慧校园就是一种将人的因素、设备的因素、环境及资源的因素、社会性因素在信息化背景下有机整合的一种独特的校园系统。它以物联网技术为基础，以信息的相关性为核心，通过多平台的信息传递手段提供及时的双向交流平台，提供结合网络、技术、服务的智能综合信息服务，全方位地实施教育信息化。

1. 智慧校园的特征

祝智庭教授提出，智慧校园环境具有十大特征：（1）位置感知，即能够感知学习者的物理位置；（2）情境感知，即能够探测学习者在不同场景以及他与谁在什么时间、什么地点做什么；（3）社会感知，即能够感知个人与他人之间的社会关系；（4）互操作性，即实现不同学习资源、服务和平台之间的互联互通；（5）无缝连接，即在任何设备以任何方式连接时，都能提供持续的服务会话；（6）适应性，即根据个人学习偏好和需求推送最合适的学习资源；（7）泛在性，即随时随处通过与环境的互动获得感兴趣的学习资源；（8）全程记录，即记录学习的历史数据，便于数据挖掘和深入分析，做出科学合理的评价、建议以及推送相应的服务；（9）自然交互，即利用多种感官及肢体语言开展人机互动，如语音、姿势、表情识别；（10）深度参与，即沉浸于技术丰富的环境中开展多向互动，获得

平常难以企及的体验①。

由此可以看出，智慧校园与数字校园有相同之处，但不完全等同，所以不能硬把普通数字校园贴上智慧校园的标签。从应用涵盖面上来看，智慧校园将数字校园的所有应用都包含在内的同时，还通过新技术的增加与融合实现了为用户提供个性化服务的目的。可以说，智慧校园是一种以面向师生个性化服务为理念，能全面感知物理环境，识别学习者个体特征和学习情景，提供无缝互通的网络通信，有效支持教学过程分析、评价和智能决策的开放的教育教学环境和便利舒适的生活环境。

2. 支撑智慧校园的关键技术

技术发展是智慧校园建设的基础，在多种技术的支持下才能真正实现个性化服务的理念。

（1）环境感知与物联网。

目前传递物联网信息的主要平台依旧是网络，但物联网为网络终端增加了一些信息感知与处理功能。感知技术一般包括激光扫描、红外感应与视频监控。与传统意义上的网络所不同的是，物联网可以有效实现人与人和物与物之间的定位、结合识别、管理、监控功能的一体化，充分体现智慧校园特有的“智能化”优势。

（2）云平台对教育教学资源的组织与整合。

将教育教学资源与云平台进行有机整合，更有利于实现教育教学资源的整合与共享，从而有效解决教育教学资源分布不均、更新速度慢、共享难度大等问题，更好地实现教育教学资源的均衡化发展。以往数字校园的主要任务是实现教育教学资源的初步整合与静态组织，往往会受到平台的限制，资源整合更多地表现为物理储存，而资源本身对逻辑上的关联性的体现较为缺乏。

（3）移动互联与应用。

移动互联技术从本质上来说主要包括自组织网、4G、Wi-Fi 等接入技术，可以有效突破高校校园中网络接入时受到的有线网络的限制，充分体现了智慧校园的开放性。同时，无线网络支撑下的智慧校园移动互联环境具有自身的优势，其特点主要是扩展、融合、高速、规模。与传统网络所不同的是，移动网络的接入终端还具有多样化的特征。

（4）学习协作及社交网络。

社交网络通常被定义为社会化或具有社会性的一种网络服务，是一种方便人际交往的网络服务手段，具有虚拟化的特征。当前信息技术不断发展的潮流之一就是社交网络的普及，社交网络已经成为促进互联网发展的一个关键性因素。与此同时，社交网络还具有成本低廉、开放性强的优势，是高校大学生展现个性、对社会实体关系进行维系、表达利益诉求的首选方式之一。学习者通过社交网络，找到相互协作的学习伙伴，共同学习、相互交流，获得一起学习的动力和方法，找到学习的乐趣所在，实现智慧学习。

据此可以预见，随着数字校园环境的不断发展，智慧校园、智慧教育渗入基础教育、学前教育领域当中，可以利用上述技术，全方位地跟踪幼儿成长进程，从幼儿阶段就建立起完备的教育档案、成长档案，实现幼儿教育的智能化、协作化、个性化。

① 祝智庭. 以信息化标准建设推动优质教育资源全覆盖［J］. 中国信息界，2015（2）：87-89.

三、数字校园的常见应用

数字校园的应用可以归结为六大类：办公管理类、教学教务类、教师发展类、学生成长类、家校沟通类以及其他应用类（见表3－3）。

表3－3　数字校园应用分类表

应用分类	常见应用内容
办公管理类	资产管理系统、办公用品管理、设备报修、车辆预约、电子档案、值班申请、文件收集、学籍管理、人事管理、信件中心、问卷调查、场馆预约、成绩分析、物品申购、校园网站等
教学教务类	智能排课、在线选课、在线组卷、阅卷助手、成绩系统、资源系统、教学系统、录课系统等
教师发展类	教师成长档案、学生评教、教师评价、教师考勤、多维度评价、同行评价等
学生成长类	学生评价、家长评价、学生综合评价、学生考勤、学生日常表现、学生生涯规划等
家校沟通类	家校沟通软件、校付通等
其他应用类	校园文化展示中心等

有关数字校园的常见应用，概括来讲主要集中于幼儿园管理、家园互动和教学三方面。

1. 幼儿园管理的数字化

管理是幼儿园永恒的主题，但管理永远需要创新。数字化建设是当今幼儿园发展的快捷通道，对幼儿园不同阶段的管理办法也是不同的，管理与阶段相适应，才能促进幼儿园的新发展；管理与阶段不适应，不仅会阻碍幼儿园的成长，甚至会把幼儿园“管死”。

在数字校园建设中，我们可以利用家校沟通APP来实现教师和家长的实时沟通、交流；利用手机APP进行智能刷卡、实名认证以及实时拍照记录等；利用数字化工具和手段来支持家园互动、家校互通、安全管理、园务管理等管理工作，提高管理质量和效率。

2. 幼儿园家园互动的数字化

家园互动看似简单，其实非常有讲究，双方的密切配合是有效沟通的前提。《幼儿园教育指导纲要（试行）》明确指出：“家庭是幼儿园重要的合作伙伴。”家园合作有利于提高幼儿教育的质量。

传统的家园沟通方式大致可分为两大类：言语沟通（含电话、家长会、家长委员会、入园离园时的沟通等）和非言语沟通（含园长信箱、家园共育栏等），但是这些沟通方式的局限性非常明显。许多家长因为要上班不能亲自去幼儿园接送幼儿，即使挤出时间来接送幼儿也会因为教师太忙而不能详细交流。

家访需要教师和家长双方都有时间，而开展家长开放日等家园共育活动则需要经过长时间的组织策划、配合协调，且呈现出的情况不够全面，活动开展的次数也有限。家长期望能从教师那得知幼儿每天在园的情况，甚至是在活动中的每一个表现，这在过去几乎是不可能实现的。现在，幼儿园数字化建设为家园联系提供了一种新的沟通方式，方便了家园之间的联系，在很大程度上满足了家长的需求。

3. 幼儿园教学的数字化

幼儿园数字化教学将图、文、声、像融为一体，其传输信息的方式突破了传统媒体的线性方式，以全方位方式进行，具有形象生动、信息刺激性强、时空宽广等特点，大大地丰富了幼儿园的教学。

（1）优化教学情境。

幼儿掌握知识往往从具体形象思维开始，多媒体教学能使抽象的事物形象化，能把整体的事物进行分解，使许多只能意会不可言传的东西具体化，极大地激发了幼儿的学习热情和兴趣。

（2）增进教学理解。

幼儿的思维具有具体形象性特点，而多媒体能以静化动、化虚为实、化抽象为形象，能将静止的内容变成生动形象的、音像结合的复合载体呈现在幼儿面前，使幼儿直接感受，切身体验，从而更好地理解掌握。

（3）丰富教学体验。

幼儿教学不同于传统的基础教育和高等教育，更加注重体验和游戏化，丰富的数字化工具恰恰能将一些幼儿无法身临其境的场景展现在面前。例如，科创课程、STEAM 教育、积木及其他各种学具、玩具，都极大地丰富了幼儿的情感体验，对幼儿学习和成长有较好的辅助作用。

幼儿园的数字化建设是时代发展的必然趋势，也是自身教学质量提升的有利契机。幼儿园应抓住时机，一方面积极学习数字化建设的相关知识，在园内打造一支数字化建设和使用的骨干团队，同时积极学习和引进成熟技术；另一方面，充分借助信息技术的有利条件，在全园营造共享共创的氛围，集中整合优质教育资源，鼓励资源建设和创新，形成资源开发与共享的可持续发展氛围。总之，数字化建设是促进幼儿园管理水平提高、课程改革和教师专业化的便捷通道，更是提升幼儿学习体验、促进幼儿个性化发展的非常有利的教育教学环境。

四、数字校园应用实例

“幸福新童年”数字化幼儿园，通过数字化管理、数字化家园共育、数字化教育教学以及幼儿园的网上家园四大运行模块，营造了新型的数字化管理模式，打破了传统的管理瓶颈，提升了园务管理水平，完善了教育教学平台，实现了家园共育多维化。该幼儿园综合服务平台的规划包含下面几个方面的内容：

1. 数字化管理

（1）智能办公管理。全面、高效、安全、快捷的智能办公系统，能突破幼儿园常规化管理模式的瓶颈，全面提升管理水平，提高工作效率，为教师减负。

一键直达管理页面，能发布通知、群发短信，方便、快捷；园务、后勤、卫生保健可随时查看，工作效率急速提升。

（2）电子门禁安全系统。幼儿园安全无小事，幼儿每日入园刷卡，系统会将考勤记录自动生成数据，每天一接一送轻松一刷，统计记录有据可查，防护机制强大高效，让幼儿更安全，让家长更放心。

2. 数字化家园共育

(1) 家园互动短信平台，能发送节假日温馨祝福、开学季入园提示、疾病多发期防护指导。一键群发辐射全园，方便迅速。

(2) 交互式园所网站，能促进园所之间、家园之间、师幼之间、幼儿之间的立体化多元互动，能提供考察园情园貌、了解班级活动、发表留言点评的服务。

3. 数字化教育教学

数字化教育教学包含“睡前故事”“绘本宝库”“辅学园地”等多媒体教育资源，全方位融合了优质丰富的教学资源，创设了新型的教育平台，突破了传统的教学模式，优化了教学效果。

4. 幼儿园的网上家园

幼儿园网站具有立体化的传播渠道，能帮助园所树立品牌形象；可通过“在园动态、膳食安排、班级窗口、通知公告”等服务窗口，展示班级空间；能够设置幼儿成长记录、教师空间等栏目，展示教师和幼儿的个人空间；能够设置家园共育、三方互动等栏目，全方面多角度展示幼儿园。

“幼儿园网站、班级空间、个人空间”这个高效的立体化传播渠道，可为幼儿园提供信息化、智能化的规范管理，为教师提供专业化、模块化的共享平台，为家长提供资源完备、安全长效的幼儿成长档案。

数字化幼儿园建设是国家、地区教育信息化规划在幼儿教育阶段的具体举措，能够促进幼儿全面发展，有利于幼儿园开展教育活动和家园共育；能够创设良好的信息化支撑环境，是幼儿园教育信息化发展的阶段性标志。因此，要推进学前教育信息化建设，就应以建设、应用和共享优质数字教育资源为核心，以数字化工具技术为支持，建设“教学、管理、家园共育”为一体的数字化幼儿园。

思考题

1. 多媒体教室的基本构成有哪些？
2. 多媒体教室的一般分类有哪些？
3. 多媒体语言实验室有哪些教学功能？在幼儿教学中如何更好地发挥多媒体语言实验室的作用？
4. 数字校园应具备什么样的特点及功能？畅想智慧校园、未来教室等将是什么样的。

参考文献

[1] 林铭. 现代教育技术：理论与实践. 2版 [M]. 北京：电子工业出版社，2008.

[2] 加里·G. 比特. 课堂中的技术应用：第7版 [M]. 北京：中国人民大学出版社，2011.

［3］梁斌，梁瑞仪．现代教育技术实训［M］．北京：国防工业出版社，2014．

［4］杜玉霞，孔维宏．现代教育技术［M］．北京：清华大学出版社，2013．

［5］凤舞科技．笔记本电脑使用和维护入门与提高（Windows 8 版）［M］．北京：清华大学出版社，2014．

［6］李兆君．现代教育技术．2 版［M］．北京：高等教育出版社，2010．

［7］张文兰．信息技术与课程整合［M］．西安：陕西师范大学出版社，2012．

第四章

现代教学媒体

本章导读

“工欲善其事，必先利其器”，学前教育的开展与推进离不开教学媒体，教学媒体是教育教学的重要组成部分。当前教学媒体多而杂，所以教育者在实施教学中要正确、合理地选择教学媒体，教学媒体选择的恰适与否将直接影响教学质量。本章将介绍现代教学媒体的概念、性质及其分类，并将按照视觉媒体、听觉媒体、视听媒体和交互式媒体四种类别分别介绍通用教学媒体的工作原理、使用方法和技巧；此外，将重点介绍几款常见的信息化玩教具，特别是寓教于乐的游戏化 APP。本章主要列举了各类教学媒体、幼儿玩教具和学前教育 APP，将为幼儿学习提供更加丰富的工具和资源。教师可以在多媒体环境下，利用通用教学媒体和信息化玩教具，结合相关的学前教育理论，让学前教育“学习活动化，活动游戏化，游戏趣味化”，在满足幼儿好奇心的同时，培养幼儿的综合能力，促进幼儿的健康发展。

第一节　教学媒体的概念、性质及其分类

一、教学媒体的概念

媒体一词来源于拉丁语“media”，是指信息在传递过程中，从信息源到收信者之间承载并传递信息的载体或工具。它有两层含义：一是指承载信息所使用的符号系统，如文字、符号、语言、声音、图形、图像等；二是指存储、加工和传递信息的实体，如书本、挂图、投影片、录像带、光盘、影视、计算机系统以及相关的播放、处理设备等。

教学媒体是在教育教学活动中，存储并传递教育教学信息的载体或中介，是教学系统的重要组成部分，是教学资源环境的构成要素。从本质上看，教学活动是一个获取、加工、处理和利用信息的过程，因此能够存储与传递信息的任何媒体，都可能发展成为教学媒体。但事实上，绝大多数新开发出来的媒体，首先不是应用在教学上，而是应用在军事、通信、娱乐、工业等领域。概括来说，一般的媒体要发展成为教学媒体应具备两个基

本要素：

（1）媒体用于存储与传递教学信息时，才可称为教学媒体。

教学信息是根据教学目标进行选取的，因此，教学媒体区别于一般的媒体。教学媒体存储与传递教学信息，是为特定的教学目标服务的，是为特定的对象——教师或幼儿所使用的。

（2）媒体用于教学活动的过程时，才能发展为教学媒体。

任何媒体都能用来存储与传递教学信息，如电影、电视以及计算机等，它们都具有存储与传递教学信息的功能，但这些媒体在诞生的初期，只在通信、娱乐等领域中获得应用，在教学活动中没有得到应用。因此，它们只是一般的媒体，而不是教学媒体，只有当它们经过改进用于教学活动时，才成为真正的教学媒体。

一般的媒体要发展成为教学媒体，往往要解决两个关键问题：一是改造硬件，使其能满足教学活动的要求，方便教师与幼儿使用，且要价格低廉，适宜推广使用；二是编制软件，使该软件所存储与传递的信息是教学信息，并且编制的原则与方法要符合教学活动的要求。

【知识卡片】　新媒体

新媒体是个综合性的概念，不是专指某一种特定的媒介，而是对为适应信息传播的新需求而出现的一批媒介的统称。新媒体是在传统媒体的基础上，应用最新的科学技术而发展起来的新型媒介。相对于报纸、杂志、广播、电视四大传统意义上的媒体，新媒体被形象地称为“第五媒体”。新媒体主要包括以下几大类：（1）光纤电缆通信网、电子计算机通信网、大型电脑数据库通信系统等网络技术支持下的网络媒体；（2）都市型双向传播有线电视网、利用数字技术播放的广播网、图文电视、直播卫星系统、数字电视等技术支持下的新电视媒体；（3）手机短信和多媒体信息的互动平台、WAP手机、手机电视等技术支持下的手机媒体。

资料来源：穆艳花．新型信息传播媒体类型分析［J］．青海民族大学学报（教育科学版），2010，30（5）．

二、教学媒体的性质

1．媒体是人的延伸

加拿大著名的原创媒介理论家马歇尔·麦克卢汉于1964年在《理解媒介：论人的延伸》一书中就指出：媒体是人的延伸。印刷品是人眼的延伸，无线电广播是人耳的延伸，电视则是人眼和人耳的同时延伸。每一种新媒体的出现都是一种延伸，而每一项新的延伸都会使人的感官平衡产生变动。

“媒体是人的延伸”这一性质给教育带来了多方面的影响。

（1）媒体的延伸，拓展和提高了人的感觉和思维能力。

人的感觉器官有很大的局限性，以视觉器官为例，人眼只能分辨十分之一毫米的物体，人眼只能感受可见光的波段，人眼对光的最短反应时间只有十分之一秒等，这些局限性限制了人的认识能力。媒体的延伸，可以弥补这种局限，可以将小扩大、将大缩小，化慢为快、化快为慢，把远变近、把动变静，让史料重现、让二维变多维等，突破了感觉的空间维度，突破了人固有思维的局限，将人的感觉与思维全方位地调动起来，提高了人的感觉与思维能力。

（2）媒体的延伸，打破了感觉器官的平衡。

媒体的延伸，可使人的感觉器官平衡发生变动，使某一感觉器官被突出使用。例如，电影、电视把复杂的、不连贯的现实生活素材经过剪辑、整理，变成一个有机联系的镜头组合，并“强迫”人们运用视觉器官按顺序接收；又如，电影、电视中的景别变换和镜头运动，相当于“强迫”人们的眼睛运动，在观察距离、方位上调动人们的眼睛。

（3）媒体的延伸，赋予媒体功能以互补性。

媒体的延伸方向不同，即媒体传递的信息对人的感官刺激不同，使得媒体与媒体之间可以互补。例如，书本可以用文字符号详尽地描述信息以供分析、研究，但并不直观形象；而活动的图像可利用形象的语言提供大量的信息，但是稍纵即逝，无以查考。这两种延伸可互为补充，前者提供完整的细节，后者提供形象的表述。

2. 教学媒体的教育作用

教学媒体具有许多功能，但也有其适用性和局限性，而往往一种教学媒体的局限性又可由其他教学媒体的适用性所弥补。因此，我们必须研究各种教学媒体的特性，并根据需要去设计、选择、运用和评价多种教学媒体，以达到最优的教学效果。特别是在学前教育阶段，选取恰当合适的教学媒体开展教学活动，可以对幼儿的发展起到积极的作用。

（1）多维度提供感知材料，促进幼儿的知识建构。

合理地使用多种媒体，可以提供多种形式的学习材料，创建较好的学习情境，对教学信息进行多维度的呈现，以帮助幼儿加深感知程度，理解教学内容，进行知识建构。

（2）帮助教师改进教学中的引导方法。

当幼儿在接收媒体传送的信息时，教师可先引导幼儿观察信息中呈现的各种关系，继而引导幼儿发现并解释这些关系，然后询问幼儿与信息相关的直观经验。

（3）帮助教师有效地实施教学管理。

教学媒体可以确保教师和幼儿之间保持一种更有活力的关系，使教师成为一名合格的教学组织者，而不仅仅是信息内容的传递者。

（4）对特殊教育有极大的帮助作用。

对于那些身体器官残疾的幼儿，可以根据其特殊性使用教学媒体，将教学调整、设计到最佳状态，实实在在地适应他们的特性，拓展其知识领域或经验，甚至可以利用媒体的延伸和互补性增强其感知，降低器官残疾带来的影响。例如，对视力残疾的幼儿，可以利用听力训练媒体发展其听觉感知能力，为他们提供方便和帮助。

教学媒体一般都是灵活的、可替换的，不存在对任何教学目标都最适用的“超级媒体”，关键在于明确在一定的条件下采用何种教学媒体更合适。对于一个特定的、具体的教学目标来说，存在使用某一种媒体的教学效果明显优于其他媒体的情况，因此必须根据各种媒体的内在特征和功能，正确、合理地利用媒体。

3. 教学媒体的功能特性

我们对教学媒体的功能特性进行分类梳理，并列举出几种典型教学媒体的功能特性（见表4-1、表4-2）。

表4-1　　教学媒体的功能特性

特性	解释	举例
表现力	是指教学媒体表现事物的空间、时间和运动特征的能力	例如，电影与电视能够以活动的彩色图像和同步的声音去呈现事物的运动状态与规律，能全面呈现事物的空间、时间、运动等特性，因此具有极强的表现力
重现力	是指教学媒体不受时间和空间的限制，把记录和存储的内容随时重新使用的能力	例如，书本可以反复阅读，录音、录像、幻灯片可以反复重播，计算机课件可按学习者的需求重现内容。也有一些媒体不具有良好的重现特性，如现场的广播和电视等
传播力	是指教学媒体把信息实时传送到接收者的能力	例如，书本、杂志可通过出版、发行传播到各个地方；电视可以通过射频信号发射，利用卫星或信息高速公路甚至可以覆盖全球，到达世界的任何地方；网络媒体不仅能跨越空间的限制，还能跨越时间的限制
可控性	是指使用者对教学媒体操纵控制的难易程度	例如，幻灯、投影、录像、录音都比较容易操纵，并适用于个别化教学；电影放映则必须接受专门训练才能操纵使用；至于广播和电视，只能按电台和电视台播出的时间去收听、观看，使用者难以控制；多媒体计算机和网络媒体较容易控制
参与性	是指教学媒体在发挥作用时幼儿参与活动的机会	例如，模型等媒体为幼儿提供了动手操作的可能，使幼儿可以随时中断而进行提问、思考、讨论等学习活动，行为参与的机会较多；电影、电视、广播等媒体有较强的感染力，能够刺激幼儿的情绪，幼儿反应较为强烈，容易诱发幼儿在情感上的参与

表4-2　　几种典型教学媒体的功能特性一览表

特性		教科书	板书	模型	录音	幻灯	电影	广播、电视	录像	计算机
表现力	空间特性			√		√	√	√	√	√
	时间特性	√	√		√		√	√	√	√
	运动特性						√	√	√	√
重现力	即时重现		√	√	√	√		√	√	√
	事后重现	√		√	√	√	√		√	√
传播力	无限接触	√		√	√	√			√	√
	有限接触		√				√	√		
可控性	易控	√	√	√	√	√			√	√
	难控						√	√		
参与性	感情参与				√		√	√	√	√
	行为参与	√	√	√		√				√

由表4-1和表4-2可见，各种媒体对收信者的感官刺激是不同的，即教学媒体具有各不相同的特性。在教学活动中应根据教学内容和教学对象选择合适的教学媒体，充分发

挥各教学媒体的长处，从而取得良好的效果。

三、教学媒体的分类

随着人类社会的进步，媒体经历了不同的发展阶段。从不同的角度研究，教学媒体可以分为不同的类型，如表 4-3 所示。

表 4-3　　　　教学媒体的类型

分类依据	媒体名称	教学媒体举例
信息传播的方向	单向传播媒体	教科书、电影、电视、录音、广播、录像等
	双向传播媒体	视频点播、计算机、网络聊天室、多媒体语言实验室、多媒体网络教室、微格教室等
媒体对收信者感觉器官的刺激及交互性	视觉媒体	教科书、板书、图片、幻灯机、投影仪等
	听觉媒体	广播、录音、有声卡、多媒体语言实验室、唱片等
	视听媒体	电影、电视、DVD、录像、镭射影碟（LD）等
	交互式媒体	程序教学机器、教学模拟机、教学游戏机、双向有线电视、计算机、平板电脑等
	多媒体教学系统	多媒体学习库、多媒体计算机、多媒体远程教学系统等
教学组织形式的需要	课堂展示媒体	投影、录像、黑板等
	个别化学习媒体	印刷品、录音等
	小组教学媒体	图片、投影、白板等
	远程教育媒体	广播、电视、计算机网络等

除了上述三种分类方式外，教学媒体还可以从其他角度进行分类。例如，按其生产的时代可分为传统媒体和现代媒体，按其呈现信息的形态和特点可分为印刷媒体和非印刷媒体，按其媒体的组合方式可分为单项媒体、多项媒体和多媒体组合系统等。众多教学媒体的特点和功能有所重合，使得无论从哪个角度来划分都可能造成类别的交叉，难以进行明确的分类界定。人们对媒体的多种分类主要也是为了能从不同角度认识教学媒体的特性与功能，方便根据教学需要选择恰当的教学媒体。为了方便起见，我们在本书中主要根据媒体对收信者感觉器官的刺激及交互性进行分类，对所列媒体的种类、结构原理、使用方法、教学应用等加以详细介绍。

第二节　通用教学媒体

一、视觉媒体

在视觉媒体中，幻灯机和投影仪是应用非常广泛的常规教学媒体。利用幻灯机和投影仪进行辅助教学是每位教师应当具备的基本技能。此外，摄影技术在幼儿教学当中也是非常重要的辅助教学手段。因此，本节将介绍关于幻灯机、投影仪和照相机方面的基础知识。

(一) 幻灯机

1. 幻灯机的结构和原理

幻灯机的种类很多，但其基本的结构和原理大致相同。一般由光学部分、机身部分、机械传动部分和电气控制部分组成。

光学部分是幻灯机的主要组成部分，其作用是用足够强的光线透射幻灯片，在放映屏幕上呈现出放大的清晰的影像。幻灯机的光学部分可以分为聚光镜式和聚光反光混合式两种。其中聚光镜式幻灯机的光学部分主要由光源、反光镜、聚光镜、隔热玻璃和放映镜头等组成，如图 4-1 所示。聚光反光混合式幻灯机的光学部分主要由溴钨灯（光源）、深椭球冷光反光镜、平面反光镜、聚光镜、投影物镜（放映镜头）等组成，如图 4-2 所示。

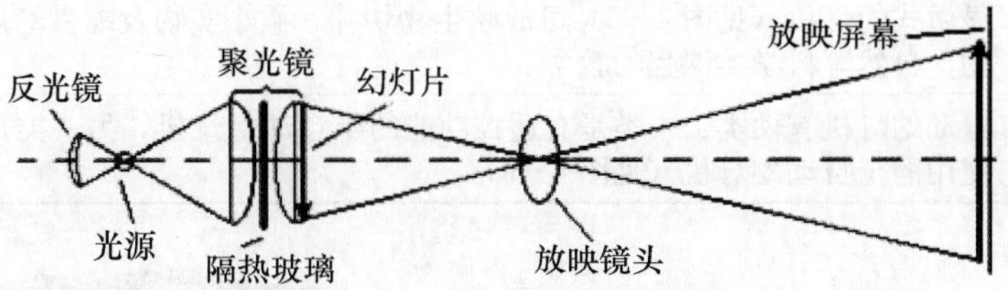

图 4-1　聚光镜式幻灯机的光学部分

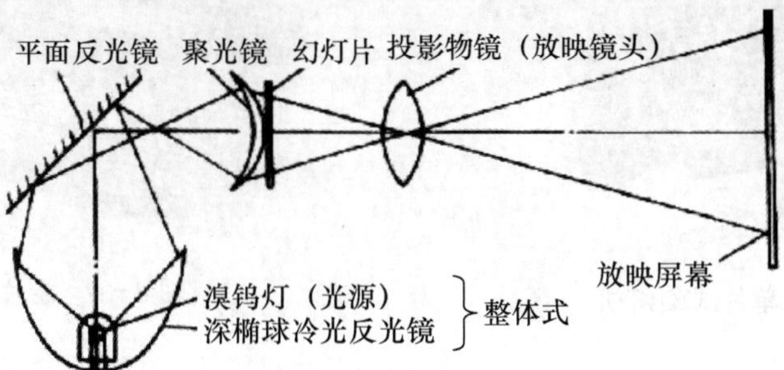

图 4-2　聚光反光混合式幻灯机的光学部分

以聚光镜式幻灯机为例，幻灯机在工作时，光源发出的光经反光镜反射到聚光镜上，聚光后绝大多数的光线均匀而集中地照射到幻灯片上，透射光经过放映镜头，在放映屏幕上呈现出放大的倒立的实像。由于凸透镜成的像是倒像，因此在放映时幻灯片必须倒立在幻灯机的光路中。

机身部分由底座、外壳、灯箱、电源变压器、冷却风扇、镜头筒、升降足等组成，具有支撑光学部分和维持幻灯机的工作机能。

机械传动部分由传动机构、换片机构和调焦机构组成，能够实现自动换片和自动调焦，其部件有电机、传动轮、摩擦轮、涡轮、蜗杆等。

电气控制部分是将操作者换片和调焦的命令以电信号的形式传递给机械传动部分，其功能的多少与幻灯机的种类有关，一般有有线遥控、无线遥控、定时控制、声控等功能。

2. 幻灯机的类型

幻灯机类型多样，分类方法也有多种。例如：按成像原理分，有直射式幻灯机、反射式幻灯机；按操作方式分，有手动幻灯机、自动幻灯机；按幻灯片的形式分，有单片式幻灯机、卷片式幻灯机和显微式幻灯机，单片式幻灯机按片盒形状分为直盒推挽式幻灯机、圆盘起落式幻灯机；按放映镜头的数量分，有单镜头幻灯机、多镜头幻灯机及复合式幻灯机等。下面我们对教学中比较常见的几种幻灯机做简单介绍（见表 4-4）。

表 4-4　教学中比较常见的几种幻灯机

幻灯机的类型	特点
单片式幻灯机	单片式幻灯机（见图 4-3）的幻灯片是一张张单片，每张幻灯片都被夹入塑料或纸质的片夹中
卷片式幻灯机	卷片式幻灯机（见图 4-4）的幻灯片是边缘带有齿孔的长条胶片，常用 35mm 的电影胶片作为幻灯片
显微式幻灯机	显微式幻灯机（见图 4-5）可放映生物切片、微小实物及缩微幻灯片，主要用于生物、自然等科学类课程的教学
自动幻灯机	自动幻灯机有两类：一类是有遥控功能的半自动幻灯机，另一类是能与计算机配合使用的全自动幻灯机（见图 4-6）

图 4-3　单片式幻灯机

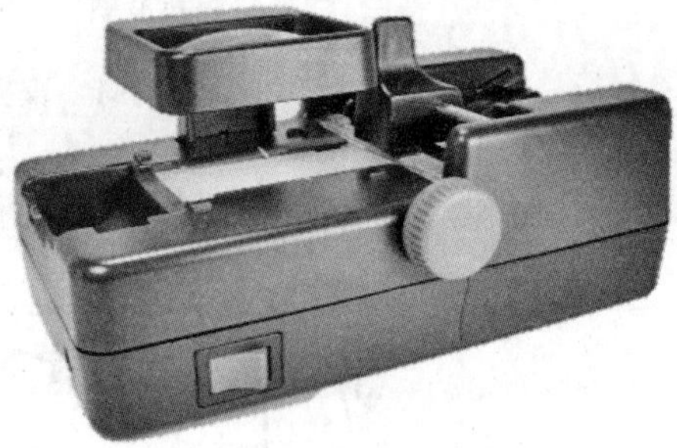

图 4-4　卷片式幻灯机

图 4-5　显微式幻灯机

图 4-6　全自动幻灯机

3. 幻灯机的使用

(1) 放映前的准备工作。

在利用幻灯机进行教学前，必须做好以下的准备工作：

1) 熟悉设备的使用方法。初次使用幻灯机的教师，应仔细阅读说明书，了解幻灯机各部分的性能、特点及正确的操作方法，并做必要的演练。

2) 检查调试。使用前必须认真检查幻灯机，看幻灯机的电路有无短、断路现象，散热风扇的转轮是否正常，各调节部位是否灵活有效，各固定部位是否牢固等。

3) 架机。架机时要考虑幻灯机位置的高低、仰角及离放映屏幕的距离。幻灯机位置太高，会导致放映的图像位置太高，幼儿无法观看；位置太低，幼儿身体可能挡住幻灯机的光线，使影像不完整。幻灯机仰角太大，会使放映屏幕上的图像出现变形，且易出现卡片现象。幻灯机离放映屏幕距离太近，放映屏幕上的图像小，会使教室后面的幼儿看不清；离放映屏幕距离太远，放映屏幕上的图像变大，但亮度降低，也会影响观看效果。

4) 挂放映屏幕。挂放映屏幕也要考虑高度、方向和位置。放映屏幕的高度要保证放映屏幕拉伸后的下沿和黑板下沿平齐。为保证放映屏幕与幻灯机的光轴垂直，放映屏幕上方要稍向前倾。放映屏幕应避免阳光直射，挂置在幼儿都能看得清楚的教室前墙的适当位置。

5) 装片。装片时，要注意幻灯片图像的前后次序，检查片夹是否完好，片夹太薄、太厚、变形、开裂都易造成卡片现象。片盒插入幻灯机时，应确保方位正确。

(2) 放映时的注意事项。

1) 通电、开机。应先打开机器上的电源，此时风扇转动，光源预热。数秒后，再开灯，此时光源正常发光，幻灯片的影像即投射出去。关机时的顺序正好相反，应先关灯，让散热风扇继续工作一段时间后，再关机器上的电源。

2) 调像、调焦。影像在放映屏幕上的上下位置可以通过调节幻灯机的升降足来调整，必要时可改变整机的高度；影像的左右位置可以通过左右转动幻灯机来调整。放映开始时，用手转动镜头筒，直到放映屏幕上的影像非常清晰。放映过程中，因幻灯片的位置可能有一些细微变动，可利用手控盒上的调焦钮或遥控器进行微动调焦，以确保影像清晰。

3) 幻灯机工作时不能有物件遮挡机器的通风口，散热风扇有故障时应立即停机，否则易使机器温度过高而烤坏幻灯片，甚至损坏机器。

4) 灯泡工作时，要避免震动或搬运，否则易震坏灯丝。

(二) 投影仪

投影仪是一种光学仪器，可将教材投影片的图像放大，通过图像传递教学信息。它具有亮度高、色彩真实、画面清晰、操作方便的特点，是学校电教工作中的必备设备。

1. 投影仪的结构和原理

投影仪由光学部分和机身部分组成，常见投影仪的构造如图 4-7 所示。

投影仪的光学部分由光源、反光镜、新月镜、螺纹透镜、放映镜头、反射镜等部件组成。其中新月镜实质上是凸透镜，由硬质玻璃制成，外形如月亮。新月镜的作用有三个：一是起聚光作用，提高光能利用率；二是起隔热作用；三是缩短聚光系统的焦距，从而降低机身的高度。其中，螺纹透镜相当于幻灯机中的聚光镜，一方面汇聚光线，另一方面使光线均匀照射到投影片上。

机身部分包括机架、立杆、变压器、散热风扇及各种功能的开关，机身部分主要起支撑、冷却和供电的作用。

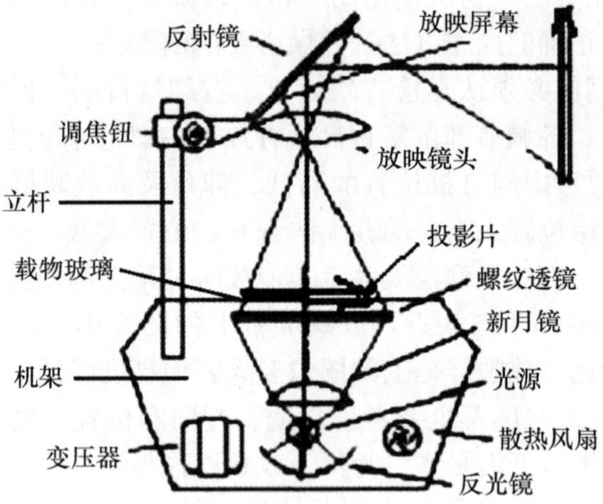

图 4－7　投影仪的构造

2. 投影仪的类型

投影仪按不同的分类方法有不同的类型。例如：按整机的构造分，有台式投影仪和便携式投影仪（见图 4－8、图 4－9）；按软件的类型分，有书写式投影仪和实物投影仪（见图 4－10、图 4－11）。

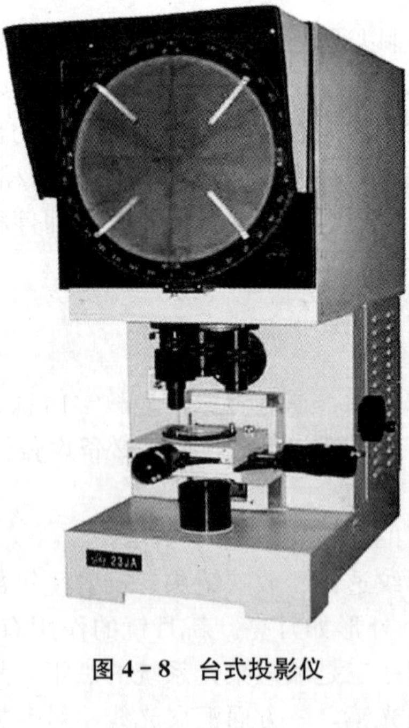

图 4－8　台式投影仪

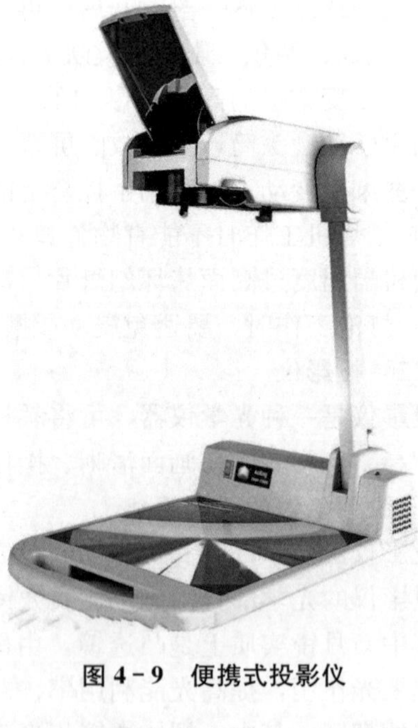

图 4－9　便携式投影仪

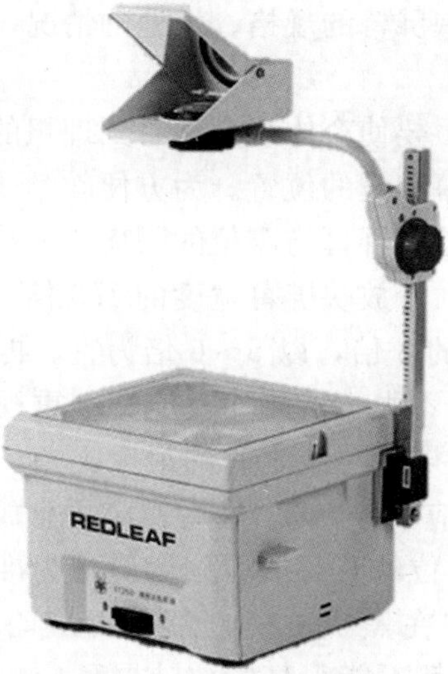

图 4-10　书写式投影仪

图 4-11　实物投影仪

3. 投影仪的使用

投影仪一般架在讲台的一侧，挂幕要求与幻灯机挂幕要求相同。不同投影仪放映镜头的焦距有所不同，当讲台离放映屏幕很近时，应选用镜头焦距较短的投影仪。投影仪的使用过程如下：

(1) 打开机器开关，散热风扇立即转动，用溴钨灯作光源的投影仪，灯会立刻发光；用镝灯作光源的投影仪，必须再按下触发器 3～5 秒（可听到触发启动声），镝灯才开始发出微弱的光，约一分钟后，才正常发光。使用高亮度投影仪进行教学，应开机预热。

(2) 调整反射镜的仰角，使影像在放映屏幕上高低适中；转动反射镜，使影像在放映屏幕上左右适中；改变投影仪的位置，使影像在放映屏幕上大小适中；转动立杆上的调焦按钮，使放映屏幕上影像清晰。

(3) 将投影片置于载物玻璃上即可放大投影，一般应边投影边讲解。

(4) 放映结束应关机断电，将反射镜合在放映镜头上。

使用光学投影设备，最终要在放映屏幕上再现教学内容。因此，放映屏幕的质量和安装使用是否正确，对画面的亮度、清晰度都有极大影响。

教学上使用的放映屏幕，按不同的方式可分为不同的类型，具体如表 4-5 所示。

表 4-5　放映屏幕的类型

分类方式	类型
按结构分	有卷筒式、软片式、框架式
按投影方式分	有反射式、透射式
按制作放映屏幕的光学材料分	有木板幕、白布幕、布基白塑幕、玻璃珠幕、金属幕
按幕面的光学特性分	有全方位漫反射幕、方向性漫反射幕

放映屏幕的选择主要考虑以下几个因素：放映屏幕的规格、场地的情况、放映屏幕的光学性能等。

放映屏幕架设得正确与否直接影响收看效果，要使全体观众都看到理想的图像，架设放映屏幕应注意以下几点：首先，应注意放映屏幕架设的位置。为方便教学，放映屏幕一般都挂在黑板的一侧或中间位置。其次，应注意放映屏幕与座位的距离。屏幕的安装位置应保证距放映屏幕最近的幼儿与放映屏幕的距离大于放映屏幕宽度的 1.3 倍，距放映屏幕最远的幼儿与放映屏幕的距离小于放映屏幕宽度的 8 倍，以 5～6 倍为宜。再次，应注意放映屏幕的视角。为使全体幼儿都能看到不变形不失真的画面，应特别重视放映屏幕的视角。以最前排的幼儿为准，幼儿的视线与放映屏幕法线之间的最大夹角，在水平方向的投影角度应小于 45°，在垂直方向的投影角度应小于 40°。最后，应注意放映屏幕的高度和方向。放映屏幕架设的高度应以教室中每一位幼儿都能看到全屏幕为准，放映屏幕的下沿距地面 1.0～1.2m 为宜；若放映屏幕挂在黑板一侧，其平面应略偏向另一侧（角度为 20°左右）；由于投影仪和幻灯机的位置都不能很高，放映屏幕应略向前倾（角度为 10°左右）。

平整洁白的放映屏幕是清晰、完美地再现教学内容的必要保证，因此使用放映屏幕要注意以下三点：

首先，应避免坚硬和易落灰尘的物体接触放映屏幕表面，装挂、拉出和使用过程中都不要用手接触放映屏幕表面。

其次，应妥善保管，不使用的放映屏幕要收入卷筒中或折叠好，存放在避光、干燥、阴凉清洁的仓库里。

最后，应保持放映屏幕清洁，经常清理表面灰尘；定期用中性洗涤剂清洗表面油污，洗后熨平。

（三）照相机

1. 照相机的工作原理

照相机是由透镜组成的，根据光的直线传播和光的折射原理，物体各点反射的光线经过透镜折射后汇聚成清晰的焦点。通过透镜，在主光轴上边的物体在主光轴下边成像，在主光轴下边的物体则在主光轴上边成像，形成一个与实物完全倒立的像，如图 4－12 所示。

由于被摄物体处于两倍焦距之外，在照相机的感光片上呈现的影像都是倒立缩小的实像，因此，照相机才能够把人和物的像真实地拍摄下来。

2. 照相机的结构

照相机由镜头和机身两部分组成。镜头是照相机的主要部件，属于光学部分，是照相机的眼睛，它能使被摄对象在感光片上成像，并借助光的作用使感光片产生潜影。

（1）镜头。

镜头的光学性能是评价和选择镜头的主要依据，主要表现在以下几个方面：

1）焦距。

焦距是镜头的主要性能指标之一，通常用“f”表示，其长度单位为 mm，一般都标刻在镜头前镜片压圈上或镜筒的外圆周上。焦距指的是从镜头光学后主点到焦点的距离。

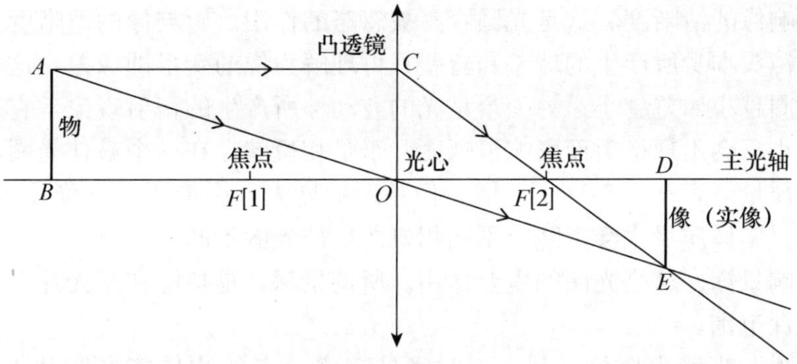

图 4-12　照相机成像原理

根据焦距的不同可以把镜头分为：标准镜头、广角镜头、鱼眼镜头、长焦镜头和变焦镜头。影像放大率、拍摄距离与焦距成正比，拍摄景物的范围与焦距成反比。例如，焦距越长，影像放大率越大，拍摄距离越长，拍摄的景物范围就越小；反之，焦距越短，影像放大率越小，拍摄距离越短，拍摄的景物范围越大。

2）视角。

视角也是镜头的一项重要性能指标，镜头中心点到成像平面对角线两端所成的夹角就是镜头视角。镜头视角的大小，主要取决于底片的尺寸和焦距的长短。在底片尺寸固定的情况下，视角的大小取决于焦距的长短。焦距越长，视角越小；焦距越短，视角越大。因此，视角与焦距成反比。镜头视角越大，所拍摄的画面空间越大，影像的放大率越小。

3）有效口径。

镜头口径也叫有效口径，表示镜头的最大通光孔，也就是镜头的最大光圈。口径大，光线通过的多，说明通光性能好。镜头口径是固定的。镜头口径并不直接用直径来表示，而是用直径与焦距之比表示，并标明在镜头上。例如，镜头通光孔直径为 25mm，焦距为 50mm，则其口径为 25∶50=1∶2。

4）光圈。

光圈又称相对口径，是直径可以改变的叶片组。光圈是镜头结构中最重要的装置之一，它能以不同的孔径来调节镜头的通光量。光圈由许多弧形的金属叶片组成，安装在镜头的透镜组之间，可以根据需要来调节通光孔的孔径。

光圈的大小，通常不用通光孔的直径或面积表示，而是用光圈系数来表示。光圈系数记为“F”，它和光圈的有效直径“D”以及镜头焦距“f”之间的关系为：$F=\frac{f}{D}$。当镜头焦距一定时，光圈系数与光圈的有效直径成反比。光圈有效直径越小，对应的光圈系数就越大；反之，光圈有效直径越大，对应的光圈系数就越小。光圈有调节进光量、影响像的清晰度和影响景深三个作用。

第一，调节进光量。光圈的大小决定通光孔的大小，光圈大，进光量也大，感光片获得的照度就大；光圈小，进光量也小，感光片获得的照度就小。光圈大小与快门速度配合共同控制曝光量。

第二，影响像的清晰度。这是光圈容易被忽略的作用。影响像的清晰度的原因有两个方面：一个是镜头本身所产生的球差和彗差，可理解为像的变形即像差，这种像差大小与光圈有关，光圈越小像差越小；另一个是光的波动性所产生的衍射现象，它影响清晰度的规律是光圈太小，会出现衍射而影响清晰度。于是相机就存在一个最佳光圈，使用这个光圈拍照，影像质量最好；大于这个光圈，像差影响增大，影像质量下降；小于这个光圈，衍射现象增强，影像质量也会下降。不同相机的最佳光圈不同。

第三，影响景深。这是光圈的重要作用。所谓景深，是指能在感光片上产生基本清晰的像的景物纵深范围。

从理论上说，当镜头聚焦于某一点时，只有这一点的物体能在胶片上清晰地成像。但是实际上，焦点前后一定范围内的景物在胶片上成的像也是较为清晰的。比如，拍摄时对准某人物进行调焦，那么该人物处于清晰点上，而此时在他前后一定范围内的景物也相对比较清晰。因此，我们可以说这部分景物也处于清晰范围之内，也就是在景深范围之内。

景深可分为两部分：位于调焦目标前的那部分叫前景深，位于调焦目标后的那部分叫后景深。前后景深相加，称作全景深。景深的大小主要决定于三个因素：照相机镜头光圈的大小、所用镜头焦距的长短及调焦距离的远近。

拍摄时，若想得到尽可能大的景深，可以将光圈尽量向小处调节，如向 F16、F22 方向调节；反过来，若想采用小景深，应尽量将光圈开大，如向 F2.8、F2 方向调节。当拍摄时的光圈大小不变，被摄主体的位置也不改变时，使用的镜头焦距越短，景深就越大，镜头的焦距越长，景深就越小。当拍摄时的光圈大小不变，所使用的镜头焦距也不改变时，被摄主体越远，即调焦距离越远，画面中的前后清晰范围就越大；反之，被摄主体越近，即调焦距离越近，前后的清晰范围也就越小。

（2）机身。

1）快门。

快门是照相机控制曝光时间的装置，由快门按钮控制。它与光圈配合使用，共同调节胶片的曝光量。快门的作用主要表现在两个方面：一是控制射入镜头的光线在胶片上存留的时间，也就是控制胶片的受光时间；二是控制被摄主体的清晰度和虚化程度。

通常把快门开启的时间称为快门速度。快门速度以秒为单位。常见的快门速度有 1、1/2、1/4、1/8、1/15、1/30、1/60、1/125、1/250、1/500、1/1 000 和 1/2 000 秒，它们一般都被刻在快门速度盘上，凡是分数仅标示出分母值；大于 1 秒的速度，不用分母标示，而是用时间值直接标示，为了与分数时间值区别，通常用另一种颜色。快门速度的基本作用就是控制光线照射胶片的持续时间。时间越短，光线越少，它们之间成正比。如果把时间缩短一半，那么光线也会减少一半。因此快门速度每相差一挡，则说明胶片的曝光时间相差一倍，即曝光量相差一级。例如，快门速度为 1/125 秒时，胶片的曝光量比速度为1/250 秒时大一倍。

拍摄运动物体时，快门速度的选择需要考虑以下四个因素：运动物体的速度、运动物体的方向、运动物体的距离和摄影镜头的焦距。

第一，运动物体的速度。选用的快门速度应该大体上等于物体运动速度。

第二，运动物体的方向。一个物体穿过拍摄者视野的横向运动，即从一边到另一边，似乎比该物体以同样的速度朝向或远离拍摄者时的运动速度要快得多，因此快门速度的选择应与运动物体的方向相适应。

第三，运动物体的距离。照相机距离运动物体越近，物体留在胶片上的影像越大，胶片上的影像越大，其穿过画面的速度就会越快，选择的快门速度也应越快。

第四，摄影镜头的焦距。镜头焦距越长，胶片上的影像越大，影像越大，其穿过画面的速度就会越快，选择的快门速度就应越快。

2）取景器。

取景器又称观景器，也是照相机的主要构成部分。它用于选取景物范围并确定画面的构图格局。取景器的功能主要有三个：指示拍摄范围、指示调焦和指示内测光。

第一，指示拍摄范围。相机的取景器用于观察和确定把哪些景物摄入画面。在按下快门之前，可以通过取景器确定景物的拍摄范围，并且进行简单的构图，以使拍摄的画面更有美感。

第二，指示调焦。照相机的取景器上都装有调焦验证装置，其作用是验证照相机的调焦是否准确。转动调焦环时，摄影者可以从取景器中观察影像的清晰程度以及影像是否重合等，验证调焦的准确程度。不同的照相机往往有不同的取景方式，常见的取景方式有毛玻璃屏式、中央裂像式、微棱镜式和重影式。

第三，指示内测光。进行内测光时，可采用一个简单的方法：用反射率18%左右的中性灰板（如人的面部）做测光的基准。轻按快门按钮，观察取景器中画框外右下角的指示灯，如果上面的红灯亮，表示曝光过度，可以将光圈调小一点、快门速度调快一点；如果下面的红灯亮，表示曝光不足，可以将光圈调大一点、快门速度调慢一点；如果中间的绿灯亮，表示曝光合适。

3. 照相机的类型

照相机的类型多样，按不同的分类方式可分为不同的类型，具体如表 4－6 所示。

表 4－6　　照相机的类型

分类	类型	内容
按胶卷画幅尺寸分类	110 相机	110 相机使用 110 规格胶卷，是由柯达公司于 1972 年首先推出的一种新型号胶卷，只供应彩色负片，这种胶卷的宽度相当于 16mm 电影胶片
	120 相机	120 相机使用 120 规格胶卷，是布朗尼为柯达设计的第二代胶卷，画面尺寸为 57mm×83mm
	135 相机	135 相机使用 135 规格胶卷，画幅是 36mm×24mm，算上高度和上下的方形齿孔总高度是 35mm，所以也称作 35mm 相机
按取景方式分类	同轴取景照相机	取景与摄影具有同一主光轴，即用摄影镜头兼作取景物镜，从取景器中观察到的景物范围与胶卷所记录的景物范围完全一致，无视差现象
	旁轴取景照相机	取景与摄影不在同一主光轴上，即取景器的主光轴一般在摄影镜头主光轴的左上侧或正上方，二者彼此平行

续前表

分类	类型	内容
按自动化程度分类	全机械手动照相机	不具备任何自动化功能，曝光、调焦或输片，均要依靠手动操作，如尼康FM2。这类相机有的具有测光系统，它可给曝光时调节光圈和快门提供参考
	自动曝光照相机	这类照相机除了测光系统外，还有能按照测光结果自动控制光圈和快门的机构，以实现正确曝光。根据控制自动曝光的方式不同，这类照相机又可分为光圈优先式照相机、快门速度优先式照相机、程序式照相机等
	自动调焦照相机	也叫AF相机，它能根据拍摄距离的远近，自动改变镜头的对焦点，使得所拍摄的主体景物成像清晰
	傻瓜照相机	傻瓜照相机可操作调节的部件极少，使用操作简便，通俗易学，更接近大众。但成像质量较差，对拍摄的天气、环境等条件的适应能力较差
	袖珍照相机	体积较小，类似于傻瓜照相机，但功能较多，一般具有自动曝光、自动对焦等功能。同时其镜头焦距可以改变，可调节的部件较多，与常见的单反照相机相近，操作简便快捷，携带方便

4. 摄影曝光的控制

在摄影时，要掌握曝光控制，就要对曝光的基本理论有所了解。

(1) 曝光量。

曝光控制的目的，就是使感光片能得到合适的曝光量。所谓曝光量，就是指参与曝光的光的总量。曝光量的计算单位是lx·s。以E代表曝光量，其计算公式如下：$E=I\times T$，即感光片处光线的强度乘以光线所作用的时间。

定义中的“光线的强度”是指感光片受光线照射的强度，即照度（以I表示，单位是勒克司）。“光线所作用的时间”是指感光片受光线照射的时间，即曝光时间（以T表示，单位是秒）。

通常的曝光要求是：底片上不仅要表现出景物-影调的中间部分，还要表现出它的明亮部分和阴暗部分。正确曝光的画面效果应该是在明亮、中间、阴暗这三部分的影调中，能够区分出亮中有亮、暗中有暗；不仅要在中间影调中表现出各种不用影调的影纹，还要在明亮部分和阴暗部分表现出各种细致的影纹。要实现“正确曝光”，既要运用技术技法，又要运用艺术手法。总之，要重视“正确曝光”在摄影实践中的价值并掌握其实现方法。

(2) 互易律。

摄影时光线的强度（照度）由两个因素决定，即由景物亮度和相机的光圈大小决定。从曝光量公式可知，在曝光量和景物亮度一定时，光圈越大，光线越强（照度越强），曝光时间越短即快门速度就越小，所以曝光量公式可记为：曝光量＝快门速度×光圈大小×景物亮度。

相邻两级光圈的进光量相差1倍，相邻两级快门速度的进光量也相差1倍，例如，F5.6的进光量是F8进光量的2倍，快门速度1/60秒的进光量是1/125秒进光量的2倍。所以在景物亮度一定时光圈大一挡，而快门开启时间（快门速度）变为原来的1/2，则曝光量不变。所以，通常把光圈快门对等互补而保持曝光量不变的规律称为互易律。

从曝光理论上来讲，互易律是正确的。但是，在摄影实践中，互易律却只在一定范围内才有效。对于黑白感光片来说，互易律失效的主要表现为曝光不足。处理的办法主要有两个：一是尽可能将曝光时间设置在不需顾虑互易失效的范围之内，二是调节曝光时间以补偿感光不足和调节显影时间以补偿反差差异。

（3）影响曝光量的因素。

影响曝光量的因素包括：光源强度、景物亮度、胶卷的感光度、显影的条件、互易律的失效和器材的精确度。摄影离不开光源照明，所以光源强度是影响摄影曝光的重要因素，而自然光的强弱又与天气阴晴、季节变化和地域差别有关系。在大多数情况下，使底片感光的并不是照明光源本身，而是景物被光源照明后的反射光，即景物的亮度，景物的亮度除了与光源的亮度有直接关系外，还与景物受光面积的大小、景物反光能力的强弱和周围环境的明暗有关系。此外，胶卷的感光度、显影的条件、互易律的失效、器材的精确度等都是影响曝光量的因素。

5. 快门优先与光圈优先

（1）快门优先，即先确定快门速度，后确定光圈。在拍摄正在运动的物体时，要先定快门速度，为的是把被拍摄的运动物体拍得清晰。确定了快门速度以后，再根据所需要的曝光量，对光圈进行调节。

先确定快门速度时，应该定到哪一挡呢？这要根据具体情况选择：

1）被摄物体的运动速度越快，快门速度就要越快。比如：拍摄参加竞走比赛的运动员，可能用 1/25 秒的快门速度就能拍出清晰的画面；而在同一角度拍摄百米赛跑的运动员就需要 1/500 秒或1/1 000秒的快门速度。

2）被摄物体的运动方向与拍摄方向之间的角度越大，快门速度就要越快。比如：正面拍摄百米冲刺的运动员，用 1/250 秒的快门速度就能拍出清晰的画面；而在侧面成 90° 角拍摄时，就需要 1/1 000 秒的快门速度了。

3）被摄物体离照相机越近，快门速度就要越快。比如：拍摄距离是 10 米时，须用 1/250 秒的快门速度；拍摄距离为 20 米时，就须用 1/125 秒的快门速度。

（2）光圈优先，即先确定光圈，后确定快门速度。光圈可以和快门配合使用，并能够影响景深的大小。光圈大，景深小，清晰范围小；光圈小，景深大，清晰范围大。

在拍摄时，要使远处和近处的景物在画面上都表现清晰，就要使用小光圈；拍特写镜头，要使前景和后面的杂乱景物变得模糊，只突出表现主体，就要使用大光圈，而且光圈越大，效果越明显。

比如：拍摄一幅风光照，远处是起伏的山峦，画面的上方是近处的一片绿叶，要求绿叶和远山都清晰，就要使用小光圈；要拍一朵鲜花，使背景变得模糊，突出表现鲜花，就要使用大光圈。

（3）大光圈、快速度。在光线较弱的情况下，拍摄运动的物体使用大光圈、快速度；为了突出主体、使背景模糊，使用大光圈、快速度。

（4）小光圈、快速度。在光线明亮的情况下，如果不缩小光圈、提高快门速度，就会导致曝光过度，使景物亮部的影迹、层次不能表现出来，这时就要使用小光圈、快速度。

（5）大光圈、慢速度。在光线较弱时，拍摄静止的物体，例如，在室内自然光或灯光下拍摄人物肖像，这时要使用大光圈、慢速度。

（6）小光圈、慢速度。拍摄景深大的景物或拍摄室内装潢设备的画面时，需要使用小光圈、慢速度。在这种情况下拍摄，还应使用三脚架。

6. 数码相机

数码相机是集光学、机械、电子等器件于一体的设备。它集成了影像信息的转换、存储和传输等功能，具有数字化存取、可与电脑交互和实时拍摄等特点。光线通过镜头或者镜头组进入相机，通过相机成像元件转化为数字信号，数字信号经过影像运算芯片处理后储存在存储设备中。数码相机的成像元件是电荷耦合器件（CCD）或者互补金属氧化物半导体（CMOS），该类成像元件的特点是光线通过时，成像元件能根据光线的不同将其转化为相应的电子信号。数码相机最早出现在美国，曾应用于在卫星上向地面传送照片，后来数码相机转为民用并不断扩大应用范围。

数码相机的使用要求：

（1）拍摄时要正确握持相机、轻按快门。

（2）正确调整光圈、快门速度及焦距。

（3）能运用所学的构图原理，准确地表现被摄对象。

（4）拍摄图片时可用近摄镜，并学会使用三脚架及快门线完成低快门速度曝光的拍摄。

（5）做好拍摄记录，内容包括拍摄顺序号、拍摄对象、时间、光线条件、光圈、快门速度等。

【知识卡片】 **如何正确曝光**

最有效的方法就是在摄影实践中学习和掌握曝光技术。

第一，经常对被摄对象进行观察、比较。自然界中的各种事物在不同的环境下都会发生相应的变化。摄影者应观察人物在各种光线环境中明暗的变化，景物在各种气候环境中明暗的变化，以及人物、景物在不同时间里明暗的变化等。久而久之，在拍摄时看到被摄对象时摄影者就能对事物明暗部分的区分做到心中有数，有的放矢。

第二，在拍摄中体会。摄影者在观察比较的基础上，应进一步尝试自己去拍，把拍出来的照片与现实拍摄场景进行比较，找出什么地方曝光过度、什么地方曝光不足，并找出原因。

第三，大胆试验、试拍。无论在什么情况下、什么条件下，摄影者都要勇于试拍，即使失败了，也要改变曝光条件再拍，直到能够正确曝光为止。在没有把握的情况下，摄影者可以采用不同的曝光条件多拍几张，以便事后分析。

第四，经常记录拍摄现场的环境条件、被摄对象的明暗条件、天气、时间、季节以及曝光条件等，以便进行对照检查，从中吸取经验，这对初学者来说十分重要。

二、听觉媒体

在现代教育教学过程中，教师经常借助话筒、扩音机、录音机、激光唱机、功率放大器等电声设备进行辅助教学。这种利用电—声转换或电—磁转换的原理，通过对声音信息进行转换、存储、传输、调整等一系列相关的处理加工，为教育教学提供听觉信息的媒体，称为听觉媒体。根据用途，可将听觉媒体分为传声器、扬声器、录音机、扩音机、激光唱机等几类。下面我们来介绍几种常见的听觉媒体。

（一）传声器

传声器是一种能把声音信号转换为音频电信号的换能器件，俗称话筒、麦克风。传声器是整个电声系统的原始声源输入口，它的性能优劣、选用合适与否、使用方法恰当与否等都会直接或间接地影响幼儿教学和活动的质量。

1. 传声器的类型

传声器的类型有很多，按照不同的分类方式可以分为不同的类型，具体如表 4-7 所示。

表 4-7　传声器的类型

分类方式	具体类型	内容
按照产生音频电压的原理分	分为恒速式传声器、恒幅式传声器	恒速式传声器的输出电压与其运动部件的运动速度成正比，恒幅式传声器的输出电压与其运动部件的位移幅度成正比
按照对传声器膜片作用力性质的不同分	分为压力式传声器、压差式传声器	压力式传声器振膜的一面受力的作用，背面有一个等气压的空腔，以保证不受力的作用；压差式传声器振膜的两面均受力的作用
按照接收声音的方向性分	分为单指向性（心型指向性、超心型指向性、超指向性）传声器、双指向性传声器、无指向性传声器（见图 4-13）	单指向性传声器仅对来自某一方向的声音灵敏度高；双指向性传声器对来自正面和背面的声音灵敏度比较高，而对两侧的声音不太敏感；无指向性传声器对来自各个方向的声音都比较敏感，也叫全方向性传声器
按照声电换能的原理分	分为电容式传声器、驻极体传声器、动圈式传声器、带式传声器、无线传声器等	电容式传声器是靠电容量的变化而工作的，从而使电路中的电流也相应变化，负载电阻上也就有相应的电压输出，从而完成了声电转换；驻极体电容式传声器的工作原理和电容式传声器相同，所不同的是它采用一种聚四氟乙烯材料作为振动膜片，经特殊电处理后，表面被永久地驻有极化电荷，从而取代了电容式传声器的极板；动圈式传声采用了最基本的电磁换能原理，当人对着传声器讲话时，膜片就随着声音前后颤动，从而带动音圈在磁场中做切割磁力线的运动；带式传声器用一条薄薄的铝质带代替了动圈式传声器的线圈，也是一种利用电磁感应原理制造的传声器；无线传声器采用了调频方式调制信号，调制后的信号经传声器的短开线发射出去，无线传声器与接收机应一一对应，配套使用

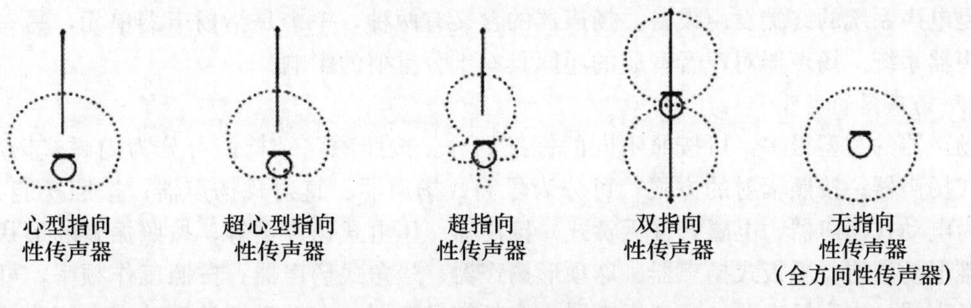

图 4-13　传声器的指向性

2. 传声器的技术特性

传声器的技术特性包括灵敏度、频率响应、指向性和输出阻抗。灵敏度是表示传声器声—电转换效率的一种度量指标，以传声器在 1kHz 声波正向入射时的输出电压来表示。灵敏度高，表示传声器的声—电转换效率高，对微弱的声音信号反应灵敏。频率响应表示在不同频率的声波作用下，传声器的输出电压随声波的频率而变化的情况，常用频率响应曲线来表示传声器是否线性失真，一般要求传声器的频率响应曲线在工作频带内应尽量平坦，以获得良好的音质效果。指向性是指传声器的灵敏度随声波入射方向的变化而变化的特性，反映了传声器在一定的方向、角度内接收声音的能力。

3. 传声器的使用和维护

要想获得理想的音质效果，关键要选择合适的传声器，使用者应该根据具体应用的场合、相应的效果要求来选择不同性能的传声器。

在一般的应用场合，如大会演讲、家庭录音、教室或礼堂扩音等对音效要求较低的活动中，可以选择普通的单指向性动圈式传声器或驻极体传声器。播音广播、录音室录音、演播室制作音像教材、音乐欣赏以及文艺演出等活动对音效的要求相对较高，应选择电容式或高档的动圈式传声器等专业传声器。当使用者的位置经常需要移动或与扩音机的距离较远时，应该选用无线传声器或驻极体传声器。

传声器要防止震动，应轻拿轻放，支架要牢固稳定。试音时不要用手拍打音罩或用嘴使劲吹。在保管和使用过程中要注意防潮，以免膜片、音圈霉变而使性能受损。无线传声器和驻极体传声器使用电池供电，如果电池电压下降，就会影响传声器的使用效果，因此应该及时更换电池。不用时要及时关掉电源开关，长期不用时一定要取出电池。

4. 使用时的注意事项

(1) 电容式传声器要及时更换电池，以保证使用效果。

(2) 无线传声器应提前检查，一定要预先检查视听效果。

(3) 传声器要放置在合适的位置上，不能正对扬声器，避免产生啸叫声。

(4) 传声器与使用者的距离要合适，不能太近，也不能太远，一般距离为 30～50cm。

(5) 调整传声器的高度与角度，保证拾音效果。

(6) 采取有效的防护措施，避免产生噪声。

(二) 扬声器

扬声器是能将音频电信号转换成声音信号并向周围空间辐射传播的换能器件，俗称喇叭，是电声系统的终端发声设备。扬声器的含义有两种，一个是指扬声器单元，另一个是指扬声器系统。扬声器对声音音质的还原具有十分重要的影响。

1. 扬声器的类型

扬声器的类型很多，可按照不同的标准划分。按照磁路结构，可分为内磁式扬声器、外磁式扬声器；按照辐射的方式，可分为号筒式扬声器、直射式扬声器；按照换能方式，可分为电动式扬声器、电磁式（舌簧式）扬声器、压电式扬声器等；按照振膜的形状，可分为锥形扬声器、平板式扬声器、球顶形扬声器、号角式扬声器；按照工作频率，可分为低音扬声器、中音扬声器、高音扬声器、全频带扬声器。在教育教学活动中应用比较广泛的是电动式扬声器。

扬声器的主要性能指标包括额定阻抗、灵敏度、频率范围、额定功率、非线性失真、瞬时特性以及指向特性。

2. 扬声器在教学中的作用

(1) 扬声器能够把音频电信号转换成声音信号。

(2) 扬声器能提供丰富多彩的语言、声乐、效果声。

(3) 扬声器能够激发听众的想象力。

(4) 扬声器能够创设一定的教学情境。

3. 使用时的注意事项

(1) 在不同的环境中，应该使用不同类型的扬声器。

(2) 当同时使用两个以上的扬声器时，应让其辐射的方向大致相同，否则容易使声音变轻而听不清。

(3) 音箱放置时不能紧贴墙壁，两个音箱应在同一个水平面上对称放置。

(4) 存放时注意防潮，以免音圈霉变而造成音质下降。

(三) 录音机

1. 录音机的类型与结构

录音机是利用磁性录音技术把声音信号记录到录音磁带或磁盘上进行存储，需要的时候再把记录到磁带或磁盘上的声音信号播放还原出来的设备。

录音机从录音方式上分，有单声道录音机、双声道录音机；从带仓数量上分，有单卡录音机、双卡录音机；从外形结构分，有盘式、卡式和盒式录音机等。

录音机一般由三大部分组成，包括机械传动部分、音频放大器和磁头。机械传动部分包括由主导轴、压带轮等组成的供带收带系统；音频放大器包括录音放大器、放音放大器和超音频振荡器；磁头分抹音头、录音头和放音头，也有录音机的录音头和放音头做成一体。

磁带录音机的基本结构如图 4－14 所示。

2. 录音机的教学特点

(1) 录音机能够提供非常标准的、规范的、专业的语音教学范例，对幼儿的语言训练有较好的效果。

(2) 录音机能将教育教学信息进行真实的记录、存储，有利于教师进行教学改进和检查评估。

(3) 录音机记录的信息可以多次重复使用。在教学需要的时候，可以将录有信息的磁带、磁盘等信息载体放入相应的播放设备中反复播放。

(4) 磁带和磁盘可以长期保存。录有教学信息的磁带、磁盘在合适的环境下保存，保存时间可达十年以上。

(5) 有利于个性化学习。教师可以根据幼儿的特点和需要，选择录音教材中某一部分的内容有针对性地让幼儿学习；幼儿也可以自己录音，然后与范例进行对比，从而提高自己的语言水平。

3. 录音机的维护与保养

做好录音机的日常维护与保养，有助于优化录音机的使用效果，减少故障的发生，延

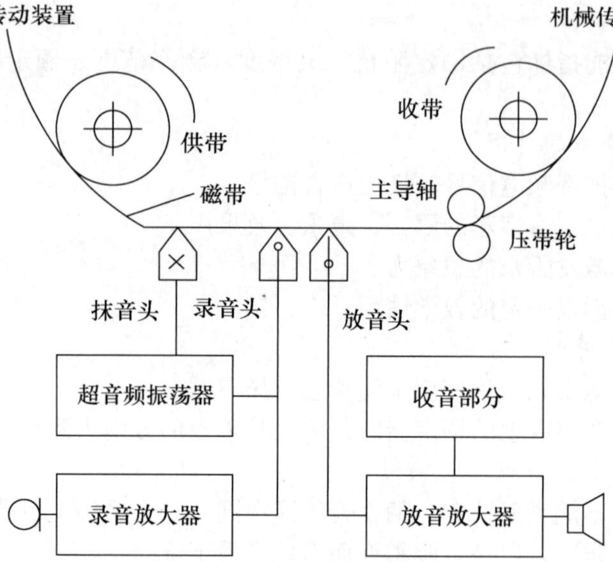

图 4-14　磁带录音机的基本结构

长录音机的使用寿命。以磁带录音机为例，我们要着重从以下几个方面做好维护保养工作：

(1) 注意保持录音机工作环境的清洁。

(2) 磁带的保养对保证录制信息的质量、延长录音机的使用寿命和信息的存储时间极为重要。磁带应保存在干燥、通风、无尘的环境中，并保持适宜的温度（10～25℃）和适当的湿度（50%～60%），否则容易造成磁带老化、变形或磁粉脱落。

(3) 避免阳光直射，不能接近变压器、稳压器、扬声器等强磁性物体，以免影响记录的信息。

(4) 长期放置不用时，应该定期倒带，防止磁带因粘连而串音或变形。

(5) 使用时不能用手指直接接触磁带，以免污损或划伤磁带，使记录的信息杂乱间断。

(6) 防止酸碱等化学品的侵蚀，以免对记录的信息造成损坏。

（四）扩音机

扩音机也叫音频放大器，是用来将微弱的音频电信号进行放大的装置。它的输入端与传声器、录音机等设备相接，将经过放大处理的音频信号通过输出端传给扬声器发出声音。按照扩音机各部分功能的不同，可以分为两部分：前置放大器（也叫前级放大器）和功率放大器（也叫后级放大器）。小功率的扩音机常将前置放大器和功率放大器做成合并式放大器，大功率和高指标的扩音机一般将前置放大器和功率放大器分装在两个机箱内。扩音机在学校活动中属于比较常用的一种设备，是整个扩声系统的核心。

1. 扩音机的类型和技术指标

扩音机按照不同的标准有不同的类型（见表 4-8）。

表 4-8　扩音机的类型

分类方式	具体类型
按照功率放大器输出电路的不同分	分为有输出变压器扩音机和无输出变压器扩音机
按照音频放大部分的器件分	分为电子管扩音机、晶体管扩音机、集成电路扩音机和混合式扩音机
按照输出功率的大小分	分为大型扩音机（大于 200 W）、中型扩音机（100～200 W）、小型扩音机（小于 100 W）
按照输出方式分	分为定阻输出式扩音机和定压输出式扩音机

扩音机的主要技术指标包括：

（1）输出功率，表示扩音机能向扬声器提供的功率。

（2）额定功率，是指在 8Ω 的负载下，输入的频率范围在 20～20 000Hz 之间，扩音机输出的谐波失真小于 1%时的最大功率。

（3）最大功率，即在不考虑失真的情况下，扩音机能够提供的最大输出功率。

（4）信噪比，是指输出信号的电压与输出噪声的电压之比（S/N），表示输出信号的质量。信噪比越高，表示噪声的影响越小，放音的质量就越高。

（5）动态范围，是指扩音机不失真输入电平与额定输入电平之比，表示适应不同信号强弱的能力。

2. 扩音机的教学功能

（1）扩音机能够把微弱的声音信号进行放大处理。

（2）扩音机能够扩大声音的传播范围，扩大信息的覆盖面。

（3）采用扩音机教学，能够增加听众人数，扩大教育教学规模。

（4）在组织班级及校级主题活动时，扩音机能提供便利。

在不同的场合下，应该选择输出功率不同的扩音机。根据经验，可以参考以下公式来进行选择：$P=10+0.02N$。其中，P 为扩音机的输出功率，N 为听众的人数。

3. 使用时的注意事项

（1）扩音机的输入电压应该与市电电压相符，以保证扩音机能够正常工作。

（2）与扬声器连接牢固后才能使用扩音机，接线处不能有虚接松动现象。

（3）开机前先要调小扩音机的音量，开机后再逐步调大，以免瞬间过载而烧坏机器。

（4）使用两个以上的扬声器时，一定要注意扬声器的极性，不能接错。

（5）传声器和扬声器之间应保持一定的方向和距离，防止产生啸叫声而对扩音机和扬声器造成损坏。

（五）激光唱机

1. 激光唱机的结构

激光唱机也叫镭射唱机、CD 唱机，是采用微电脑技术来控制的高度智能化、高保真、立体声的音响设备，它包括 CD 唱片和放送唱片的唱机两部分。

CD 唱片采用光存储技术，通过激光刻录的方法记录音频信号。唱片由透明的聚碳酸酯材料注塑模压而成，为单面结构直径大多是120mm，小型唱片的直径为80mm。

唱机主要由光学拾取部件、信号处理部件、信号控制部件三大部分组成，录有数字音频信息的CD唱片必须通过唱机才能还原出模拟音频信号，并经扩音机放大后由扬声器播放出来。其中光学拾取部件主要包括激光器、光学系统和光敏二极管，信号处理部件主要包括解调器、纠错电路和数模转换器，信号控制部件主要是伺服系统。

2. 激光唱机的特点

激光唱机采用了先进的激光技术、数字技术、计算机技术以及新型电子元器件，具有记录信息密度大、放音时间长、功能全、操作简单、控制方便、失真小、重放音质好、层次分明等优点，有非常逼真的临场感。激光用非接触式的形式读取信号，对唱片上的信息不会造成磨损，对使用和存放的环境条件没有严格的要求。因此，激光唱机为音乐欣赏和教学提供了极大的便利。

三、视听媒体

在媒体的家族中，既可以提供动态的画面，同时又可以提供与画面相配合的声音信息的媒体就是视听媒体。视听媒体包括电视机、录像机和摄像机。视听媒体在现代教学媒体中占据重要地位。电视机和录像机是20世纪80年代以来最引人注目的教学媒体之一，并以其特有的视听综合优势在教育教学领域中发挥了巨大作用。下面对几类比较常见的视听媒体进行介绍。

（一）电视机

电视机和人们的生活学习有着非常紧密的联系，是人们接触最早、最熟悉的视听设备。电视机问世的时间虽然不长，却以惊人的速度更新着自己的面貌。先是出现黑白电视机，后又兴起彩色电视机，随后各种式样的有附加功能（如遥控、立体图像、多画面、3D）的电视机不断出现。电视机在各个领域的应用越来越多，逐渐成为一种普及的电子产品。在目前的教学中，电视机也发挥着重要作用，其中，互联网支撑的网络电视机是当前教学中比较受欢迎的一种教学媒体。

1. 概述

电视是通过通信线路把现场的或记录的景物在一定距离之外以图像的形式重现的设备。因此，一个完整的电视系统应该包括从景物信息的摄取到景物信息的再现的全过程。具体地讲，它包括电视信号的产生、变换、处理、传输、记录与重放、接收与显像等。

电视广播有开路系统与闭路系统之分。开路系统，即无线电视广播系统，其原理与语音广播类似，但无论是发送端还是接收端，都远比语音广播复杂，因为它除了要传送伴音信号外，还要传送图像信号，其原理如图4-15所示。

电视图像信号的传送过程，就是在发送端将光学信号转变为电信号，在接收端将电信号还原成光学图像的过程。与开路系统相比，闭路系统只是传送电视信号由同轴电缆完成而已。将图像转换为电信号传送，再将接收到的电信号转换成图像，包括以下几个重要过程：第一，将图像分解成像素；第二，将像素上的光学信号变换成相应的电信号；第三，显像管把电信号还原成光学图像；第四，发送端与接收端的电子束扫描同步。

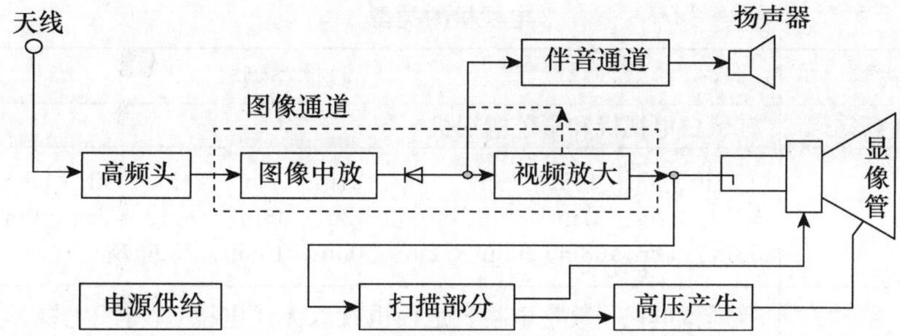

黑白电视机工作原理

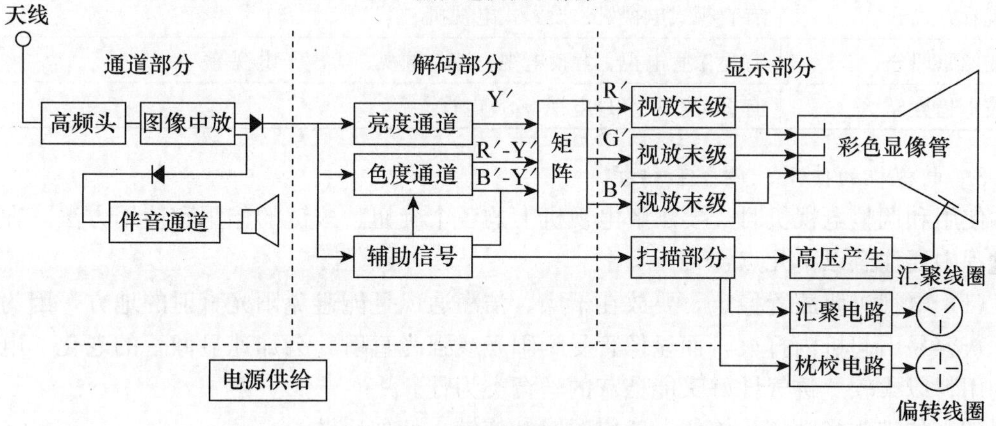

彩色电视机工作原理

图 4-15　电视机的工作原理

（1）电视信号。

电视信号有视频（video）信号、音频（audio）信号和射频（RF）信号。其中含有图像信息的电信号为视频信号，由视频信号可以直接获得电视图像。含有声音信息的电信号为音频信号，话筒的作用就是把现场的声音转变为音频信号。要实现同一个信道同时传送多部电视节目或把电视信号发射到空中，就必须把视频信号、音频信号与高频载波信号相调制，从而得到一个含有图像和声音信息的高频信号，即射频信号，而从天线上接收下来的电视信号就是射频信号。

（2）彩色电视制式。

所谓彩色电视制式，主要是指对彩色电视信号加工处理和传输的特定方式。根据不同的摄像方式、显像方式以及信号传递方式来划分，电视有不同的制式。“制式”的含义包括基本方法、制度及技术规范。目前，有三种兼容性彩色电视制式，即 NTSC 制式、PAL 制式和 SECAM 制式，三者最大的区别在于对色差信号的传输与处理方式不同。不同制式的电视除工作方式不同外，其频道划分也不尽相同。

2. 电视机的类型

电视机的类型多样，按照不同的标准有不同的类型（见表 4-9）。

需要注意的是，电视机如果没有注明是“多制式”或“国际线路”的，一般只能接收一种制式的彩色电视信号。我国的彩色电视制式是 PAL-D/K 制。

表 4-9　　电视机的类型

分类方式	具体类型
按呈现图像的色彩分	有黑白电视机和彩色电视机
按屏幕尺寸分	有 5in、9in、14in、18in、19in、21in、22in、24in、25in、28in、29in、30in、32in、34in、37in、39in、40in、42in、43in、46in、47in、50in、52in、55in、58in、60in、63in、65in、72in、103in、108in、150in 等
按信号类型分	有模拟电视、数字电视、地面电视（无线电视）、有线电视、卫星电视、手机电视、网络电视、宽带电视
按观看方式分	有直视式电视机、投影式电视机
按成像原理分	有显像管电视、背投电视、液晶电视、等离子电视等
按技术趋势分	有 2D 电视、3D 电视、4D 电视

3. 电视机的使用、调整和维护

使用和调整电视机时，要了解电视机上的各个旋钮、按键的作用和使用方法。在使用的过程中要注意以下几点：

（1）电视机要放置稳定，要放在干燥、洁净通风且能避免阳光直射的地方，因为潮湿和积灰容易引起机内打火，而显像管受到阳光或强光直射，会加速显像管的老化。电视机套的用料以柔软、透气性好又能挡灰的丝绸类为佳。

（2）如需改换频道，旋钮一般应顺时针旋转，切勿反转。

（3）观看电视节目的房间，光线要适度，太暗易使眼睛疲劳，太亮显像管亮度增大，易使显像管老化。一般可在电视机旁开 8 W 的日光灯。

（4）电视机应尽量固定放置，不宜多动。凡是能调节的部位，不要经常旋转调节，以减少磨损，延长使用寿命。一般将天线调节好后，最好不要再反复缩进或拉开。

（5）梅雨季节要经常开机，利用机器工作时产生的热量驱散潮气。

（6）观看电视节目时，电视机后盖不能打开，因为里面有 1 万～2 万 V 的高压。千万不能把手伸进去，以免触电，即使关机后高压还会保留一段时间，因此不能乱摸。

（7）观看电视时不要离电视机太近，一般应与电视机保持屏幕尺寸 6～7 倍的距离。

（8）观看电视节目时，屏幕中间若出现一条水平或垂直的亮线、异常声音、内部打火冒烟等情况，应立即将电源拔掉，以免机器继续损坏。

（9）禁止尖锐物品碰撞电视机。

4. 数字电视

数字电视（digital television，DTV），是将活动图像、声音和数据，通过数字技术进行压缩、编码、传输、存储，实时发送、广播，以供观众接收、观看的视听系统。也就是说，数字电视是一个从节目采集、节目制作、节目传输到用户端接收都以数字方式处理信号的端到端的系统。数字电视系统可以传送多种业务，如高清晰度电视（简写为“HDTV”或“高清”）、标准清晰度电视（简写为“SDTV”或“标清”）、互动电视、BSV 液晶拼接及数据业务等。

数字电视是电视技术发展的主要方向，相比于传统的模拟电视，数字电视有许多突出的优点：

(1) 数字电视的抗干扰能力强。数字电视信号是二进制（或多进制）的编码信号，在传输过程中干扰因素不容易影响其编码的判断和恢复，即经过长距离传输和反复记录，数字电视信号仍可以几乎无失真地再生复原。由于抗干扰能力强，与模拟电视相比，数字电视的图像质量更好。

(2) 数字电视信号能够存储图像，包括成帧图像，能进行二维和三维的处理，具有采用模拟方法难以得到的各种信号处理功能。

(3) 数字电视稳定可靠，易于调整，便于生产。数字电视中的存储电路和信号电路易于大规模或超大规模地集成，这不但提高了电视机的稳定性和可靠性，而且便于大规模生产。再加上数字电路具有各种控制功能，使用户对数字电视设备的调整和控制简单易学。

(4) 数字电视信号具有数字信号的共同特征，因此容易和其他信息链连，便于加入公用数据通信网，也便于与计算机或其他数字设备连接。

(二) 录像机

1. 录像机的类型及特点

录像机是一种记录、储存、重现声像信息的装置。录像机可以将摄像机、电视机或另一台录像机输出的视频与音频信号记录在录像磁带上。带有调谐器（高频头）的录像机可以接收、记录电视台播出的电视图像与伴音信号，重放时再把录像磁带上记录的磁信号还原为电信号，通过显示器、电视机或投影仪等视频播放设备显示出图像并放出声音。只具有重放功能而不具有记录功能的叫放像机。

录像机的工作方式、性能、记录磁迹等技术标准和规格各不相同，造成不同类型的录像机所录制的节目不能互换，给电视节目的制作与交流带来了很多不便。

目前，世界各国生产的录像机类型多样，按照不同的标准有不同的类型，如表 4－10 所示。

表 4－10　　录像机的类型及特点

分类方式	具体类型	特点
按质量等级分	广播级录像机	功能齐全，录制质量很高，一般价格较高，体积较大。主要用于电视台及专业领域的节目制作
	业务级录像机	主要用于电教、科研、影视剧制作等部门
	家用级录像机	专为家庭而设计的录像机，质量低于前两类，体积较小，价格低廉，操作简便
按使用磁带的尺寸分	50.8mm (2in) 磁带录像机	开盘式四磁头横向扫描的广播级录像机，主要用于电视台的节目制作
	25.4mm (1in) 磁带录像机	开盘式的广播级录像机
	19.0mm (3/4in) 磁带录像机	广播级或业务级的盒式录像机
	12.7mm (1/2in) 磁带录像机	家用录像机大多为这种类型
	6.35mm (1/4in) 磁带录像机	微型录像机，部分一体化的摄录机采用的就是这种尺寸

2. 录像机的结构

录像机主要由磁头系统、走带系统、信号系统、控制系统、伺服系统及供电系统等组成，如图 4-16 所示。

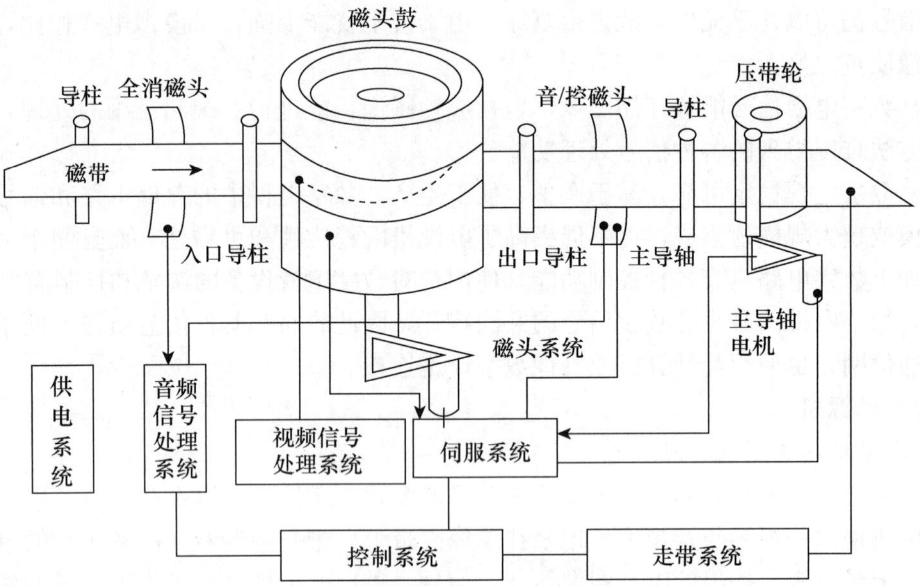

图 4-16 录像机的结构图

(1) 磁头系统。

视频磁头是录像机的核心，用于视频信号的记录与重放，它的好坏直接影响录像机的各项技术指标；音频及控制磁头用于音频信号与控制信号的记录与重放；全消磁头可将磁带上记录的所有信息全部消去。

(2) 走带系统。

走带系统是一个机械系统，它的作用是完成按照一定路径及张力输送磁带的任务。

(3) 信号系统。

信号系统包括视频信号处理系统和音频信号处理系统，其作用是完成记录和重放过程中视频信号和音频信号的处理。

(4) 控制系统。

控制系统包括电路控制系统和机械控制系统。电路控制系统协调各部分电路的工作状态，机械控制系统协调各部分机械的工作状态。电路控制系统的任务是执行功能键的操作命令、完成录像机的工作状态转换及实施自动保护等。

(5) 伺服系统。

伺服系统是一个对磁头、磁带的运行进行误差检测、反馈校正的自动控制系统。它的作用是控制磁头鼓的转速和旋转位置，控制主导轴的旋转速度和相位，控制供带及收带的张力等，以保证记录和重放的图像质量。

(6) 供电系统。

提供系统运行所需的各种电源。

3. 录像机的使用和维护

录像机的使用范围包括放像、收录电视节目、转录磁带三个方面。放像就是播放磁带上的节目，其接线方式因显示器的不同而有所不同。收录电视台节目，首先需要正确接线，即在放像接线的基础上，再给录像机接上天线。转录也叫复制，就是把一盘磁带上的节目复制到另一盘磁带上。在具体使用的过程中可参照录像机说明书来进行操作。

录像机是一种由精密的机械装置和复杂的电路结构相结合的设备，只有正确地使用和维护它，才能发挥其良好的录放效果，延长其使用寿命。在录像机的使用过程中一般要注意以下三点：

(1) 熟悉使用说明书。新买的录像机或初次使用的录像机不应急于通电使用，因为录像机类型多样，各种机器的操作使用方法总是有一些区别的。所以，应先认真阅读使用说明书，弄清各开关、按键、输入、输出插孔的功能及连接方法，严格按照使用说明书规定的方法进行操作，以保证机器的正常使用。否则，不仅有可能使机器不能正常工作，而且还有损坏机器的危险。

(2) 检查电源电压，检查录像机的供电电压是否对准 220V。调整电压选择器时必须将录像机电源关掉，并将电源线由电源插座上拔出。有些录像机使用开关稳压电源，电压在 110～240V 之间均适用。

(3) 要保持良好的使用环境，环境的好坏直接影响录像机的使用寿命。录像机应放置在一个平稳的地方，避免受到强烈的振动和碰撞；应放置在利于通风的位置且要避开高温；还应尽量靠近显示器，以缩短电缆的传输长度，减少信号损失及外界的干扰。录像机切勿放在强磁场附近，因为录像机在强磁场下工作会影响使用效果，也不要放置在潮湿、灰尘多的地方及石油、酒精等挥发性药品附近。

4. 录像机的教学特点

录像媒体除了具备许多电视媒体的优点外，还具有以下教学特点：

(1) 可以记录、储存和重放电视节目。(2) 幼儿可以按照自己的需要自定时间、自定步调进行学习。(3) 与录音带一样，可以抹去已录制的内容，可以反复使用。(4) 幼儿可以控制设备，便于学习。(5) 适用于个性化学习和小组学习，有利于发展学习技能；适用于自我反馈学习，如能提高教师教学技能的微格教学等。(6) 可以用于课堂教学，将录像节目穿插在课堂教学之中。

除此之外，录像机也有一些缺点，如录像机和录像带的规格、形式、类型太多，尚未统一，不利于教学主体彼此之间的节目交流；录像教学的实时更新和编辑操作复杂等。

(三) 摄像机

摄像机是电视节目制作最前端的设备，当前摄像操作在我们的日常生活中也很普遍，但是利用摄像机进行摄录像操作仍有一定的技巧性，掌握摄像机的使用技巧和维护常识是每一位学前教育工作者必备的技能。

1. 摄像机的类型

摄像机是把光学图像信号转变为电信号，以便于存储或者传输的一种机器。当我们拍摄一个物体时，此物体上反射的光被摄像机镜头收集，聚焦在摄像器件的受光面（如摄像管的靶面）上，再通过摄像器件把光转变为电能，即得到了“视频信号”。光电信号很微弱，须通过预放电路进行放大，再经过各种电路进行处理和调整，最后得到标准信号，可以送到录像机等记录媒介上记录下来，也可以通过传播系统传播并送到显示器上显示出来。

按照不同的标准可以把摄像机归为很多类，分类情况如表 4-11 所示。

表 4-11 摄像机的类型和内容

分类方式	具体类型	内容
根据外形分	有枪式、针孔、半球形、球形摄像机等	不同摄像机的外形不一样
按照摄像机的成像制式分	有 PAL 制式和 NTSC 制式	PAL 制式使用的范围居多，中国、德国、新加坡、澳大利亚等国家都采用这种制式；使用 NTSC 制式的国家主要有美国、日本等
按照成像色彩分	有彩色的、黑白的和彩转黑的	其中，彩转黑摄像机兼具彩色摄像机和黑白摄像机两者的功能，能根据环境的变化自动做出调整
按照灵敏度分	有普通型、月光型、星光型、红外照明型	照度即摄像机对外界的感光度，根据不同照度对摄像机的灵敏度进行划分
依据分辨率大小分	低档摄像机	低档摄像机，通常所能达到的像素在 30 万以下，彩色分辨率为 330 线、黑白分辨率 400 线左右
	中档摄像机	中档摄像机，最大像素大概在 30 万到 40 万之间，彩色分辨率为 420 线、黑白分辨率在 500 线左右
	高档摄像机	高档摄像机，像素在 38 万点以上，彩色分辨率大于或等于 480 线，黑白分辨率在 600 线以上
	高清摄像机	高清摄像机采用的是高清图像传感器，录制的视频非常清晰
按照摄像机成像部件分	有 CCD 图像传感器摄像机、CMOS 图像传感器摄像机、数字像素系统（DPS）摄像机	

2. 摄像机的结构和功能

摄像机基本结构一般包括镜头、寻像器、机身以及外围设备（话筒）等部分（见图 4-17），下面对每一部分的结构和功能进行具体介绍。

图 4-17 摄像机的结构

（1）镜头。

1）主要装置。

摄像机镜头主要包括调焦镜、变焦镜、补偿镜、光圈（IRIS，可设置为“M”手动或“A”自动，手动时可配合瞬时自动按钮测光）和移像镜等部件，如图4－18所示。

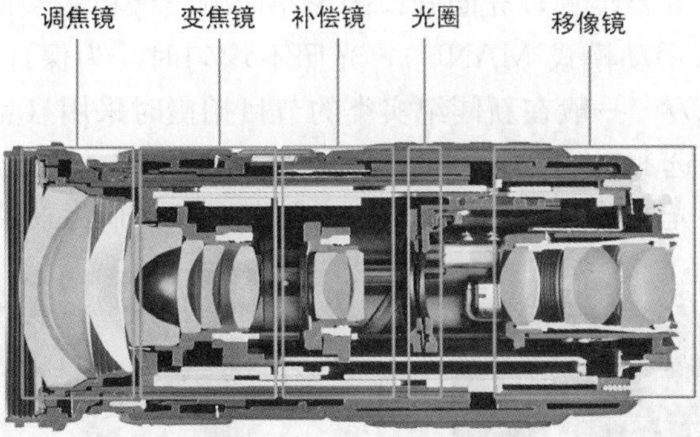

图4－18　摄像机的镜头

2）变焦方式选择。

变焦方式有手动变焦（MANU）和电动变焦（SERVO），在电动变焦状态下严禁使用变焦拉杆，如图4－19和图4－20所示。

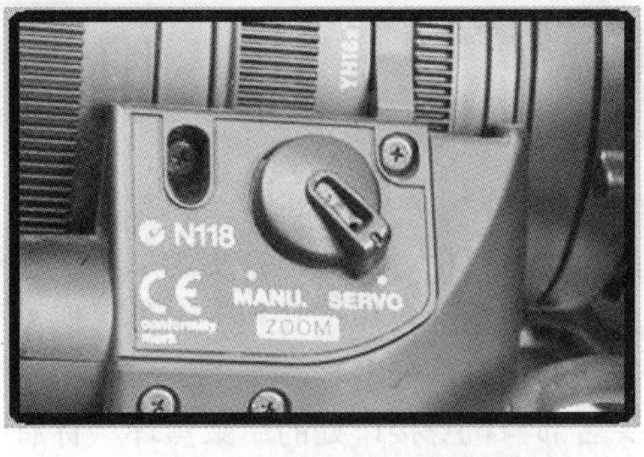

图4－19　摄像机的调焦按钮

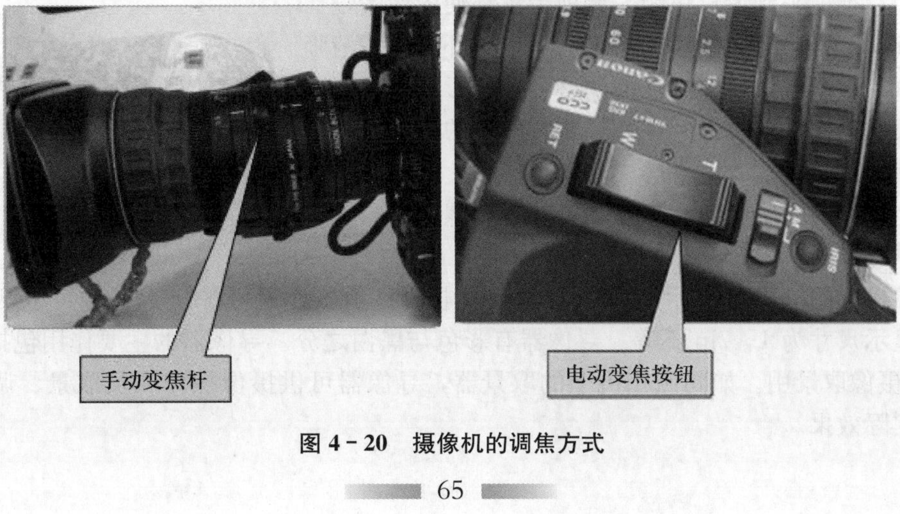

图4－20　摄像机的调焦方式

3）聚焦方法。

拍摄固定画面时，首先变焦至长焦镜头，对准拍摄对象的主要部位（如人的眼睛或面部），清晰聚焦，然后再变焦，取到所需要的景别进行拍摄（见图 4－21）。

4）曝光方式选择。

光圈是控制曝光的重要装置，光圈开口的大小影响摄像机镜头的进光量。我们应合理选择光圈模式：M 挡（手动模式 MANU），光照不均匀时，为保证主体曝光正确而采用；A 挡（自动模式 AUTO），一般在新闻纪实类的节目拍摄时采用（见图 4－22）。在 A 挡下可以在摄像机面板上选择以下三种方式，即 BACK · L——逆光方式（逆光补偿），STD——正常方式（顺光照明），SPOT · L——聚光方式（暗背景模式）。

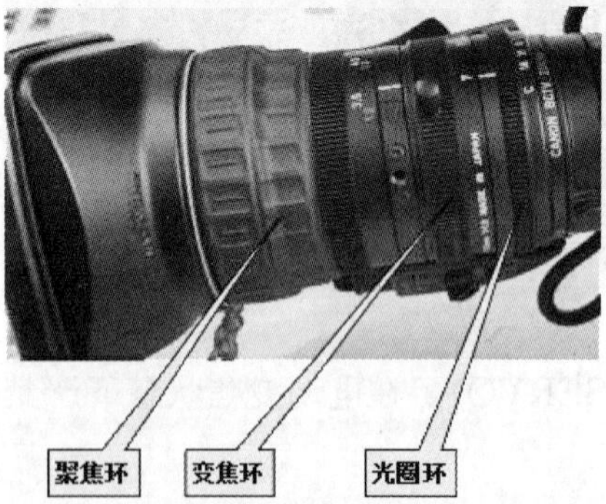

图 4－21　摄像机的聚焦环、变焦环、光圈环位置示意图

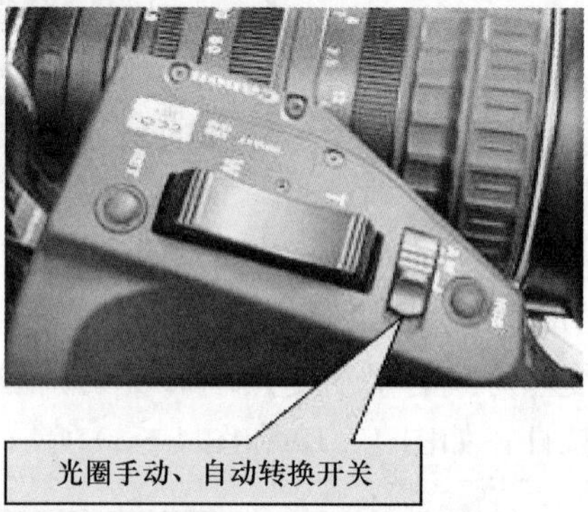

图 4－22　摄像机的曝光装置

5）后焦调节。

后焦调节可按以下步骤进行：

第一，用西门子星卡作为拍摄目标，放在距镜头约 3.5m 远的地方。

第二，把光圈开到最大，以使景深较短，有利于调焦，但需要调整被摄物的照明，或者使用电子快门，以获得适当的视频信号电平。

第三，把靠近变焦镜头后部与机身接口处的后聚焦环（标有 F.f 或 F.B）上的紧固螺丝松开。

第四，推镜头到最长焦距，调前聚焦环使图像清晰。

第五，把镜头拉到最短焦距，调后聚焦环使图像清晰。

第六，由于前、后聚焦环的调整会互相影响，所以应按上述步骤对前、后聚焦环反复调整2～3次，确保推镜头到最长焦距时所摄的图像清晰后，拉镜头到任一位置所摄的图像都是清晰的。

第七，调整完毕，把后聚焦环上的紧固螺丝拧紧。

（2）寻像器。

摄像机上的寻像器实际上是一个小型的电视显示器，是摄像机上一个可以活动的部件，其显示尺寸为 1～7in 不等。寻像器有彩色与黑白之分。寻像器的主要作用包括：

1）摄像取景用。如同照相机上的取景器，寻像器可供摄像操作人员取景、调焦、观察画面实际效果。

2）显示摄像机的工作状态。寻像器可显示如时间码、场景文件、色温、白平衡存储挡位、光圈、增益、滤色片、电池电压、音频电平表、中间点指示和安全框等摄像机工作状态的信息（见图 4－23）。

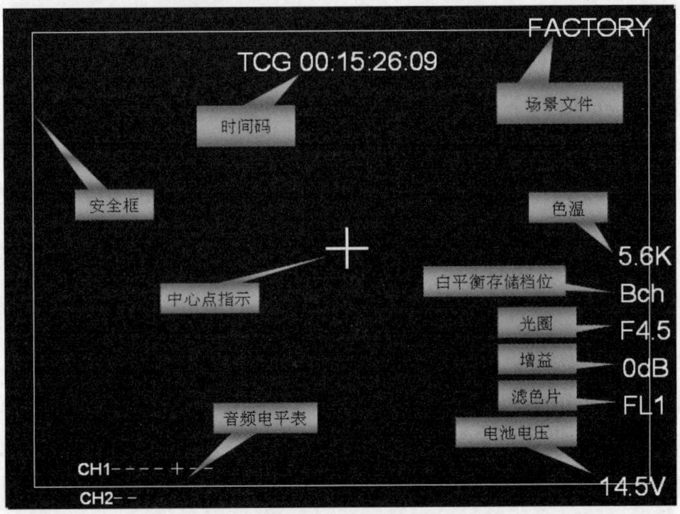

图 4－23　摄像机寻像器的显示标识

3）显示警告信息。比如斑马纹（ZEBRA），表示当曝光度超过预设值时，寻像器画面中就会出现斜纹，斑马纹不会出现在拍摄的画面上，不受寻像器（取景器）、液晶显示屏亮度调整的影响。此外，出现电池耗尽、景物照度太低等问题，寻像器也会显示警告信息。

4）摄像机进行放像操作时，寻像器可作为显示器使用。

5）可以根据个人的习惯和拍摄需要对寻像器进行左右、上下和角度的调节（见图 4－24）。

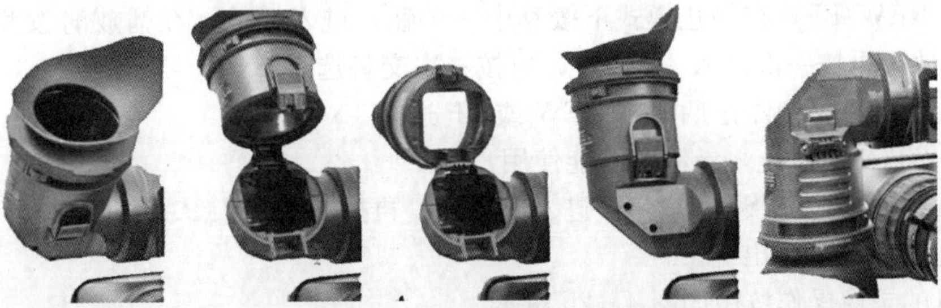

图 4－24　摄像机寻像器的位置调节

（3）机身。

摄像机的机身即摄像机的整个躯体，载有摄像机的所有元件，有各种操作开关和输入输出插口等。具体包括：白平衡储存器选择（WHITE BAL）、摄像机输出选择（OUTPUT/AUTO KNEE）、增益开关选择（GAIN）、摄像机工作状态选择（SAVE/STBY）、滤色片选择（CC/ND）、白平衡调整开关（AUTO W/B BAL）、电子快门调整开关（SHUTTER）、声音的选择与调整（AUDIO SELECT/IN）、时间码的选择（COUNT-

ER/TCG)、状态检查按钮（MODE CHECK)、便捷聚焦（QUICK FOCUS)、自动光圈选择开关（AUTO IRIS MODE)、全自动功能（FULL AUTO)、显示（MONITOR)、摄像机的录像功能（VTR)、外接接口。

摄像机的操作按钮主要包括以下几项：

1）摄像机输出选择（OUTPUT/AUTO KNEE)。

摄像机的输出选择按钮如下：

第一，BARS 彩条。输出彩条，自动拐点电路关闭，用于录制磁带带头或调整显示器。

第二，CAM /AUTO KNEE OFF。输出摄像机拍摄的图像，自动拐点电路关闭，不起作用。

第三，CAM/AUTO KNEE ON。输出摄像机拍摄的图像，自动拐点电路打开，起作用。

自动拐点（AUTO KENN）可以用于拍摄晴天阴影里的人，同时拍摄车内或室内的人和通过窗户看到的室外场景，拍摄高对比度的场景。

2）摄像机工作状态选择（SAVE/STBY)。

摄像机的工作状态有：（1）SAVE/STBY。节电/等待开关，用于磁带保护。当摄像机记录暂时停止（PAUSE）时用来选择电源供给状态。（2）SAVE。磁带节电模式。磁鼓停在半穿带位置更省电，按 VTR START 能保护磁带，使磁带持续更长时间。（3）ST-BY。磁带等待模式。当摄像机的 VTR START 键按下后，记录立即开始。

3）电子快门调整开关（SHUTTER)。

需要调节快门的情况主要有三种：一是拍摄高速运动的物体，二是后期需要做慢动作处理的镜头，三是需要使用大光圈控制景深。设置快门模式和速度的方法有：第一，把 SHUTTER 开关从 ON 推到 SEL；第二，将 SHUTTER（快门）开关设在 ON 位置上，通过菜单设置 SHIR SPEED（电子快门速度）项的参数，所设定的电子快门速度会显示在录像器或液晶屏中，调至所需要的快门速度即可。

4）摄像机的录像功能（VTR)。

第一，REW/FF，在停止模式下按其中一个钮，进入播放，在播放时按其中一个钮，进入 2X 播放，再按一次进入 4X 播放，每按一次交替选择 2X 或 4X 播放。

第二，待机或录制停止期间按 REW 或 FF 进入 1X 播放。

第三，STOP，停止，录制时不能使用。

第四，PLAY/PAUSE，按一下进入 PLAY，再按一下进入 PAUSE。

第五，EJECT，弹出键。

摄像机的录像操作按钮如图 4－25 所示。

5）外接接口。

第一，适配器电源接口（DC IN，有输入插座 4 芯)。

第二，外接话筒接口（AUDIO IN，分为 CH1 和 CH2 两个选择开关)。

第三，直流电源输出（DC OUT，12V 1A 电流输出，HDD 适配器)。

第四，视频输出（VIDEO OUT，显示器用的 BNC 插孔)。

第五，监听耳机插孔（PHONES，小型 ϕ3.5 针式插孔)。

摄像机的外接接口如图 4－26 所示。

图 4-25 摄像机的录像操作按钮

图 4-26 摄像机的外接接口

3. 摄像机的操作流程

(1) 准备工作。

在拍摄现场找好拍摄机位，架上三脚架，调好云台的平衡，把左右横摇与俯仰的调整螺丝锁定，把摄像机固定在三脚架上。不论拍摄是否用三脚架，调整时都最好将摄像机放在三脚架上进行。把摄像机的各项技术参数调整好，与外围设备的连线接好。打开摄像机电源开关（POWER ON）。机器启用前应预热 1～2 分钟，然后打开镜头盖，这时寻像器上能看到镜头所对准的景物，调焦使景物图像清晰。

(2) 调整白平衡。

调整白平衡是进行摄像必不可少的步骤。一般在相同光线的环境中连续拍摄只需要调整一次白平衡，当光线发生变化时，需要再次调整白平衡。

1) 找到白平衡存储器选择开关（WHITE BAL）。

2) 选择滤光镜。

3) 选择光圈模式为 A，即自动挡。

4) 调整白平衡与黑平衡。

(3) 装入录像带或插入内存卡。

不同型号的摄像机能插入的录像带尺寸有差别，且在插入的过程中要注意磁带的插入方向。还有一些摄像机采用内存卡存储。

(4) 调光圈、聚焦、取景。

为了保证摄像机在不同光照强度下拍摄的景物图像都达到合适的曝光度，应当正确设置摄像机光圈以控制镜头进光量。聚焦的目的是使被拍摄的景物图像最清晰。摄像聚焦的方法是变换镜头焦距到长焦端，调整聚焦环使被摄主体细节清晰，然后再调至需要的焦距取景拍摄。

4. 拍摄技巧

（1）拍摄机位的选择。

每拍摄一个镜头之前，摄像机的位置是直接影响拍摄画面构图质量的重要因素。所谓“机位”，就是指摄像机在拍摄过程中所处的空间位置。实际上，每个镜头画面都是摄像机在不同的方向、高度、距离拍下来的。因此，选择摄像机的“机位”，实质上就是选择摄像机的拍摄方向、高度和距离（景别）。

1）拍摄方向的选择。

方向是指摄像机选择被摄主体的某一个面作为构图的内容。选择拍摄方向的目的是寻找最能表现主体特征的拍摄位置。拍摄方向的选择是指以被摄主体为中心，摄像机在水平位置前、后、左、右的变化。拍摄方向分为五种：正面拍摄、斜侧面拍摄、侧面拍摄、反侧面拍摄、背面拍摄（见图 4－27）。

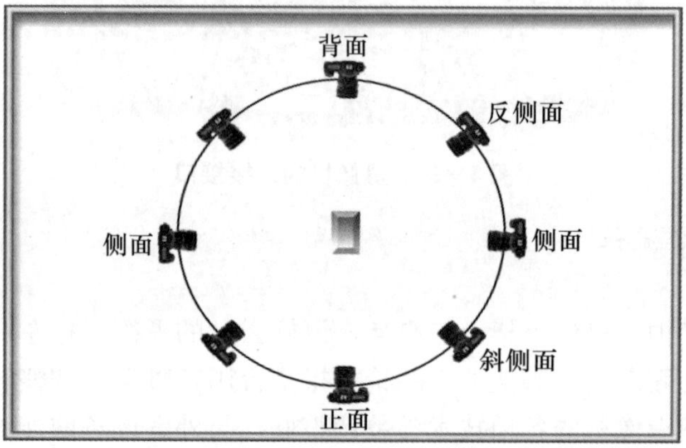

图 4－27 拍摄方向的选择

2）拍摄高度的选择。

高度是指摄像机与被摄主体的水平关系。摄像机与被摄主体处在同一水平线上时为平摄，摄像机低于被摄主体时为仰摄，摄像机高于被摄主体时为俯摄，摄像机处于被摄主体的正上方与被摄主体几乎呈垂直方向时为顶摄（见图 4－28）。不同的拍摄高度具有不同的表现效果。

3）拍摄距离的选择。

拍摄距离是指摄像机与被摄对象之间相距的远近。拍摄距离的选择，体现在画面上就是景别的变化。

所谓景别，是指拍摄不同场面范围的景物所形成的画面。同一焦距的光学镜头在不同的距离拍摄，可以获取各种不同的景别；拍摄距离不变而改变摄像机镜头的焦距，也可以获取不同的景别。以人为主体的摄像画面，其景别可分为：远景、中景、近景、全景和特写。

（2）摄像机操作要领及技巧。

一般初学的摄像者在进行拍摄时，最容易犯三方面的错误：一是过多地采用推拉拍

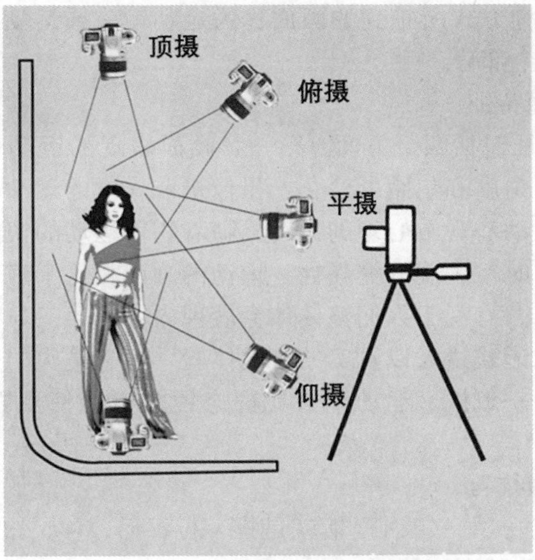

图 4-28 拍摄高度的选择

摄，频繁地进行推拉转换；二是盲目地采用跟摄、移摄，过分强调被摄人物的动作；三是片面强调单幅画面的构图完整，而忽视了画面连续性的特点。为了保证画面的观赏效果和便于后期镜头的组接，建议拍摄时按照稳、清、平、准、匀五个要领进行摄像操作。

1）稳——画面要稳，尽量使用三脚架辅助拍摄。

2）清——画面要清晰，聚焦要准确，拍摄前要用长焦端对拍摄主体的主要部位清晰聚焦，再选择合适的景别进行拍摄。

3）平——摄像机要保证画面横平竖直，特别要注意与地平线、建筑物线条的对比。

4）准——拍摄时构图要规范、准确。拍摄运动镜头时落幅要准确。

5）匀——拍摄运动镜头时除特殊情况下，一般运机速度要均匀。

（3）摄像机持机姿势。

1）最常用的方式——肩扛式。

用右胳膊上臂与身体右侧夹紧机器，右臂向左后方用力，并利用身体的反作用力形成胳膊与身体之间的动态平衡，增加机器的稳定性；必要的时候可在启动录像按钮前深吸一口气，再屏住呼吸开始拍摄。

2）抢新闻方式——高位式。

当拍摄对象被前方人群阻挡时，建议采用高位式：将寻像器向下方旋转 45°左右；右手单手握机，左手配合使机器伸过前方人群头顶，如果构图合适，即按下录像按钮开始记录。

3）低机位方式——手持式。

以左脚为着力点蹲下；把翻盖式液晶屏打开，并向上方旋转 45°左右；左手托住摄像机底部，右手进行变焦、启动录像/暂停按钮等操作。

（4）镜头运动技巧。

1）运动镜头的概念及组成。

在一个镜头中通过移动摄像机机位、变动镜头光轴，或者变化镜头焦距所进行的拍摄称为运动摄像，通过这种方式所拍到的画面称为运动镜头或运动画面。运动镜头包括起幅、运动过程和落幅三个部分。

2）运动镜头的画面特征。

运动镜头的画面特征包括四个方面。第一，画面表现的运动性。运动，不仅仅体现在摄像机机位、方向、角度和焦距的变化，摄像机取景框的运动也会带来运动画面，另外还包含被摄物体的运动和观看心理的运动。随着物体运动的快慢，观看者的心理也会随之发生变化。第二，时空表现的完整性。运动的画面相比于静止更让人有身临其境的感觉，时间和空间的结合有利于人们整体体会表现内容。第三，视觉感受的真实性。运动镜头通过动态的表现形式给人以真实的视觉体验，随着镜头的变化，真实感也逐渐增强。第四，心理体验的一致性。运动镜头比静态镜头更能使观看者有感官体验上的一致感。

3）运动镜头的拍摄技巧。

运动镜头的基本技巧，一句话概括就是推、拉、摇、移、跟、升降、甩、旋转、晃动、综合。不同运动镜头的画面特征、表现效果不一样，相应的拍摄要求也不同。下面我们对每种运动镜头的拍摄技巧进行具体介绍。

第一，推镜头。

推镜头是指摄像机沿光轴方向向前移动进行拍摄的方法。推镜头采用的是变焦距的方式，将镜头从短焦距部位逐渐调至长焦距部位。

推镜头将被摄主体由小变大，将周围环境由大变小，具有明确的主体目标，能形成视觉前移的效果。推镜头能够在一个镜头中使景别不断发生变化，满足人们由远及近、由表及里、由外在形象到内心感受的逐渐认识事物的需求。

推镜头的拍摄要求：其一，拍摄前要考虑充分，明确落幅位置，可以在开拍之前反复试推；其二，操作要一次性完成，推的过程要均匀，中间不能有停顿，不能来回推拉；其三，速度要均匀，推的速度要一致，节奏和影片的节奏要一致；其四，在镜头推进的过程中要适当调节镜头来保持构图的连续和完整；其五，落幅要讲究，焦点要实，先将落幅焦点聚好；其六，避免晃动，尽量依托摄像辅助设备，如三脚架。

第二，拉镜头。

拉镜头是摄像机逐渐远离被摄主体，或变动镜头焦距（从长焦调制广角），使画面框架由近至远与主体拉开距离的拍摄方法。

拉镜头有利于表现主体与主体所处环境的关系，以不易推测出形象的局部为起幅，有利于调动观众对整体形象逐渐呈现的想象和猜测；拉镜头的景别由小变大，被摄主体由大变小，环境由小变大，可形成视觉后移的效果。拉镜头有退出感，常被用作结束性和结论性镜头的拍摄，也可用作转场镜头的拍摄。

第三，摇镜头。

摇镜头是指当摄像机机位不动，借助于三脚架上的云台或机身做上下、左右等方向的摇动，变动摄像机光学镜头轴线的拍摄方法。

完整的摇镜头包括起幅、摇动、落幅三个连贯的部分。摇镜头从起幅到落幅的运动过程能够迫使观众不断调整自己的视觉注意力。摇镜头的拍摄机位不变，拍摄角度变化，其形式的视觉效果犹如人们转头环顾四周或将视线由一点移向另一点。

摇镜头要求开头和结尾画面的拍摄目的都要很明确，即从一定的被拍摄目标摇起，到一定的被拍摄目标结束，并且两个镜头之间一系列的过程也是被表现的内容。摇镜头用长焦距镜头远离被摄物体遥拍，可以形成横移或者升降的效果。

摇镜头的拍摄要求：其一，必须有明确的目的性。其二，摇摄速度应与画面的感情基调相对应。其三，整个摇动过程应完整和谐。镜头的运动速度一定要均匀，起幅先停滞片刻，然后逐渐加速，匀速，减速，再停滞，落幅要缓慢。

第四，移镜头。

移镜头是指通过改变摄像机机位的方式进行拍摄的方法。移镜头一般把摄像机安装在移动轨或各种交通工具上进行拍摄。这种镜头富有动感，它的画面特征跟摇镜头相似。移镜头通过摄像机的移动开拓了画面的造型空间，创造出独特的视觉艺术效果，在表现大场面、大纵深、多景物、多层次的复杂场景时能产生气势恢宏的造型效果。

除一些特殊的摄像需要特殊的设备外，一般条件下的移摄主要有两种方式：一种是将摄像机安装在各种活动物体上，如移动车、活动三脚架、升降车及各种工具车上等；另一种是摄像者肩扛摄像机。这两种拍摄形式都应力求画面平稳，而平稳的重点在于保持机器的水平。

第五，跟镜头。

跟镜头又称跟拍，是指摄像机镜头始终跟随被摄主体进行拍摄，使运动的拍摄主体始终保留在画面之内（且主体在画面中的位置基本保持不变）的拍摄方法。跟镜头的画面对主体的表现相对稳定，且背景处于变化中，有利于通过人物引出环境。跟镜头对人物、事件、场面进行跟随记录的表现方式，在纪实性节目和新闻节目的拍摄中有着重要的应用价值。

在跟镜头的拍摄过程中要注意跟上并跟准拍摄主体，同时注意焦点、角度、光线的变化。

第六，升降镜头。

升降镜头，是指摄像机借助升降装置或利用人身姿态的改变做上下运动所进行的拍摄方法。升降镜头拍摄有多种变化形式，如垂直升降、弧形升降、斜向升降、不规则升降等。

升降镜头大多用于大场面的拍摄，用来展示事件或场面的规模、气势和氛围，有利于表现纵深空间中的点面关系。镜头的升降可以实现一个镜头内的内容转换与调度，表现画面里处于上升或下降运动中人物的主观视像，也可以表现画面内容中感情色彩的变化，有助于加强喜剧效果，渲染气氛。

第七，甩镜头。

甩镜头，是指一个画面结束后不停机，镜头急速“摇转”向另一个方向，从而将镜头的画面改变为另一种内容，而在摇转过程中所拍摄下来的内容则会变得模糊不清楚。甩镜头形成的效果与人们的视觉习惯是十分类似的，类似于我们观察一个事物时突然将头转向另一个事物。甩镜头可以强调空间的转换和同一时间内在不同场景中所发生的并列情景。甩镜头的另一种方式是专门拍摄一段向所需方向甩出的流动影像镜头，再将其剪辑到前后两个镜头之间。

甩镜头节奏极快，可以造成突然的过渡。剪辑的时候，甩的方向、速度、快慢和过程的长度，应该与前后镜头的动作及方向、速度相适应。

第八，旋转镜头。

旋转镜头是指使被拍摄主体或背景呈旋转效果的拍摄方法。其常用的拍摄方式有以下几种：其一，沿着镜头光轴仰角旋转拍摄；其二，摄像机超 360°快速环摇拍摄；其三，被拍摄主体与摄像机几乎在一轴盘上，做 360°的旋转拍摄；其四，摄像机不动，将胶片或者磁带上的影像或照片旋转、倒置或转到任意角度进行拍摄，有顺时针或者逆时针的效果；其五，运用旋转的拍摄工具拍摄，也可以获得旋转的效果。

这种镜头技巧往往被用来表现人物在旋转中的主观视线或者眩晕感，或者以此来烘托情绪，渲染气氛。

第九，晃动镜头。

晃动镜头是指拍摄过程中摄像机机身做上下、左右、前后摇摆的拍摄方法。其常被用作表现主观感受，如表现醉酒、精神恍惚、头晕，造成乘船、乘车摇晃颠簸的效果，创造特定的艺术效果等。这种镜头在实际拍摄中应用不是很多，但在合适的情况下使用这种技巧往往能产生强烈的震撼力和感染力。

这种技巧在实际拍摄中需要的摇摆幅度与频率要根据具体的情况而定。拍摄的时候手持或者肩扛摄像机效果比较好。

第十，综合运动镜头。

综合运动镜头是指摄像机在一个镜头中把推、拉、摇、移、跟、升降等各种运动镜头不同程度地结合起来进行拍摄的方法。综合运动摄像有先后方式、包容方式两种，还有两种方式的混合运用。

综合运动镜头能够产生复杂多变的画面效果，形成的画面轨迹是多方向、多方式的综合运动镜头是形成丰富的画面造型的有力手段，特别适合于活跃气氛、加快拍摄速度，可以同时或先后拍摄不同方向、不同层次的景物，并形成完整的段落镜头，形成多构图、多景别、多层次的“镜头内部蒙太奇”，有利于通过画面结构的多元性形成表意方面的多样性。

四、交互式媒体

（一）计算机

世界上第一台计算机 1946 年诞生于美国宾夕法尼亚大学，被命名为“ENIAC”。虽然现在看起来它笨拙、庞大和低效，但在当时却轰动了整个世界。经过几十年的发展，计算机体积越来越小、速度越来越快、功能越来越强、应用范围也越来越广，并且朝着智能化和网络化的方向发展。计算机在教育领域中的应用研究始于 20 世纪 50 年代。作为一种高度交互的媒体，计算机已经成为教育领域不可缺少的、重要的现代教学媒体之一。

1. 计算机的构成

计算机是一种能自动、高速、精确地完成各种数据的存储、处理与控制的电子设备。完整的计算机系统由硬件系统和软件系统两大部分组成。

(1) 计算机的硬件系统。

计算机的硬件系统一般由中央处理器（CPU）、存储器、输入设备和输出设备组成，它们之间的结构关系如图 4 - 29 所示。

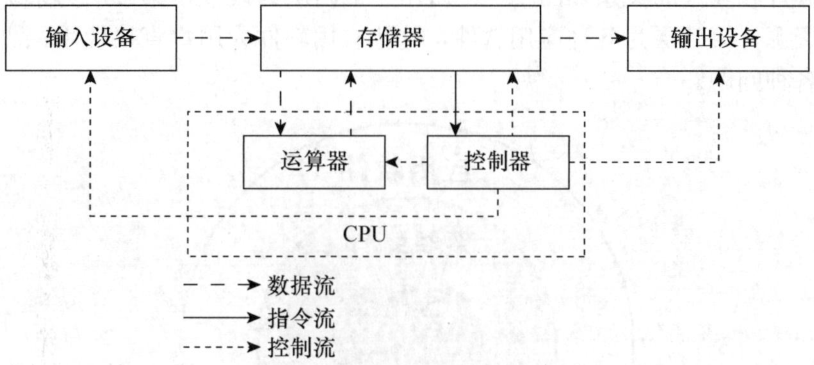

图 4 - 29　计算机硬件系统的结构关系

1）中央处理器。

控制器、运算器等合称为中央处理器，即 CPU（central processing unit）。中央处理器是硬件系统的基础，主要任务是取出指令、解释指令并执行指令。

2）存储器。

存储器是计算机记忆和暂存的部件，它包括内存储器和外存储器。内存储器又称为主存储器，它直接与 CPU 交换信息，由集成卡组成，存储速度快，但容量相对较小；而外存储器又称为辅助存储器，是由慢速的外部设备如磁盘、磁带、光盘、硬盘等组成，存取速度慢，但容量相对大。

3）输入设备。

输入设备用来把数据和程序输入计算机内部，常用的输入设备有键盘、鼠标、光笔、扫描仪等。

4）输出设备。

输出设备用来把计算机加工处理后产生的结果输出到外界，常用的输出设备有显示器、打印机、绘图仪、扬声器等。

(2) 计算机的软件系统。

计算机若只有硬件还不能正常工作，要使计算机能正常地运行并能解决各种问题，必须给它编制各种程序。为运行、维护、管理和应用计算机所编制的所有程序的总和称为软件。软件的种类很多，大体可分为系统软件和应用软件两大类。

1）系统软件。

计算机的系统软件是管理、监控、维护计算机资源的软件，它包括操作系统、各种语言处理程序等。操作系统在系统软件中处于核心地位，其他系统软件都要在操作系统的支持下工作。

2）应用软件。

用户利用计算机及其提供的各种系统软件编制解决各种实际问题的程序，称为应用软件。应用软件经过标准化、模块化，逐步形成能解决各种典型问题的应用软件集合，即软件包。随着计算机的推广应用，很多应用软件系统和应用软件包相继问世，而且各种新型应用软件仍层出不穷。

计算机硬件和软件的关系如图 4-30 所示。最内层为硬件；第二层为系统软件，管理硬件和软件资源；第三层为各种应用软件，这些应用软件为用户直接使用，协助用户使用计算机解决各种问题。

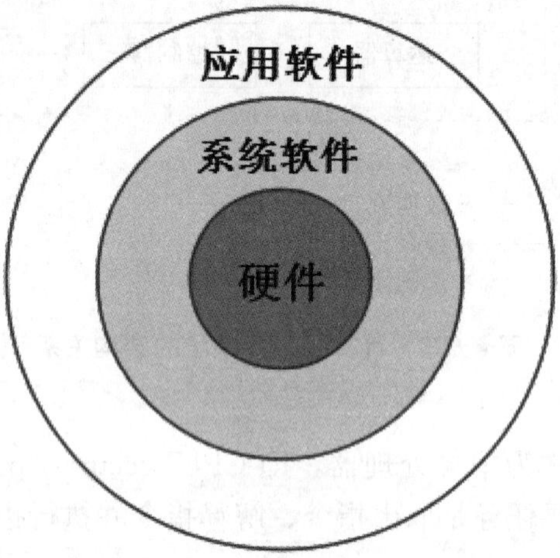

图 4-30 计算机硬件和软件的关系

2. 计算机的分类

按数据表示、构成器件、性能指标、用途等分，计算机有多种类型（见表 4-12）。

表 4-12 计算机的类型

分类方式	具体类型
按数据表示分	有模拟计算机、数字计算机以及混合计算机
按构成器件分	有机械计算机、机电计算机、电子计算机、光计算机、量子计算机等
按规模和性能分	有巨型计算机、大型计算机、小型计算机、微型计算机等
按用途分	有专用计算机、通用计算机等

3. 计算机辅助教学

美国 IBM 公司沃斯顿研究中心，在 1958 年设计出了世界上第一个计算机教学系统，从此拉开了计算机辅助教学的序幕。计算机辅助教学（computer aided instruction，CAI），是由教师、幼儿和计算机三方面构成的以人机对话形式出现的教学方式。在这里，教师主要负责设计、制作和选择适合教学目的和要求的课件；幼儿则在计算机上运行课件，通过与计算机的交互对话进行学习；计算机可对幼儿的操作做出反应，并将信息及时反馈给幼儿。

计算机辅助教学是在程序教学的基础上发展起来的，因而其课件的设计也沿袭了程序教学的原则，其过程如图 4-31 所示。随着计算机技术的不断发展，教学模式也发生了改革和转变，在学前教育阶段更加注重幼儿创造性思维和数字化学习能力的培养。用计算机辅助教学来开展幼儿教学活动，会融入更多游戏化和创新性的元素，注重幼儿参与互动和评价，有更多的优势来培养幼儿的创造性思维和数字化学习能力。

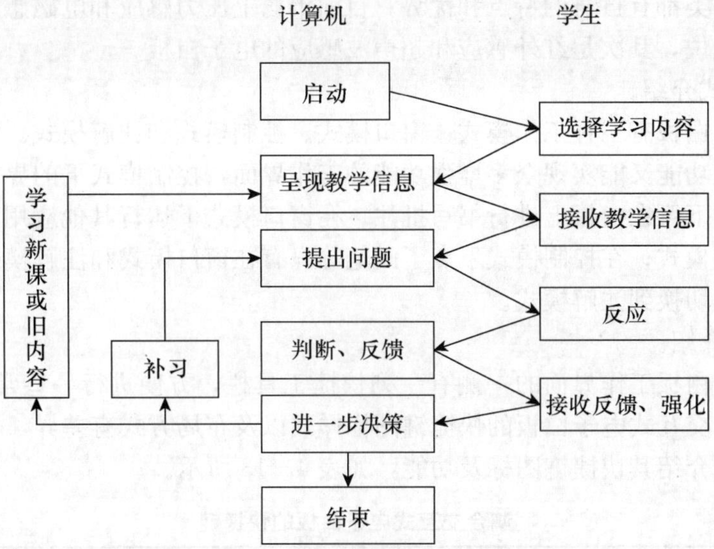

图 4-31　计算机辅助教学过程

（二）交互式电子白板

在素质教育时代，如何增加幼儿在教学过程中的参与度，教学工具扮演了非常重要的角色。从黑板到白板，从白板到电子白板，从电子白板到交互式电子白板，经过不断创新演变之后，交互式电子白板已成为最先进的教学工具之一，成为一种国际上新近崛起的替代传统教学工具的数字化教学设备。交互式电子白板的出现，是对沿袭几百年的黑板、粉笔、板擦“三位一体”的旧教学模式的一场革命性突破。

1. 交互式电子白板的系统构成与基本功能

（1）交互式电子白板的系统构成（见图 4-32）。

交互式电子白板是一个与数字投影仪及计算机连接在一起的、具有触摸感应功能的白板。投影仪将计算机屏幕上的内容投射在白板上，用户直接触控白板或使用电子感应笔就可以对计算机进行操作。使用交互式电子白板，可实现书写、输入、文件调用、删除复制、回放、遮挡、打印等多种功能。

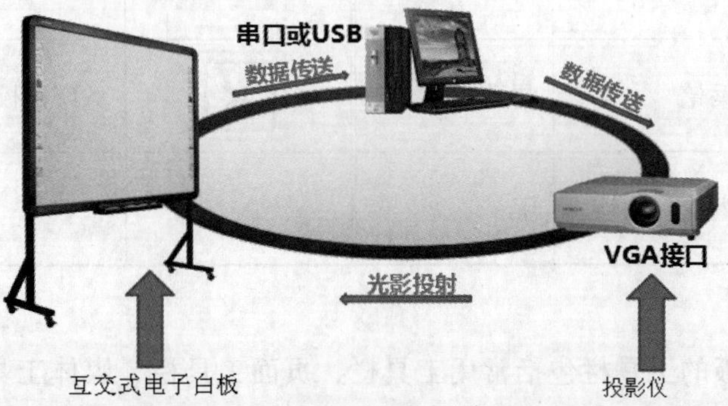

图 4-32　交互式电子白板的系统构成

交互式电子白板按原理可分为压力感应、电磁感应、红外感应、超声波感应、CCD等几大类，每一类都有自身的特点和优势。目前市场上压力感应和电磁感应的交互式电子白板占据主导地位，其次是红外感应和超声波感应的电子白板。

1）工作模式介绍。

交互式电子白板有三种工作模式：窗口模式、控制模式和注解模式。窗口模式是既能实现传统黑板的功能又能实现众多增强功能的工作界面，控制模式下的界面显示为计算机界面，注解模式下可在白板上进行书写批注。在窗口模式下运行其他应用程序时，软件会自动切换到控制模式；在控制模式下点了画笔等只有在窗口模式和注解模式下才能用的工具，软件将自动切换到注解模式。

2）快捷键介绍。

交互式电子白板工作界面的一侧有一列快捷工具栏，方便进行一些常规的快捷操作。不同厂商制造的交互式电子白板的快捷键图标样式以及布局方式有差异，下面以鸿合交互式电子白板为例介绍其快捷键图标及功能，如表 4－13 所示。

表 4－13　　　　鸿合交互式电子白板的快捷键

快捷键	窗口模式	控制模式	快捷键	窗口模式	控制模式
	图库	无		选择	无
	保存	保存		撤销	撤销
	页面属性	无		橡皮擦	删除
	新建页面	新建文档		切换模式	切换模式
	前翻页	前翻页		文本框	手写识别
	后翻页	后翻页		定位	定位
	书写笔	屏幕批注		关闭白板页面	关闭
	设置属性的笔	无			

3）工具栏介绍。

交互式电子白板的工具栏包括常用工具栏、页面工具栏、媒体工具栏、笔盒工具栏以及学科工具栏，如图 4－33 所示。

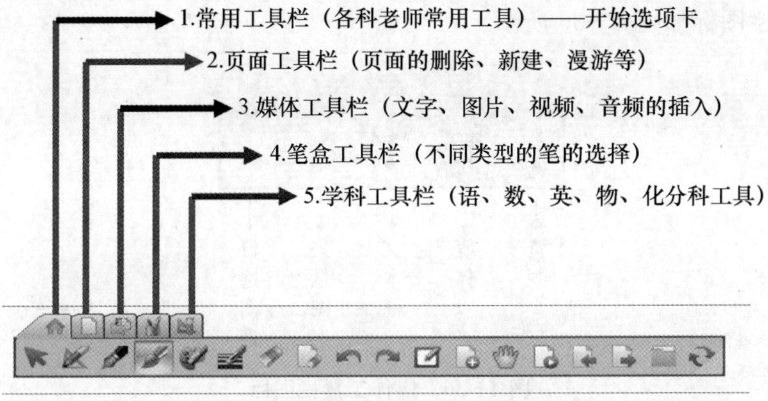

图 4-33　交互式电子白板的工具栏

常用工具栏图标如图 4-34 所示。

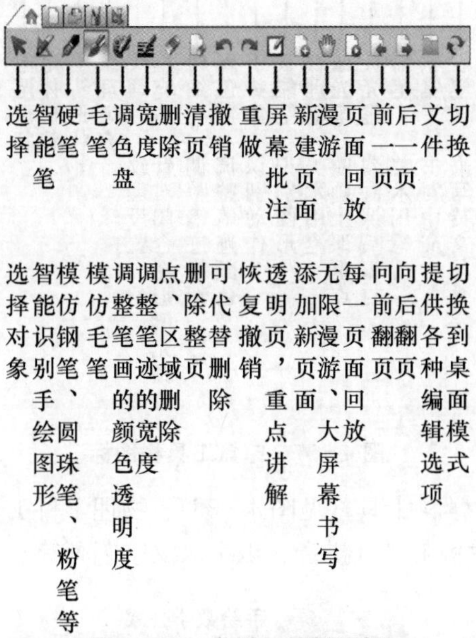

图 4-34　常用工具栏图标

页面工具栏图标如图 4-35 所示。

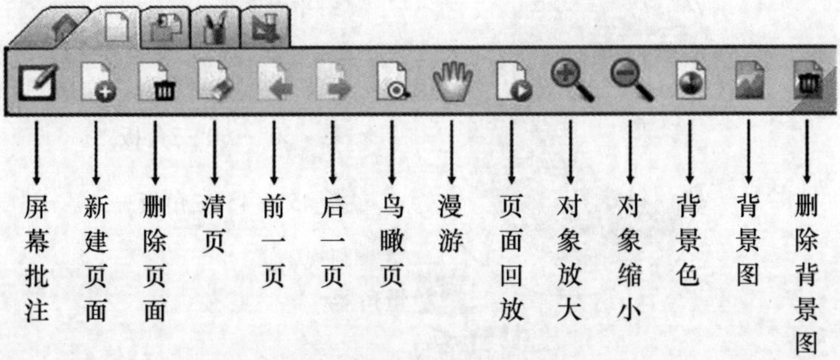

图 4-35　页面工具栏图标

媒体工具栏图标如图 4－36 所示。

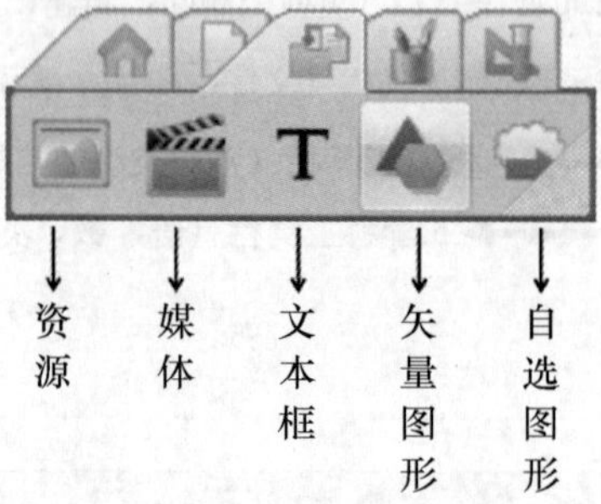

图 4－36　媒体工具栏图标

笔盒工具栏图标如图 4－37 所示。

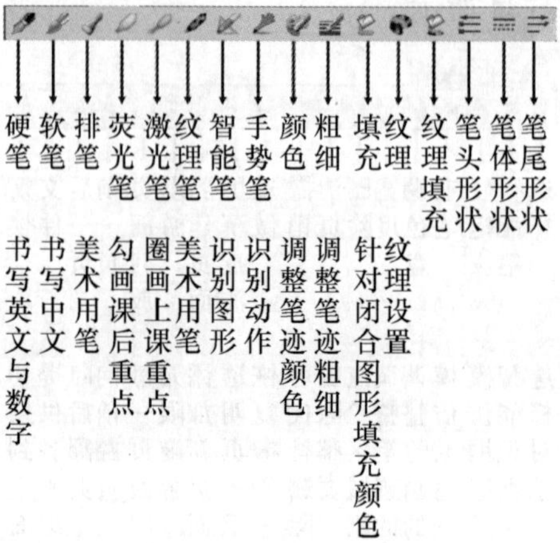

图 4－37　笔盒工具栏图标

学科工具栏包括：数学学科工具（见图 4－38）、物理学科工具（见图 4－39）、化学学科工具（见图 4－40）、语文学科工具（拼音、识字、汉字笔画等）、英语学科工具（音标）等。

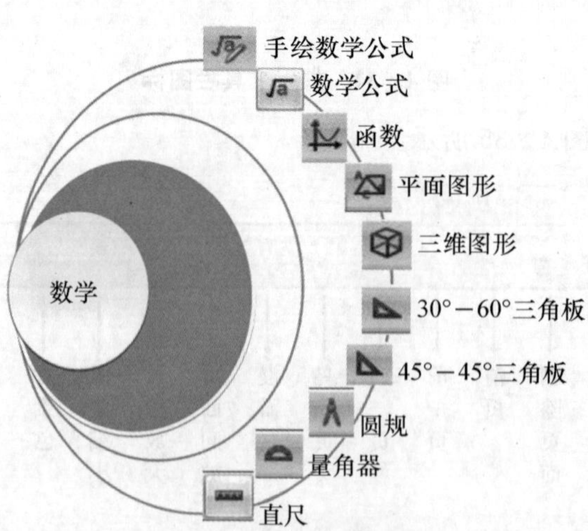

图 4－38　数学学科工具

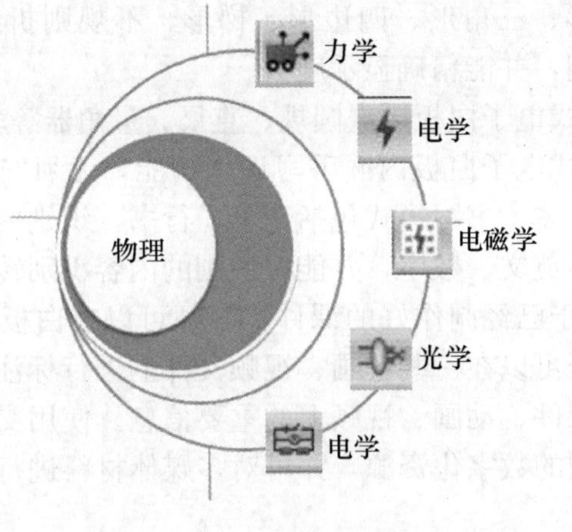

图 4-39　物理学科工具

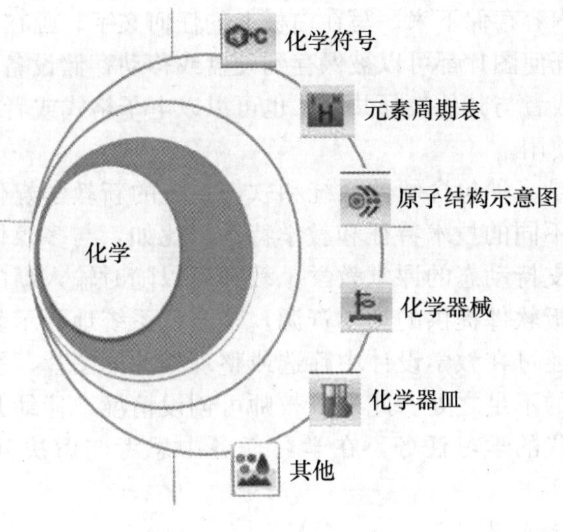

图 4-40　化学学科工具

(2) 交互式电子白板的基本功能。

1) 交互功能。交互式电子白板与电脑、投影仪组成交互式演示系统，可以完全控制电脑。交互式电子白板上的操作可在计算机上同步显示，并可存储。

2) 控制功能。交互式电子白板可完全替代鼠标，具备一键式鼠标左右健功能；且能通过软件的按键实现 PPT 上下翻页的功能，方便教学。

3) 书写功能。交互式电子白板可以实现在任何界面上书写，可随意更换笔的颜色和粗细。

4) 回放功能。交互式电子白板可一键式回放，无须经过先录屏再用播放器播放等复杂的过程就可进行回放，且能对一行字中的一个字进行回放。

5) 擦除功能。交互式电子白板能进行局部擦除和一次性擦除，板擦的大小可选。

6) 图形绘制。交互式电子白板能将手绘的图形自动识别成标准图形，能识别直线、圆、椭圆、正方形、矩形、三角形、四边形、梯形、不规则折线等。内嵌圆规可进行圆形、扇形、圆弧等的绘制，并能精确显示度数。

7）教学工具。交互式电子白板内嵌圆规、直尺、量角器等教学工具。

8）手写识别。交互式电子白板内嵌手写识别功能，无须安装第三方软件就能将手写的字体自动识别成标准字体。书写形式包括草书、行书，识别内容包括繁简汉字、偏旁部首、生僻字、标点符号、英文、数字，并能将识别的内容识别转换为任何字体。

9）批注、编辑。对于已经制作好的课件，教师可以在白板的批注模式下对原有的课件进行控制和批注，甚至可以在一些动画、视频文件上进行标注，并展开详细的讲解，从而更好地引导幼儿抓住课件、动画、视频上的重要信息。使用交互式电子白板能及时、方便、灵活地引入多种类型的数字化资源，并可对多媒体材料进行灵活的编辑组织、展示和控制。

10）动态保存功能。交互式电子白板能将操作、书写的过程动态保存，并能像动画一样进行回放；能改变播放的速度，播放效果无延时、丢帧现象。交互式电子白板的一个突出特点就是可将板书内容存储下来。写在白板上的任何文字、画在白板上的任何图形或者插入、拖到白板上的任何图片都可以被保存到硬盘或移动存储设备中，供下节课、下学年或者其他班级使用，或者与其他教师共享；也可以以电子格式或者印刷品的形式分发给幼儿，供幼儿课后温习使用。

交互式电子白板是一种包含硬件系统和软件系统的新教学媒体，具有与传统媒体和多媒体演示系统显著不同的技术特征和教学特性。比如，与多媒体演示系统相比，交互式电子白板能够有效支持动态的课堂教学，教师可以随时输入新的内容并加以存储展示等；也可直接利用白板软件提供的教学资源，多方位系统地展示教学信息，以扩展和丰富幼儿的学习经验；还可在教学设计中筛选或整理相关的图片、影片或网页内容等媒体资源，补充教学素材的不足之处。此外，教师可创设情境，让幼儿沉浸在白板创设的情境中，去完成教师交代的学习任务，在学习任务中思考与解决问题，再从思考中建构知识。

2. 交互式电子白板的优势

从不同方面将交互式电子白板与传统的黑板以及目前流行的多媒体投影系统相比较，具体如表 4－14 所示。

表 4－14　三种教学媒体的比较

	黑板	多媒体投影系统	交互式电子白板
教学内容呈现	尺寸大，色彩少； 只能呈现教师即时的粉笔板书，无法呈现动态图像和声音	尺寸大，色彩丰富； 可呈现数字化的文本、图像和视频资源，常用于播放多媒体课件等	尺寸较大，色彩丰富； 既能展示文本、图像、视频等数字化资源，又支持即时文字书写
教学内容的存储与记录	存储量较小，板书保存时间短，幼儿需要及时做笔记	存储量大，但无法在投影屏幕上书写，改动只能在计算机上进行，较麻烦	存储量大，且板书内容可保存下来，支持形成多种格式的文件，以重复使用或与他人共享

续前表

	黑板	多媒体投影系统	交互式电子白板
课堂交流互动	可以较好地展示教师的授课技巧及课堂应变能力，但幼儿做笔记的时间长，妨碍了师生的交流互动	计算机操作和黑板分离，教师来回于两者之间，不方便。且教训内容固化，不易体现教师的身体语言，也不利于师生交流	既可以展示教师的教学艺术，又有利于实现师生互动、人机互动，互动形式多样化
其他	粉尘污染 价格低廉	无污染 价格较高	无污染 价格昂贵

从表 4-14 可以看出，交互式电子白板既继承了传统黑板以及多媒体投影系统的优良功能，又很好地弥补了二者的不足，在提高课堂效率、优化教学效果方面起到了至关重要的作用。

对教师来说，将交互式电子白板引入课堂，可以促进教师的教学反思，使其对教学产生新的认识。教师在课堂上使用交互式电子白板，能够为幼儿重新设计学习过程，调整教学策略，也能够在教学过程中完善自己的知识和教育技术水平，实现教学相长。

对幼儿来说，交互式电子白板的应用使枯燥的课堂变得生动活泼，有助于形成以幼儿为中心的课堂教学，增加幼儿的学习兴趣，促使幼儿都能积极参与到学习活动中。交互式电子白板所展示的海量的数字化资源，则有助于幼儿更好地理解教学内容、扩展知识面，培养幼儿良好的信息素养。

对教育教学改革来说，交互式电子白板的出现改变了以往教师口授板书、幼儿耳听手记的学习方式。课堂教学是在师生互动、人机互动中动态生成的，而交互式电子白板则是一个进行信息展示、师生互动和知识建构的平台。

此外，交互式电子白板还有解放双手、增加互动、活跃课堂、节能环保等优点。例如：教师可以利用白板笔直接进行书写和批注；交互式电子白板可对课堂教学的生成性资源进行保存；交互式电子白板使用的是质地较好的白板模，轻轻一擦，就可以擦得十分干净，不用水笔，没有材料损耗。

3. 交互式电子白板的教学应用

交互式电子白板符合幼儿的直观形象思维和爱动手动脑的特点，在幼儿教学中，它具有“趣化”教学活动、“优化”师幼互动、“易化”教学难点、“转化”教学反馈、“固化”教学资源等作用。

(1)“趣化”教学活动。

幼儿的思维具有直观形象的特点，对幼儿来说，具体的、直观的认知对象远比教师语言描述出来的认知对象更加生动有趣。教师可根据幼儿的认知特点，运用交互式电子白板的图片、声音、视频等功能创设能激发幼儿兴趣和探索欲望的活动情境，并利用交互式电子白板的展示功能，增强活动的视觉、听觉效果和趣味性，让活动变得生动有趣，从而调动幼儿的学习积极性。

例如，在中班教学活动“特殊的汽车”中，教师先对屏幕上的内容进行暂时遮蔽，活动开始后，展开幕布逐步显露城市图画以及城市马路上的各种汽车。教师在交互式电子白板上的操作就像放电影一样，使活动变得有趣的同时，激发了幼儿对活动的兴趣。在活动中，教师还使用超链接添加声音和视频文件，展示出真实的救护车、警车的鸣笛音效以及车辆工作的视频，拉近了幼儿与学习对象的距离，增强了幼儿的活动兴趣。

（2）“优化”师幼互动。

在以前未使用交互式电子白板的教学活动中，我们经常会碰到两种情况：一种是上课的教师经常给操作电脑的教师眼神暗示，有时候配合不好，会出问题；另一种是投影仪放置在桌子上，当教师指导还没有操作完的幼儿时，那些已经操作完的幼儿往往会跑到桌子旁自己做游戏。

交互式电子白板在教学中最突出的作用就体现在“交互”上，能避免上述两种情况对教学的干扰。在“特殊的汽车”教学过程中，教师拿着一支电子笔，就能面向所有幼儿，在交互式电子白板上对课件进行操作，全程不需要靠近电脑主机，也不需要有另外的教师来帮忙操作课件，减少了教师不必要的走动，压缩了操作时间，极大地提高了课堂效率和师幼互动的质量。

（3）“易化”教学难点。

交互式电子白板能够有机结合各种多媒体素材，方便教师演示和处理。教师可运用聚光灯、放大镜等工具进行形象、直观、生动的演示，吸引幼儿的注意力，让活动内容变得更加容易理解和掌握，进而有效突破活动难点。交互式电子白板中的“魔术笔”功能更加有趣，只要在所需画面上画圈，就会产生聚光灯的效果，进而对需要突出的内容做重点显示，同时屏蔽其他内容。在所需画面上画方形，就能将图片中的细节放大后让幼儿观察，提高幼儿观察细节的能力。

认识各种特殊车辆的特殊装备是“特殊的汽车”教学中的难点，教师通过超链接视频文件让幼儿观看现实生活中这些特殊车辆如何运用自己的特殊装备给人们的生活带来帮助，这种直观的形式使幼儿易于认识和理解这些特殊车辆。教师还使用了突显、放大功能，对汽车的局部特征进行放大，以方便幼儿观察。

（4）“转化”教学反馈。

反馈与评价是教学过程中的重要环节。在应用交互式电子白板的课堂环境下，教师可以不用对幼儿的操作等情况给予“正确”或“不正确”的反馈，而是将反馈工作交给交互式电子白板。例如，可利用交互式电子白板的验证功能对幼儿的操作结果进行验证。

在“特殊的汽车”教学中，交互式电子白板的左边是汽车的图片，右边是各种装备。幼儿须将合适的装备拖到汽车上，如果是对的，装置的图片就会消失，如果是错的，装置的图片就会直接弹回原来的位置。如此，幼儿的操作就不是由教师直接进行反馈，而是将反馈工作交给了交互式电子白板，从而避免了教师反馈的“权威化”。

（5）“固化”教学资源。

交互式电子白板可以对活动过程进行录像，这是传统的多媒体所没有的。对活动过程进行录像能方便教师反思教学，还可以让更多的教师进行研讨学习。

在“特殊的汽车”活动中，我们用交互式电子白板对教师的教学活动进行录像，并引导没有观摩现场教学的教师对该教学录像进行观摩和学习。

总的来说，交互式电子白板作为新型的现代教育技术手段走进课堂，能为幼儿提供更丰富的学习资源，极大地改变课堂中的学习气氛，对发展幼儿的创新精神和现代意识非常有利，是教师优化课堂教学、提高教学质量不可多得的现代化教学工具。

（三）手持式学习媒体

手持式学习媒体，主要是指携带方便且有利于学习的数字化设备，也称手持设备、移动设备等。移动设备及各种智能终端作为一种新的技术形态，对构建智能化、个性化的学习环境，促进教学创新和教育变革有重要作用，正成为各国推动教育信息化的一个重要发展对象，不仅得到发达国家的重视，也正走进发展中国家的课堂教学。国外应用移动设备教学的典型项目除包含资源支持、教学设计与活动组织、教师培训计划、学生 21 世纪技能培养、效果评估等共同要素外，在实施过程中还包含多领域多学科的应用实践、多样化教与学活动及模式的开展、持续发展的影响因素分析及管理策略、应用效果的检验与评估、教师作用的突显及教师专业发展等多样化的策略。我国教育领域对移动设备应用于教学的探索是以 BYOD 这一模式展开的。

1. BYOD 模式概述

BYOD 即“自带设备”，起源于 IT 企业，最初是指企业员工在工作场所中利用自带设备（如个人电脑、智能手机、平板等）来改进工作绩效的一种模式。近年来，BYOD 模式逐渐被引入教育中，即允许学生将个人的智能移动设备带入教学场所，并利用其获取学习资源，开展多样化的学习活动，以优化教学效果。

（1）必要性及实施理念。

BYOD 的使用是教育信息化发展的一个重要趋势。在学校领域以及教育教学当中不能完全拒绝和排斥移动设备进入课堂，正如尼尔森（Nielsen）所阐释的：优化教育教学效果并不能靠禁止学生在校使用个人信息终端来实现，无视 BYOD 在教育领域应用前景的学校事实上是在拒绝、排斥学校围墙之外世界的变化。因此，学校和教师要正确认识和理解 BYOD 行动的必要性，并且在实施 BYOD 行动的过程中要充分把握 21 世纪学习的本质和特征——学生的主体性和方式的个性化。教师为此需要更新他们过时的教学观念，通过让学生自带移动终端设备（如 iPad、智能手机、笔记本电脑及其他移动终端设备），构建一种灵活、开放、个性化的教学环境并开发一种新的教学模式，让学生更加自由地学习。同时，学校管理者还需要制定新的学生管理策略。

（2）实施要点。

教育中实施 BYOD 项目能使学生获得更多个性化学习、与情境的联通、参与学习的机会等，因此 BYOD 被认为是 21 世纪用于促进学习的一种新的技术模型：移动设备＋社会性媒介＝个性化学习。虽然各地区、各学校实施 BYOD 项目的形式和采用的策略不尽相同，但从已开展的 BYOD 实践来看，其实施的基本内容和策略大都包含以下几点：

第一，以培养学生 21 世纪技能为目标。BYOD 应用于教育的初衷便是为学生适应 21 世纪做准备，因此其教育应用的目标就是帮助学生提升自身的技能，具体包括学习与创新技能、数字素养、媒体与技术技能等。

第二，提供必要的资源。自带设备只是 BYOD 的外在形式，BYOD 真正的要点在于为学习资源的联通和访问提供支持。例如，美国很多学区在实施 BYOD 行动时都会为教师和学生提供相应的资源支持，包括自建资源和整合外部资源等（如网站、技术论坛等）。

第三，以教学为出发点，尊重教师使用移动设备的需求。

第四，注重对教学设计和教学整合策略的支持。教学中使用 BYOD 模式的关键不在于技术的引入，而在于对教师的教学设计和教学整合策略的支持，包括对课堂管理技术、学生社会化交往、与学生世界相连、促进学生积极参与、让学习者专注于学习的策略等的支持。

第五，制定相应的管理策略，包括设备管理、技术管理、课堂教学秩序管理等多个方面的策略。例如，要保证不同类型设备的联通性和资源的可访问性，保证学生专注于学习而不是其他活动等。

第六，及时对 BYOD 的应用效果进行评估和检验，对 BYOD 在教学中应用的优势及风险进行评价。

（3）BYOD 教学模式的优势。

近年来，BYOD 教学模式在教育界逐渐流行，BYOD 教学模式相较于传统教学模式，具有明显的优势，二者的对比如表 4－15 所示。

表 4－15　　传统课堂教学模式与 BYOD 教学模式的对比

	传统课堂教学模式	BYOD 教学模式
教学理念	强调知识的传授，学生被动接受	强调能力的提升，促进学生主动学习
教学目标	由大纲和教材规定目标，把考试成绩当作唯一的评价标准，束缚学生个性发展	以学生全面发展为目标，把学生的学习能力作为评价标准，促进学生个性发展
教学程序	按照既定的程序进行操作	按照不同的课堂教学情况灵活调整
教学主体	以教师为中心，忽视幼儿的主体地位	以幼儿为主体，教师指导学生积极参与各种教学活动
教学手段	教学手段陈旧、单一、简单	教学手段现代化、形象生动
教学原则	过分强调知识的系统性、完整性和逻辑性，忽视知识的实用性和时代性	重视知识来源于生产实践，注重培养学生实践和创造的能力

由此可见，BYOD 教学模式能体现混合式学习的优势，有利于实现信息技术与教学的整合，有利于激发幼儿学习积极性；BYOD 教学模式更符合人们学习和生活的方式，能促进学生主动学习，主动获取知识，不再局限于课堂；BYOD 教学模式有助于构建新型师生关系，有利于师生的互动和交流，更加符合新时代的教育环境；BYOD 教学模式有助于对教学资源进行有效利用，幼儿可以利用移动设备进行自主学习和游戏化学习，具有便捷性、交互性、自主性的特点；BYOD 教学模式强调自主学习、积极探索、共同参与，有助于培养学生的创新能力，促进传统教学的变革。

2. 应用案例

《2015 地平线报告（基础教育版）》指出：一系列报告显示，BYOD 已经被全球范围内的学校所接纳。研究显示，43%的幼儿园和义务教育阶段的学生使用智能手机，73% 的中学教师在课堂活动中使用手机。更多的学校正在围绕学生和家长自带设备建设相关的课程。已经有不少中小学和幼儿园开展了 BYOD 项目，这里以上海市金山区豪庭幼儿园的一个应用案例为例，来了解移动设备支持幼儿个别化学习的教学实践。

扫描下方二维码，阅读文章中的相关案例。在这个案例中 iPad 被运用到个别化学习活动之中，取得了较好的实践效果。

通过这个案例，可以发现：（1）运用 iPad 使主题开展更加深入。（2）运用 iPad 令材料选择更多元。iPad 的运用，使集体教学与个别学习有机地融为一体，为幼儿感知、表现提供了多元平台。（3）运用 iPad 让幼儿操作更自主。iPad 的运用，丰富和拓展了幼儿主动学习的方式与途径，有助于幼儿的自主学习。（4）运用 iPad 减轻了教师的工作负担。iPad 的运用，在激发幼儿操作兴趣的同时，还可以提供能反复利用的电子课件，在一定程度上使教师的减负成为可能。

第三节　信息化玩教具

玩教具是幼儿生活中亲密的伙伴和朋友，是幼儿认识世界、熟悉生活的教科书，在伴随幼儿成长的过程中起着潜移默化的作用。在游戏、学习的过程中，我们可以利用玩教具给幼儿创设情境，引导幼儿动手操作，手、眼、口、脑并用，玩教合一，在满足幼儿好奇心的同时，培养幼儿的综合能力，让学前教育“学习活动化，活动游戏化，游戏趣味化”。互联网时代，随着信息化水平的不断提高，各种新型的信息化玩教具为游戏化教学提供了更加丰富的工具和资源。

一、信息化玩教具的类型

目前市面上有很多种玩教具，有些侧重于玩具娱乐，比如：体育玩具，能锻炼幼儿的身体协调能力；益智玩具，能让幼儿自己动手操作体验游戏的快乐，并通过竞技比赛，促进幼儿智力的发展；生活常识玩具，如天气预报等，能引导幼儿了解和认识日常生活和周围环境。还有一些侧重于教学和幼儿学习的玩教具，如感官类、数学教育类、语言教育类、科学文化教育类玩教具等。下面对这四类玩教具进行具体介绍，如表 4－16 所示。

表 4-16 信息化玩教具的类型

类型	内容	示例
感官	1. 训练幼儿的各种感官，如视觉、听觉、触觉、嗅觉、触觉 2. 训练幼儿的辨别力及手眼协调能力 3. 训练幼儿的观察、分类能力，培养专注力 4. 引导幼儿建立几何图形意识 5. 培养幼儿的审美能力 6. 培养幼儿的学习兴趣及求知欲望	插座圆柱体、粉红塔、棕色梯、红棒、色板、二项式、三项式、构成三角形、几何图形嵌板橱、几何立体组及投影卡、彩色圆柱体组、铁质几何图形嵌板、听筒、重量板、触觉板、温觉板、布盒、味觉瓶、嗅觉筒
数学教育	1. 培养幼儿的数量概念 2. 培养幼儿的逻辑思维能力、理解能力、判断能力 3. 培养幼儿的加、减、乘、除运算能力 4. 引导幼儿学习空间、时间概念 5. 引导幼儿学习守恒概念	数棒、砂纸数字板、金色串珠套装、纺锤棒箱、塞根板、二倍数、邮票游戏、加减法板、乘除法板、加减法蛇游戏、分数小人、立方珠链及框架、十进位组、数字与筹码、三倍数、彩色串珠阶梯、心算板、铁质几何图像嵌板
语言教育	1. 培养幼儿的认知能力 2. 培养幼儿的书写能力 3. 培养幼儿的听、说能力 4. 培养幼儿欣赏文学的能力 5. 培养幼儿早期阅读的能力 6. 培养幼儿良好的思想道德品质	砂纸字母板 活动字母箱 砂纸笔画板
科学文化教育	1. 培养幼儿爱科学的情感 2. 培养幼儿掌握认识事物的方法 3. 培养幼儿的好奇心、求知欲 4. 引导幼儿接触周围的世界，增强环保意识，获得科学经验 5. 引导幼儿学习民族文化，培养幼儿的民族自豪感	中国地图嵌板、亚洲地图嵌板、世界地图嵌板、活动时钟、太阳系八大行星、叶形嵌板橱柜及叶形橱柜、鸟嵌板、二指抓、衣饰架及衣饰

二、学前教育在线服务产品

互联网学前教育市场是指通过互联网（包括 PC 和 iPad/智能手机等）为学龄前儿童（0～6 岁）提供教学服务的市场，主要包括母婴社区、在线内容平台、家园互动平台和早教 O2O 平台，具体内容如表 4-17 所示。

表 4-17 在线早教分类

在线早教	母婴社区	宝宝树、妈妈网、辣妈帮、妈妈帮、摇篮网
	在线内容平台	贝瓦、宝宝巴士、酷学多纳、铁皮人科技、小伴龙、工程师爸爸
	家园互动平台	智慧树、贝聊、慧沃、掌通家园
	早教 O2O 平台	小海豚、早教到家

其中，母婴社区平台主要是为处于孕期的女性以及0～6岁婴幼儿的母亲提供服务，针对不同时期的女性提供专业的育儿内容。在线内容平台一般选择从儿歌、故事书、亲子游戏等单一角度切入，比如，“贝瓦”平台主打儿歌，“宝宝巴士”主打启蒙益智教育游戏，“酷学多纳”平台专注于儿童英语课程，“小伴龙”主推以故事为核心的游戏产品等。家园互动平台的主要功能包括信息传递和互动社交。信息传递是向家长动态推送学校近期的资讯、活动、通知、课表、签到、日评、食谱等信息，便于家长实时了解幼儿在校动态；互动社交是指通过围绕教学、育儿、升学等内容，建立教师与家长之间、教师与教师之间、家长与家长之间的沟通社区。早教O2O平台目前尚处于萌芽期，总体规模较小，主要以第三方平台为主。

根据2016年中国学前教育APP分类占比的统计结果，截至2016年，中国学前教育APP中益智游戏占比26.70%、学科知识占比24.10%、认知占比14.60%，其中学科知识包括拼音、数学、英语和其他学科的知识（见图4-41）。

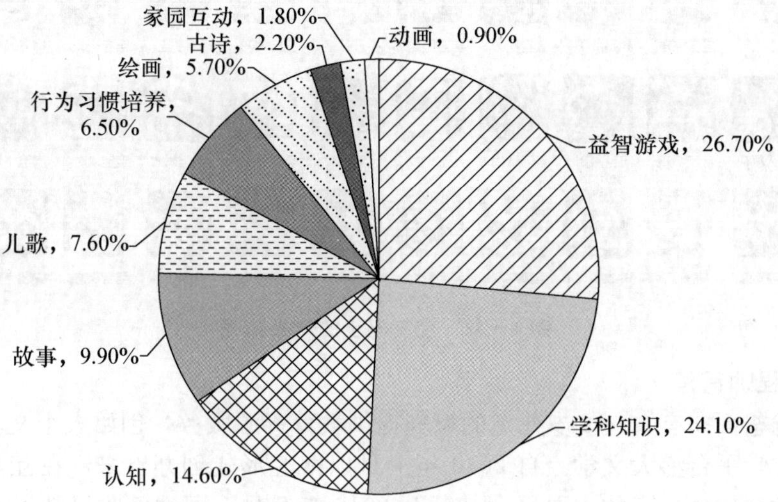

图4-41　2016年中国学前教育APP分类占比

三、学前教育应用平台实例

下面介绍三款学前教育应用平台①：

（一）宝宝巴士

宝宝巴士创立于2009年，专注于学龄前儿童在线教育的产品研发，是移动智能终端内容平台。自2011年首款产品上线以来，已经累计上线超过130款应用、数百首儿歌和《奇妙汉字》3D动画，同时支持十余种语言（中文简体和繁体、英语、日语、德语、阿拉伯语、法语、俄语、葡萄牙语、西班牙语、土耳其语、越南语、泰语、印尼语等）。宝宝

① 产业探索之教育行业：互联网学前教育发展现状及趋势（EB/OL）.（2016-08-19）. http://www.beeui.com/p/3159.html.

巴士做产品有两个维度：一个是幼儿成长的时间维度，提出“年龄＋能力”的多元早教理念，根据幼儿不同年龄段敏感期的特点和学习重点来设计产品；另一个是知识点维度，产品的每个知识点对应一个独立的 APP，已经累计上线超过 130 款应用。其产品体系如图 4－42 所示。

图 4－42　宝宝巴士的产品体系

（二）工程师爸爸

工程师爸爸面向有 0～12 岁儿童的家庭提供教育资源服务，创始人李文华曾任职国内最大的网络文学平台盛大文学。自 2010 年 7 月以博客形式创办以来，在互联网上已经成为国内儿童教育软件分享的主要平台。截至 2016 年 8 月，网站已收录超过 2 万多个儿童教育 APP 的完整信息，并提供了数百个优秀作品的编辑评测，与国内近 95％的从事儿童教育 APP 研发的一线厂商形成了合作。其产品体系如图 4－43 所示。

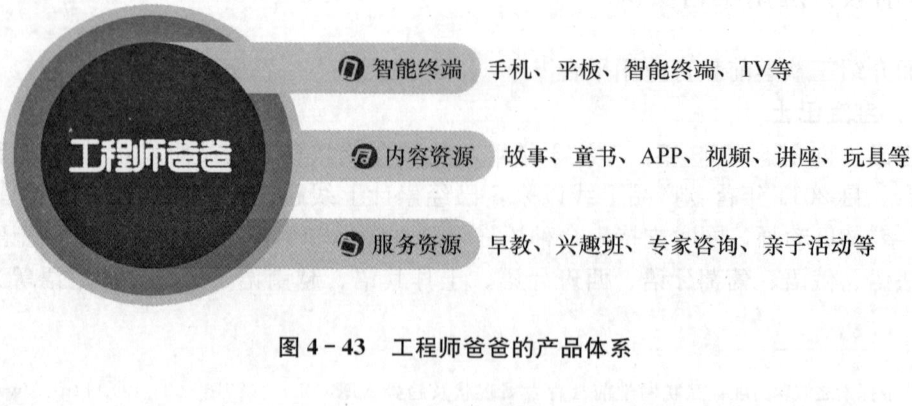

图 4－43　工程师爸爸的产品体系

（三）慧沃网——智慧幼儿园家校互动

慧沃网成立于 2006 年，是一个幼儿园智慧办园解决方案提供商，旨在通过提供简单、实用的开放式网络学校、班级管理平台及服务，促进“家校沟通”，全面提高幼儿的素质。截至 2016 年 4 月，慧沃网已服务于全国 1 万多所幼儿园和 60 多万家长用户，其产品的使用率达到 75%左右，每天的平均使用时间为 40～50 分钟。慧沃网作为一家幼教信息化云平台，上游集合了国内外优秀幼教资源，运用互联网技术将其整合到平台内，通过渠道商推广直接或间接到达幼儿园和家长/幼儿手中，促进了幼儿园和家长/幼儿之间的互动与沟通。慧沃网的服务内容包括：应用服务云、教育盒子、成长档案、考勤系统、课件资源、家园沟通、师资培训、园所管理等，实现了对家园共育的支持和智慧幼儿园的搭建。慧沃网希望通过科技和互联网改善中国幼儿园教育资源分配的不均，专注幼教产业互联网化，利用互联网促进教育公平，让中国的幼儿更便捷地享受到全球优秀的教育内容。慧沃网的产品体系如图 4-44 所示。

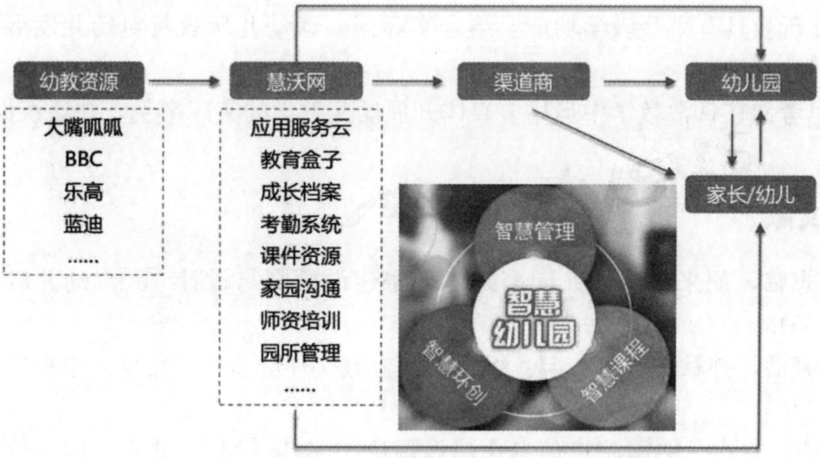

图 4-44　慧沃网的产品体系

四、学前教育 APP 的重要作用

目前，教育这个传统的行业已经加入互联网的发展步伐中，最先开始的远程教育、网络教学等到如今的移动互联网，让越来越多的家长开始重视并关注教育类 APP 市场的发展。教育类 APP 的发展代替了传统的线下教学，在未来将会在教育类产业中占据重要地位，将会对幼儿的发展起到促进作用。

第一，教育类 APP 不管在哪儿都可以使用，不仅仅是一种听课模式。

第二，随着互联网的发展，越来越多的家长开始重视幼儿互联网思维的培养，幼儿对 APP 的使用率增高，带动移动 APP 客户量增多，带来了更多的线上交流、互动，相信这一点是传统教育难以企及的。

第三，线上的 APP 可以把全国的家长都联系起来，引导家长一起沟通讨论幼儿的情况，亲密互动，幼儿之间也可以一起玩游戏，一起在线上学习。

第四，使用学前教育 APP，可以随时随地把零散的时间利用起来学习、娱乐，可以真正实现随时随地寓教于乐。对于家长来说，节省了大部分陪伴幼儿的时间，大大节约了幼儿在学前教育上的费用。

学前教育 APP 给幼儿的生活增添了不少乐趣，虽然不能成为教育的主要方式，但是作为一个辅导软件已经在很大程度上促进了幼儿心智等各方面的发展。更重要的是，学前教育 APP 可以激发幼儿的学习兴趣，扩展幼儿的视野，为幼儿打开另一个通向知识的大门。

思考题

1. 简述数码相机的工作过程，并比较数码相机与传统相机的不同。
2. 阐述摄像机的基础知识，并谈一谈在幼儿教学中摄像机的教学功能。
3. 你认为应该如何发挥交互式媒体在教学中的应用优势？
4. 幼儿玩教具有哪些教学功能？结合实际谈一谈幼儿玩教具对幼儿发展有哪些重要的作用和意义。
5. 请思考你在日常教学中运用多媒体开展幼儿教学的实际案例，并谈谈你的经验。

参考文献

[1] 王志临，胡来林．幼儿园多媒体教室建设原则与设计 [J]．幼儿教育（教育科学），2015 (5).

[2] 刘雍潜，孙默．数字校园：综合解决方案 2014 [M]．北京：中央广播电视大学出版社，2014.

[3] 陈熙，赵欢．中国院校信息化建设理论与实践 [M]．北京：国家行政学院出版社，2013.

[4] 周全林，陈建军．现代教育技术 [M]．武汉：武汉大学出版社，2011.

[5] 佟元之，许文芝．现代教育技术实用教程 [M]．南京：南京大学出版社，2013.

[6] 何仁生．教学系统设计概论 [M]．长沙：湖南大学出版社，2014.

[7] 何克抗，李文光．教育技术学 [M]．北京：北京师范大学出版社，2005.

[8] 吴疆，张攀峰，常樱．现代教育技术教程 [M]．北京：人民邮电出版社，2009.

[9] 高振环，何文茜．现代教育技术教程 [M]．北京：北京大学出版社，2005.

[10] 吴波，官敏．现代教育技术教程 [M]．上海：复旦大学出版社，2012.

[11] 吴疆，王润兰．21 世纪现代教育技术 [M]．北京：人民邮电出版社，2001.

[12] 李克东．新编现代教育技术基础 [M]．上海：华东师范大学出版社，2002.

[13] 林铭．现代教育技术：理论与实践 [M]．北京：电子工业出版社，2013.

[14] 吴沁芳．交互式电子白板在幼儿园教学中的作用 [J]．早期教育（教师版），2013 (zl).

[15] 石映辉，杨宗凯，杨浩等．国外交互式电子白板教育应用研究 [J]．中国电化

教育，2012 (5).

[16] 赵丹丹，焦中明．交互式电子白板可持续发展之路的探究［J］．中国教育信息化，2014 (22).

[17] 王陆．交互式电子白板与教学创新：从入门到精通［M］．北京：高等教育出版社，2009.

[18] 张迪梅．“电子书包”的发展现状及推进策略［J］．中国电化教育，2011 (9).

[19] 李卢一，郑燕林．美国中小学“自带设备”（BYOD）行动及启示［J］．现代远程教育研究，2012 (6).

[20] 吴锦梅．把握游戏活动中分享交流的“三度”［J］．今日教育（幼教金刊），2016 (6).

[21] 李汉春．交互式网络与多媒体组合教学环境的规划实现（EB/OL）．(2013-01-27). http://www.docin.com/p-591335203.html.

[22] 产业探索之教育行业：互联网学前教育发展现状及趋势（EB/OL）．(2016-08-19). http：//www.beeui.com/p/3159.html.

第五章

教学资源

本章导读

美国心理学家布卢姆说过："学习的最大动力，是对学习材料的兴趣。"呈现给幼儿的教学软件、支持工具等需要精心筛选、设计，才能更好地促进幼儿的发展。幼儿的学习有其自身的年龄特点，有些资源和工具不一定能为幼儿学习所用，但可以为教师备课或教研所用。本章将介绍教学过程中所利用的各种软件资源和信息资源，但教师在认识和应用这些资源时，要扎根于教育教学自身的规律，学会游刃有余地利用各种新技术，解决现实教育中的问题。

第一节　什么是教学资源

一、教学资源的概念

资源是一个经济领域的名词，是指一国或一定地区内拥有的人力、物力、财力等各种物质要素的总称。教育资源，是指跟教育活动相关的一切要素的总和。

教学资源的概念植根于教育技术发展带来的媒体观。所谓教学资源一般是指为教学的有效开展而提供的各种可利用的素材和条件，不仅包括文字教材、案例、影视、图片、课件等，还包括教师、教具、基础设施等。随着现代教育观念从"以教为中心"向"以学为中心"的转变，AECT′94 定义（详见第一章第一节中的相应阐述）明确提出，学习资源是教育技术的研究对象，是支持学习的资源，包括学习材料、支持系统、学习环境等，甚至包括能促进个人有效学习和操作的任何要素。

教学资源和学习资源是既相互联系又相互区别的两个概念。在信息载体上，教学资源和学习资源具有共同性，同一个视频资源用于教师教学就是教学资源，用于学生学习就是学习资源。但教学资源和学习资源各有侧重：教学资源指向教师的教学活动，关注教学目标的达成；而学习资源更强调学习过程，关注的是学生的学习效果。

二、教学资源的分类

教学资源有人力教学资源和非人力教学资源之分，其中非人力教学资源占主要部分。本章研究的教学资源主要围绕非人力教学资源教学而展开。伴随着社会的发展和信息技术的日新月异，教学资源的形式也越来越丰富。了解教学资源的分类有利于高效地获取资源，科学地运用资源，有效地促进学习。但分类的标准并不是很严格，各类资源有交叉、融合现象。教学资源主要有以下几种分类：

1. 按教学资源的来源

AECT′77 定义按照资源的完备与适用程度，将教学资源分为设计的资源和利用的资源。所谓设计的资源，是指以教育教学为目的而专门设计开发的资源，包括教室、设备、文字教材、音视频材料、多媒体课件等；而利用的资源，是指那些本来并非为教育教学目的而专门设计，但被发现具有一定的教育价值而被用于教育教学服务的资源，如社会性软件、APP、网络信息资源等。

2. 按教学资源的表现形式

硬件资源，指学习过程中所需要的机器、设施、场所等看得见、摸得着的设备。

软件资源，指各种媒体化的学习材料（如相关的电子文件资料、教学视频等）和支持学习活动的工具性软件（如认知工具、效能工具、交流工具、互动工具等）。

3. 按教学资源的综合分类

AECT′05 定义中把资源的概念限定为技术性资源，祝智庭教授在《现代教育技术：走进信息化教育（修订版）》一书中①，提出应当将“与技术过程相关的应用服务”引入学习资源的概念范畴中。教学资源是与教学过程发生有意义联系的所有硬件设备、软件工具、知识信息和应用服务。

综合以上观点，本章对教学资源的研究主要指教学软件资源，而学前教育领域的教学软件资源的范畴又有其学科本身的特点。多数资源主要依靠教师来设计并应用于教学活动，可供幼儿直接操作的资源比较有限，但在设计的过程中却不能忽视幼儿的身心发展特点，一切还是以促进幼儿的学习和经验习得为出发点。我们从教学软件资源的角度出发，对幼儿教学资源做简单分类梳理（见图 5-1）。

（1）教学套件，是指为教学目的而专门设计的信息产品，如幼儿教学动画、多媒体课件、数字化教材等。

（2）教育信息资源，是指各类信息服务系统提供的资源，如各大搜索引擎上的信息、电子图书馆文献资料、学前教育网站上的音视频材料等。

（3）支持工具，是指用于教师教学和幼儿学习的支持性软件，包括常用的办公软件、手机 APP、通信软件等。

（4）媒体环境，是指简易多媒体教学环境、交互式多媒体教学环境和校园网络等。这部分内容会在其他章节中进行详细介绍。

① 祝智庭，顾小清，闫寒冰．现代教育技术：走进信息化教育：修订版［M］．北京：高等教育出版社，2005.

图 5-1　幼儿教学资源的类型

第二节　教学软件资源

本节主要从软件的角度来介绍教学套件和支持性软件。教学套件泛指选取特定内容的，带有明确教学目标的计算机辅助教学课件、演示文稿和交互动画等。除此之外，还有大量用于支持教学工作和幼儿学习的工具性软件，这些软件不带有特定的学习内容，但能够被教师开发利用，成为教学工作和幼儿学习中不可缺少的一部分。

一、多媒体课件

1. 什么是多媒体课件

早期的多媒体课件是用于执行教学任务的计算机程序，被称为教学软件或课程软件，属于计算机辅助教学的范畴，即用计算机技术帮助或代替教师执行部分教学任务，向学生传授知识和提供技能训练，直接为学生服务。随着计算机应用领域的不断拓宽，以及多媒体技术、网络技术的不断进步，多媒体课件的应用逐渐普及，其表现形式也愈加丰富，上课用的演示文稿、Flash 动画等，只要包含特定的教学内容和完整的学习步骤，都可以称为多媒体课件。

实验心理学家赤瑞特拉（Treicher）通过大量的实验证实：人类获取的信息 83%来自视觉，11%来自听觉，这两个加起来就有 94%。多媒体课件集文字、音频、视频、动画等素材为一体，能通过多感官刺激，激发幼儿的学习兴趣，加深幼儿对学习内容的印象和理解。另外，多媒体课件的可重用性和共享性能为学习评价和教研共享提供极大的便利。

2. 多媒体课件的类型及制作工具

多媒体课件的常见类型包括：

（1）课堂演示型。课堂演示型多媒体课件辅助教师演示教学内容，常用于集体教学中的呈现环节（见图 5 - 2）。此类课件的制作比较简单，大部分教师能独立完成，一般会采用 PowerPoint 来制作，也有少数教师用 Authorware 来制作。

图 5 - 2　课堂演示型多媒体课件

（2）教学游戏型。教学游戏型多媒体课件中的游戏强调教学性，有明确的教学目标和有针对性的教学内容，并包含教学策略和一定的竞争机制。此类多媒体课件能够寓教于乐，在给予幼儿提示和反馈信息的过程中传递知识。图 5 - 3 是一个分水果的游戏，要求幼儿按照小凳子的个数来分不同种类的水果，能培养幼儿的数学思维。教学游戏一般需要借助 Macromedia Flash 等交互性动画设计软件来制作。

图 5 - 3　教学游戏型多媒体课件

对教育游戏的教育价值，一直存在争议。但不可否认的是，教育游戏的挑战性、趣味性、交互性和体验性确实能使学习情境化，打开幼儿的学习思路，培养幼儿解决问题的能力，使其感到快乐。

(3) 虚拟实验型。实验是在特定条件下进行观察的一种特殊形式，引导幼儿在课堂或区角教学中进行实验观察，是很好的学习方式，但因物理环境有限，对某些特殊现象的观察需要借助虚拟实验型多媒体课件来实现。虚拟实验型多媒体课件一般要由专业的技术团队来开发，还要借助专门的设备进行体验。虚拟实验型多媒体课件能够让原本呆板的教学内容变得形象生动，让幼儿在互动中学习。

3. 多媒体课件的制作流程

教师制作的多媒体课件多局限于一般的演示文稿，而高质量的多媒体课件的开发是一项复杂的系统工程，需要团队合作来合成。多媒体课件的开发多用 ADDIE 模型，包括 Analysis（分析）、Design（设计）、Develop（开发）、Implement（实施）、Evaluate（评价）。我们在实际工作中，常采用的流程如图 5-4 所示。

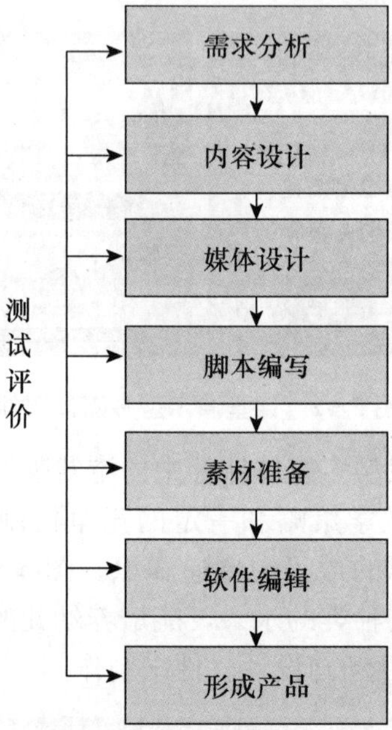

图 5-4　多媒体课件的制作流程

(1) 需求分析就是对多媒体课件的使用对象、制作方式、制作条件、用途等进行分析。思考课件"给谁做?""用什么做?""能不能做?""为什么做?"等问题。

(2) 内容设计是为实现幼儿的有效学习而进行的确定学习的目标，对知识点进行架构梳理，组织适当的学习内容和教学策略，形成规范的知识体系的活动。

(3) 媒体设计是对课件的媒体表现方式、技术手段、制作难度等进行的统筹设计，媒体设计要依据内容而定，不同的学习内容要选择适宜的媒体表现形式。

(4) 脚本编写是根据既定的内容和媒体表现方式，撰写详细的画面要求，类似于电视节目的分镜头脚本。脚本一般包括画面内容和画面描述、旁白等。脚本相当于多媒体课件的制作蓝图，是内容专家和技术制作专家沟通的桥梁和统一标准。

（5）素材准备是在仔细研读脚本的基础上，准备好制作多媒体课件所需的文本、图像、音视频等素材，为后续的软件编辑做准备。

（6）软件编辑是对照脚本的描述，对已准备好的素材进行编辑加工的过程，使各种媒体文件按照脚本中的内容要求和结构要求来呈现。

（7）形成产品的过程是把软件中编辑好的文件输出为可打包的成品，方便在其他终端播放。

（8）测试评价贯穿于整个制作流程中，对每个环节发现的问题进行及时的调整反馈，确保多媒体课件的质量。

二、效能工具

效能工具，顾名思义就是提高效率、达成功用的工具，具体是指对教师日常的工作行为和任务进行提炼，或通过提供需要记忆的资料，来延伸教师的认知能力和记忆能力的工具。这些工具主要包括常用的办公软件、时间管理软件和知识管理软件等。传统的效能工具早已渗透到我们的工作中，如Word、PowerPoint、Excel等办公软件。在信息技术和网络技术越来越普及的今天，也衍生了很多基于云技术的效能工具，我们称之为“云工具”。能够熟练运用云工具，是教师适应时代发展、提升工作效率的必备能力。

1. 云笔记

云笔记是一款跨平台的、便捷的个人记事备忘工具，能够实现电脑、移动设备和云端之间的信息同步。大部分用户选择云笔记是因为其强大的同步功能，用户不用再担心跨终端的文件版本问题，只需要一个账户就可以在所有终端访问笔记内容，云笔记方便归类整理且永远不会丢失。常用的云笔记包括有道云笔记、印象笔记、Office中的OneNote和为知笔记等（见图5－5）。

图5－5　常用的云笔记

这些笔记的用法大同小异，我们以印象笔记为例来展示其在教师工作中的应用。使用印象笔记，可以登录网页www. yinxiang. com使用网页版，也可以安装电脑客户端和手机客户端。在幼儿园的日常工作中，云笔记有以下几种作用：

（1）便于保存个人资料。我们如果需要记录在网页、微信等处阅读到的资料内容，可以运用印象笔记的拍照、手写、文字笔记等功能进行操作，简便易行（见图5－6）。

如果电脑上安装了印象笔记的“剪藏”插件，就可以一键把网页内容保存到印象笔记账户中（见图5－7）。在浏览器的插件栏单击印象笔记图标，会弹出一个菜单选项，单击“保存”就可以把网页内容剪藏到印象笔记中（见图5－8）。

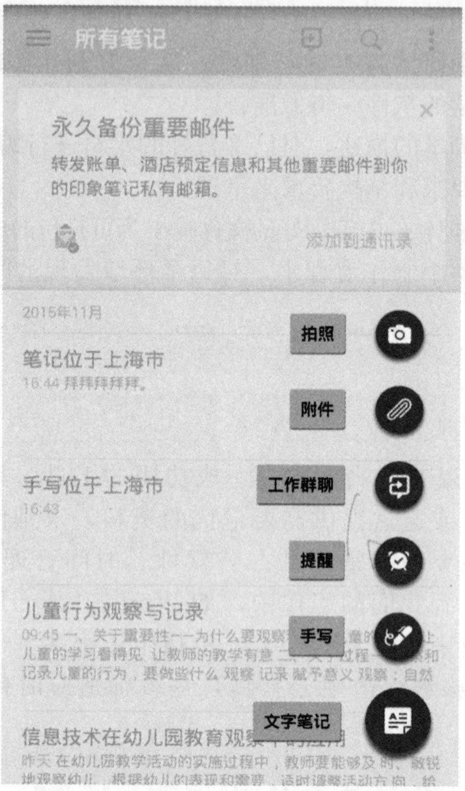

图 5-6　印象笔记手机客户端界面

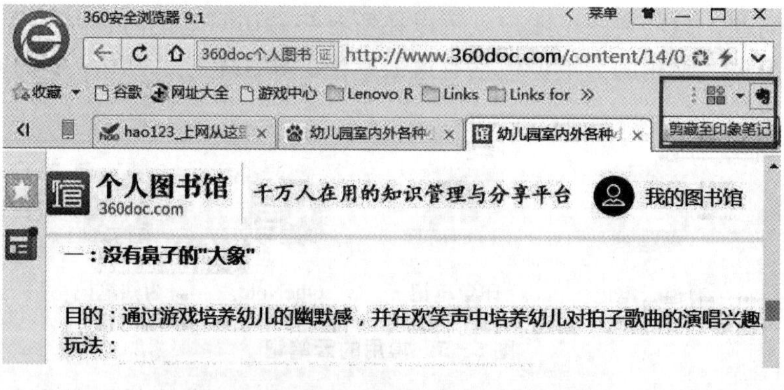

图 5-7　使用“剪藏”插件剪藏网页

再如，微信阅读已经成为一种生活方式，但在微信中看到的好文章很难保存下来，换了手机会丢失，网站更新了会找不到，用印象笔记可以解决这些问题。我们可以关注“我的印象笔记”公众号，绑定账户之后，就能把微信中的内容推送到印象笔记中。例如，我们在某微信订阅号中读到《佐藤学：那些“很会教”的老师，从今后来看是不合格的》这篇文章，很受启发，可以单击微信右上角的转发按钮，选择“我的印象笔记”，即可将文字转发到“我的印象笔记”（见图 5-9）。成功保存后的文章在印象笔记中就可以查看（见图 5-10）。

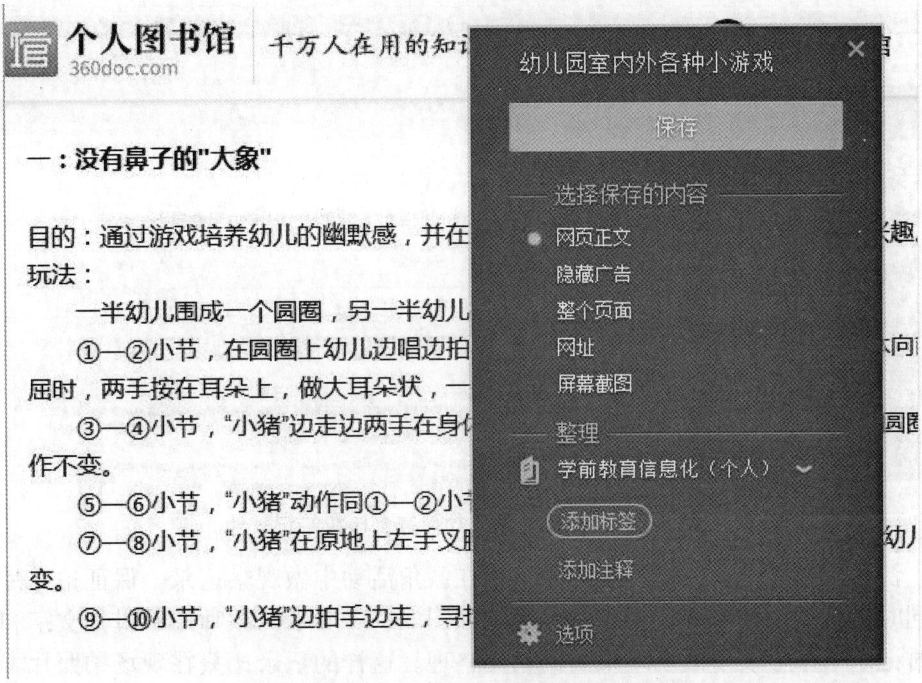

图 5-8　剪藏成功的网页内容

图 5-9　微信将文字转发到“我的印象笔记”

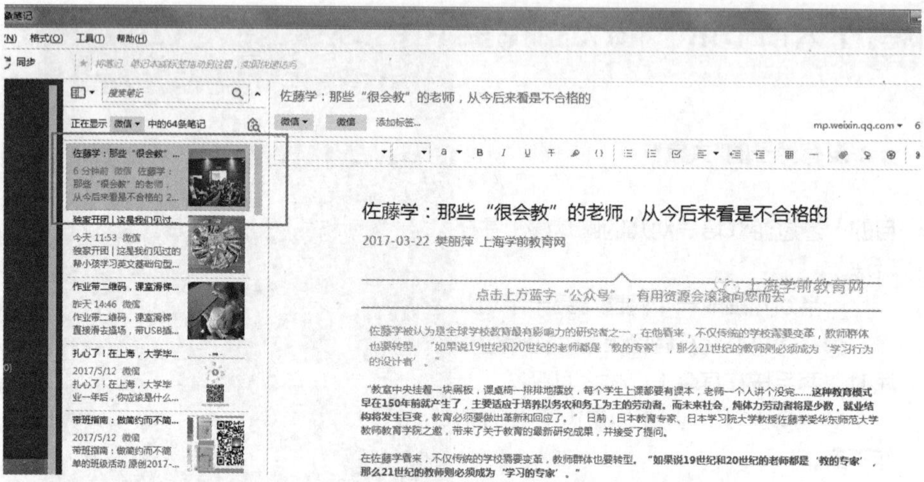

图 5-10　微信文章成功保存到印象笔记软件

（2）快速记录并分享。可使用印象笔记在区角活动中做观察记录，保证拍照片和文字记录的同时进行。用印象笔记做观察记录，如图 5-11 所示。教师用手机把文字和图片配好，实时记录下来，便于活动结束后的归类整理。这样的记录比只在现场拍照片，活动结束后再整理回顾收集的信息更丰富。

图 5-11　用印象笔记做观察记录

在现场教研活动中，印象笔记可以把实施情况共享给不在现场的同伴们，实现边记录边共享。单击一条笔记右上角的三角符号，单击“共享”就可以把此条笔记共享给其他账户，如图 5－12 所示。

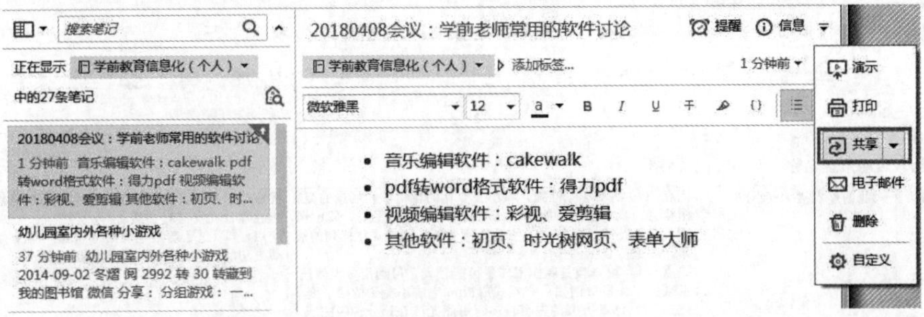

图 5－12 共享笔记

（3）高效归类整理。传统的纸质笔记很难实现知识的归类整理，而印象笔记可以帮助我们打破时间局限，随时整理原始记录的内容。印象笔记不仅可以实现有序的归类整理，还可以设置标签关联相似的内容，我们可以针对这些关联内容进行知识的挖掘再处理。同时，软件中的“搜索笔记”功能也为笔记的查找提供了极大便利（见图5－13）。

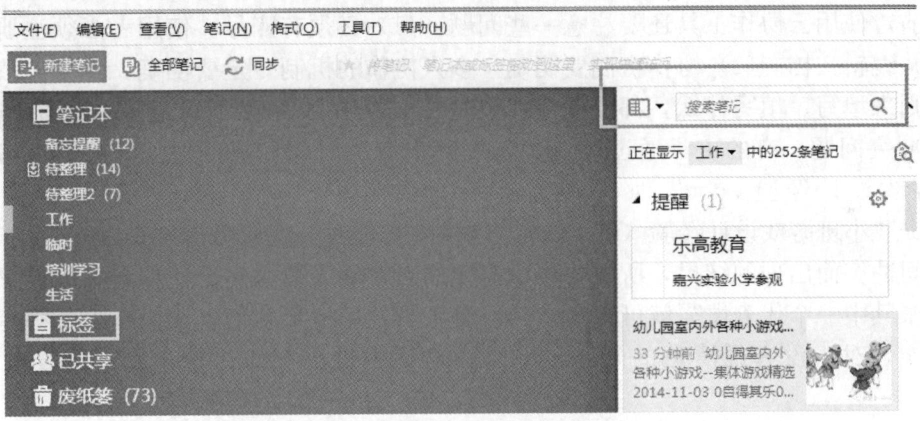

图 5－13 印象笔记的标签和搜索

（4）设置事件提醒。我们可以用印象笔记来设置开会、出差、家长会、教研活动等事件的提醒。

2．云协作

在日常工作中，也许会遇到这样一些问题：要针对下学期的活动主题汇总群体意见；要统计所有教师的通讯录，最终汇总成一个含有多人信息的电子表格。若要分别收集大家的信息再汇总，会很麻烦，这时候就需要借助云协作工具。云协作工具可以帮助我们协作备课、协作教研等。

云协作工具有很多：石墨文档、Worktile、Zoho、有道云协作等。

我们以 Zoho 为例，展示一个在线教研互评的案例。我们可以单击登录 Zoho，上传一张预设好的电子表格到 Zoho 电子表格工具中，然后分享给要参与这个教研互评活动的教师。这些教师可能来自同一所学校，也可能来自不同学校，每位教师把自己对其他人的点评意见写入同一个表格中，在规定的时间内填写完成，并且可以导出到本地电脑上（见图5-14）。

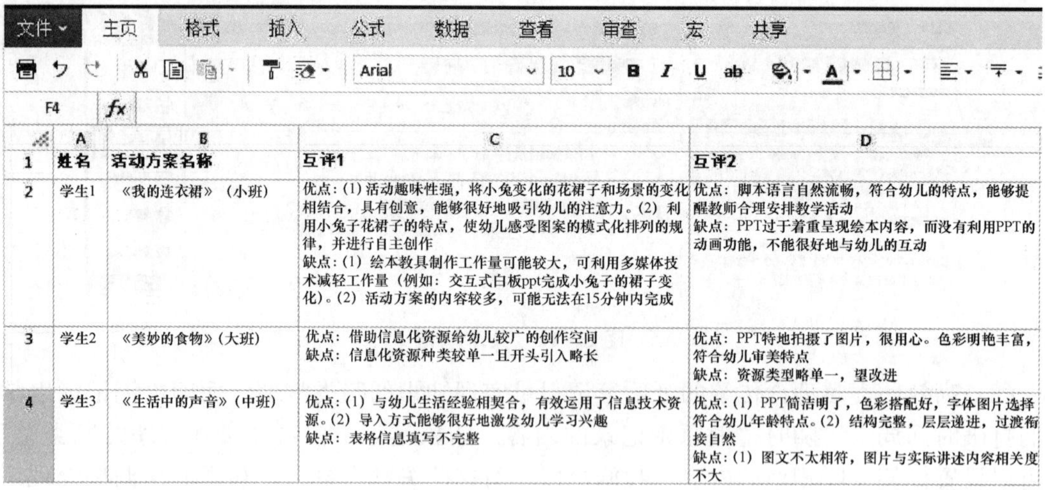

	A	B	C	D
1	姓名	活动方案名称	互评1	互评2
2	学生1	《我的连衣裙》（小班）	优点：(1) 活动趣味性强，将小兔变化的花裙子和场景的变化相结合，具有创意，能够很好地吸引幼儿的注意力。(2) 利用小兔子花裙子的特点，使幼儿感受图案的模式化排列的规律，并进行自主创作 缺点：(1) 绘本教具制作工作量可能较大，可利用多媒体技术减轻工作量（例如：交互式白板ppt完成小兔子的裙子变化）。(2) 活动方案的内容较多，可能无法在15分钟内完成	优点：脚本语言自然流畅，符合幼儿的特点，能够提醒教师合理安排教学活动 缺点：PPT过于着重呈现绘本内容，而没有利用PPT的动画功能，不能很好地与幼儿的互动
3	学生2	《美妙的食物》（大班）	优点：借助信息化资源给幼儿较广的创作空间 缺点：信息化资源种类较单一且开头引入略长	优点：PPT特地拍摄了图片，很用心。色彩明艳丰富，符合幼儿审美特点 缺点：资源类型略单一，望改进
4	学生3	《生活中的声音》（中班）	优点：(1) 与幼儿生活经验相契合，有效运用了信息技术资源。(2) 导入方式能够很好地激发幼儿学习兴趣 缺点：表格信息填写不完整	优点：(1) PPT简洁明了，色彩搭配好，字体图片选择符合幼儿年龄特点。(2) 结构完整，层层递进，过渡衔接自然 缺点：(1) 图文不太相符，图片与实际讲述内容相关度不大

图5-14　Zoho在线互评内容

目前，使用云协作工具还要注意一些问题：(1) 必须有账号。使用者必须注册账号才能登录并编辑文档。(2) 协作机制要明确。多人协作的机制一定要明确，比如，按照什么样的规则来填写、填写什么，都要先交代清楚。(3) 在线冲突不可避免。云协作工具避免不了冲突问题，有的工具通过设置命名规则来解决时间冲突问题。比如，在编辑文件"小班游戏设计经验.doc"时，在已保存的文件中出现名为"小班游戏设计经验(1).doc""小班游戏设计经验(2).doc"这样的文件时，就应考虑这是因多人同时编辑，保存时间冲突而出现的结果，所以要尽量避免同时在线人数太多。比如，可以设置两三人一组，派其中一个代表填写就可以了。(4) 多工具并用事半功倍。云协作工具都有实时对话的功能，对于没有说清楚的问题，可以在对话中进行交流讨论，尤其是异地协作的时候。

3. *云存储*

云存储的出现让我们不再担心文件的丢失，不再为U盘空间而发愁。微云、百度云等工具已经被越来越多的人使用。只要下载一个云盘客户端，我们便可以像使用U盘一样把资料上传，也可以分享给他人，还能用手机访问，快捷方便。

当我们对资料的存储和分享越来越依赖云工具的时候，不要忘记"技术是一把双刃剑"。首先，云存储是一定要有网络环境才能实现同步，也就是要保持网络畅通；其次，要加强信息安全意识，注意保密，毕竟资料不是在自己本机上；最后，使用云存储也有一定的风险，重要的东西要多处备份才行。

三、认知工具

乔纳森（David H. Jonassen）对基于信息技术认知工具的分类影响最为广泛，他认为，认知工具是指可以帮助学习者发展批判性思维、创造性思维和综合思维能力的软件系统。从学习者的角度来说，认知工具就是在学习中降低认知难度的智力方法和促进认知的计算机支持技术。这里的学习者可以是幼儿，也可以是教师。

基于信息技术的认知工具主要分为以下六类：(1) 语义组织工具；(2) 静态/动态建模工具；(3) 信息解释工具；(4) 知识建构工具；(5) 交流合作工具；(6) 绩效支持管理与评价工具。

教师可以用认知工具帮助改进自己的教学，以达到更好的教学效果；或者添加一些认知工具到课程教学中，以促进幼儿思维的发展。

在《课堂中的计算机应用：作为批判性思维的脑力工具》一书中，乔纳森认为，数据库、电子表格等都是非常好的认知工具，概念图、学科工具等也应广泛地应用到教学中。

1. 概念图

(1) 概念图简介。

概念图是一种用节点代表概念、连线表示概念间相互关系的图示方法，是20世纪60年代美国康奈尔大学的诺瓦克（Joseph D. Novak）教授等根据奥苏贝尔（David P. Ausubel）的学习理论提出的，是一种可视化的教学工具和思维工具。乔纳森则把概念图看作一种对具有特定主题的知识结构的视觉化表征，一种促进认知和语义建构的脑力工具。比如，我国古代用的算盘就是一种典型的可视化思维工具，其将计算过程可视化，使运算速度达到了普通人脑心算无法直接达到的高度；又如，我们在教幼儿学习加减法时，通常会提醒他们运用手指、实物等可视化实体来进行思考，从而帮助幼儿解决只靠脑心算无法解决的问题。

对教师来说，概念图是一种帮助改进教学的好工具；对幼儿来说，概念图是促进有效学习的好工具。此外，幼儿具有娴熟的经验和技巧后，绘制概念图的过程也是他们学会学习的过程。幼儿会在意义学习上变得得心应手，并在很大程度上降低或消除对死记硬背的依赖。由此可见，概念图对教师教学和幼儿学习都有很好的作用，具体作用如图5-15所示。

(2) 概念图的制作。

传统的概念图通常是用手工绘制，用纸和笔即可绘出教学需要的各种概念图，几乎不受限制，方便快捷。手工绘制的概念图在教学中颇受师生欢迎，应用普遍。

此外，还可用计算机软件制作概念图，这大大提升了概念图的可拓展性，数字化的概念图方便修改，制作也更加快捷。常用的概念图绘制软件有MindMapper、XMind、FreeMind、MindManager、Inspiration、Kidspiration等，这些软件的使用方法大同小异。下面，我们以Inspiration和Kidspiration为例，讲解如何用这些软件制作概念图。Inspiration是美国Inspiration公司开发的一种专用概念图制作软件，主要服务于教育领域，尤其是广泛应用于中小学，可帮助教师组织和管理各类教学信息（见图5-16）。到目前为止，Inspiration已经发展到9.2版本，具有界面简单、操作简便、容易上手的特点。

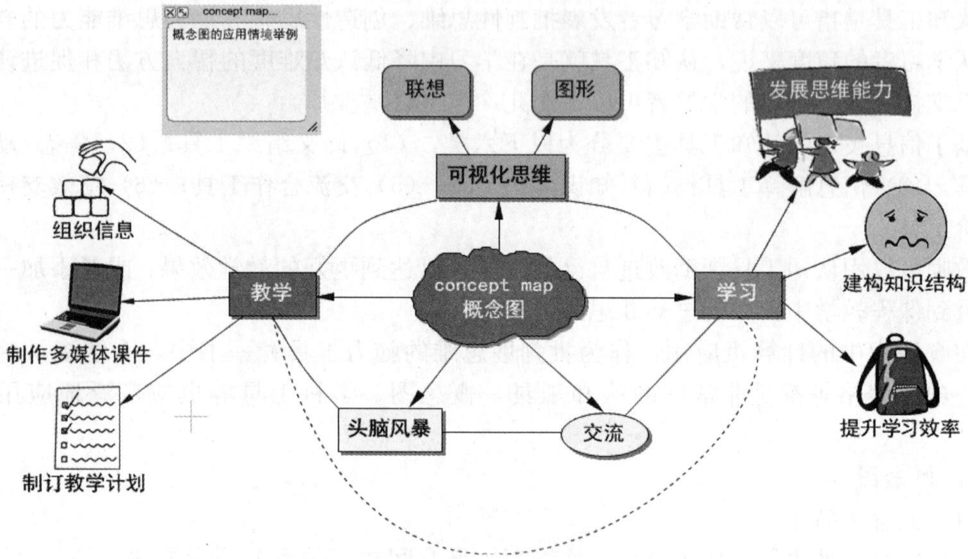

图 5－15 概念图的作用

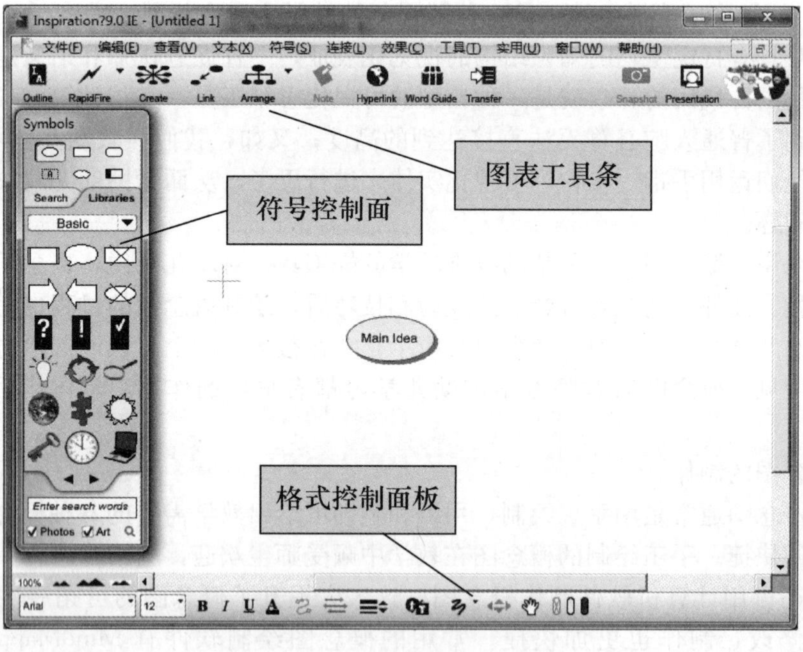

图 5－16 Inspiration 软件界面

从 Inspiration 的使用界面可以看出，这个软件适用于教师教学。但对于可供幼儿操作的概念图软件，我们推荐 Kidspiration，其涵盖写作、计算、技术、历史等学科的概念图模板库，如图 5－17 所示。Kidspiration 的界面活泼、简洁，适合幼儿操作使用。Kidspiration 的每个功能图标在鼠标经过时都会发出标准的声音，具有语音提示、朗读、录音等功能。图文配对和工具条的拖动功能可以用于设计交互游戏，鼓励幼儿交互表达，参与讨论。

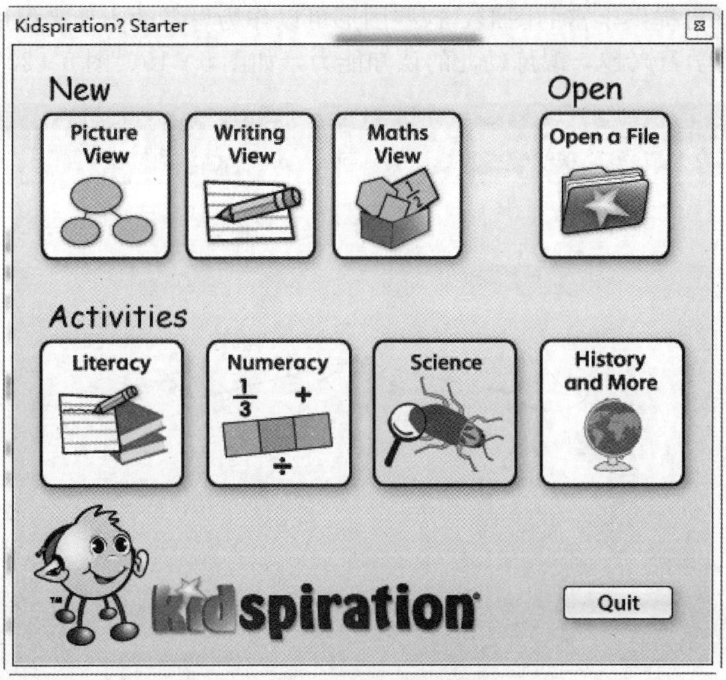

图 5-17 Kidspiration 概念图模板库

目前，概念图的绘制不再依赖电脑设备，而是基于云技术的在线平台，如百度脑图、ProcessOn 等。移动端的概念图绘制软件也越来越流行，我们只需要在移动设备上安装相应的 APP，就可以随时随地绘制概念图了。图 5-18 是几款常用的移动端概念图绘制 APP，功能比较全面，可供教师使用。

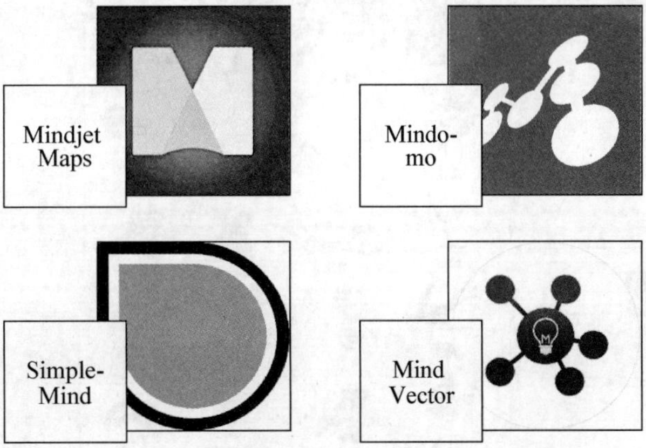

图 5-18 常用的移动端概念图绘制 APP

(3) 概念图的应用。

1) 概念图可支持教学活动的开展。

教师可以用概念图串联所有的知识内容，促进教学内容的表达；也可以将概念图当作幼儿的认知工具。例如，教师可以把半开放的概念图给幼儿，当作他们任务学习的支架。Kidspiration 可提供丰富的图形，这些图形可以作为思考的支架来促进幼儿的思维发展，激发幼儿的学习兴趣，锻炼幼儿的认知能力，如图 5－19、图 5－20 所示。

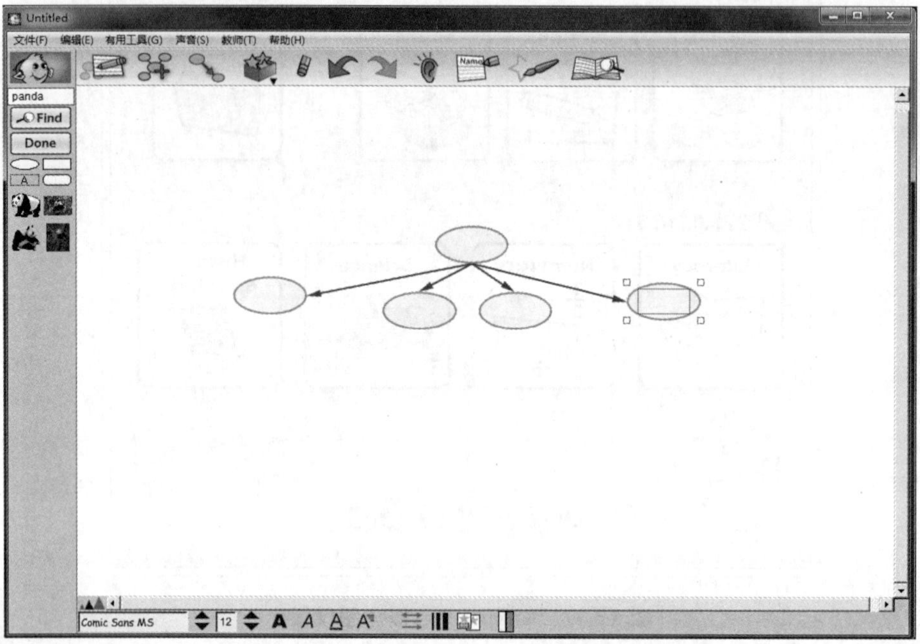

图 5－19　促进幼儿思维发展的概念图

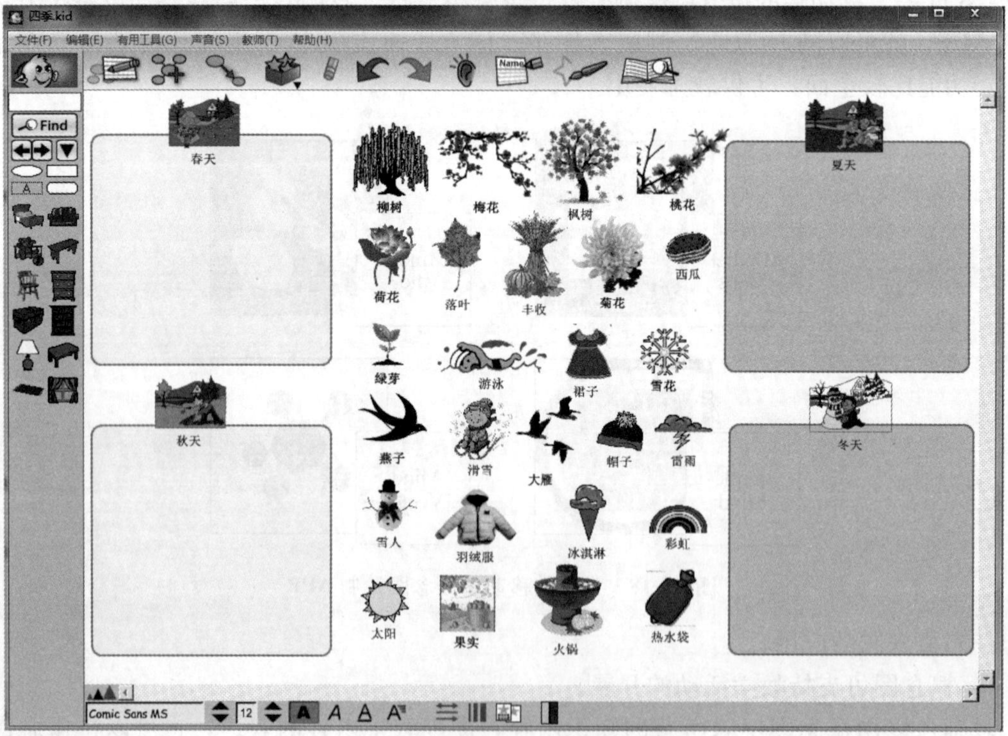

图 5－20　激发幼儿学习兴趣的概念图

2）概念图可支持教师的教学设计。

概念图可以用直观形象的图示来表达教学设计的流程。教师使用概念图辅助教学设计，能够更好地厘清概念之间的关系，并能根据教学内容的内在结构设计合理的教学计划。教师还可以利用概念图进行学习过程的设计、学习资源的组织，进而整合教学资源，如图 5-21 所示。

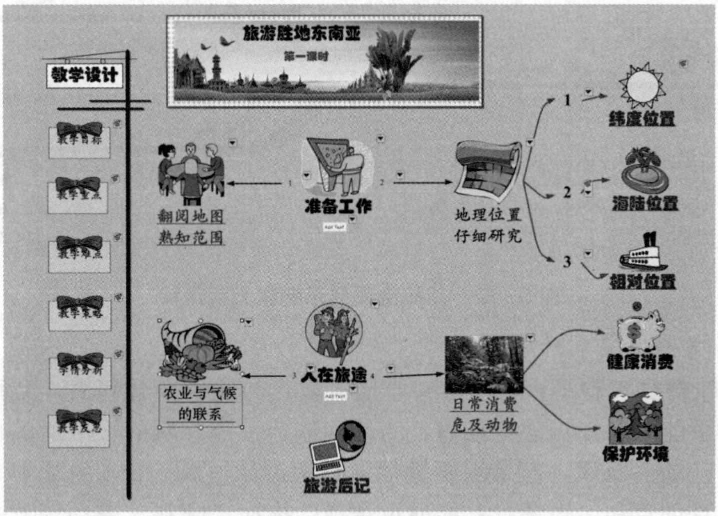

图 5-21 用概念图整合教学资源

看到用概念图整合教学资源的案例之后，我们会想到另一种常用的教学设计工具—— PowerPoint，以下将二者进行比较，如表 5-1 所示。

表 5-1　　概念图和 PPT 呈现教学内容的区别

比较维度	概念图	PPT
内容组织	能启发学生思维，梳理知识，建构概念	只能孤立地考察某一知识点
展示方式	具有系统性的知识网络，可以随时选择知识点	便于学生理解，但缺乏交互性和规划性，只能按照预设的流程播放
兼容性	能够促进教也能促进学，还能和 PPT 等其他软件结合使用	能和其他软件结合使用，但不够灵活
技术难度	要有一定的技术基础	容易上手操作

3）概念图可支持教师的个人知识管理。

概念图可以帮助教师有效地组织教学专业知识、学科专业知识、个人成长与发展专业知识等，将零散的知识系统化、组织化、结构化，清晰地呈现各种知识单元之间的联系。教师用概念图进行识记可以提高效率；用概念图进行教学反思，建构清晰的图示，可以使自己的体会更加明显，获得更加显著的效果。

在教研活动中，概念图可以将个人经验性的隐性知识提升为理性化的显性知识，将教师的想法和经验用图示的方法清晰地呈现出来。教师可分析其他教师制作的优秀概念图，这个过程就是汲取教学经验的过程，能有效促进教师之间知识、经验等的传递和共享。教师还可用概念图展示课程大纲结构，如此可层次分明，一目了然（见图 5-22）。

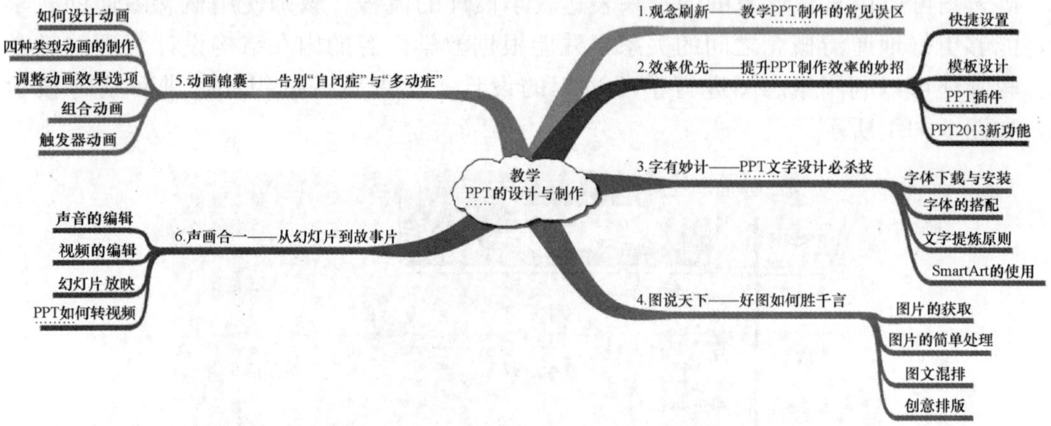

图 5-22　用概念图展示课程大纲结构

2. Algodoo 趣味仿真实验平台

Algodoo 趣味仿真实验平台，能够科学地将教育与娱乐融合起来，鼓励幼儿发挥自己的创造能力、动手能力和知识建构能力，为幼儿创造一个好玩的、卡通的创作平台。这个软件可由幼儿自己动手操作，但是需要教师做教学设计。Algodoo 的基本功能包括：可使用简单的绘图工具创建和编辑场景；能通过选择、拖拽、倾斜、震动等方式吸引幼儿参与互动；能显示物体的运行轨迹、受力情况和速度；可提供刚体、流体、链条、齿轮、弹簧及跟踪绘图等工具，这些工具可以在重力、摩擦力、弹力、浮力、空气阻力的作用下相互影响，为精度很高的物理仿真实验和日常生活中幼儿实物操作难度大的实验创造条件。大班科学活动教案《齿轮转转转》就是一个使用 Algodoo 的教学案例。

案例 5-1

大班科学活动教案《齿轮转转转》①

【案例描述】

活动目标：

（一）让幼儿操作多媒体教具，使其发现与比较齿轮转动时发生的变化

（二）使幼儿乐于探究，萌发对科学活动的兴趣

活动准备：

（一）教师：PPT 一套、记录表、实验软件一套、触摸式电视机

（二）幼儿：每人一份建构材料

活动过程：

（一）播放视频，引出问题——激发幼儿对齿轮的兴趣

1. 出示机器人图片，激发幼儿的兴趣

2. 让幼儿观看机器人画画的视频

① 大班科学活动教案《齿轮转转转》. 聚优经验网，2017-01-13.

重点提问：你们知道这个机器人为什么会动吗？

小结：原来机器人内部有齿轮，上了发条，推动齿轮转动，带动了机器人写字。

（二）操作教具，感知变化——引导幼儿发现与比较齿轮转动的变化

1. 教师展示多媒体教具，并记录

重点提问：这里几组齿轮？它们都一样吗？

小结：

（1）第一组是2个大小一样的齿轮，2个齿轮碰在一起。

（2）第二组是2个大小一样的齿轮，中间还有1个小齿轮，3个齿轮也是碰在一起的。

（3）第三组齿轮的大小都不一样。

2. 幼儿操作多媒体教具，分别验证三组齿轮转动时发生的变化

重点提问：这三组齿轮转起来会怎么样呢？

小结：

（1）2个大小相同的齿轮转得一样快，但是齿轮转动的方向相反。

（2）小齿轮带着大齿轮转动，2个大齿轮转动的方向一样。

（3）3个大小不一样的齿轮碰在一起，小齿轮转得快，大齿轮转得慢。

（三）探索构建，实物验证——让幼儿进一步感知齿轮的变化

1. 幼儿尝试搭建齿轮，教师进行观察

教师观察重点：幼儿在搭建中遇到的问题。

2. 展示幼儿作品，解决齿轮搭建的问题

活动延伸：

在区角游戏中，利用齿轮搭建不同的机器人。

【案例分析】

教师运用Algodoo趣味仿真实验平台到科学活动中，带领幼儿体验了一场趣味科学之旅。大班幼儿有深厚的科学探究兴趣，但还不具备直接动手操作实验器材的能力。Algodoo工具把复杂的科学原理用形象直观的方式来解释，还可以供幼儿直接操作。幼儿利用Algodoo探索实验的过程中，能够感知到齿轮大小的变化和速度之间的关系，为后续齿轮实物的搭建积累了经验。

3. 蜡笔物理学软件

这是一款基本2D物理引擎的软件（见图5-23），幼儿用手中的蜡笔可绘制出任意图形，这些图形会奇迹般地变成实际物体，利用真实的物理原理将小球推到目标点即可过关。幼儿解决谜题需要运用艺术和创造的思维。

4. 幼儿教学APP

移动设备终端也有很多可以供幼儿教学使用的APP。中国教育类的APP层出不穷，教师可以借助这些认知工具来优化教学环境、解决教学难题、支持师幼互动、丰富幼儿的学习。我们列举几个目前常用的教学APP，如表5-2所示。

图 5-23　使用蜡笔物理学软件绘制的场景

表 5-2　常用的教学 APP

名称	图标	功能
美慧树课堂——幼儿园主题课程资源		基于绘本的学前教学平台；包含全部《美慧树·幼儿园主题课程资源》绘本；与美慧树教学网站数据同步更新，教师可按六大领域来查询教学资源；可以附加音频、视频、图像、外部链接等多种资源
Melodist		将美术作品变成可听的音乐，可以为每一张照片创作独一无二的旋律
4D 书城		4D 彩蛋：幼儿可以与真实模型（坦克、恐龙、飞机）互动，蕴含丰富的知识；AR 百科卡片：在增强现实环境中识字、学单词、观看动物动画；VR 魔镜资源：虚拟场景体验；4D 故事绘本：炫酷 4D 涂鸦图画
幼师宝典		提供丰富的资源，涵盖环创、教案、健康安全、教师文案、经验、素材六大分类，48 个子类，精心编排，方便教师查找
魔法森林探险（Sago Mini Forest Flyer）		自由设计小鸟在森林中探险的故事情节
白板（Whiteboard）		简单的白板界面，支持书写和涂鸦，方便幼儿涂涂画画等
……	……	……

随着技术的发展，这些 APP 会不停地被新技术所替代，因此我们要不断更新工具，选用最合适的资源为教学活动服务。

四、沟通工具

在教与学的过程中，沟通是很重要的一个环节。沟通包括教师和幼儿、教师和家长以及教师和教师之间的沟通。我们从即时通信工具、互动交流工具、信息传播工具等几个方面来介绍沟通工具。这些工具本身并不是为教育活动而开发，但只要我们善加利用，就可以帮助改进教学工作，推进家园沟通或教研互动上的创新。

1. 即时通信工具

所谓即时通信（IM）工具，就是基于网络通信协议产生的点对点或点对面通信的软件，可以提供即时文件、文字、图像、语音、视频等多种格式媒体数据的交换，方便人们进行沟通。国外比较有影响力的即时通信工具有 ICQ、MSN、AOL 等，国内普及的即时通信工具有腾讯 QQ 和微信等。即时通信工具可以实现用户在线语音、文字、影像的交流，使信息更加直观、可信、快捷，也可以实现在线传输文件以及远程协作等。即时通信的质量依赖于网络的畅通程度，因此教师在借助这些工具进行相关教学活动的时候，一定要注意选择较好的网络通信环境。

2. 互动交流工具

（1）问卷星。

问卷星本身是一款专业的问卷调查和在线测验工具，具备设计问卷、统计分析、查看下载等功能。我们可以用微信关注并绑定问卷星的公众号，用微信发放和回收问卷。比如，我们可以用问卷星开展问卷调查、在线考试、在线投票、报名表单填写、360 度评估、在线测评等活动（见图5－24）。

图 5－24　利用问卷星可以开展的活动

（2）UMU 互动学习平台。

UMU 是一个互动学习平台，教师可以在平台上创建课程、开展活动，进行基于在线的互动学习。参与者只需要扫描二维码就可以加入一个学习团队，在规定的时间参与观看视频、交流讨论或者在线互动等活动，活动反馈能够实时共享给所有参与者。

（3）家园沟通软件。

以前的家园沟通只能借助幼儿园的网站或论坛，现在越来越多的幼儿园会选用一款专用的家园沟通软件。目前的家园沟通软件非常多，每个幼儿园都可根据自己的需求来选择。大部分家园沟通软件都包括通知公告、留言询问、入园离园记录、班级管理、幼儿成长档案等功能。

3. 信息传播工具

(1) 朋友圈。

低技术门槛的信息传播工具，让我们有了更多的交流欲望，朋友圈已经成了我们生活中的信息来源渠道。黎加厚在报告《今天的充分准备是为了让教学更加精彩》中指出，移动互联时代对教育教学产生了深远影响。利用好朋友圈，聚合一群热心交流的朋友、有共同的互动交流空间、有聚合集体智慧的机制、有保证畅所欲言的氛围，朋友圈便会成为很好的专业成长圈。

朋友圈成了我们信息传递的新方式，信息也不再局限于基本的文字和图片，我们可以利用易企秀（http://www.eqxiu.com/）、人人秀（https://www.rrxiu.net）等 HTML5 工具设计更加精美的、集音视频文字于一体的微信消息。我们以易企秀为例，用易企秀创建幼儿园招生信息，如图 5-25 所示。

图 5-25　用易企秀创建的幼儿园招生信息

(2) 微博。

微博，即微型博客（MicroBlog）的简称，是一个基于用户关系的信息分享、传播以及获取的平台，用户可以通过 WEB、WAP 以及相关客户端组建个人社区，以 140 字左右的文字更新信息，并实现即时分享。微博的信息发布体现的是时效性和传播性，因为其用户众多，转发速度也非常快。

(3) 博客。

"快"时代催生很多快速的信息传播工具，但博客作为传统的网络信息交流工具，依然是我们获取信息、整合信息的专门平台。博客结合了文字、图像、其他博客或网站的链接及其他与主题相关的媒体，偏重于梳理一段时间内的所见、所闻、所感，因此经常被用作教学反思和教育叙事的工具。

第三节 网络教育信息资源

我们处在网络信息时代，面临着海量的信息和知识，但有人却说："我们生活在信息的海洋，却忍受着知识的饥渴。"这句话道出了我们驾驭信息、处理信息时的困惑。面对海量的信息时，对信息的选择和处理成了当今时代必修的课题。

一般来说，我们将网络资源中与教育相关的部分称为网络教育信息资源，这种信息资源是从网络上获取、以网络为承载、依靠网络传输的新型信息资源。在网络上的大量信息中，教育信息仅占很少的一部分，学前教育信息更少，但这些信息足够为幼儿教学活动所用了。与此同时，搜索引擎的功能越来越强大，我们已经习惯了遇到问题就"百度"，但这真的能快速找到所需要的信息资源吗？这些信息资源是否科学有效？作为教师，如何储备自己的学科资源，使其更好地服务于教学活动？这一节将针对这些问题进行探讨。

一、网络教育信息资源的特点

网络教育信息资源除了具备一般信息资源的属性以外，还具有以下几个特点：

1. 信息形式的多样性

网络信息以多媒体、多语种的形式表现，极大地丰富了信息的表现力。信息形式的多样性有助于人们知识结构的更新和重构。例如，传统的绘本《母鸡萝丝去散步》是静态的纸质读物，而网络上则流行各种版本的动画和视频，教师可以到网站上找到配套的音视频资源，进一步拓展和丰富语言教学活动，给幼儿更生动的故事解读。

2. 信息获取的便捷性

通过网络终端，可以随时随地获取互联网信息，不受时间、空间等因素的限制。

3. 信息资源的共享性

互联网信息除了具备一般意义上的共享性以外，还表现为一个网页可供所有的网络用户随时访问，不像传统媒体那样要受信息载体数量的限制。但信息资源的共享性又产生了知识产权的问题，所以我们在传播信息资源的时候也要注意。

4. 信息传播的时效性

网络信息增长速度快、更新频率高、时效性强，这也是其他媒体信息所不能企及的。

5. 信息传递的交互性

网络信息具备双向传递功能，但这种双向传递可以是同步的也可以是非同步的。用户在接收到网络信息以后可以针对该信息的即时性向该信源提供反馈。比如，可以用 QQ 即时通信，也可以用 QQ 留言。

6. 信息内容的丰富性

互联网提供了非常丰富的教育资料，如最新的教学大纲、教学资料、众多模式的教学软件、网上教程、会议通知、各种消息等，还有丰富的教学案例可供教师们交流、借鉴。网络信息资源容量的无限性也存在一些问题，如信息资源分散、信息加工深度不够、实质性信息太少等。

二、网络教育信息资源的类型

我们按照资源整合后的表现形式来分别介绍几种常见的网络教育信息资源。

1. 电子书籍

TXT、HTML、EPUB等格式都是常见的电子书籍格式，有些电子书可以直接在线阅读，也有些电子书可以用QQ阅读、爱阅读等移动端APP进行阅读，还有些电子书需要借助专门的阅读设备来阅读，如Kindle等。电子书籍已从最早的经典文学著作发展到可覆盖所有学科的著作。

2. 电子期刊

电子期刊已经成为重要的网络信息资源，其基本内容与纸质印刷期刊的内容相同。现在电子期刊已经进入第四代，不再是单纯的PDF阅读，而是以HTML5技术为主要载体独立于网站，兼具平面与互联网两者的特点，且融入了图像、文字、声音、视频、游戏等媒体，可动态地呈现给读者；此外，电子期刊还包含超链接、及时互动等网络元素。电子期刊是一种让人很享受的网络信息资源。

3. 数据库

数据库是大量信息的集合，教师可以根据某些属性对信息进行检索。网上有各种各样的数据库，如万方数据知识服务平台、中国期刊全文数据库、维普中文期刊服务平台等。

4. 数字图书馆

数字图书馆具有同传统图书馆不同的功能和特征。数字图书馆以网络和高性能计算机为依托，因而能向读者和用户提供比传统图书馆更为广泛、更为先进、更为方便的服务，从根本上改变了人们获取信息、使用信息的方法。数字图书馆的馆藏突破了物理空间的限制，较传统图书馆具有很大的优势。常见的数字图书馆有中国国家图书馆、超星读书等。

5. 电子论坛

与教育相关的电子论坛（如BBS等）也可以作为教育信息资源为教师所用。电子论坛中的信息虽然整合度不高，但其源自一线用户的知识经验和思想观点，因而是很重要的信息资源。比较典型的电子论坛有景禾幼教论坛、育儿网等。

6. 教育网站

与教育信息相关的网站，我们都称之为教育网站，这是一个宽泛的说法。我们对教育网站进行归类整理，大致有以下三种：

（1）网络学习类。

学习类网站可提供比较完整的课程学习或辅导，通常称为在线学习平台。教师参与远程研修会接触此类网站，如山东省教师教育网、MOOC学院、网易云课堂等。

（2）资源集合类。

资源类网站一般会分门别类地提供各种教育资源，如课程标准、教材、案例、素材等。这些资源可以为教师备课、上课提供教学资料，也可为教师制作多媒体课件提供素材。我们推荐几个教师常用的资源网站：

● 几分钟网：http://jifenzhong. lofter. com/，生活百科、创意手工视频网站。

● 61flash 网：http://www. 61flash. com/，原创儿童 Flash 素材网站。

● 宝宝吧：http://m. baobao88. com/，儿歌、动画等资源素材网站。

● Wilds - creen Arkive:http://www. arkive. org/，非常实用的动物类资料搜索网站，在该网站上可以找到很多动物的高清图片和珍贵视频。

（3）幼教门户类。

幼教门户类网站主要提供各地开展有关教育、教学、教改活动的消息，以及各类最新的教育教学动态等信息。这些信息具有很强的时效性，其教育功能在于唤起教育工作者的参与意识，帮助教育工作者了解各地教育的宏观动向及最新发展状况。目前的幼教门户类网站除了发布信息，还提供了大量的教育理论和教育知识。比较典型的幼教门户类网站有中国学前教育网和地方学前教育网站，比较典型的地方学前教育网站如上海学前教育网（见图 5－26），是上海学前教育网。

图 5－26　上海学前教育网

7. 自媒体

著名传播学家麦克卢汉提出过“媒介即讯息”的观点，如今微博、博客等都是自媒体资源呈现的平台，其中最有代表性的平台是国外的 Facebook 和 Twitter，中国的 QQ 空间、新浪微博、腾讯微博、微信朋友圈、微信公众号、人人网、百度贴吧等。自媒体迅猛发展，各行各业的专业人员都注册了自己的公众账号，成为大众关注的信息资源。这些公众号也会因维护更新程度的不同出现良莠不齐的情况，并不断地优胜劣汰，因此对自媒体信息的筛选尤为重要。我们以微信公众号为例，列举一些与幼教相关的微信公众号，如表 5－3 所示。

表 5－3　　　　与幼教相关的微信公众号

名称	微信号
幼师口袋服务号	youshikoudai
儿童心理课堂	guanaibaby

续前表

名称	微信号
康卓育儿	kangzhuoyuer
上海学前教育网	age06com
中幼网	chnkid-com
陪孩子一起成长	peihaizi888
纸艺网 DIY 手工制作	zhidiy
星晨思享汇	xingchenbao
智慧园长	haoyoushi8

三、网络教育信息资源的检索

信息检索是指将杂乱无序的信息有序化，形成信息集合，并根据需要从信息集合中查找出特定信息的过程。对教育信息资源的检索，是聚焦特定的教育内容，在网络上查到目标信息的过程。

1. 检索工具

说到信息检索，首先要用到搜索引擎。搜索引擎按其工作方式主要可分为三种，分别是全文搜索引擎、目录索引类搜索引擎和元搜索引擎。与我们日常工作相关的莫过于全文搜索引擎，国外有代表性的全文搜索引擎有 Google、FastSearch/AllTheWeb、AltaVista、Inktomi、Teoma、WiseNut 等，国内有代表性的有百度搜索、360 搜索、搜狗搜索等。

2. 检索技巧

执行一个任务之前，我们首先要分解任务，找到合适的方法，信息检索也是如此。通常我们要经历明确检索对象、构建关键字、用工具检索几个环节，但还是会搜不到合适的资源。如何有效地利用搜索引擎？

（1）构建关键字。

构建关键字是成功搜索的第一步，一般我们用一个关键字很难搜到需要的信息，用空格分开多个关键字可以更好地锁定搜索信息。

（2）用符号优化搜索范围。

● 利用“＋”来限定，关键字串一定会出现在结果中；利用“－”来限定，关键字串一定不会出现在结果中。例如，键入“猜猜我有多爱你＋活动设计”，会找出包含绘本“《猜猜我有多爱你》活动设计”的内容。

● 利用通配符“＊”代替任意的字母，用来检索那些变形的关键词或者是不能确定的关键词。

● 通过添加英文双引号来搜索短语（如“猜猜我有多爱你”），搜索结果将会完整地呈现双引号中的短语，这一方法对搜索专用短语非常有效。

● 使用“filetype：”限定内容格式，可搜索特定类型的文件。例如，键入“中班　猜猜我有多爱你 filetype：doc”，会只显示关键词“中班　猜猜我有多爱你”的 DOC 格式的内容（见图 5－27）。

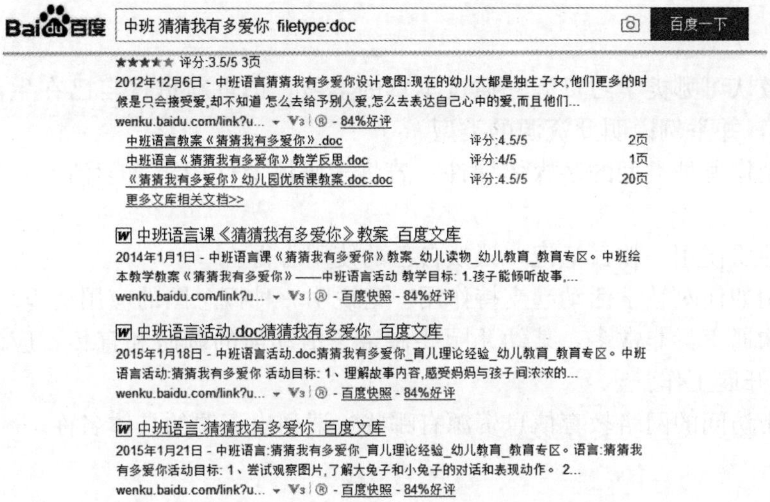

图 5-27　使用"filetype:"限定 DOC 格式

(3) 评价资源的准确性和资源来源的可靠性。

在结果出现的时候，我们首先要学会分析搜索结果，确定搜索内容是否是我们需要的，内容不对的话及时调整关键词，要有及时判断的能力；其次，对最终搜索到的结果，要评价资源来源的可靠性，即使格式和内容是我们所需要的，也要确认来源网址是不是官方的、日期是不是最新的，以此来评价资源是否真实可信。

3. 巧用云书签

云书签是基于云端的收藏夹，突破了传统收藏夹的概念。我们以前会把喜欢的网页保存到收藏夹，但是电脑更新系统或者换了电脑后就没有这些收藏的网页了。云书签的便利性就是能够实现永久保存网页，因为所有内容都是放在云服务器上的，而且可以设置个人的喜好，可跨浏览器使用并且不依赖于设备，电脑和手机端都能访问。常用的云书签工具有 360 在线收藏夹、Pocket、QQ 书签、初见云等，其中，360 在线收藏夹操作非常简便，能给我们的工作带来极大的便利（见图 5-28）。

图 5-28　360 在线收藏夹

思考题

1. 你比较认可哪类学习资源？通过本章的学习，请重新审视自己在生活工作中接触到的学习资源，并举例说明此资源的类型。

2. 你会制作哪种类型的多媒体课件？若将多媒体课件用于教学活动，如何评价多媒体课件的优劣？

3. 请你注册使用一款云笔记，谈谈自己的使用心得。

4. 概念图如何对教学活动起支持作用？请说明一种概念图的应用情境。

5. 家园沟通工具非常多，某幼儿园要做亲子活动前的调研和宣传，应怎样综合利用这些沟通工具开展工作？

6. 你经常访问的网络教育信息资源有哪些？请列出资源的具体名称。

参考文献

[1] 诺瓦克．学习、创造与使用知识：概念图促进企业和学校的学习变革［M］．北京：人民邮电出版社，2016.

[2] 李巧丹，夏洪文．数字化益智玩具在基础教育中的作用［J］．教育信息化，2006（24）.

[3] 李爽．远程教育资源建设：从教学资源到学习资源［J］．中国远程教育，2011（10）.

[4] 钟柏昌．教育技术定义：争论与解读［J］．开放教育研究，2012（3）.

[5] 祝智庭，顾小清，闫寒冰．现代教育技术：走进信息化教育：修订版［M］．北京：高等教育出版社，2005.

第六章

信息技术支持下的教学活动设计

本章导读

《教育信息化十年发展规划（2011—2020 年）》明确指出，要充分发挥信息技术优势，“利用信息技术开展启发式、探究式、讨论式、参与式教学，鼓励发展性评价，探索建立以学习者为中心的教学新模式”。除了传统多媒体的运用以外，移动智能终端的普及及应用软件的涌现，也为幼儿园的教学创新带来了新的契机，教师应认识到这些科技设备和软件给幼儿发展带来的独特价值；在日常游戏观察中引入大数据采集与分析技术，为改善教师的教育教学行为提供了依据，能够引导教师准确地发现每一个幼儿的需求。本章结合了诸多集体教学、区角个别化活动案例，从教学准备、教学实施和幼儿发展评价等方面来阐述信息技术如何助力或创新这些工作。

第一节 概 述

信息技术是早期教育的辅助工具之一。所谓“工具”即用以达成某种目的的器具或手段。当信息技术被定位为早期教育的辅助工具之一时，也就意味着：首先，它与其他教学工具并存，既不能替代其他有价值的教学工具，也须与它们在使用上平衡配合；其次，使用内容和使用信息技术的方式是否得当，将影响信息技术的应用功效；最后，信息技术应用于早期教育，对教师的专业性提出了更高的要求，教师必须运用专业知识来决定是否用、何时用、如何用。

一、信息技术的作用——拓展幼儿通往新经验的道路

适宜地使用信息技术与媒体，可以为幼儿提供拓展学习的机会，促进幼儿的认知与社会性的发展。比如，视频媒体可以向幼儿呈现他们难以亲历的地方、难以亲身体验和观察的风景、人物、动物和物体。有了技术工具的支持，幼儿可以轻松地保存、记录、再现和分享他们的亲身经历。比如，请幼儿拍下自己作品的照片，帮助他们上传照片，并通过电

子邮件发送或将照片分享到朋友圈，不仅有利于幼儿理解与他人通信和交流的方式，还能激发他们学习语言的兴趣。近年来，随着智能手机、平板电脑的普及，技术门槛进一步降低，许多幼儿都已学会利用技术工具来完成一些简单任务，如画画、拍照、录制故事、制作一本书等，因此，互动媒体逐渐成为一种新的探索工具。

二、信息技术用于教学活动的最基本原则——无公害，不替代

当前，世界各国都在研究如何充分利用信息技术提高教学质量和效益的问题。使用适宜的技术对幼儿学习和发展有着积极的影响，但使用的前提是保证媒体内容的适切性，严格限制技术工具的使用时长，以免对幼儿造成情感和身体上的伤害。

全美幼儿教育协会（NAEYC）于 2012 年发布了《技术和交互式媒介作为工具应用于 0～8 岁早期教养方案》（Technology and Interactive Media as Tools in Early Childhood Programs Serving Children from Birth through Age 8）。该方案明确反对孤立地使用信息技术，或是用信息技术活动简单替代已有的颇具价值的早期教育活动和材料。例如，在屏幕上作画可以增加幼儿图像表征的经验，但并不能取代使用颜料、蜡笔或其他美术创作的材料，它只是为幼儿的自我表达增加了一种选择。该方案认为“与技术和媒介的互动应是有趣的，并能为创造、探索、装扮游戏、主动游戏和户外活动提供支持”①。因此，信息技术的使用应有助于推动传统教育活动的开展。为避免技术的滥用，我们需要知道适宜的、有效的技术和媒体应该具有怎样的品质。

- 有效的技术和媒体是积极的、富有吸引力的、鼓励动手操作的、给予幼儿自主控制权的、为幼儿完成任务提供支架的；
- 有效的技术工具应能联结屏幕上的活动和屏幕外的活动，并强调成人与幼儿或幼儿同伴间的共同观看、共同参与；
- 有效的技术工具能帮助教师更好地记录和评价幼儿的发展，便于加强家园联系与信息的共享。

三、信息化教学设计——教师是关键因素

信息技术解放了一些具有创新精神的教师，使他们抛弃了大量的重复劳动而将精力集中在教师的核心任务上。在教育信息化的实践中，教师始终是最关键的因素，教师决定了是否、何时、如何使用某项技术工具，以及使用哪些技术工具。将技术工具、媒体内容引进和整合进教学实践时，教师需要精心地、仔细地挑选，并不断地观察、评估、反思技术使用的效果，以发现其带来的发展机会和挑战，并做出适当的调整。

在教学活动设计中应用技术，教师的专业判断至少要基于以下几方面：（1）关注幼儿学习与发展的专业知识；（2）对幼儿兴趣与经验、家庭与文化背景等方面的了解；

① NAEYC (National Association for the Education of Young Children). Technology and Interactive Media as Tools in Early Childhood Programs Serving Children from Birth through Age 8 [EB/OL]. (2012-10-18). https://www.naeyc.org/sites/default/files/globally-shared/downloads/PDFs/resources/topics/PS_technology_WEB.pdf.

(3) 对技术与媒介的特性、教学作用及其对幼儿潜在影响的了解；(4) 对相关研究前沿的关注等。有了这些准备，才能够提高教师的信息化教学设计能力，才能达到利用信息技术提高教学准备效率、优化教学活动组织、达成教学目标的目的，才能在学习环境中为促进幼儿有效使用技术提供支持，才能回答好这样的问题——引入技术和媒体是否拓展了幼儿的学习机会。因为，信息技术既是促进教师专业发展的工具，也是教育幼儿的工具；既是教具也是学具。

第二节　信息技术支持下的教学准备

教师的教学准备是教学设计的起点，也是教学实施的基础所在。教学准备要求教师对教学内容、方法、资源、学习者与评价进行综合考量。幼儿教师的教学准备具有独特的特点，不同于中小学教师的教学准备，中小学教师的主要任务是讲清这些知识，促使学生真正理解和接受，幼儿教师的备课关注的则是一个引发相互作用的过程，能让幼儿真正去感受、体验、发现和表达。因此，幼儿教师的备课不只是书面写作的过程，还必须包括物质环境和材料的准备。幼儿教师的教学准备在观念上和行动上要顺应时代的发展、技术的变革，秉持以幼儿发展为本的理念，充分发挥信息技术的优越性，为提高教学质量和效益做好备课工作。

一、备课方式的变革

突破时空界限和实现信息高速流动是信息化的优势所在，教育信息化的突出标志是实现优质教育资源的共享。因此，部分学前教育机构开始以校园网为依托，开发网上备课系统，为教师的备课拓展更广阔的空间。在备课平台上，教师不仅能共享到其他教师的教学课件及相关资源，还可以建立和参与备课群，随时随地进行交流研讨。不过，目前此类平台仅限于机构内部使用，并没有运用到跨园跨地区的交流合作中。

随着信息技术与日常工作的融合，许多教育领域的领军人物认为，学校要为学生持续参与学习活动提供必要的方法和途径。无论是正式的还是非正式的学习活动，都需要超越传统的模式。与这些不断发展的期望相关联的变化就是教师自身的职业发展，教师将更多地受益于社交媒体、在线工具和开放资源①。现在已有越来越多的教师加入一些依托社交媒体建立的学习社群，自觉利用社交媒体来开展碎片化的“微学习”。这些社群构建了教学资源实时共享的互动空间，教师备课时能在这些社交媒体中快速地找到有价值的资源。

二、教学资源的检索与重构

有效的教学过程离不开优良的课程资源，课程资源是幼儿产生新经验的重要条件。传

① L. 约翰逊，S. 亚当斯贝克尔，V. 埃斯特拉达，等. 新媒体联盟地平线报告（2015 基础教育版）[J]. 北京广播电视大学学报，2015 (S1)：54-98.

统的备课内容，是教师在课前围绕教学目标，搜集的大量相关素材，包括文字、图片等。在信息技术环境下，备课的内容更加丰富，不仅包括了教师用书与参考资料的文字解读，还有海量的音频、视频、教学设计等，这就要求教师要具备搜集、分析、处理、运用信息的能力。对教师的要求不是看其上课时是否运用信息技术，而是看是否利用网络搜集用于提高教育质量的有关资源。教师必须以专业的视野，对相关资料进行严格的筛选、甄别，根据教学需要和学情来重新编辑已获取的媒体资源。

1. 教学资源检索

教师在检索资料时，除了使用像百度、谷歌这样的常用搜索引擎之外，还可以访问专业幼教网站、提供专业服务的微信订阅号、专业素材库等“专业搜索引擎”。

- 专业幼教网站：中国学前教育网、各省的学前教育网站（如上海学前教育网）
- 提供专业服务的微信订阅号：幼儿园区角活动、李跃儿芭学园、乐玩·科技
- 专业素材库：“宝宝吧”（含儿童歌曲、故事、动画等资源）、音效网、站长素材（含图片、音效、字体等资源下载）

教师在选取资源时，应注意以下几个原则：

（1）必须精选。

（2）要针对幼儿学习和认知的需要，要符合幼儿认知的特点和规律。

（3）不能一味地追求形式。

（4）选用的材料须配合幼儿学习方法和技能的训练。

2. 教学资源的重构

近年来，“数字故事”逐渐由用于个人叙事扩展到用于教育活动设计、教育培训等领域。许多教师在语言教学的备课过程中也尝试将文字或图画故事转化为集合文字、图像、声音、动画等多媒体元素的可视化故事。有研究表明，“数字故事”用于课堂教学，可使知识技能教育与情感态度教育更好地融合，进而激发学生的学习兴趣和发展学生的创造力①。Lynell Burmark 的研究表明：“数字故事”有助于营造直观、生动的教育情境，帮助学生理解课堂教学内容②。下面，我们以一个绘本阅读活动为例，看看教师是如何对教学资源进行重构的。

案例 6-1

绘本阅读活动“蛋头先生”③

【案例描述】

教师对图像进行了抠像处理，使 PPT 动画与合适的音效相互配合，把绘本故事《蛋头先生》做成了动态的数字故事，使幼儿进入并沉浸在故事情境中。

【案例欣赏】扫一扫下方二维码，欣赏教师制作的绘本数字故事。

① 毕莹. 数字故事在初中信息技术教学中的应用研究［D］. 大连：辽宁师范大学，2012.

② Lyneu Burmark. Visual Presentations that Prompt，Flash & Transform［J］. Media and Methods，2004，40（6）：4.

③ 此案例来自华东师范大学出版社学前教育分社的沈岚老师。

【案例分析】

技术和媒体若得以积极地、适宜地使用，将对传统的学习材料起到支持和拓展的作用。教师利用“数字故事”的方法，将“讲故事”的艺术与多媒体（图片、声音、视频、动画）相结合。借助多媒体技术增强演绎的表现力和故事的感染力，既生动、富有美感，又有助于充分展示故事作者的经验和情感。如果教师们不会做“数字故事”，也可以通过各类搜索引擎、专业素材库找到一些 Flash 动画或优秀课件。例如，绘本活动“母鸡萝丝去散步”，教师在视频网站上就可以找到由这个绘本画面改制而成的动画片，可以直接拿来用。教师可先让幼儿以传统的方式阅读该绘本，再让幼儿根据这段动画进行故事的讲述。

当然，绘本阅读的形式是多种多样的，但不是说多媒体阅读一定要代替传统阅读。当今，多媒体阅读虽是一个不可逆转的趋势，但传统的纸质阅读不能轻易放弃。传统的纸质阅读有利于培养幼儿安静学习、思考问题的习惯，多媒体阅读如使用不当，反而会限制幼儿的想象力。阅读本质上属于一种交往，有读者和作者的精神交往，也有作为领读的教师与幼儿的交往，因此幼儿素读、教师领读等都是不可缺少的。教师给幼儿领读时，除借助多媒体，也可以通过表情、动作和抑扬顿挫的声音来传达书中的情绪情感。教师在阅读教学活动中也可以将纸质与多媒体加以结合，以使幼儿获得更全面的阅读经验。

需要强调的是，教师在利用信息技术丰富课程资源的同时，也要避免资源过于电子化，避免违背幼儿的身心发展规律和学习特点，要尽可能从当地的自然和社会生活中寻找课程资源，注重发现和利用生活中的资源。

三、信息技术支持教学的组织策略

教师写下的教学方案其实不只是关于教师准备讲什么的方案，而是一个幼儿的行动方案，即幼儿该做什么，教师该如何支持和引导幼儿的行动过程。幼儿教学是幼儿行动的过程，是幼儿不断获得经验的过程，也是环境、材料不断被幼儿利用的过程。加涅曾在《教学设计原理》中将教学设计界定为“一个系统化（systematic）规划教学系统的过程。教学系统本身是对资源和程序作出有利于学习的安排”。因此，教师要围绕教学目标，进一步确定运用什么策略来组织教学内容，突破教学重难点，以提升幼儿的知识与技能，捋清过程与方法，塑造幼儿的情感态度与价值观，并通过活动的设计对教学的效果展开评价。

下面，我们以一个科学活动为例，看看教师是如何通过环环相扣的活动设计，来攻克教学难点，支持幼儿获得新经验的。

案例6-2

大班科学活动“会翻跟头的小胶囊”①

【案例描述】

活动目标：

1. 通过操作活动，使幼儿感知物体由于重心移动而发生的翻滚现象
2. 幼儿能用语言表达自己的发现并记录探索的过程
3. 提高幼儿的观察能力和对事物的探究兴趣

活动准备：

1. 幼儿实验用具每人一套：空胶囊、竹筒轨道、塑料小鱼、纸团、小钢珠
2. 猜想表、实验记录表、笔、磁贴（用于猜想投票）
3. 背景音乐、重心转移原理课件
4. 滚筒带（游戏材料）

活动过程：

（一）出示神奇的胶囊，引起幼儿兴趣

师：今天我还带来了一位客人，大家认识它吗？小胶囊要为大家表演一个魔术，看看谁能发现它的秘密。

1. 教师演示

师：你看到了什么？猜一猜，小胶囊为什么会翻跟头呢？

师：你们想知道老师的小胶囊为什么会翻跟头吗？那就要动脑筋想一想、动手试一试。老师在椅子下面为小朋友准备了小胶囊和轨道，现在大家试试看，把你的小胶囊小心地放进轨道，看看它是不是也和老师的一样翻跟头。

2. 幼儿尝试操作，用自己的办法让胶囊翻跟头

师：你们的小胶囊会翻跟头吗？为什么我的小胶囊能翻跟头，你们的小胶囊却不能翻跟头？

（二）观察比较、引发猜想

1. 教师揭示胶囊翻跟头的秘密

师：为什么你们的小胶囊不能像老师的一样翻跟头呢？因为老师的小胶囊里装入了一个小宝贝。这小宝贝啊，可能是小鱼、纸团或小钢珠（出示材料图片）。

2. 猜一猜

请幼儿猜一猜：哪种材料放在小胶囊里会让胶囊翻跟头呢？在猜测表上进行投票。

（三）幼儿动手操作（配乐）

1. 验证猜想

将材料分别装进小胶囊后，在竹筒轨道里试验，看看哪一种材料放进胶囊能让它翻跟头，并在记录表上记录操作结果，实验成功的打√，失败的打×

① 此案例来自汉江集团中心幼儿园的王晓凤老师。

记录表		
塑料小鱼图	纸团图	钢珠图

2. 交流探索结果

(1) 请每组选派一位幼儿来把小组实验记录的结果跟大家分享一下，并展示自己的记录卡，讲述自己的操作结果。小组代表在验证表上用磁贴记录验证结果。

(2) 幼儿讨论

师：猜测只是想法，要动手试一试才知道。刚才我们进行了猜想，后来又进行了操作验证，那么是谁让小胶囊翻起跟头来的呢?

师：为什么小钢珠放在胶囊里，胶囊就会翻跟头，而塑料小鱼、纸团放进胶囊，胶囊却不会翻跟头呢?

幼儿讨论，教师引导幼儿从材料的特征方面进行分析。

3. 演示课件，了解胶囊翻跟头的原理

观看多媒体课件，了解钢珠使小胶囊翻跟头的真正原理。

教师小结：因为小钢珠是球体，会自由滚动，它又比小胶囊重，所以当小钢珠滚到胶囊的这一头时，胶囊的另一头就翘起来了；当滚到另一头时，这一头又翘起来了。这样接连不断地滚动，小胶囊就像杂技演员一样连续不断地翻起跟头来了。这种有趣的现象叫作重心转移。在像胶囊这样的空心物体里装进大小适中、会滚动的、有一定重量的球形物体，只要我们让里面的东西一滚动起来，就会带动它有规律地连续翻跟头。

(四) 拓展体验

1. 观看视频《生活中重心转移的有趣现象》，启发幼儿发现生活中重心转移的例子，如游乐场的水球游戏、传送带的运行等

2. 幼儿交流自己在生活中观察到的同类现象

3. 请幼儿跟着教师做身体动作，如左右摇摆、前后跨步等，以此来感受重心的转移

4. 滚筒接力游戏（配乐）

【案例分析】

教学活动中的难点，一般是事物的表现与幼儿的已有经验（生活经验或学习经验）、认知水平有一定的距离，有时是事物特征不够外显，不易观察；有时则涉及较抽象的科学问题，如重心转移、水的浮力等，易造成理解上的困难。当教学内容需要展示复杂、抽象、变化及相互联系的过程时，教师完全可以借助直观、形象的多媒体等技术手段来帮助幼儿理解。正如本案例中，由于重心转移的知识点，教师用口头描述很难讲解清楚，而通过多媒体课件的直观演示，钢珠使小胶囊翻跟头的原理就变得形象明了、浅显易懂了。

教师在备课时应根据教学经验，罗列出幼儿在学习过程中可能出现的错误思想或可能发生的学习障碍，利用多媒体可视化的特点，通过演示动画或视频资料，将教学难点形象化，以降低幼儿的理解难度，增强教学效果。

值得注意的是，教师并没有单纯依赖播放视频来解释钢珠使胶囊翻跟头的原因，因为

这种便捷性操作容易使课程内容进展过快，导致幼儿对所学知识的理解不到位。《3—6岁儿童学习与发展指南》中指出："幼儿科学学习的核心是激发探究欲望，体验探究过程，发展初步的探究能力。成人要善于发现和保护幼儿的好奇心，充分利用自然和实际生活机会，引导幼儿通过观察、比较、操作、实验等方法，学习发现问题、分析问题和解决问题。"所以当我们需要用到课件或视频资源进行现象或原理的阐释时，必须先引导幼儿观察、比较、操作，在此基础上进行思考、交流，然后再让幼儿观看课件或视频，使其获得由具体到抽象的感知提升，最终将所学的知识应用到实际生活中去。

第三节　信息技术支持下的教学实施

教师应用信息技术的能力不应仅体现在技术操作、教学演示和课件制作上，且更应当强调教学方法、教育活动内容和信息技术的结合，强调课程与信息技术的整合。从表6-1中可以看到，信息技术作为资源和工具本身并无运用的定式，多样的信息技术功能可在不同的教学环节中发挥作用。当然，这并不意味着每个教学环节都要使用信息技术。本节将通过一些案例的呈现与分析向大家介绍：如何结合具体的幼儿活动，合理、巧妙地利用技术的优势，有效地优化教学实施过程。到目前为止，大部分教学活动中的技术应用都局限于"资源呈现"，比如通过播放视频、动画、图片集或音乐来导入活动，替代教师现场演示或解释科学现象等。因此，本节会侧重介绍即拍即播、多感官参与、交互载体、增强现实、生成数字作品等五类技术的教学应用。

表6-1　　信息技术功能与适用教学场景

技术功能 适用教学场景	资源呈现	即拍即播	多感官参与	交互载体	增强现实	生成数字作品
集体活动的学习导入	★	★				
集体活动的操作演示	★	★				
行动后的回顾与总结	★	★				
艺术整合的创造活动	★	★	★	★		★
角色代入的讲述活动	★			★	★	★
科学现象与原理解释	★			★	★	
区角语言活动	★			★		★
区角艺术活动	★		★	★	★	★
区角科学活动	★	★		★	★	★
……						

一、即拍即播技术的应用

所谓即拍即播，就是"拍摄+实时投影"的技术，通常是教师使用相机、平板电脑或手机对教学现场进行拍照或录像，随后利用有线或无线连接的方式，将拍摄内容投影到大屏幕上，以增强活动的生成性，有效激发幼儿参与的热情。这种技术手法可以灵活运用于不同的教学环节中。

1. 学习导入

教育家布鲁纳说过："学习的最好刺激，乃是对所学材料的兴趣。"在设计教学导入时，信息技术的参与既可以提供形象直观、特征鲜明的材料，又能够提供新颖有趣的互动方式。下面，我们以活动为例，看看教师是如何通过技术来活跃幼儿的思维，引发幼儿的好奇心，迁延已有的知识储备，为幼儿进一步的学习提供必要的认知基础和动力的。

案例 6-3

大班社会活动"特别的我"①

【案例描述】

在教学导入环节，教师在现场用 iPad 拍下每个幼儿的照片，通过无线投影的方式，实时投影到白板上，然后快速划屏，让随机选中的幼儿介绍自己的本领，从而顺理成章地进入活动主题（见图 6-1）。

图 6-1　用 iPad 现场拍照并"直播"

【案例欣赏】扫一扫下方二维码，用 PPT 实现随机抽签。

【案例分析】

在这堂教学活动中，用与不用信息技术的区别在哪儿呢？苏霍姆林斯基说过，如果教师不想办法使学生产生情绪高昂和智力振奋的内心状态就急于传授知识，那么这种知识只能使人产生冷漠的态度，而给不动感情的脑力劳动带来疲劳。实践证明：积极的思维活动

① 此案例来自华东师范大学附属紫竹幼儿园的叶惠芳老师。

是课堂教学成功的关键，以富有启发性的导语或活动拉开一堂集体教学的序幕，可以激发幼儿的思维，引发幼儿对新知识新内容的热烈探求。导入的成与败直接影响整个教学活动的效果。教师利用即拍即播技术手段来创设一个即时反馈的环境，不仅能有效地引起和维持幼儿的注意力，营造一个生动活泼的教学氛围，更重要的是能使得幼儿在良好的状态下积极地学习，主动地进行探索。

当然，这样的师生互动也不一定必须通过即拍即播技术来实现，如果掌握了一点 PPT 动画的“冷技术”——触发器，也可以帮助教师营造很好的现场感，增加活动的游戏性。比如，在这个自我介绍的活动中，教师也可以巧用 PPT 来进行随机抽签。

2. 游戏/操作后的回顾与总结

对教学活动中所学内容的回顾和归纳总结，可以帮助幼儿理清头绪，整合和提升已获得的经验，同时也可对幼儿学习方法和技能进行训练。教师应根据幼儿的年龄、认知的能力、学习的水平，积极地引导幼儿，将此环节交由幼儿完成。即拍即播技术能即时捕捉和再现稍纵即逝的情境、儿童的表现表达等，亦可用于经验梳理与巩固的环节。

案例 6－4

小班数学活动“小兔藏在哪里”①

【案例描述】

教师创设了一个游戏环境，让幼儿装扮成小兔，利用各种道具进行藏身。通过捉迷藏的游戏来帮助小班幼儿理解基本的空间方位。游戏结束后，教师马上将游戏过程中拍摄的照片回放在投影屏幕上，让幼儿说说刚才自己藏在哪里（见图 6－2）。

图 6－2　幼儿根据回放的游戏照片进行描述

【案例分析】

游戏后的照片回放达到了学习回顾的目的，情境的重现为幼儿提供了思考的支架，唤起了幼儿头脑中的形象记忆，帮助他们在感知了方位之后，再根据教师的要求，用数学的语言描述出来——这正是数学经验的梳理和提升。教师使用即拍即播的方式，让幼儿既重现和复习了刚刚学过的知识，又得到了一次在方法和技能方面练习的机会。

① 此案例来自华东师范大学黄瑾老师主讲的网络课程“学前儿童数学教育”。

案例 6-5

大班前书写活动“我的身体会写字”①

【案例描述】

教师先引导每个幼儿用自己的身体“凹造型”，模拟书写出“人”“从”等字。随后让幼儿四人一组合作拼字，在教师制作的“田字格”垫子上用身体“写”出指定的文字，由教师拍照后让其他组的幼儿进行猜字（见图 6-3）。活动中，教师使用了手机中白板 APP 的拍照和涂鸦功能，即时将照片投影在大屏上，并直接在照片上书写文字笔画。

图 6-3　幼儿根据照片猜字

【案例分析】

幼儿教育家陈鹤琴、张雪门都倡导：幼儿园课程应是经验取向的课程，也就是强调幼儿主动学习和探究的课程。教师要努力将知识还原成过程，这是幼儿园课程设计的重要原则。对幼儿来说，知识接收的主要方式不是讲解，直接经验才是最有效的学习方式，也就是要让知识回到行动中，回到过程中。前书写就是这样一种把知识藏进行动中的活动，让幼儿用笔或者其他书写替代物，通过涂画、身体模拟等形式，用图形和文字向周围的人传递信息。在这个案例中，幼儿自然而然地进行着感知和模拟，构建前书写的经验。行动后的回顾被设计成了“游戏”的一部分——“我来做你来猜”，教师用白板 APP 进行即拍即播，一方面可快速记录和展示行动的结果，为“猜字”这一评价环节提供依据；另一方面，便于师生直接在照片上用手进行涂鸦书写，有利于帮助幼儿梳理有关文字结构、基本笔画和书写顺序等知识。

① 此案例来自上海大宁国际幼儿园的陈婷婷老师。

二、多感官参与技术的应用

信息技术不仅丰富了教学资源，也丰富了教学方法。随着科技的革新，媒体不仅能呈现视觉、听觉、触觉等多感官的立体刺激，为我们提供多通道审美感知的机会，甚至能实现不同感觉的融合和转换，为艺术整合的教学开拓新的思路。当信息技术与教学方法有机结合时，教学方法在实现教学目标中的应用效果将得以优化。下面，我们通过两个案例来看看教师是如何将媒体技术与教学方法进行有机整合的。

案例 6-6

中班音乐欣赏活动“动物狂欢节”①

【案例描述】

教师先以卓别林的电影片段作为音乐欣赏的“动作材料”，启发幼儿把音乐与生活中的动作联系起来，将音乐欣赏的过程转化为一种幼儿能够充分参与的、能与作品进行深度接触的活动，让幼儿在“玩音乐”的过程中欣赏音乐（见图 6-4）。在活动的最后，教师又让幼儿欣赏了一段以《动物狂欢节》为背景音乐的动画片，动画片的情节与音乐始终紧密结合，加之其色彩鲜明、造型夸张，在为幼儿提供有趣的感官体验的同时，也拓展了幼儿的思路——原来音乐也可以和漫画结合在一起。

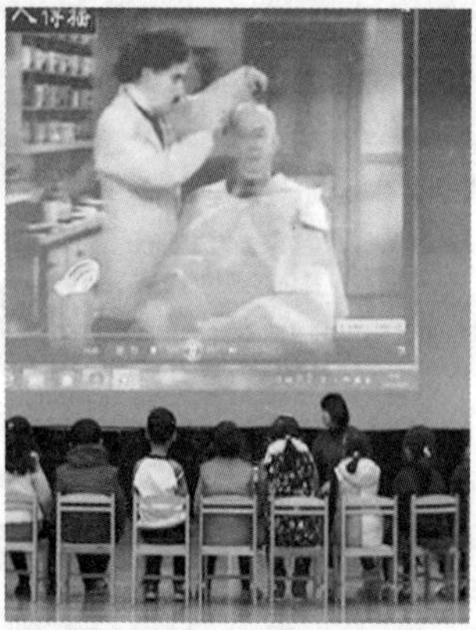

图 6-4 欣赏卓别林的表演，拓展幼儿的音乐经验

【案例分析】

传统的音乐欣赏教学往往比较强调对幼儿倾听习惯和倾听技能的培养，提倡从听觉活动入手进行音乐欣赏；而多感官参与的方法则强调不仅要使用听觉器官，而且要借助视觉、动觉、言语等多种感官的统合活动来更好地体验和欣赏音乐作品。本案例通过视、听、动结合的方式，帮助幼儿打开尽可能多的感知通道对作品进行再经历和再创造，使幼儿在获得愉悦游戏体验的同时，完成对音乐的感知和欣赏。其实，美术活动也可以运用多感官参与的方法，例如，在欣赏画作的过程中，加入与之相符的音乐元素，并采用动作模

① 此案例来自华东师范大学黄瑾老师、阮婷老师主讲的网络课程“学前儿童音乐教育”。

仿等多种方式来丰富、强化幼儿所看到的美术作品内容，可以帮助幼儿把握作品的表现手法、内在情感，并使幼儿的视觉与听觉在情绪上达到统一，形成通感。

案例 6-7

中班美术欣赏活动"星夜与向日葵"①

【案例描述】

在对梵·高两幅名画《向日葵》和《星夜》进行比较欣赏的活动中，教师先引导幼儿感受和对比两幅画的色彩，体会冷暖色给人带来的不同感受，然后借助移动应用软件 Melodist（它是根据图片的色调、饱和度及亮度的变化来定义旋律的。色彩更丰富的图片，旋律也会更加饱满）将《向日葵》和《星夜》制作成音乐，让幼儿去聆听，然后去匹配，在此基础上让幼儿进一步表达自己对作品的理解。

活动目标：

1. 让幼儿感受梵·高的作品《向日葵》和《星夜》中的色彩应用，对色彩感兴趣

2. 让幼儿乐于用不同方式来表达自己对色彩的理解

3. 提高幼儿运用色彩的能力，体验色彩创作的乐趣

活动准备：

教学准备：《向日葵》《星夜》的图片，安装了 Melodist 应用软件的 iPad 3 台或者 iPhone 手机 3 部，橙色和蓝色手工纸。

经验准备：幼儿知道冷暖色调的不同。

活动过程：

（一）聊一聊：画画——表达对绘画的体验

1. 你们喜欢画画吗？为什么？

小结：画画是一件有趣的事情，好的画还可以展览（根据幼儿回答进行小结）。

2. 认识画家梵·高和他的两幅作品

梵·高爷爷是著名的画家，他有两幅很出名的画：《向日葵》和《星夜》（出示画面）。

师：你喜欢哪一幅画？它给你的感觉是怎样的？

师：你们见过向日葵吗？是什么样的？为什么叫向日葵呢？

师：你们观察过夜晚的天空吗？天空是什么颜色的？有什么会发亮呢？

小结：向日葵的花心向着太阳，跟随着太阳一起转动方向，它的花瓣以黄色为主，这幅画让我们觉得很快乐；晚上的夜空以蓝色、深蓝色为主，让我们觉得很宁静。

（二）聆听音乐：猜猜是哪幅画——从音乐音调的高低和节奏的快慢来体验不同色彩带给我们的感受。

1. 教师打开 Melodist 应用，随机拍下其中一幅作品，用软件现场制作出音乐，请幼儿听一听，并猜猜是哪幅画的

师：你觉得这段音乐是哪一幅画的？说说你的理由。

2. 再次给另一幅画拍照，制作音乐，请幼儿聆听并猜测

① 此案例来自上海师范大学闵行实验幼儿园的张乐萍老师。

师：这次的音乐是哪幅画的呢？

3. 再次倾听两首音乐（事先录制好的），并进行对比

师：这两段音乐听起来有什么不同？

4. 验证，再次聆听音乐

小结：《向日葵》整体以黄色/橙色等暖色调为主，所以听起来比较欢快一些，音调更高一些；而《星夜》以蓝色调为主，所以听起来比较舒缓、低沉。（可以结合幼儿现场的回答整合结论）

师：梵·高爷爷为什么要用黄色和橙色来画《向日葵》呢？为什么《星夜》以蓝色为主色调呢？

小结：不同的色彩表达不同的情感，就像这两幅画一样，黄色让人心情舒畅，能让我们感受到向日葵对着太阳笑的喜悦；而蓝色能够让我们的心情平静下来。看来色彩有很神秘的力量！

5. 引导幼儿从颜色组合上观察作品

师：《向日葵》还有其他颜色，那都画成黄色的好不好？为什么《星夜》中的星星感觉很亮呢？

小结：《向日葵》画面中以黄色为主、其他色为辅，同时还关注到色彩的巧妙搭配及对比色的使用，这样的画面很饱满、好看，黄色和橙色让人感觉很有生机和力量。《星夜》用深蓝色、蓝色来画天空，用黄色表示星星，色彩很美，对比也很强烈，感觉星星很亮。

（三）拍一拍，制作音乐——进一步感受色彩与音乐的关系

1. 我们自己来试一试，听听橙色和蓝色对应的音乐

2. 幼儿操作（拿起手机拍照—制作音乐—听一听）

师：这两种色彩对应的音乐有什么不一样？

小结：橙色对应的音乐更欢快一点，蓝色对应的音乐较舒缓一点

（四）活动延伸

以橙色或蓝色为主创作一幅画，适当使用对比色，丰富画面层次。画完后，再用Melodist软件将绘画作品转换成音乐，进行展示欣赏。

【案例分析】

达·芬奇曾说过，音乐与绘画有许多相通之处。比如，音乐与绘画都有节奏，音乐与绘画同样有比例关系，音乐与绘画的美感都建立在各自部分之间的相互渗透上。美术中的点、线、面相当于音乐中的节奏和旋律。把音乐引进美术教学中，不仅能活跃教学气氛，而且有助于增进幼儿对美术作品的理解，尤其是对一些抽象作品的理解①。音乐是用来听的，但是幼儿也能在优美的旋律中感受并想象一幅幅动人的画面。将音乐与美术进行相互转换的方式，能让幼儿对艺术的理解升华到更高一层。当然，我们也可以倒过来创作音乐画，让幼儿听着几种风格迥异的音乐，然后作画，用绘画的方式来进行音乐的比较欣赏，来创造性地表达他们对不同音乐的感受。

值得注意的是，这个案例中教师使用了移动设备上的APP。对许多教师来说，在集体活动中使用移动APP还是一件陌生的事，具有许多挑战——要判断什么样的APP适用于

① 顾菁. 在美国幼儿园上美术课［M］. 上海：华东师范大学出版社，2015.

教学，APP 在什么环节用、如何使用。例如，本案例使用的 Melodist 是一种开放性的工具软件（软件本身不供应内容只提供功能），教师自己首先要用各种不同的图片来试用软件，了解它是依据图画的哪些元素来定义旋律节奏的，确保两幅名画制作出来的音乐的差异能够反映冷暖色调给人的不同感受，然后才能将其引入教学活动。其次，在美术欣赏活动中教师应注重引导幼儿在感受、体验、分析、判断的过程中获取相关的艺术信息，因此选用 APP 进行视听转换的时机和方式时必须考虑到幼儿的感知能力，如果活动伊始，教师就让幼儿根据软件制作出来的音乐猜作品，而没有欣赏经验做铺垫，幼儿很可能根本听不出两首曲子的差别！在延伸活动中，通过软件将幼儿的绘画作品转换成音乐，是值得借鉴的思路，因此我们可以把画展办成一场“音乐会”，这既有助于提高幼儿的创作积极性，也可成为对幼儿作品中色彩运用的一种检验方式，同时为分享展示环节增添更多的审美体验。当然，若不用此类软件，我们也可以用现成的音乐来辅助作品的欣赏，例如，深沉而忧伤的《繁星点点》[Vincent（Starry Starry Night）] 就非常适合用于辅助欣赏《星夜》，它是美国民谣歌手唐·麦克林（Don McLean）在 1970 年为纪念梵·高而作的，歌曲创作的灵感正来自梵·高的《星夜》。

三、交互载体技术的应用

大多数情况下，教师们在教学活动中使用的多媒体内容是固定结构、单向传输的，很少能改变播放顺序，或交由幼儿自主操控。而近年来，交互式电子白板、平板电脑、互动桌等智能设备逐渐被引入城市幼儿园的环境中，促使一些教师开始制作和使用打破封闭结构的交互式课件，与此同时，在各类幼教微信公众号的推送下，一些基于移动终端的颇具教育价值的游戏软件也开始进入教师的视野。下面这个案例，就是教师利用了一款有较强交互性的移动 APP 作为幼儿表达与互动的内容载体。

案例 6-8

大班讲述活动“森林小鸟的快乐一天”①

【案例描述】

教师利用一款移动应用软件——魔法森林探险来展示讲述的情境和内容，这款 APP 只有音效，没有解说，有 20 多个富有趣味的动画场景供幼儿自由选择，因此非常适于提供给大班幼儿进行叙事性讲述或故事创编。游戏软件以小鸟为主人翁，幼儿可通过手指的上下左右滑动、放大缩小等手势动作来决定小鸟的飞行路径，然后根据不同的画面细节展开描述。为了让每个幼儿都有操作和讲述的机会，教师安排了分组轮流游戏和讲述的环节（见图 6-5），在分享交流时，也以小组为单位来进行分段讲述。

活动目标：

1. 幼儿能较为完整、有条理地讲述小鸟一天中发生的有趣事件
2. 幼儿在游戏操作中愿意用丰富的词句讲述

① 此案例来自上海师范大学闵行实验幼儿园的陈先珍老师。

图 6-5　幼儿分组进行轮流游戏和讲述

活动准备：

- 教学准备：装有魔法森林探险软件的 iPad 3 台；米妮玩偶
- 经验准备：幼儿玩过这款 APP，熟悉人物与事件

活动过程：

（一）引入主人翁“小鸟”——认识小鸟，对活动感兴趣

1. 今天老师请来了一只可爱的小鸟，我们之前玩的时候已经知道它这一天发生了很多有趣的事情，还记得有哪些事情吗

2. 这一天有趣的事情太多了，吃蛋糕、跳舞、打鼓、荡秋千……我们一起再来看看吧

3. 整体回顾：教师拖动小鸟一圈，看一下小鸟这一天的行程

（二）尝试讲清楚一件有趣的事情——了解讲故事要讲清楚的要点

1. 刚才我们一起回顾了小鸟这一天发生的有趣的事情，我们小朋友可以边玩边看边讲，可是米妮来了后也想听这个故事，要请我们小朋友讲给它听

2. 那怎么来讲呢？可以让米妮清楚地知道小鸟看到了什么，小鸟是怎么想的、怎么做的，到底发生了什么有趣的事情，我们先来试一试

师：小鸟在哪儿？它听到了什么？然后做了什么？猜猜它会说什么？

一天早晨，“丁零零”，铃声响了，小鸟打开窗户：“咦，今天的天气可真好，赶紧出去玩玩吧。”

3. 小结：原来讲清楚这件事情需要交代以下事项：小鸟在什么地方发现了什么东西、会怎么想、怎么说、怎么做、结果怎么样，这样故事就会很完整

（三）分组讲述——尝试轮流合作

1. 我们知道小鸟这一天还遇到了很多有趣的事情，下面三人一台 iPad，轮流拖动小鸟。要求：一个小朋友拖动以后，要讲清楚这一件有趣的事情，下一个小朋友才可以继续拖动，我们等会儿要完整地把这个故事讲给米妮听

2. 幼儿三人一组，用 6 分钟时间进行轮流操作和讲述。时间结束时，要把小鸟送回家，关闭 iPad

3. 分享交流

请一组上来交流分享：三个小朋友按照刚才的方式轮流讲述。

提问：他们讲得怎么样？有没有讲清楚小鸟在哪儿发现了什么、怎么想、怎么说、怎么做、结果怎么样？

这一件事情其他小朋友有补充吗？

4. 米妮：你们的故事讲得真好，小鸟这一天的事情真是太有趣了。不过我感觉如果你们能用一些好听的词语修饰一下，把故事变长（如果前面没有达成想什么和说什么，这里可以加上）就更好了

5. 再次尝试：小鸟起床，出门

"丁零零"，铃声响起了，一只粉色的小鸟挥动着翅膀打开窗户：外面的天气可真好，我要出去玩了……

（四）活动延伸

请你们再用一些好听的词语，把这个故事讲得更完整、更生动，然后和同伴、老师一起分享。

【案例分析】

讲述活动需要一定的凭借物，教师选择的这款APP主角单一、情节简短，适于让幼儿运用独白语言来讲述。丰富、有趣的场景及事件可供幼儿自由选择和即兴讲述，具有很强的趣味性与互动性，打破了以往就固定画面进行讲述的单一形式，让幼儿想说、能说，且有话可说。当然，内容适宜、符合教学目标的无文动画、无声电影等，也都可以作为幼儿叙事性讲述活动的素材。

运用此类游戏软件时，教师很可能会面临课堂失控的风险，因为游戏的吸引力大大高于教学任务本身。比如，幼儿可能只顾着拖动小鸟，期待将会发生什么好玩的事情，而忘记了讲述的要求。因此，在集体活动中如果需要幼儿操作技术设备，为了使课堂教学顺畅，达到预设的教学目的，教师可事先在相关区角中投放设备和软件，让幼儿在正式活动前有机会熟悉软件的使用，游戏经验的准备可以避免幼儿在课堂中过度兴奋；同时，活动中的软件操作时间要尽可能简短，避免一部分自控力弱的幼儿游离于活动之外。

在分组讲述时，因设备有限，极易产生纪律问题，因此，如果集体活动中有幼儿分组或共同操作的环节，必须事先约定好操作规则。如果教师只能提供一台移动设备，无法进行分组活动，那么教学环节相对好控制一些，待活动结束后，教师可继续将设备投放在区角中，让幼儿在课后仍有机会进行自主游戏和讲述。

另外，教师在运用交互游戏软件时要特别注意，不可替代应有的实物操作、感官体验、师幼互动等有效环节，而把教育教学活动局限在屏幕内。

四、增强现实技术的应用

增强现实（augmented reality，AR）是一种将虚拟对象准确地"放置"于真实世界，让使用者处于一种真实和虚拟相融合的环境中，且能让使用者与这种环境实现实时交互的技术，这种技术的目的在于用计算机实时产生三维信息来增强人对真实世界的感知，把原

本在现实世界的一定时间空间内很难体验到的实体信息（视觉、声音、味道、触觉等），通过技术手段模拟仿真后再叠加，将虚拟的信息应用到真实世界，被人类感官所感知，从而达到超越现实的感官体验（见图 6-6）。

图 6-6　AR 技术让恐龙“复活”

幼儿是通过与周围的人和物理环境的接触来建立个人认同的。积极的自我意识基于两点：一是我被在意并且有价值；二是我有能力控制我和我的环境，进而建立积极的个人认同。实现积极的自我意识的基本方法是创造能反映幼儿存在的环境。AR 技术的虚实结合、三维跟踪、实时互动这三大特点，有利于解决环境创设中幼儿主体性不强、参与度低的问题，为幼儿营造积极的心理环境，在强调“以幼儿为中心”的人机互动中发展幼儿的主动性和创造性，因而 AR 技术可以成为增强幼儿教育环境的技术手段之一。

例如，利用 AR 技术开发的立体画、3D 涂色绘本之类的儿童产品，可以为区角的美术活动带来全新的创作体验。幼儿在特制的涂色本上涂画之后，用手机或平板电脑的相关软件进行拍照扫描，他所画的事物与场景随即便在移动设备的屏幕中成为“活物”，有如“神笔马良”般的神奇效果（见图 6-7）。由于 AR 技术可在三维空间中定位跟踪所增添的虚拟物体，这些“跃然纸上”的 3D 模型还可以和幼儿进行实时互动。在美工区角投放此类材料，配合一些创意提示（见图 6-8），可大大激发幼儿对色彩、形状、线条的探索欲望，让涂鸦活动更加趣味盎然。

又如，在集体教学中，教师常常要通过各种教具的制作来模拟真实的环境，费时费力，还不一定能达到预期的效果。如果能运用 AR 技术创设“虚实教育情境”（这些虚拟的景象可以是太空、森林、海底、冰川、沙漠、火灾现场等现实教学中不可能去的任何地方），让幼儿在屏幕上看到虚拟的三维景象与教室真实环境、教室里的自己叠加后的效果，不仅有助于增强幼儿对真实世界的感知，激发幼儿参与活动的积极性，更能解放教师的双手，使教师将主要精力放在教学设计以及对幼儿的观察上。以“交通安全”这一主题为例，可以将信号灯、道路、周边环境、交通标识设定为三维虚拟物体，将车辆交由幼儿进行实

图 6-7　幼儿打开手机软件给涂色作品拍照

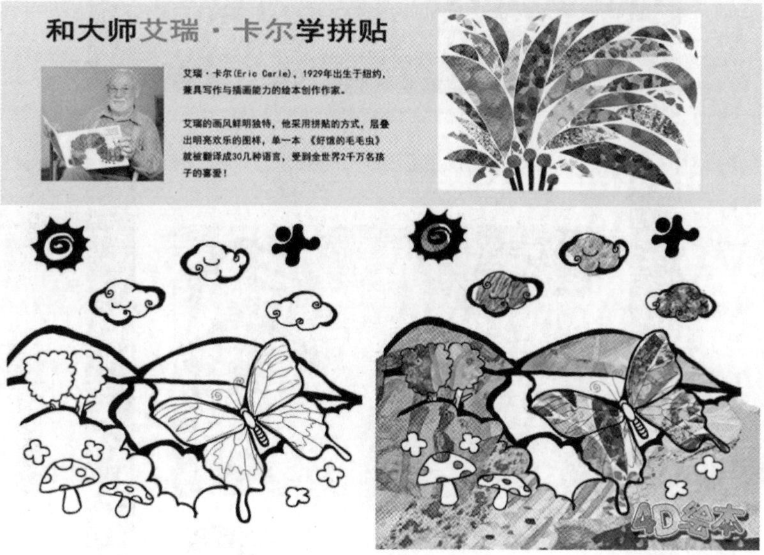

图 6-8　填涂创意提示

际绘制。虚实叠加后，幼儿可在多媒体显示设备上看到自己的车辆在道路上移动的景象，由教师扮演交通警察对道路交通进行指挥，在指挥的过程中向幼儿讲述现实生活中的交通规则，并实时指导幼儿按照交通规则行驶，在虚实结合的互动教育环境中展开教育活动，完成知识从虚拟情境到现实情境的迁移。

五、生成数字作品技术的应用

全美幼儿教育协会在 2012 年发布的《技术和交互式媒介作为工具应用于 0～8 岁早期教养方案》中指出：将技术和媒介整合进环境、课程和日常活动，能够促进早期教育实践，技术整合的环境包括在日常活动中使用电脑、数码相机、APP 和互联网。当技术的整合为幼儿提供了学习、记录、展示和交流的工具，提高了学习效果，对教学目标的实现起到了支持作用时，它才是成功的。

在“互联网+”的时代潮流下，各类学校都在发生一个转变，即学习者已经尝试通过开展创造活动，而不是消费学习内容来进行学科探索。现在，有越来越多的技术工具支持幼儿作为创作者，采用多种形式展示自身所掌握的内容。

例如，结合“我长大了”的课程主题，大班幼儿开展了一系列创造性活动。为完整记录幼儿的所思所想，让每个幼儿都有分享交流的机会，教师向家长推介了一些具有 DIY 功能的故事类 APP，幼儿通过上传图片或选择软件中提供的人物、场景，录制讲述语音等步骤，可以轻松地制作出有声电子书（见图 6－9），甚至自制动画片。此类作品既可与阅读区、美工区的活动相结合，又可成为幼儿成长档案中的一部分，用于幼儿成果的积累、展示和评价。这些作品还便于在社交平台上共享，有的 APP 甚至支持语音评论，使幼儿与幼儿、教师与幼儿及家园的互动在时空上得以延伸。

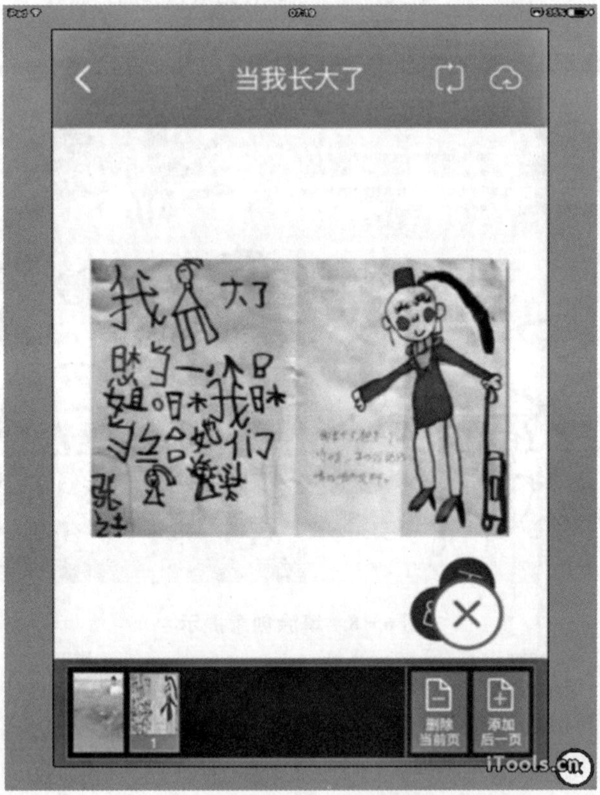

图 6－9　幼儿利用移动 APP 自制有声电子书

又如，一些移动 APP 具有录制并混合多轨道有声视频的功能，且操作简便，可以为开展综合性的音乐区角游戏提供一种思路。幼儿可以以个人表演的形式进行多声部合唱（见图 6－10）、歌唱表演、配乐舞蹈、打击乐等，或自己录制一部分，再邀请小伙伴共同完成。作品可在线发布分享，其他幼儿可通过移动终端进行点赞，或在成人的帮助下发表评论，还可根据点赞票数选出“人气偶像”“才艺之星”等。

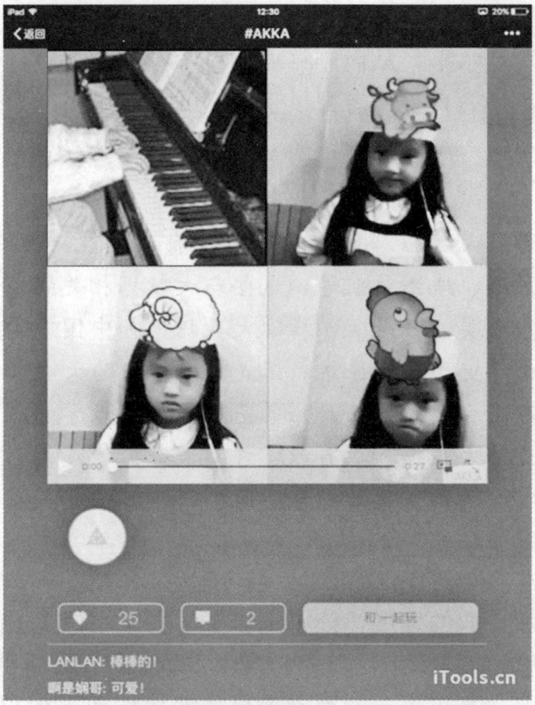

图 6-10　幼儿利用移动 APP 录制多声部合唱

第四节　信息技术支持下的幼儿发展评价

“不得不承认，对于学生，我们知之甚少”——这是卡耐基·卡梅隆大学（Carnegie Mellon University）教育学院介绍中的一句名言。作为教育者，我们经常需要思索：我们真的了解幼儿吗？每一个幼儿都是独特的，但我们能针对他们的不同进行真正个性化、差异化的教学吗？要回答这个命题，就必须观察、记录、分析、评价幼儿的学习状况，其目的不在于获得标准化的分数，而在于通过形成的数据，追踪幼儿的进步情况，引导教师审视自己的教学，进而支持幼儿的学习。

对于幼儿来说，评价应是正常教学过程的一部分，是“嵌入课程”的，而不是一件只发生在特定时空、与日常教学隔绝的事情。在第二节中我们已经提到，在课程活动中使用一些互动媒体，可以支持幼儿创作个性化的数字作品，因此，信息技术不仅是幼儿的一种探索工具，同时也为他们提供了自我评价和互相评价的机会。借助这些数字社交平台，幼儿园和家庭同样可以进行交流合作，共同支持幼儿的学习和发展。幼儿在日常活动中制作的有声图书、音视频作品等可以作为作品选入成长档案系统，由教师就技能、知识、行为、态度、成就等方面进行分析并转化为评价数据。

当然，生成和分享数字作品，更多是发挥技术的记录、展示与交流作用，并不能为教师的“教”和幼儿的“学”提供足够的过程性参考信息。要利用评价活动帮助教师改善教育教学，最终促进幼儿的学习，就需要收集到有关幼儿真实的、全面的、综合的信息，以了解和分析幼儿当前的发展水平，从而制订更加科学有效的教育计划。近年来，“大数据”采集与分析技术的发展，为教育工作者提供了更多的选择来进行个性化教学指导。

【知识卡片】　　大数据在你身边

许多教师可能会觉得“大数据”很陌生，其实我们的生活已不知不觉被大数据所改变，如小米手环、百度预测、地图导航等，这些与大数据相关的应用已经成为我们生活的一部分。教育大数据有四大类：一是教学资源大数据，如中国学前教育网；二是教育教学管理大数据，如全国中小学电子学籍系统；三是教与学行为大数据；四是教育教学评估大数据。可以说，教学资源平台是大数据产生的基础，教育教学管理系统是大数据可以持续积累的保障，而教与学行为大数据和教育教学评估大数据才是大数据的核心。因为教育大数据的基本取向就是为学习者提供更好的学习服务——通过相关数据分析，设计和优化学习内容、学习时间和学习方法。

用信息技术促进教师专业的发展，核心不在于学会应用信息技术本身，而在于应用信息技术使教师成为有反思力的观察者。过去，我们的教育与科研更多植根于经验的积累。而在大数据的思维方式下，真正重要的因素来自数据挖掘而不仅仅是以往的经验①。教师的指导、监控、评价行为因为有了对比分析、成果评价、效果跟踪等数据的支撑，更能显现出即时性、科学性与个性化的特点。

案例 6－9

依托过程性数据采集工具进行幼儿游戏观察②

【案例描述】

通常一名教师要面对十名以上的幼儿，教师很难兼顾所有幼儿的游戏情况，因此观察、记录和评价往往不能做到客观、真实、全面。因此，上海市某科学特色幼儿园利用过程性数据采集工具开展了观察实验，通过调用后台数据库中不同幼儿参与活动的时间和内容，汇总不同幼儿参与每个活动的时间，并对幼儿单个活动的持续时间进行监控，同时也对活动设计难度进行监控，从而帮助教师真正了解什么样的活动才是幼儿感兴趣的。

在使用该工具时，幼儿先通过 iPad 扫描二维码的方式登录，然后进入游戏界面，选择一个游戏内容，这时幼儿可以先观看指导视频帮助理解，根据视频中的指导进行游戏材料的操作，操作完毕后幼儿再对游戏的难易度、喜欢程度进行评价。最后，用 iPad 对幼儿作品进行拍照留档。在 30 分钟的游戏活动中，每名幼儿大概能被收集到 700 条行为数据，包括游戏中的各种操作、做任务时的进度、对游戏活动的评价等（见图 6－11、表 6－2）。

① Vivian Gussin Paley. The Boy on The Beach: Building Community through Play [M]. Chicago: University of Chicago Press, 2010.

② 郑渊. 区角游戏里的大学问 [EB/OL]. (2014－12－04). http://www.age06.com/age06.web/Detail.aspx?InfoGuid=BD48D9CE-D226-469C-926A-EC4B992BE3B3.

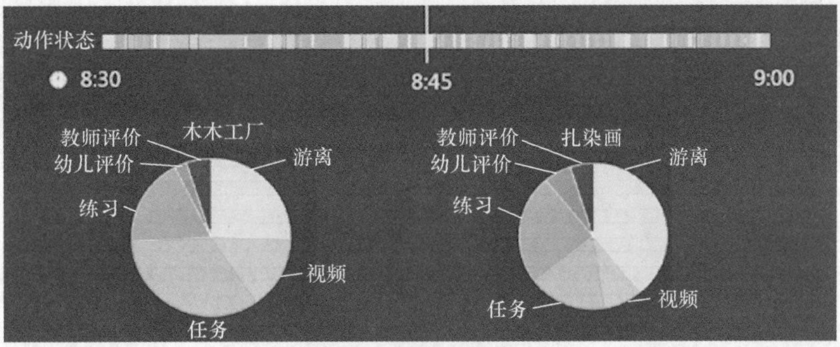

图 6-11 一名幼儿 30 分钟的活动时间分配记录

表 6-2 该幼儿的游戏行为情况汇总

活动	子任务	单击次数	停留时间（分钟）	观看次数	平均进度	自我评价
木木工厂	1	1	4	1	30%	喜爱值 13 难度值 3 自信值 4
	2	3	11	2	60%	
	3	2	5	1	60%	
	4	1	1	1	50%	
	5	2	3	2	47.5%	
扎染画	1	1	9	2	25%	喜爱值 5 难度值 4 自信值 3
	2	1	0	2	135%	
	3	1	3	2	147.5%	
	4	2	12	2	105.5%	

该工具也为教师提供了终端程序，使教师也能通过 iPad 对班级里所有幼儿进行实时观察（见图 6-12），及时甄别并发现区角游戏过程中有疑问或者行为较为特殊（有活动停留时间过长或者过短等异常情况）的幼儿，以帮助教师及时向每一名幼儿提供策略支持。通过比较各个活动的参与人次（见图 6-13）、幼儿喜好评价、难度评价、自信评价等方面的数据，了解活动难度设置是否合理、活动是否受到幼儿喜爱等在以往传统教学中通常以经验判断的问题。

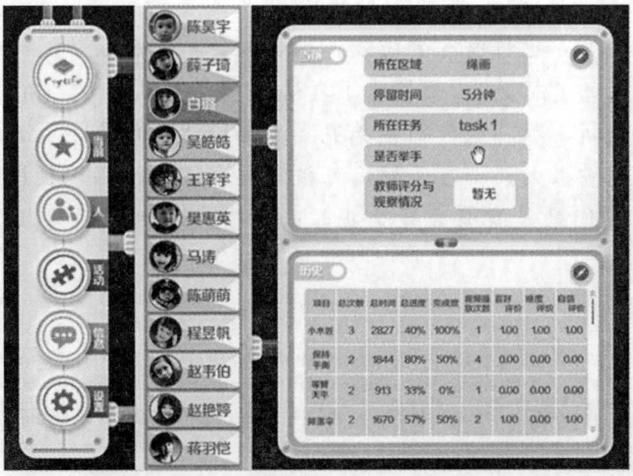

图 6-12 教师通过终端查看全班幼儿的游戏情况

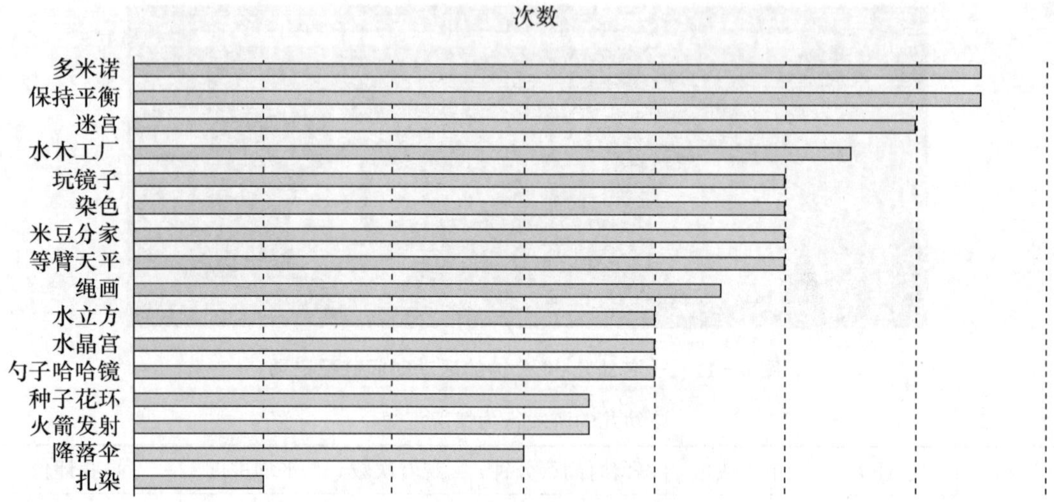

图 6-13　各游戏活动的参与人次统计

【案例分析】

教师往往习惯于在幼儿面前扮演居高临下的"评价者"，却很少意识到"评价"应该是以科学的、不带任何评判色彩的"测量"为基础的。在这个案例中可以看到，"大数据"能帮助我们更微观、深入、细致地发现每一个幼儿在技能、行为、态度等方面的现状、水平与差异，能帮助教师应用数据实证的手段进行教育研究。以幼儿活动停留时长、操作顺序、行为发生次数、任务达成度、参与人数等为主的客观数据则可以帮助教师更加理性地看待活动的成效，对课程计划进行进一步的反思与调整。越是个性化的教育指导，越需要精准的数据支撑，这样的思路，可以让感性的教师用理性的方法去重新认识幼儿游戏与探索的过程，进而开展 1 对 1 的教学互动。

但是，我们也要意识到，教育非常复杂，大数据作为一项强大的分析技术和一种潜在丰富的资源，对教育来说存在两面性，需要厘清和把握其真正的价值。大数据技术当然是科学，但应用大数据却是一项艺术。我们都知道"皮格马利翁效应"——你期待什么就会发生什么，分析出的数据无论是教师知晓还是幼儿或家长获悉，都会产生正反馈或负反馈，也许有人会每况愈下，也许有人会逆袭，很少人会不受影响。因此，数据不是用来证明教师心目中不经意贴上的"标签"，而是为了发现问题、发现潜力，指引教师的下一步行动。事实上，不仅是数据分析，教师进行的各类观察、评价活动都要把握好这一原则。此外，大数据的价值不在于数据量很大，而在于数据可被积累、可被挖掘，数据若不可持续采集，不可跨系统关联，那么我们只是空有大量数据，而鲜有大数据，因为数据无法提炼、分析和预测。

思考题

1. 使用交互式电子白板、平板电脑、APP 等数字化多媒体学习工具会对教学行为产生哪些影响？

2. 你认为，Melodist、AKKA 这类工具型 APP 在集体教学活动或区域活动中应用时，可能会遇到哪些问题或困难？

3. 选择一个合适的主题、合适的技术和媒体，设计一个集体教学活动或个别化学习活动，并付诸实施。在教学实验后，请从以下四个方面进行反思：

- Why：这次教学活动为什么要使用技术？
- What：这次的教学活动使用了哪些技术？
- How：这些技术如何与幼儿的学习活动相结合？效果如何？达到预设的目的了吗？幼儿使用技术的感受如何？
- If：如果不使用这些技术，教学效果会有何差异？有没有其他技术可以使用？如果重来一次，你会做哪些调整？

参考文献

[1] L. 约翰逊，S. 亚当斯贝克尔，V. 埃斯特拉达，等. 新媒体联盟地平线报告（2015基础教育版）[J]. 北京广播电视大学学报，2015（S1）.

[2] 毕莹. 数字故事在初中信息技术教学中的应用研究 [D]. 大连：辽宁师范大学，2012.

[3] Lynell Burmark. Visual Presentations That Prompt，Flash & Transform [J]. Media and Methods，2004，40（6）.

[4] 顾菁. 在美国幼儿园上美术课 [M]. 上海：华东师范大学出版社，2015.

[5] Vivian Gussin Paley. The Boy on The Beach：Building Community through Play [M]. Chicago：University of Chicago Press，2010.

[6] 倪闽景. 教育应用大数据技术的 7 个价值判断 [EB/OL].（2016-07-06）. http://www.360doc.com/content/16/0706/21/1155983_573627646.shtml.

多媒体素材的获取与处理

本章导读

在信息爆炸的时代，面对海量的信息，教师在学会甄别筛选多媒体素材的同时，还要具备基本的素材编辑处理能力。本章将介绍五种常用的多媒体素材获取与处理的方法，将八个教师工作的情境任务贯穿其中，在解决问题的过程中传递素材处理技巧；除此之外，拓展学习部分的内容可以帮助教师更深入地学习相关技术。

第一节　文本素材的获取与处理

一、引言

文本素材主要指在计算机屏幕上呈现的文字内容，它是准确、有效地传播教学信息的重要媒体元素。在多媒体课件中，概念、定义、原理的阐述，问题的表述，标题、菜单、按钮、导航等都离不开文本素材。

文本素材的类型如表 7-1 所示。

表 7-1　　文本素材的类型

格式	简介
DOC、DOCX	DOC、DOCX 是 Word 文件所使用的格式
PPT、PPTX	PPT 和 PPTX 是文稿演示软件的格式，其中包含特有的排版样式（又称模板）
TXT	TXT 是纯文本文件的格式，文件里没有任何有关颜色、位置等格式化的信息
RTF	RTF 是多信息文本格式，能够保存各种格式的信息，可以用写字板和 Word 等创建

文本素材的获取与处理是工作生活中最普遍的操作，而文本获取与处理的工具有很多。我们从功能和应用情境的角度对各类文本处理工具做一个比较（见表 7－2）。

表 7－2　　文本处理工具的比较

工具名称	功能描述	应用情境
Word	比较完整的文字编辑功能	一般的方案撰写
笔记软件（如印象笔记、有道云笔记等）	快速输入文字和简单的编辑	会议纪要 文档共享
文字排版软件（如 Microsoft Office Publisher、Adobe InDesign 等）	专业的报刊印刷排版软件，用在对文字设计要求比较高的场合中	印刷排版 美化设计
语音识别软件（如讯飞输入法、语音大师等）	可以对中文语音进行识别，并将识别的语言转为文字，可以方便我们使用电脑，加快文字输入速度	语音识别 文字输入

二、文本素材的获取

文本素材有直接获取与间接获取两种方式。直接获取是指利用多媒体教学软件的文字工具或文字编辑软件，通过键盘直接输入或复制，一般在文本内容不多的场合下使用。间接获取是指用扫描仪或其他输入设备输入文本素材，常用于大量文本的获取。文本素材的获取方法如下：

1. 键盘输入法

键盘输入法是文本输入的主要方法，即根据汉字的某种规律将汉字用数字或英文字符编码，然后由计算机键盘输入。常用的多媒体教学软件都带有文字工具或文字编辑软件，在文本内容不多的情况下，我们可以利用这些工具或软件，通过键盘直接输入文字，对输入的文字进行编辑处理。

2. 手写输入法

利用手写输入法获取文本的方式，类似于平时我们在纸上写字，但在写字板上写的文字要经过选择才能使用。手写输入方法要使用“输入笔”，“输入笔”有两种：一种是与写字板相连的有线笔，另一种是无线笔。无线笔的携带和使用均很方便，是“输入笔”的发展方向。

3. 语音输入法

语音输入法是将要输入的文字内容用规范的语音朗读出来，通过麦克风等输入设备输入计算机，由计算机的语音识别系统对语音进行识别，将语音转换为相应的文字，从而完成文字的输入。语音输入法目前识别率很高，以手机上的语音输入法为例，若手机上安装了讯飞输入法，发信息时只须单击并讲话，就能把我们的语音转换成文字，还会加上标点符号（见图 7－1）。

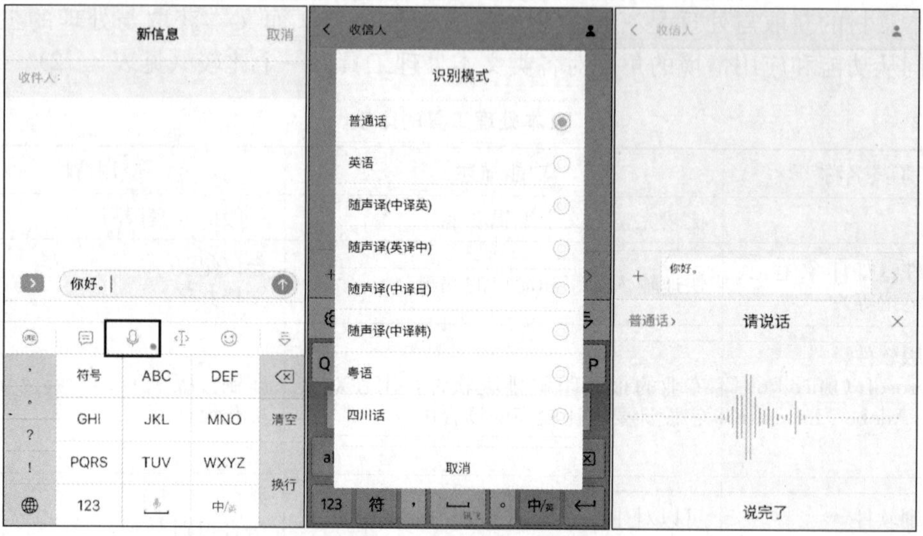

图 7-1　讯飞输入法界面

4. *扫描输入法*

扫描输入法是将印刷品中的文字以图像的形式扫描到计算机中，再用光学字符识别（OCR）软件将图像中的文字识别出来，并转换为文本格式的文件。除了传统的扫描仪外，现在流行的扫描方式是用手机软件进行扫描和文字识别，比较有代表性的软件是涂书笔记，使用涂书笔记软件可把文本信息拍摄下来，然后进行文字识别或者翻译（见图 7-2）。

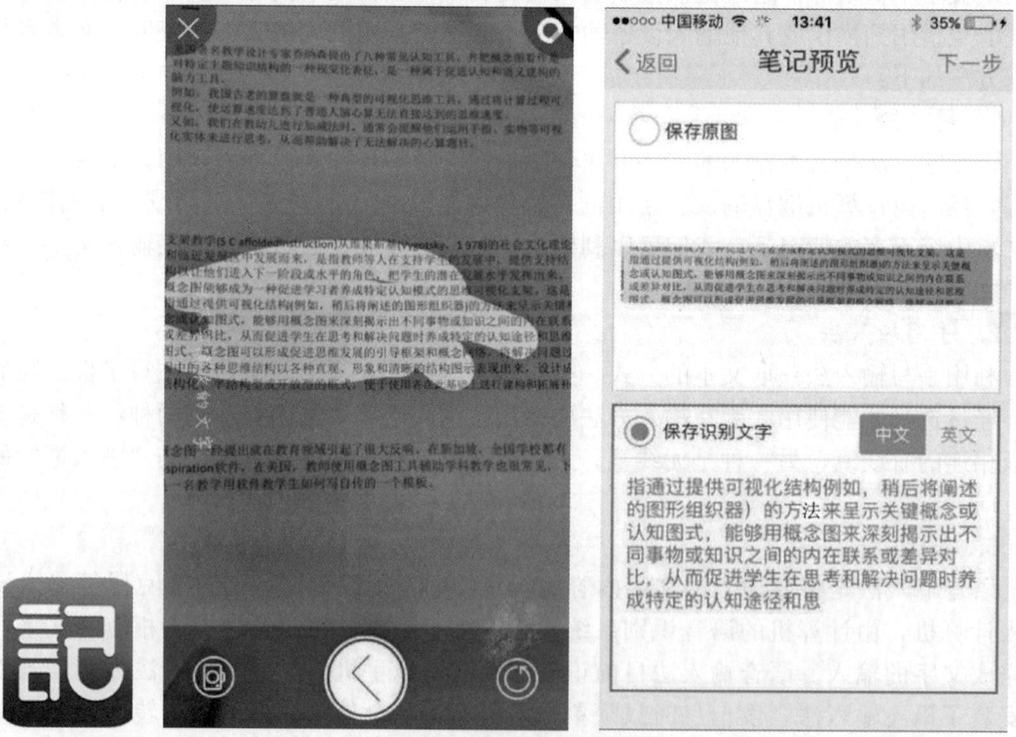

图 7-2　涂书笔记界面

5. 从互联网上获取文本

从互联网上可以搜索到许多好的文本素材，在不侵犯版权的情况下，可以获取并使用。从互联网的 HTML 页面上获取部分文本的方法是：首先选中需要的文字片段，然后选择“复制”命令或使用快捷键 Ctrl+C，最后打开文字编辑软件（如 Word），在软件中选择“粘贴”命令或合作快捷键 Ctrl+V，就可以获取需要的文字片段，并在文字编辑软件中进行编辑处理了。想要获取互联网上固定格式文件中的文本，常用的方法是：在打开的阅读器中选择工具栏上的“文字选择工具”选取文字，选择“复制”命令，然后在文字编辑软件中选择“粘贴”命令粘贴后，选择“文件”菜单中的“另存为”命令，将文件保存。(注意：对有些扩展名为 . pdf 或 . caj 的文件，出于版权的考虑，其文本不允许复制)

三、文本素材的处理

文本素材的处理已经成了我们日常工作的重要内容。在平时处理文本的过程中，大部分用户只是用到了某个文字编辑软件的少数功能。接下来我们以最常用的 Word 软件和 PPT 软件为例，详细地阐述文本素材的处理技术。

任务一：美化你的文档

- 问题情境

小张老师要制作一份教学设计方案《听声音猜动物》，这份方案要打印出来在幼儿园课程展示活动中使用。小张老师希望自己展示的文档更加美观。要美化这份文档，有这样的要求：

1）文档有封面。

2）文档有目录。

3）双面打印，奇偶页的页眉不同。

4）文档中有序号。

- 操作步骤

1）启动 Word，打开原始文档（见图 7-3）。

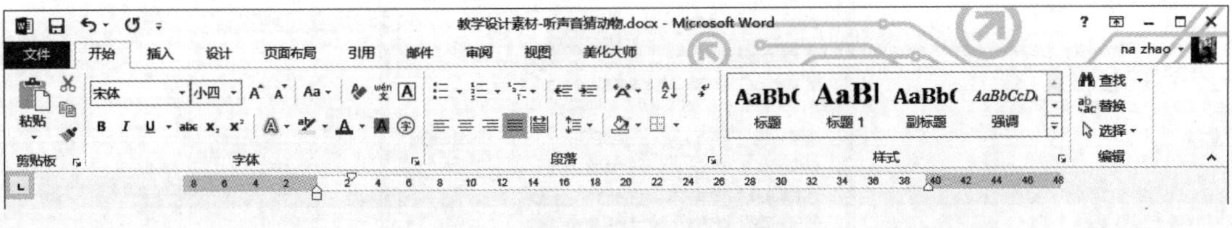

图 7-3　Word 软件界面

2）运用样式统一文档格式。

样式是专门为提高修饰文档的效率而设计的，使用样式可以帮助用户确保格式编排的一致性，从而减少许多重复的操作，并且不需要重新设置文本格式就可以快速更新一个文档的设计，在短时间内排出高质量的文档。Word 自带的样式会显示在样式功能区，用户还可以自己添加修订样式，如文字字体大小等（见图 7-4）。

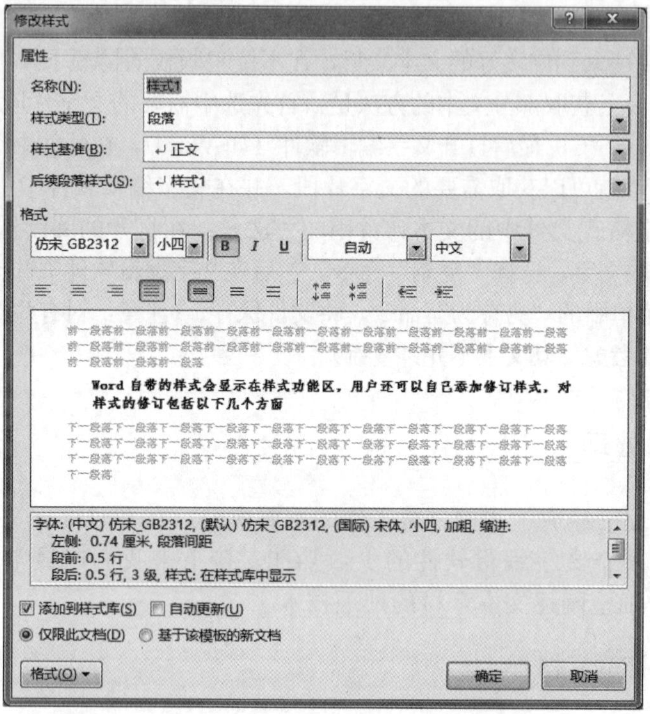

图 7-4　修改样式窗口

需要特别说明的是，每个样式都可以设置“大纲级别”，有了“大纲级别”的样式才可以生成目录，才可以在左侧导航窗格显示应用了该样式的文字内容（见图 7-5）。

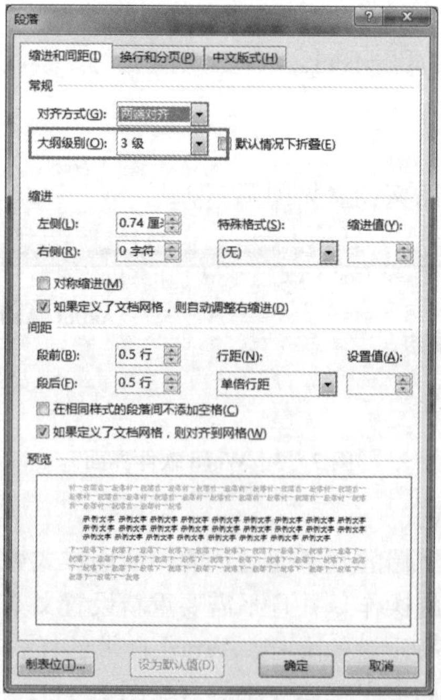

图 7-5　设置段落样式的大纲级别

接下来我们可以打开样式窗格，为一级和二级标题设置相应的样式。步骤为：选中相应的文字，在样式功能区单击“标题 1”，即可为“设计思路”“活动目标”等一级标题添加样式（见图 7－6）。

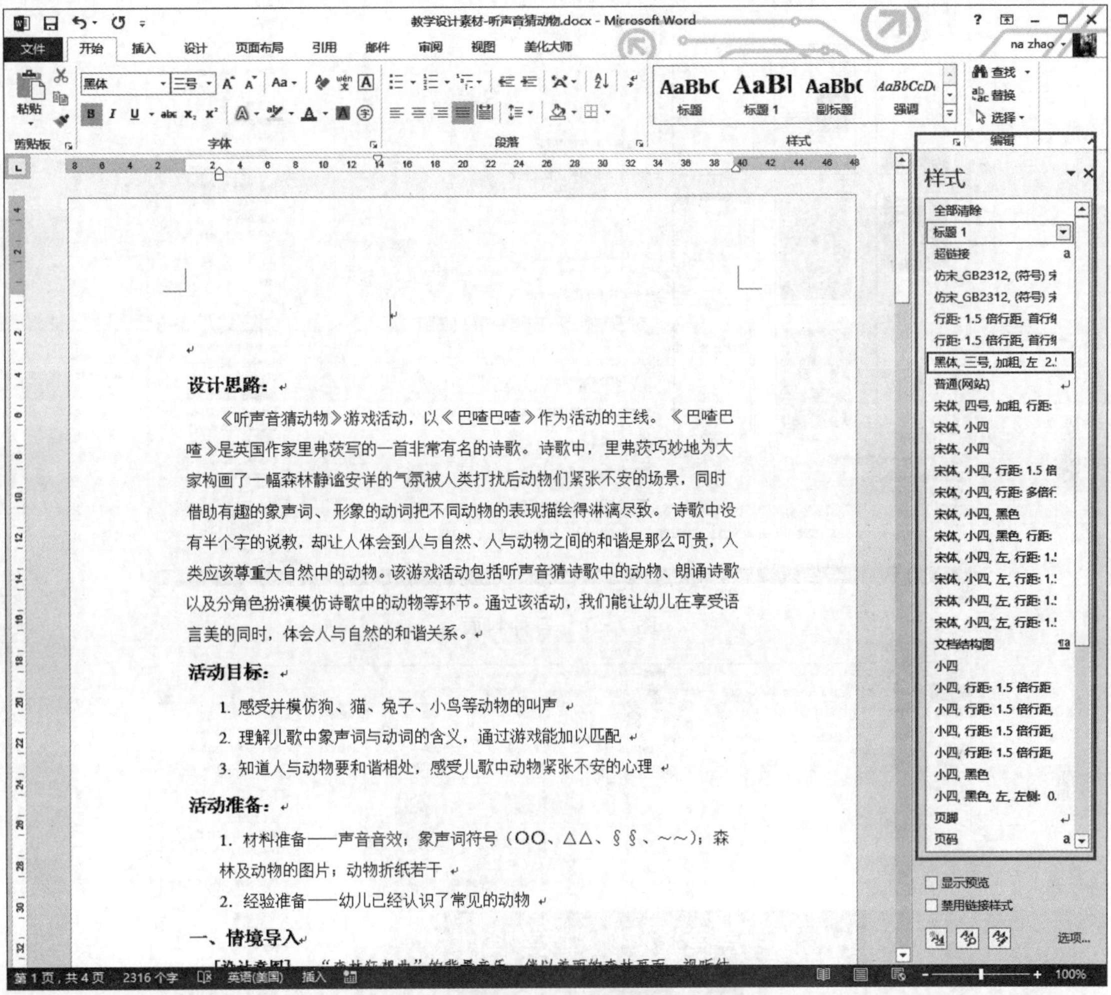

图 7－6　为文本添加样式

3）为文档添加封面。

选择“插入”选项卡，选中左侧的“封面”，能够看到多种样式的封面列表(见图 7－7)。除此之外，也可以自己添加个性化的封面。

选择一种样式的封面，插入文档中。插入文档中的封面可以调整文字格式，也可以更换图片（见图 7－8）。

4）基于样式快速生成目录。

前文已经提到，应用了“大纲级别”的样式才会生成目录。可选择“视图”—“导航窗格”，先预览文档的结构是否合理（见图 7－9）。

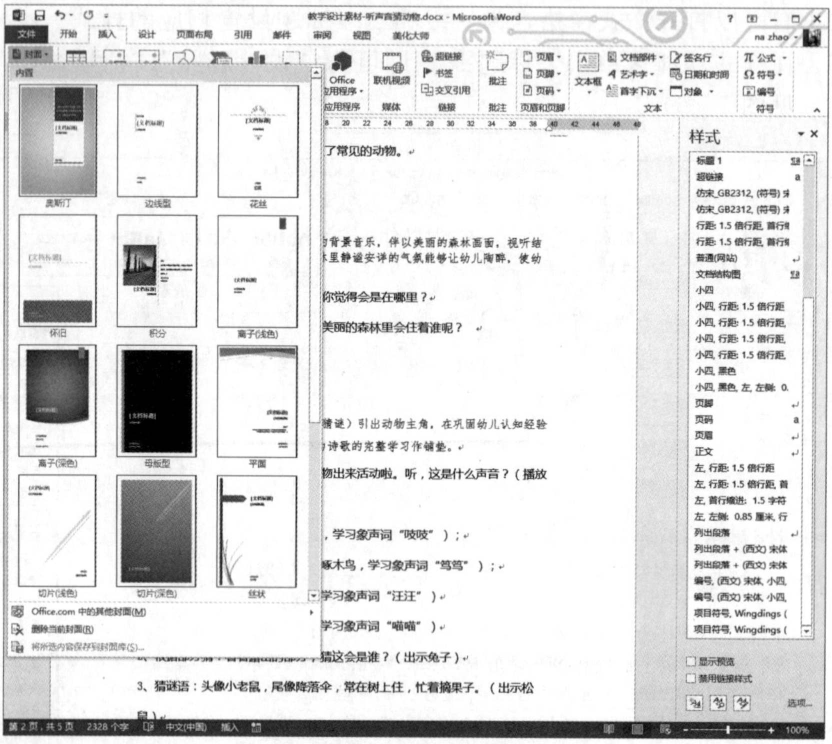

图 7-7　各种封面

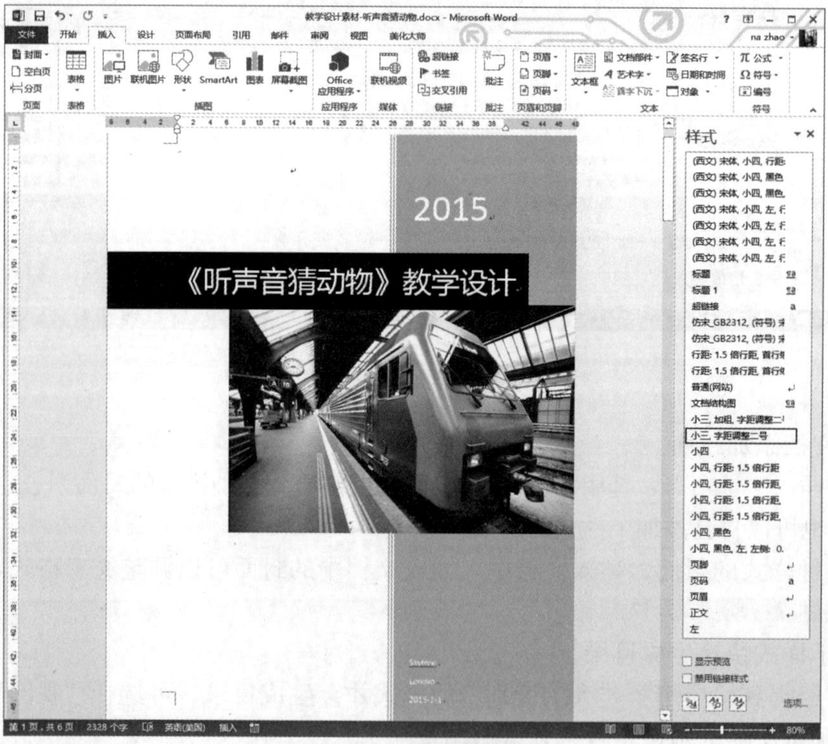

图 7-8　插入封面

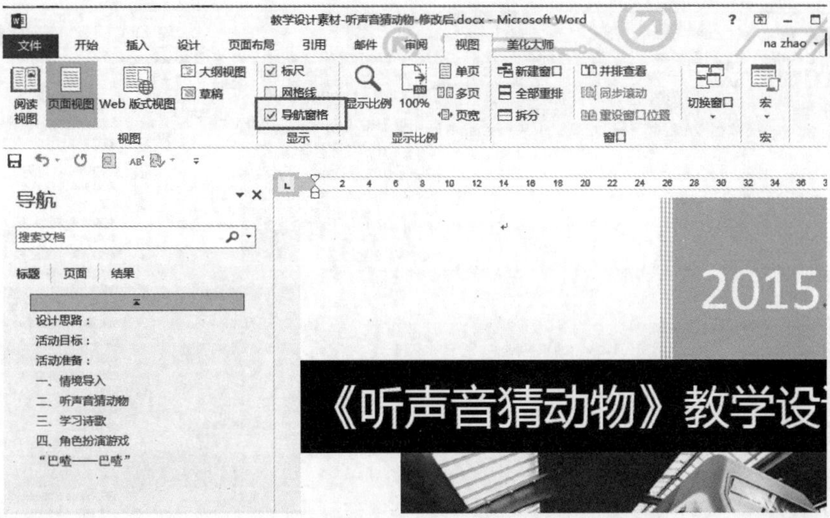

图 7-9　导航窗格

然后选择“引用”选项卡，在目录功能区选择“目录”按钮，为文档设置相应的目录样式（见图 7-10），然后可查看目录（见图 7-11）。如果文档中的目录标题有所更改，可以把鼠标放入目录区域，右键单击选择“更新域”，选择“只更新页码”或“更新整个目录”。“只更新页码”是只对页码数字进行更改，“更新整个目录”是除了更改页码之外，还更改文档的目录标题（见图 7-12）。

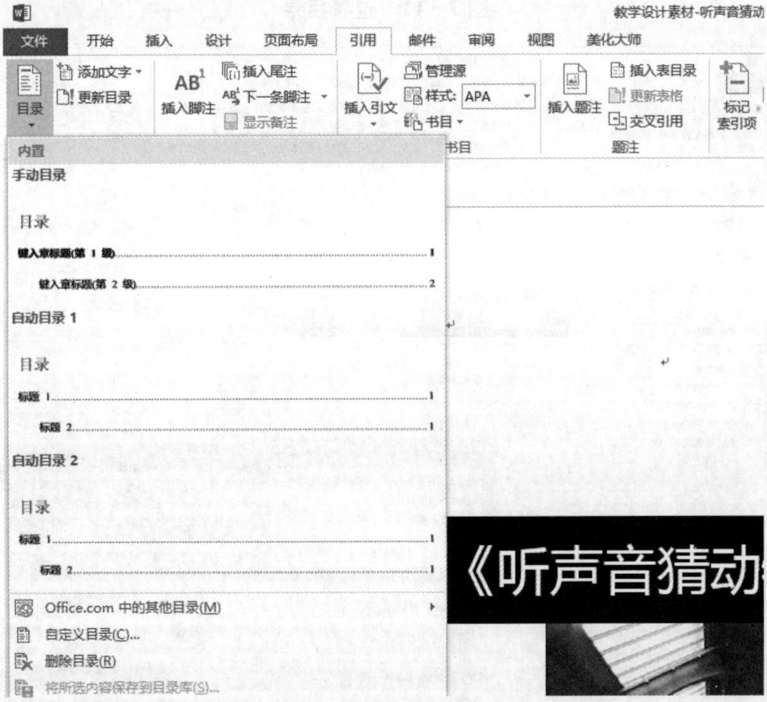

图 7-10　插入目录

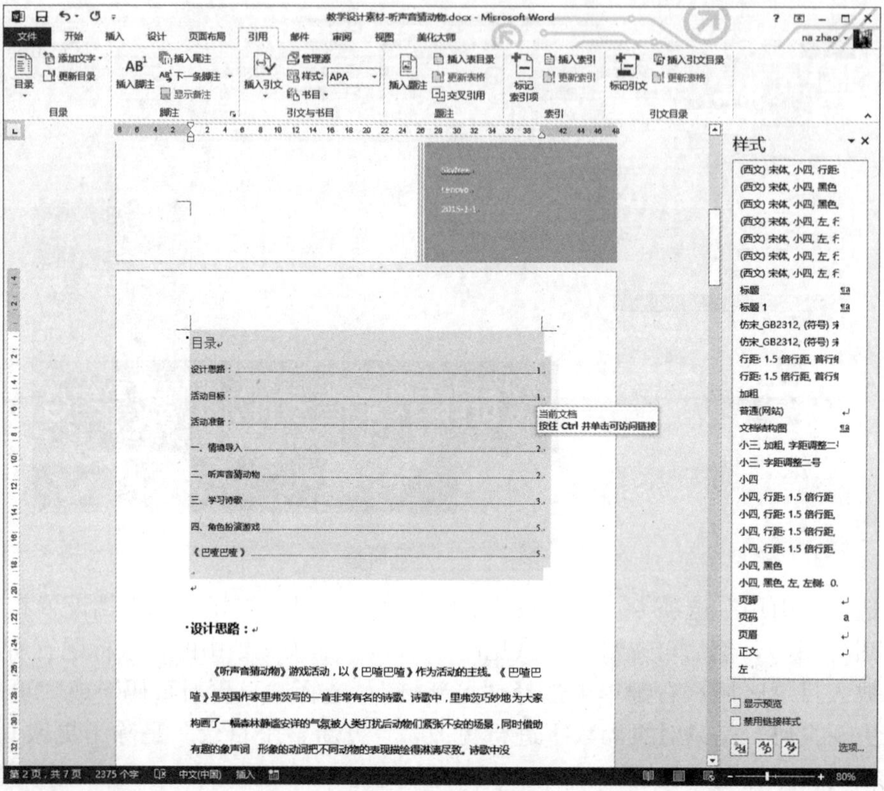

图 7 - 11　查看目录

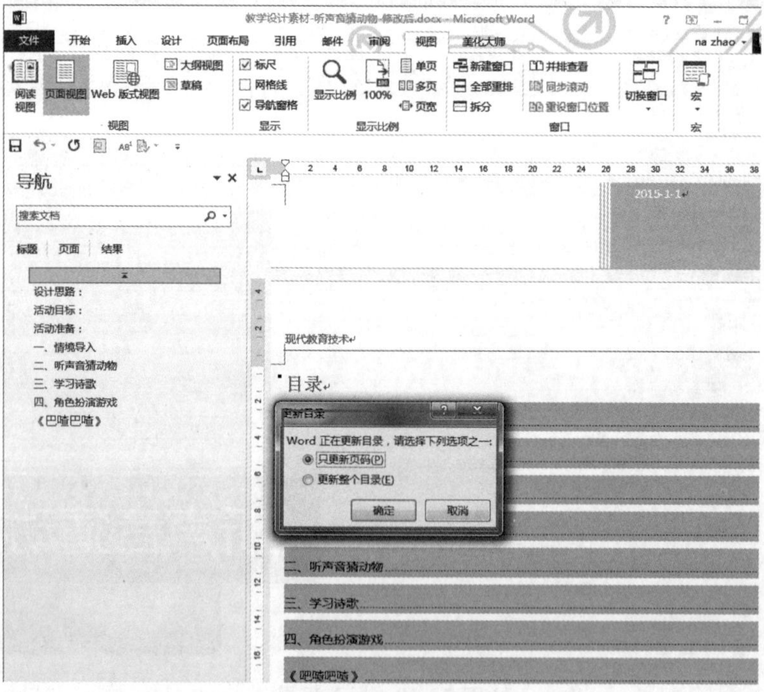

图 7 - 12　更新目录

5）页眉和页脚的设置。

如果在 Word 文档中创建了页眉、页脚，那么在默认的情况下，该文档的页眉和页脚从头到尾都是相同的。但有时候，我们还需要根据不同章节的内容设定各自的页眉、页脚。因此，有些人想将不同的章节分别保存成不同的文件，再分别给每个文件设定不同的页眉、页脚，但这样操作非常麻烦。为方便设置奇偶页不同的页眉、页脚，我们可以用“分节符”。“分节符”是把同一个文档拆成两段，每段可以独立设置页眉、页脚。

将光标置于第三页的最上面一行，选择“页面布局”—分隔符—分节符—下一页（见图 7－13）。其次把功能区上方的 链接到前一条页眉 取消（见图 7－14）。

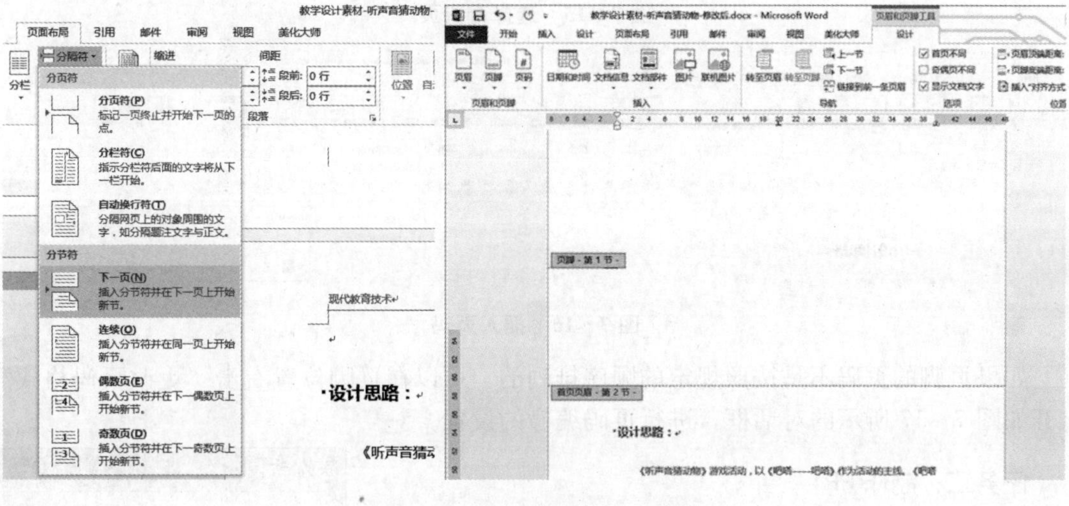

图 7－13　插入分隔符、分节符

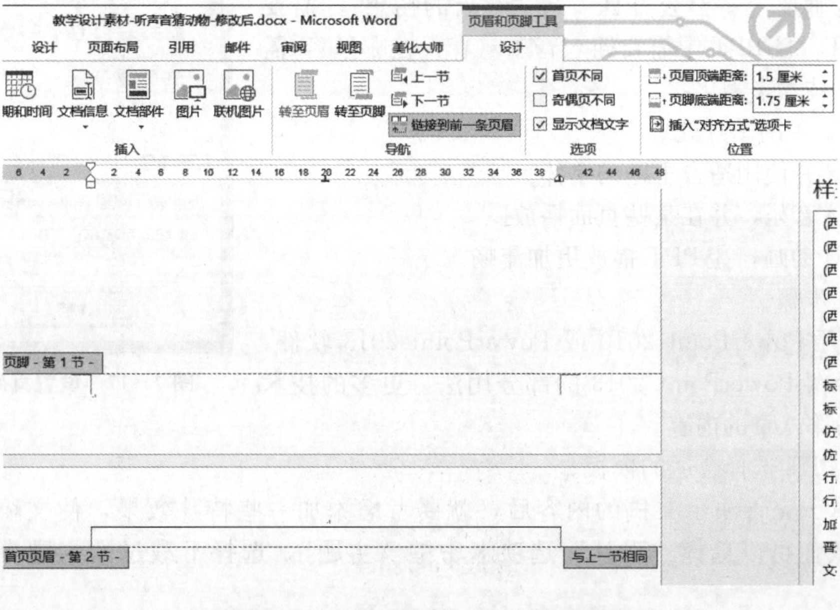

图 7－14　分节后取消与前一节的链接

最后勾选功能区上的“奇偶页不同”，在奇偶页分别输入不同的页眉（见图 7－15），选择“插入”—“页码”—“页面底端”，从第三页开始插入页码（见图 7－16）。

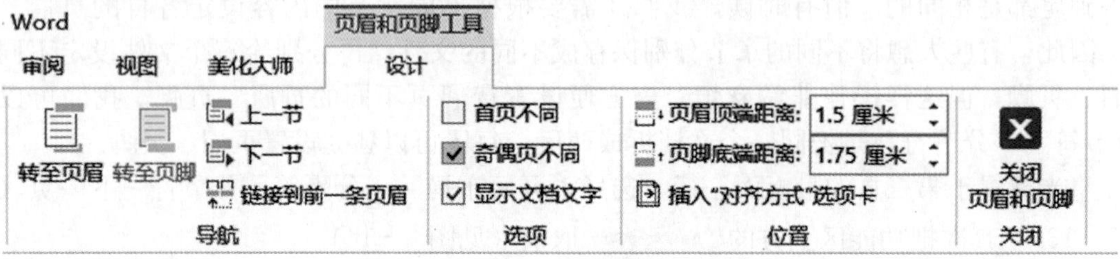

图 7－15　选择奇偶页

图 7－16　插入页码

如果页脚的页码不是按照规定的顺序排列的，可以在页脚位置右击“更改页码格式”，打开如图 7－17 所示的对话框，进行页码编号的设置。

任务二：制作 PPT

● 问题情境

小王老师要上一节公开课——“春天的畅想”，需要做一个 PPT，且 PPT 中需要插入音乐《春天在哪里》，需要使用以下技术来美化：

1）PPT 中的图片处理。

2）安装并使用适合主题的字体。

3）插入音乐，并在某些页面播放。

4）设计动画，让 PPT 播放更加流畅。

● 操作步骤

1）打开 PowerPoint 2010 或 PowerPoint 2013 软件。本任务会介绍 PowerPoint 2013 的部分用法，更多的技术操作可参考第八章的内容。

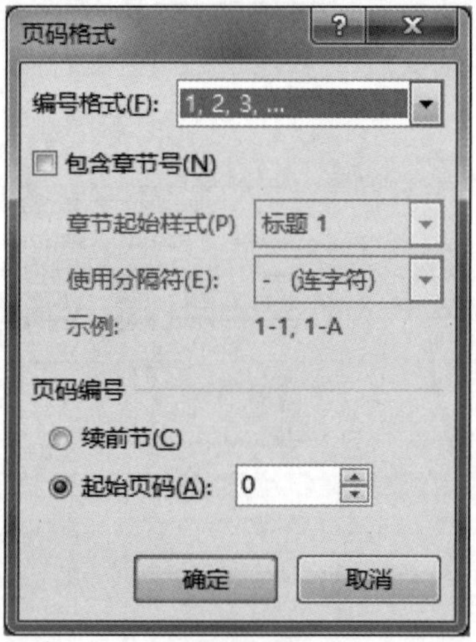

图 7－17　设置页码编号

2）为 PPT 选择合适的模板。

在编辑、完善演示文稿的内容后，就要考虑添加一些特殊效果，使文稿的演示更加生动。我们可以选择“设计”选项卡中的“主题”，选择下载过的主题模板（见图 7－18）。

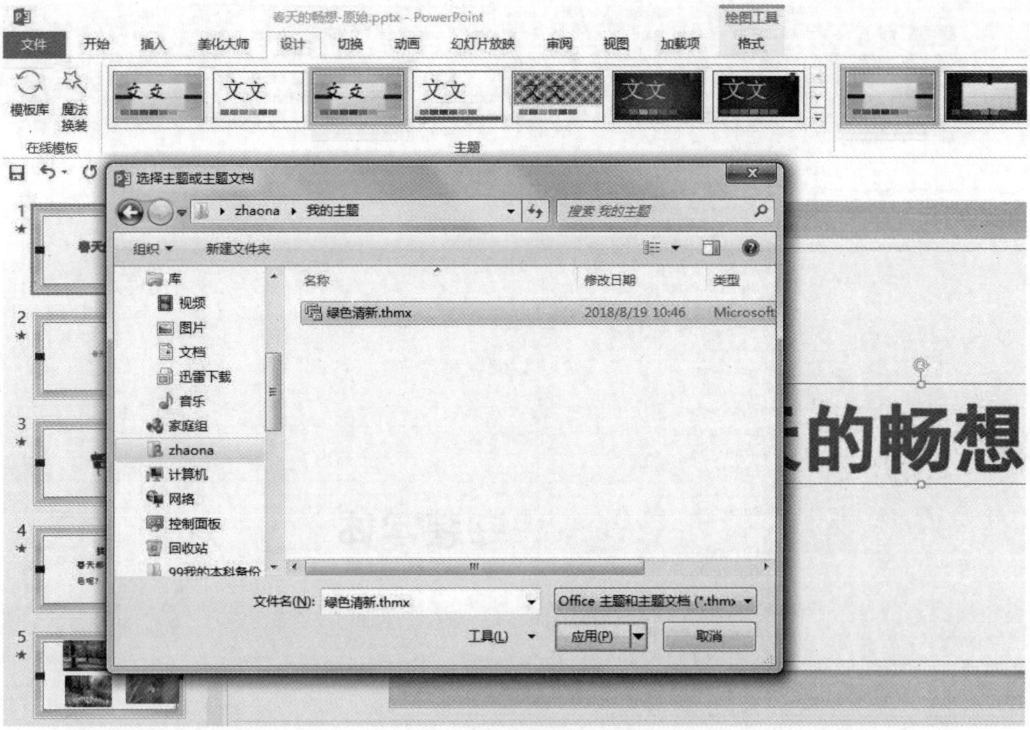

图 7－18　选择合适的模板

3）为文字设置合适的字体、颜色、字号等。

可到网站 http://fonts.mobanwang.com/上下载“kitty 原始猫咪中文智能手机字体”等自己想要的字体，将其安装到电脑中（见图 7－19、图 7－20），Windows 7 以上系统的电脑直接双击字体文件就可安装。

图 7－19　字体的安装

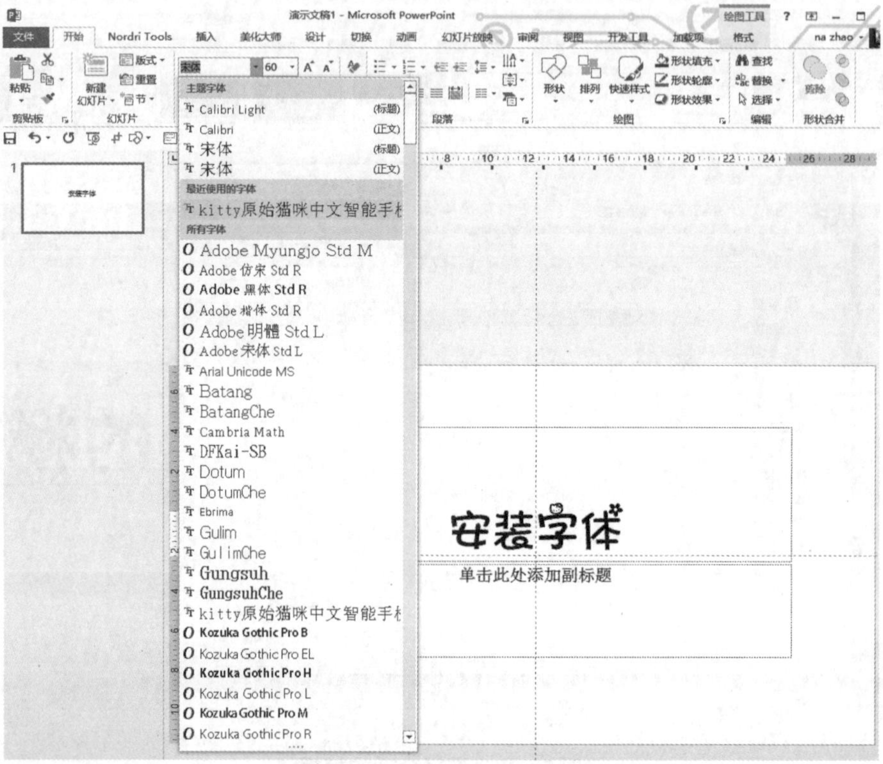

图 7-20　安装成功的字体

4）图片排版。

可应用图片工具栏上的“裁剪”对图片形状进行裁剪，去除多余的元素，应用“图片样式”对图片进行美化（见图 7-21）。

图 7-21　图片排版

5）设计文字内容的逻辑结构。

选择“插入”—“SmartArt”，SmartArt 的功能非常强大，可以画出多种类型的逻辑图形，来梳理文字的层次结构（见图 7－22）。图 7－23 为使用 SmartArt 结构图的排版，可在排列整齐的图片下面插入文字。

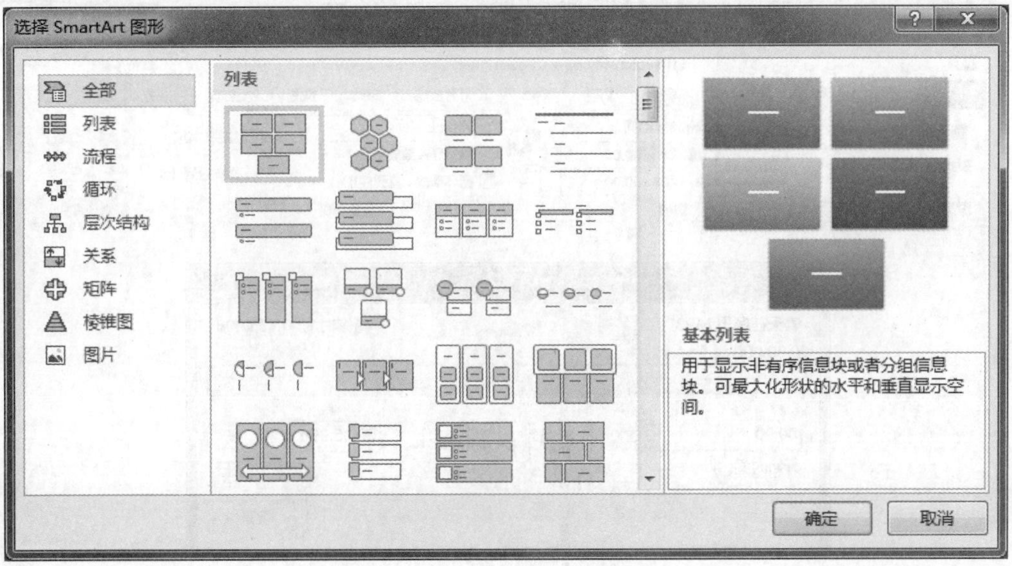

图 7－22 SmartArt 界面

图 7－23 使用 SmartArt 结构图的排版

6）为 PPT 插入音乐。

选择“插入”—“音频”，将声音插入到 PPT 中，并可进行相应的调整（见图 7－24）。

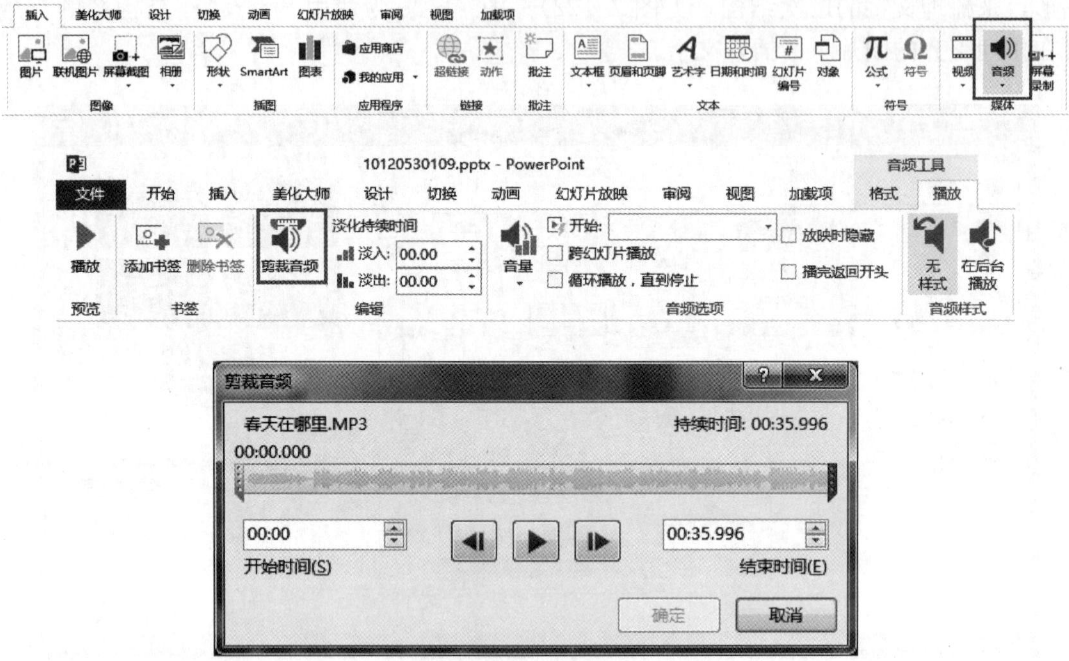

图 7－24　插入音频

7）自定义 PPT 动画。

选中 PPT 中的对象，单击“动画”选项卡，在功能区中单击“添加动画”图标 

，在下拉列表中为对象选择相应的动画效果。按此步骤逐一为其他对象添加动画（见图 7－25）。

图 7－25　自定义 PPT 动画

四、拓展学习

1. 字体的下载和安装

字体下载网站：

- http://www.sj00.com/soft/2/
- http://font.knowsky.com/
- http://ziti.cndesign.com/

字体安装方法 1：下载字体—打开字体文件夹 C:\WINDOWS\Fonts—复制字体—粘贴至字体文件夹。

字体安装方法 2：下载字体—打开 TTF 字体格式文件—单击“安装”按钮运行。

2. 设计幼儿园文档的技巧

(1) 怎样高效地处理文字内容?

通过软件进行加工，选择恰当的版面设置文字格式。利用“快速样式”“艺术字”等功能可以方便地设计文字的特殊效果。

(2) 如何插入特殊字符?

可以用菜单栏中的“插入”—“符号”命令，打开“符号”对话框插入特殊字符。

(3) Word 文档如何转换为 PDF 文档?

选择“另存为”—“文件类型”，可把 Word 文档转换为 PDF 文档，方便传阅（见图 7-26）。

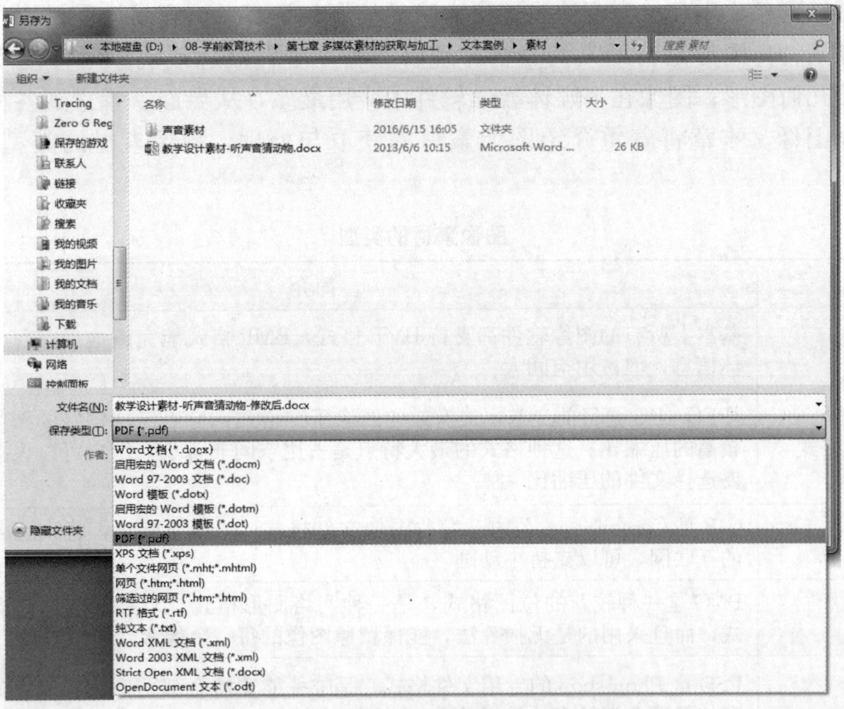

图 7-26　Word 文档另存为 PDF 文档

（4）从网页上复制下来的文字总是格式凌乱，如何处理？

若直接从网页上复制的文字粘贴到 Word 文档中，会出现格式凌乱的情况，这个时候只需要设置一下“粘贴选项”就可以有效处理（见图 7－27）。

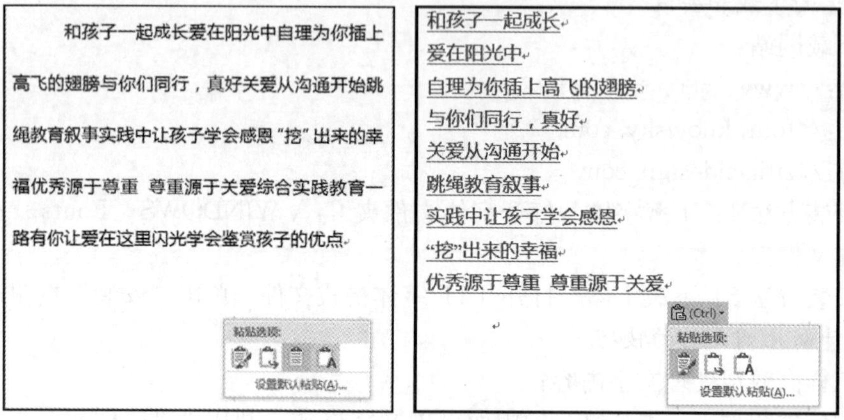

图 7－27　粘贴选项

第二节　图像素材的获取与处理

一、引言

图片可以形象、生动、直观地表达出大量的信息，学习者更容易接受。图片素材包括图形和图像两种。图形是帮助人们分析、理解教材，解释概念或现象时常使用的媒体元素，如各种几何图形；图像在多媒体教学软件中应用最多，从界面、背景到各种插图，基本上都选择图像。本章将着重介绍图像素材的获取与处理，图像素材的类型如表 7－3 所示。

表 7－3　图像素材的类型

格式	简介
BMP 格式	基本上所有的图像软件都支持 BMP 格式，BMP 格式能完整地保存每个图像的具体信息，但占用空间大
JPEG/JPG 格式	JPEG/JPG 是目前最基本最有效的图像压缩格式，可以保持较好的图像保真度和较高的压缩比。这种格式的最大特点是占用空间非常小，用户可以根据自己的需要选择文件的压缩比
GIF 格式	GIF 是 CompuServe 公司开发的图像文件格式，占用空间小，特别适合初期慢速的互联网，可以支持小动画
PNG 格式	PNG 是一种较新的位图格式，是一种网络图形格式，与 GIF 类似，支持透明格式，而且采用的是无损算法，能保留原图像的每一个像素
PSD 格式	PSD 是 Photoshop 的专用文件格式，是唯一能支持全部图像色彩模式的格式，保存的图像含有较多的数据信息，占用空间大

二、图像素材的获取

1. 网上下载

大多数搜索引擎都提供了图像搜索功能，可以搜索到大量的图像素材。我们常用的搜索引擎有百度、搜狗、谷歌等。

但搜索引擎只擅长搜索热门的或者时效性比较强的图像素材，对于表达意象或者冷门关键词所对应的图像素材，其搜索效果往往不尽如人意，这时我们还可以借助专门的素材库网站来搜索。以下是常用的图像素材搜索网站：

- 全景网　http://www.quanjing.com/（见图 7－28）
- 昵图网　http://www.nipic.com/index.html
- Pixaby　https://pixabay.com/
- 站酷　http://www.zcool.com.cn/

图 7－28　使用全景网搜索图像素材

2. 利用截屏软件获取

常用的截屏软件有很多，现在对这些截屏软件做一些列举比较，如表 7－4 所示。

表 7－4　常用截屏工具

工具名称	功能描述
Print Screen	Print Screen 是 Windows 系统的截屏快捷键，在笔记本电脑的键盘上一般为 PrtSc SysRq 键。
QQ 截屏快捷键	QQ 软件登录后可以使用快捷键 Alt＋Ctrl＋A，截图非常方便
Snagit	Snagit 是 Windows 应用程序，可以捕捉、编辑、共享计算机屏幕上的一切对象

续前表

工具名称	功能描述
红蜻蜓抓图精灵	红蜻蜓抓图精灵（RdfSnap）是一款免费的专业级截屏软件，能够方便地截取到需要的图片
浏览器截屏插件	目前很多浏览器会自带截屏插件，如360安全浏览器中的图标 截图 ，就是截屏插件

任务三：多渠道获取图像素材

● 问题情境

宋老师在做一个关于春天主题的课件，需要在网上搜集很多有关春天的风景图像，她在下载图像素材的过程中觉得自己有很多操作是重复的，于是请教技术高手以下问题是否能解决：

1）搜到某个网页的图像素材，需要全部下载，逐个点进去下载很麻烦，有没有一次全部下载的办法？

2）查看百度搜到的图像素材需要滚动屏幕，能否一次性把整屏的图像素材下载？

● 问题分析

一般情况下，我们可以在图像上右键单击“另存为”下载，但是遇到一些特殊情况就需要借助专门的图像获取软件了。宋老师遇到的问题都可以用Snagit软件来解决。Snagit是一款极其优秀的捕捉图像的软件，不仅可以捕捉静止的图像，而且可以捕捉动态的图像和声音，还可以在选中的范围内只获取文本；可以选择某个特定的窗口，也可以自己随意选择捕捉内容。Snagit软件已经升级到版本Snagit 2018，下面我们来介绍一下经典版本Snagit 9.0的使用方法。

● 操作步骤

1）认识Snagit 9.0软件界面（见图7-29）。

图7-29 Snagit 9.0软件界面

Snagit 9.0 软件顶部为菜单，左侧为导航菜单，右侧的上面为预设方案窗口，可以让用户不必通过菜单就可快速选择捕捉方式，右侧的下面为方案设置窗口。用户可以运用 Snagit 软件对每种捕捉方案进行详细的设定。下面我们列举常用的 17 种捕捉图像的方案，如表 7-5 所示。

表 7-5　常用的 17 种捕捉图像的方案

捕捉方案	说明
屏幕	捕捉整个屏幕
窗口	捕捉由用户选定的窗口
活动窗口	捕捉当前活动的窗口
区域	由用户选定任意区域进行捕捉
固定窗口	依照事先选定好的高度及宽度，来捕捉特定区域
对象	捕捉选定窗口中的某个部分，如工具栏、菜单栏等
菜单	捕捉程序中的多级菜单
活动窗口及区域	捕捉滚动窗口或区域中的内容
手绘区域	类似于采用画笔工具捕捉手绘选中的区域
剪切板	捕捉剪切板中的内容
图像及程序文件	从图像或程序文件中捕捉图像
DOS 屏幕	捕捉 DOS 下的整个屏幕
DirectX	从视频或游戏中捕捉图像
墙纸	将桌面的墙纸捕捉下来
多重范围	可以一次性地选择多个区域进行捕捉
扫描仪及数码相机	对连接到电脑的扫描仪及数码相机中的图像进行扫描
扩展窗口	可以实现“所见即所抓”功能，在“扩展窗口捕获预览”对话框窗口的“宽度”和“高度”中输入所要捕捉的区域大小，通过“更新预览”按钮可以实时地在“扩展窗口捕获预览”对话框的下面看到所要捕捉的图像内容，确认无误后，单击“确定”，所见到的内容即被捕捉

2）获取网页中的图像。

选择 Snagit 软件的“网页中的图像”功能，单击捕捉按钮（见图 7-30），会弹出一个对话框，要求输入图像的来源网址（见图 7-31）。

图 7-30　开始捕捉网页中的图像

图 7-31　输入网址

在弹出的对话框中输入需要获取图像的网址（www. techsmith. com），便会出现下载界面和下载进度（见图 7-32）。

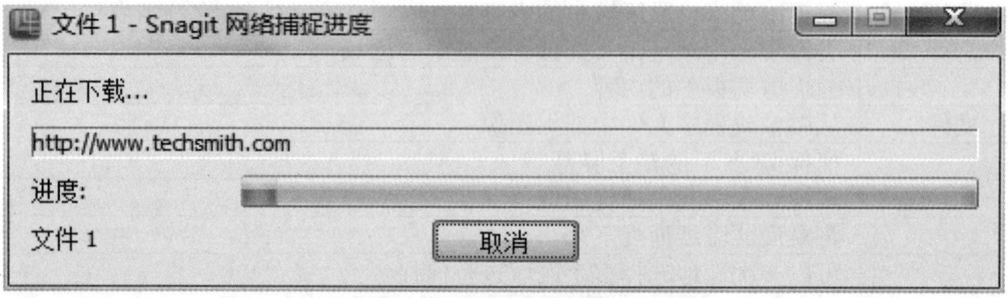

图 7-32　开始下载

3）下载滚动窗口的网页。

有些时候我们下载的图像尺寸比较大，需要滚动窗口才能查看，如图 7-33 所示。在 Snagit 软件中选择“滚动窗口”（网页），然后单击“捕捉”（见图 7-34）。单击“捕捉”后在网页上就会出现提示信息，按照提示信息进行操作，就可以获得完整的滚屏图像了（见图 7-35）。

图 7-33　待捕捉的图片

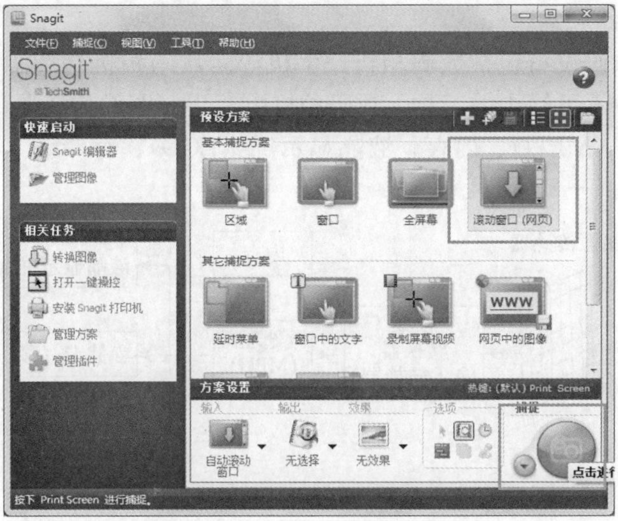

图 7-34　捕捉滚动窗口图片

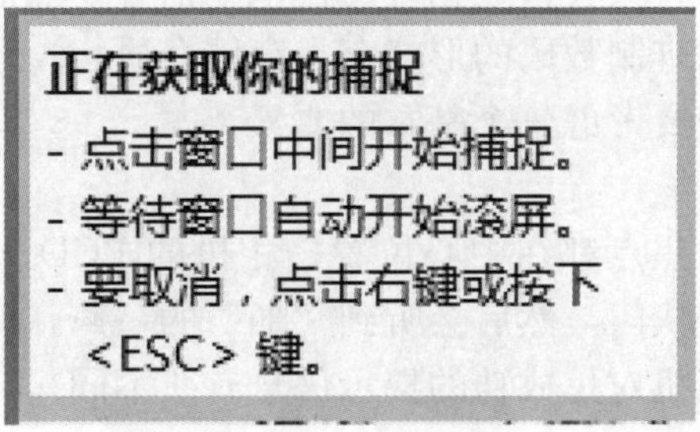

图 7-35　提示信息

4）查看捕捉的图片。

捕捉好的图片会自动存入 Snagit 编辑器（见图 7-36），可以根据自己的需要编辑图像。选中需要的图像，可以为图像添加各种形状的图形、标注、文字等，然后单击“开始”按钮，将图像存储为需要的格式。

图 7-36　捕捉好的图片自动存入 Snagit 编辑器

3. 利用数码设备采集

可采集图像的数码设备包括数码相机、手机等。数码相机是 20 世纪末的产品，是信息时代工作和生活中不可缺少的工具。数码相机由镜头、图像传感器、模数转换器（A/D 转换器）、微处理器（MPU）、内存、液晶显示屏（LCD）、存储卡（移动存储器）、接口八大部分组成，如图 7－37 所示。

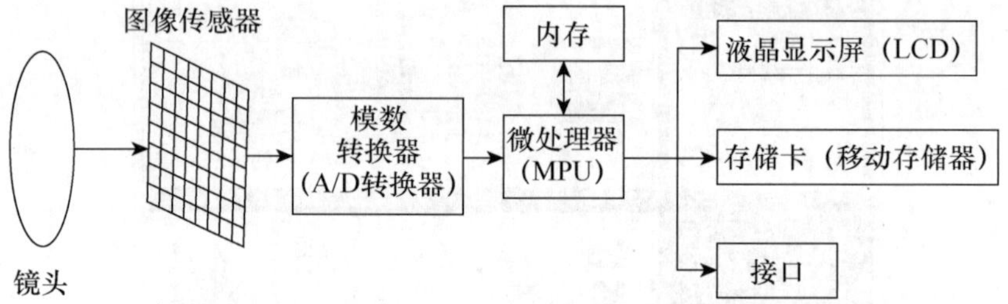

图 7－37　数码相机结构示意图

数码相机的操作和使用并不复杂，我们只要对着景物按动快门，相机的 CCD 就能感应从镜头接收的光信号，并将其转换成相应的模拟电信号，然后用相机中的固化程序按照指定的文件格式将图像以二进制数码的形式存入存储介质。

要拍一张好的照片，需要考虑三个基本的要素：

（1）对焦。

一般情况下，相机的对焦点都在中心位置，相机的 LCD 上有一个小框，拍照时先把被摄对象对到小框内，半按快门，然后会听到“啪”的一声，同时会有绿灯亮起（根据不同的相机类型而定，不同相机对焦成功的提示信息有所不同），表示已经对好焦了。

（2）曝光。

曝光是指拍照时，相机快门打开后，光线通过镜头进入机身里，相机的 CCD 进行感光，直到快门关闭的过程。曝光时间的长短是由现场的光线、设定的感光度（ISO 值）以及光圈大小所决定的。我们在拍照时候需要调整曝光值，即 EV 值，才能保证照片不会太亮或者太暗。

通常背景过亮的环境，或者是主体站在白色墙壁前、穿着白色的衣服，都会造成背景亮度大于主体，因此要增大曝光值；如果主体穿深色的衣服，或是背景太暗，就要减小曝光值。闪光灯不是只有晚上才能用，白天光线暗的情况下也可以用。

（3）构图。

构图的好坏往往影响一张照片主题的表达，同样的事物站在不同的角度就有不同的构图效果，即拍摄者有不同的视角，每一个视角都是画面语言的个性化。以下将介绍三种基本的构图方式，当然这些方式不是把摄影限制死，而是要保证基本的画面采集。

1）平衡构图。平衡的范围包括人与人、人与物、大与小、动与静、明与暗、高与低、虚与实等构图形象的对比。结构的平衡是指画面中各部分的景物要有呼应、有对照，达到均衡和稳定。画面平衡的设置，除了大小、轻重以外，还包括明暗、线条、空间、影调等的平衡。

2）主次构图。拍摄活动照片，如果是以人物为主，在设计画面时要注意主体和陪体的关系、主要人物和次要人物的关系、人物与背景的关系。一幅照片如果只有主体而无陪体，画面就会显得呆板且无变化，但陪体不能喧宾夺主，主体在画面上必须显著突出。要弃繁就简，必要时可改变拍摄的位置和角度，以达到画面简洁，突出主要人物的目的。如果遇到杂乱的背景，一是可以采取放大光圈的办法，让后面的背景模糊不清，以突出主体或主要人物；二是选择适宜的角度，避开杂乱的背景，使人物的形象突出。

3）九宫格构图。九宫格中心有4个由线交汇成的点，这是人类眼睛最敏感的地方，称为趣味中心。只要掌握住这4个点来构图，便能获得一定的艺术效果。拍摄时，有的相机LCD上会显示九宫格参考线，如果没有此功能，我们可以用想象的方式，在相机的LCD上切割出九宫格，然后把主体放在趣味中心点，即可完成九宫格的构图，如图7-38所示。

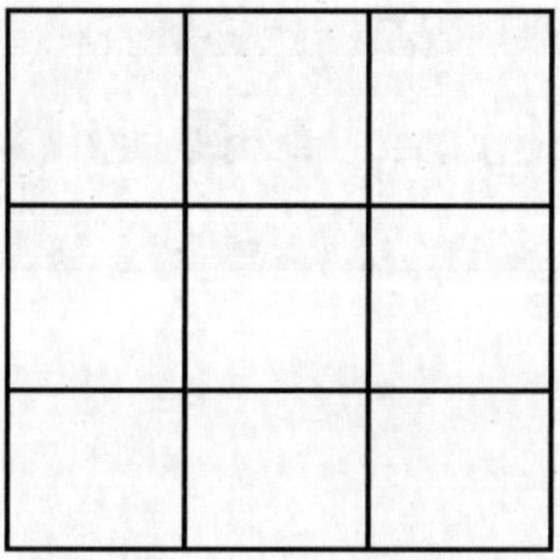

图7-38　九宫格构图

三、图像素材的处理

图像处理软件是处理图像信息的各种应用软件的总称。图像处理软件有很多，下面我们对这些软件进行比较（见表7-6），读者可以根据自己的技术水平和需求选取适合的软件。

表7-6　　图像处理软件对比

软件名称	技术难度	适用情境
Adobe Photoshop	★★★★★	Adobe Photoshop是目前公认的最好的图像处理软件，可以对图像进行裁切、旋转、修整、颜色调整、分色处理等
ACDSee	★★★☆☆	ACDSee是一款看图软件，方便地查看图像，还支持能批量命名、裁切等
光影魔术手	★★☆☆☆	光影魔术手是一款简单易用的图像处理软件，人人都能利用该软件制作精美相框、艺术照、专业胶片效果，不需要专业技术
美图秀秀	★★☆☆☆	美图秀秀是一款很好用的免费图像处理软件，在PC和手机上都可使用。美图秀秀独有的图像特效、美容、饰品、边框、场景、拼图等功能，加上每天更新的精选素材，可以1分钟就能做出影楼级照片
Inpaint	★★★☆☆	Inpaint是一款去除图像背景中瑕疵的图像处理软件，可以去除水印，也可以去除图像中的某些内容

教师只要掌握一些简单的技巧，就可以对图片做去水印、裁剪、加边框、着色、取色等方面的处理。

任务四：巧妙去除图像水印

● 问题情境

有时候，教师从网上下载了很多好的图像素材，但图像上有水印，还有一些需要去除的对象，如果用 Adobe Photoshop 去除会非常复杂，但借助 Inpaint 就可以很简单地解决这个问题。

● 操作步骤

1）在百度中输入 Inpaint，就可搜到该软件的各种版本，功能大同小异。Inpaint 软件的界面非常简单，所有的功能都集中在页面顶端的几个按钮上，如图 7－39 所示。

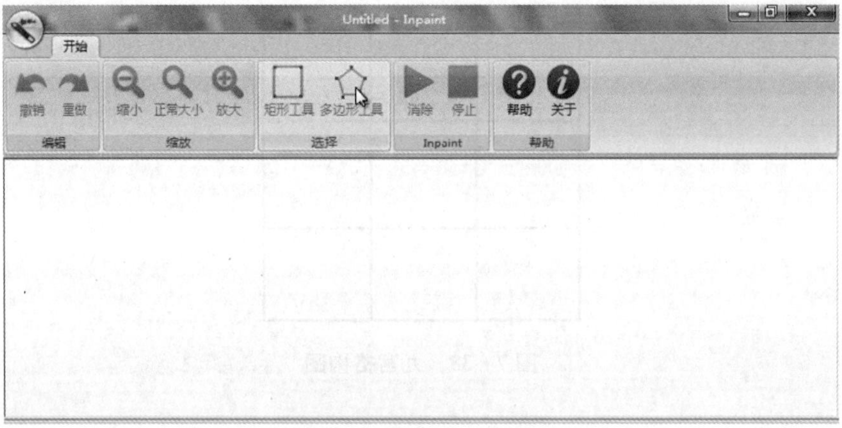

图 7－39　Inpaint 软件界面

2）单击“开始”，将需要处理的图像导入 Inpaint 软件中，如果查看图像不方便，可以使用放大缩小按钮进行调整（见图 7－40）。

图 7－40　将图像导入 Inpaint 软件

3）单击“矩形工具”或“多边形工具”按钮，在图像左下角的水印区域画出一个矩形，然后单击“消除”按钮，软件的下方就会出现绿色的进度条，如图 7－41 所示。

图 7－41　消除水印

4）消除水印后的图像效果如图 7－42 所示，如此类推，继续消除其他地方的瑕疵。

图 7－42　消除水印后的图像效果

5）最后单击“开始”—“另存为”，把图像保存到指定的位置，如图 7－43 所示。

图 7 - 43　保存处理图像

任务五：快速美化图像

- 问题情境

教师经常会从自己拍摄的很多活动照片中选取照片，或者在网上下载图像素材用于幼儿教学，很多时候需要对这些图像进行简单的裁切、着色或抠图等。这里我们介绍一款简单易用的图像处理软件光影魔术手，这款软件和美图秀秀有点类似。

1）认识光影魔术手的界面。

光影魔术手的顶部是快捷菜单栏，有裁剪、曝光等功能，右边是高级美化工具，包含边框合成、图层操作等功能（见图 7 - 44）。

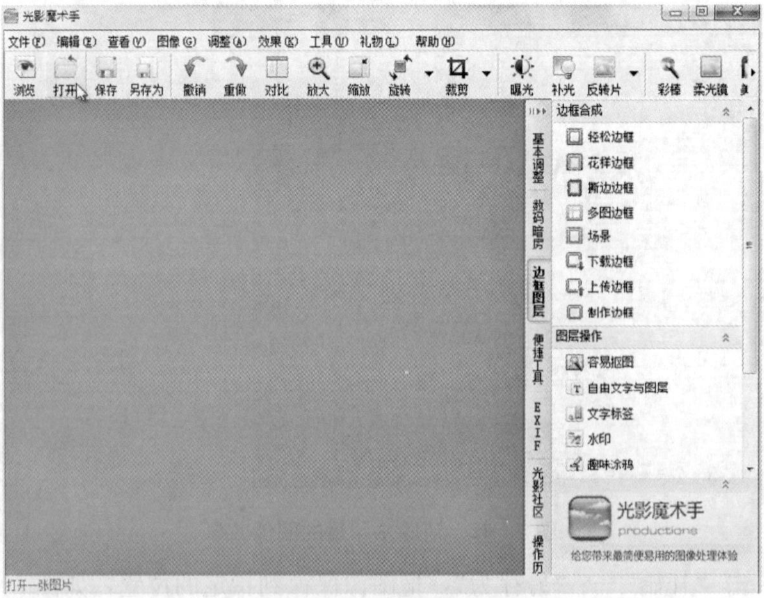

图 7 - 44　光影魔术手的界面

2）裁剪图像。

单击“打开”按钮，将图片导入光影魔术手中，然后单击“裁剪”，会弹出另外一个编辑框，用鼠标在图像上拉出一个矩形区域，亮的部分就是要保留的部分（见图 7－45）。除了矩形裁剪，还可以选择自由裁剪，灵活方便。裁剪完成后，单击“确定”按钮，即可回到主编辑界面。

图 7－45　裁剪图像

3）添加边框。

重新打开图像，可运用右边的“边框合成”功能，为图像添加边框（见图 7－46）。

图 7－46　添加边框

光影魔术手的边框素材非常丰富，可以使用本地素材，也可以在线下载素材。获得满意的边框效果后，单击“确定”按钮，即可回到主编辑窗口（见图 7 - 47），然后单击“文件”—“另存为”将图像存储到指定位置。

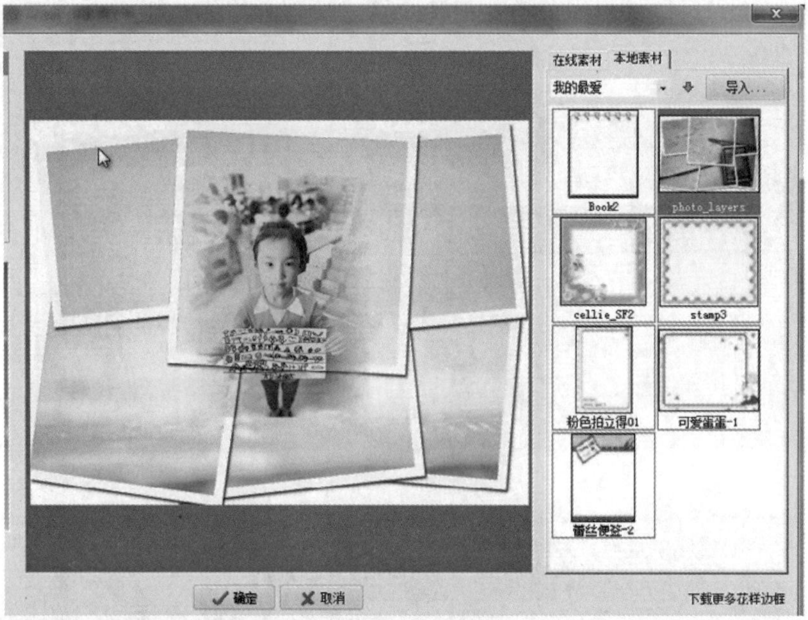

图 7 - 47　应用了边框效果的图片

4）抠图。

打开一张照片，需要为这张照片更换背景，可单击右侧的“容易抠图”按钮，如图 7 - 48 所示。

图 7 - 48　使用“容易抠图”

在弹出的编辑窗口中，很清楚地写着“第一步”“第二步”的操作，简单明了。这里要说明的是，抠图主要使用的是智能选中笔和智能排除笔，先用智能选中笔大概标记需要保留的对象，然后用智能排除笔标记需要删除的背景。需要注意的是，光影魔术手的抠图功能跟 Adobe Photoshop 不同，不需要那么精确，它是根据某个颜色的选定和排除来抠图的，只要用智能选中笔或智能排除笔在图像上画出线条，软件则会按照线条划过的颜色来智能扩展选区，遇到不同颜色才形成选区边缘。下图中点画状内圈是智能选中笔标记的，外圈是智能排除笔标记的（见 7－49）。

图 7－49　使用智能选中笔和智能排除笔

单击“确定”按钮，即可得到抠图后的图片，然后继续用智能排除笔调整个别边缘部分。最后单击“确定”按钮，回到主编辑窗口保存图片。

四、拓展学习

1. 几款照片处理 APP

生活中的大部分照片都是通过手机拍摄的，同时，手机成了最直接的图片处理设备，有时候我们只需要借助手机上的照片处理 APP，就可以快捷地获取满足需求的照片了。这些 APP 更新换代非常快，我们可以根据自己的使用偏好去选择。

（1）美图秀秀（见图 7－50）。

美图秀秀是教师们手机上必备的美图神器，教师可以到网站 http://xiuxiu.web.meitu.com/去下载相应的版本并安装到手机。美图秀秀有美化、美容、饰品、文字、边框、场景和拼图等功能，深受用户喜爱。

（2）Artisto（见图 7－51）。

Artisto 可以把你的照片变成各种艺术大师的风格。Artisto 共有 21 款滤镜，可以自由选用。

图 7-50　美图秀秀的界面

图 7-51　Artisto 的界面

（3）GIF Maker（见图 7-52）。

GIF Maker 可以选取图像来制作动画，也可以直接将视频转成动画。此外，GIF Maker 还可以设置 GIF 图像的大小尺寸，非常方便。

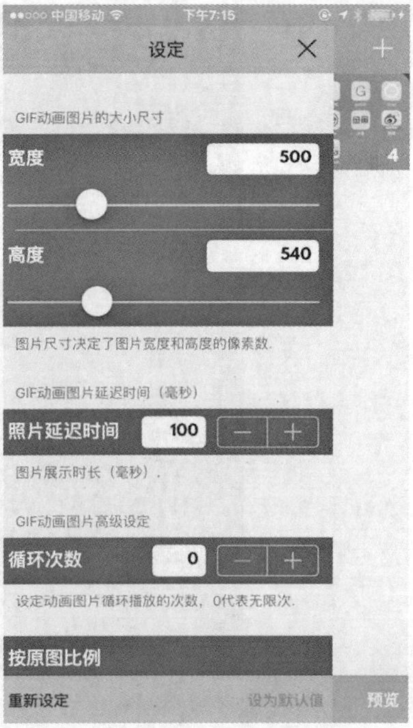

图 7-52　GIF Maker 的界面

（4）Snapseed（见图 7-53）。

Snapseed 是一款编辑手机照片的 APP，是由工具和滤镜两部分组成的，可以对照片进行多种细节处理，包括剪裁、旋转、变形、画笔、局部、修复、晕影等。

在工具方面，Snapseed 的亮点是局部和修复，局部可以把一张照片不理想的地方调亮或调暗，修复主要处理照片多余的部分以突出主题。

在滤镜方面，Snapseed 可以制作黑白、复古、戏剧、移轴等多种风格，可以随心所欲地修改原始照片，让人人都成为摄影家。

（5）Pixlr Express（见图 7-54）。

Pixlr Express 是一款有趣和免费的图片编辑器，可以让人快速掌握调整及修复图片的技术。内置 600 多种特效及滤镜，可为图像添加所需的效果。借助“自动修复”，轻松单击一下即可平衡颜色。使用“双重曝光”逐层放置多张照片并将其混合在一起，可获得独特的外观。“红眼”功能可以去除红眼，使照片上的人物看起来更漂亮。修补、锐化、模糊等都是非常实用的功能，且每种功能、每个特效都提供了细部调整功能，让一般用户也能便捷、专业地设置特效。

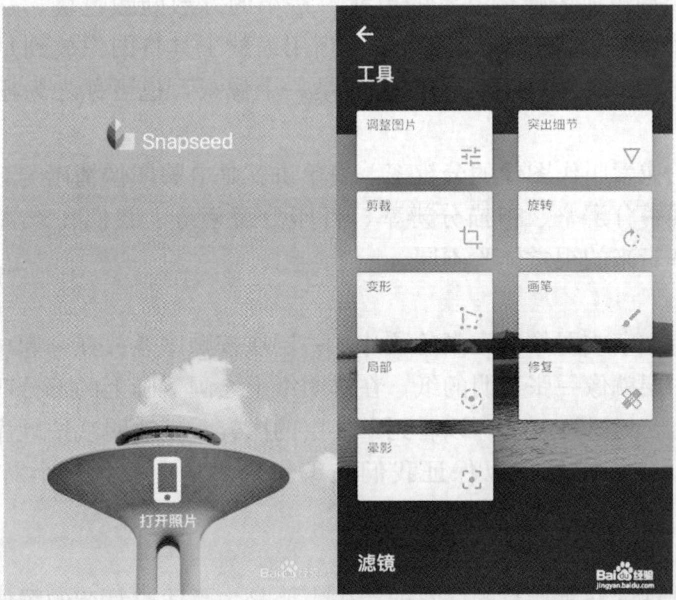

图 7-53　Snapseed 的界面

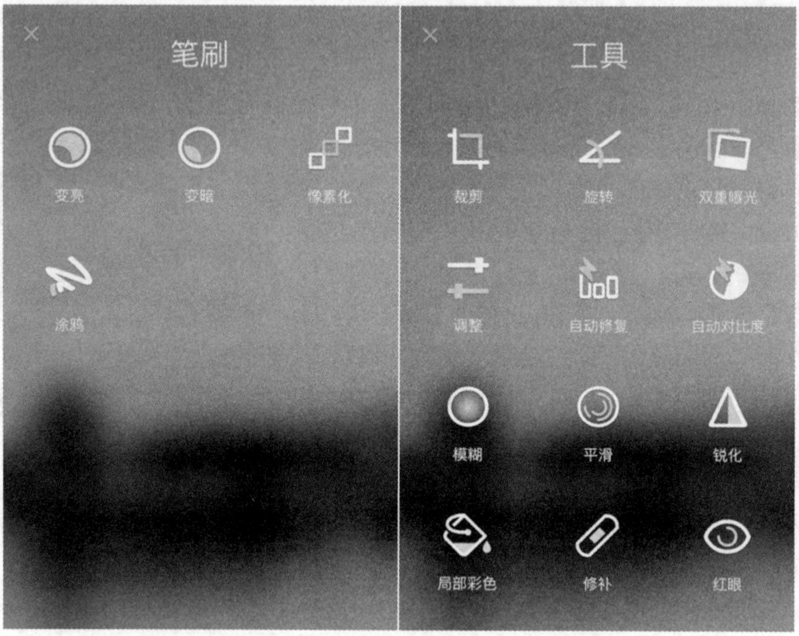

图 7-54　Pixlr Express 的界面

2. Adobe Photoshop 基础知识

Adobe Photoshop 是由 Adobe 公司开发的系列图像处理软件之一，主要应用在图像处理、广告设计等方面。下面我们介绍 Adobe Photoshop 的一些基本概念，掌握这些概念可以快速地熟悉这个软件。

(1) 像素和分辨率。

像素（pixel）是组成图像最基本的单元，是小的方形的颜色块。一个图像通常由许多像素组成，这些像素被排成横行或纵列。当用缩放工具将图像放到足够大时，就可以看到类似马赛克的效果，其中每个小方块就是一个像素，也可称之为栅格。每个像素都有不同的颜色值。

单位长度内的像素叫作图像的分辨率，简单讲就是电脑图像清晰与模糊的程度。分辨率有很多种，如屏幕分辨率、扫描分辨率、打印分辨率等。我们在设置电脑分辨率的时候，不同的分辨率带来的视觉体验不同。

(2) 图层。

图层就像含有文字或图像等元素的胶片，一层层按顺序叠放在一起，组合起来形成页面的最终效果。图层就像一张透明的纸，在透明纸上绘画，画上的部分叫不透明区，没画上的部分叫透明区，通过透明区可以看到下一层的内容。把透明纸按顺序叠加在一起就组成了完整的图像。使用图层可以保证我们在编辑内容的时候，多个对象互相之间不受影响。

(3) 滤镜。

滤镜是图像处理软件所特有的，它的产生主要是为了适应复杂的图像处理需求，如要获得素描、光晕等效果。Adobe Photoshop 自带的滤镜（系统滤镜）有近百种之多，另外还有以插件的形式挂接到 Adobe Photoshop 中的其他厂商开发的滤镜。目前还有很多图像处理软件，如光影魔术手等也有滤镜功能。

（4）图像的颜色模式。

图像的颜色是由各种不同的基色合成的，这种颜色的合成方式在 Adobe Photoshop 中称作颜色模式。

1）RGB 颜色模式。RGB 颜色模式是屏幕显示的最佳颜色，由红、绿、蓝三种颜色组成，每一种颜色可以有 0～255 的亮度变化。

2）CMYK 颜色模式。CMYK 颜色模式的图像由 C（青色）、M（洋红）、Y（黄色）、K（黑色）四种颜色的油墨构成，主要应用于印刷品，因此也称为色料模式。

3）索引颜色模式。索引颜色模式采用一个颜色表存放并索引图像中的颜色，使用最多 256 种颜色。它图像质量不高，占空间较小。当转换为索引颜色时，Adobe Photoshop 将构建一个颜色查找表，用以存放并索引图像中的颜色。如果原图像中的某种颜色没有出现在该表中，则程序将选取现有颜色中最接近的一种，或使用现有颜色模拟该颜色，索引颜色主要用于限制 Web 图像安全色。

4）灰度模式。灰度模式只用黑色和白色显示图像，像素 0 为黑色，像素 255 为白色。

5）位图模式。位图模式的像素不是由字节表示，而是用黑色和白色来表现图像，不包含灰度和其他颜色，因此它也被称为黑白图像。位图模式占磁盘空间最小。若将一幅图像转换成位图模式，应首先将其转换成灰度模式。

6）Lab 模式。该模式是 Adobe Photoshop 的内部颜色模式。Lab 模式是以亮度（L）、a（由绿到红）、b（由蓝到黄）多个通通道构成的。其中 a 和 b 的取值范围都是－120～120。通常情况下，Lab 模式很少使用，它是图像由 RGB 模式转换为 CMYK 模式的中间模式。

7）双色调模式。该模式通过一至四种自定油墨创建单色调、双色调（两种颜色）、三色调（三种颜色）和四色调（四种颜色）的灰度图像。

8）多通道模式。多通道模式图像在每个通道中包含 256 个灰阶，对于特殊打印很有用。例如，如果图像中只使用了一种或两三种颜色时，使用多通道模式可以减少印刷成本并保证图像颜色。

（5）蒙版和通道。

蒙版就是选框的外部（选框的内部就是选区）。如果想对图像的某一特定区域运用颜色变化、滤镜和其他效果，没有被选的区域（也就是黑色区域）就会受到保护和隔离而不被编辑。以图层蒙版为例，不对原图做修改，即不添加蒙版，可设想蒙版全为白色，相反，整幅图被蒙版遮盖，即颜色通道中的蒙版为黑色。如果想遮盖某一部分，则用前景色为黑色的画笔进行涂抹，那么被涂的部分上面就有一层蒙版；如果想去掉某部分蒙版，则只需要用前景色为白色的画笔进行涂抹，用来保护图像的任何区域都不受编辑的影响。

通道能够完全记录组成图像的各种单色的颜色信息和墨水强度，并能存储各种选区，控制选区的透明度等。

第三节 音频素材的获取与处理

一、引言

音频包括音乐、语音和各种音响效果。音频属于过程性信息，有利于限定和解释画面。此外，在教学中利用音频传递教学信息，可锻炼幼儿使用听觉接收知识的能力。音频的缺点是数据量比较大，在课堂教学中不易捕捉。音频主要用于语言解说、加入背景音乐和效果音等。发音标准的解说、动听的音乐有利于集中幼儿的学习注意力、陶冶幼儿的情操、开发幼儿的学习潜力。音频素材的类型如表 7－7 所示。

表 7－7 音频素材的类型

格式	简介
WAV 格式	WAV 是波形声音文件格式，其中，波形声音是通过对声音的采样生成，较为常用
MP3 格式	MP3 是一种音频压缩技术，被设计用来大幅降低音频数据量
WMA 格式	WMA 是微软推出的一种音频压缩格式，体积比 MP3 小，支持流媒体技术
RA 格式	RA 是目前网上流行的音频格式，支持流媒体技术，文件压缩比例高，可以随网络带宽的不同而改变声音质量
MIDI 格式	MIDI，即乐器数字接口，是一个电子音乐设备和计算机的通信标准。MIDI 数据不是声音，而是以数值形式存储的指令。MIDI 数据是依赖于设备的，MIDI 音乐文件所产生的声音取决于放音的 MIDI 设备

教师在日常教学活动中使用音频的范围非常广泛，例如，可以通过音频信号来传递指令。作为教师，除了要掌握基本的乐理知识，还要学会在信息技术的海洋里更好地获取和利用音频，进而优化教学活动。

二、音频素材的获取

音频素材的获取大致有两种途径：

1. 网络下载

步骤如下：

（1）打开网页浏览器。

（2）在地址栏输入搜索引擎地址，进入搜索引擎界面。

（3）在搜索框中输入关键词，进行搜索。

（4）在搜索出的信息列表中，选择需要的音乐进行下载。以百度为例，在百度搜索引擎的分类搜索功能中，选择搜索类别为“音乐”能够更快速地找到所需的内容。

除了通过网页搜索，我们还可以通过某些音乐播放器的客户端搜索下载音乐，如酷我音乐、酷狗音乐、虾米音乐。专门的儿童音乐软件有贝瓦儿歌、宝宝听听等。这些主流的音乐软件不但有电脑版，还有 PAD 版和手机版，只要注册了账户就可以在多个终端设备共享音乐素材。

通常情况下，教师不仅需要下载音乐歌曲，还需要下载丰富的音效，下面推荐一个具有丰富音效素材的网站：站长素材——音效（http://sc. chinaz. com/yinxiao/）。所有的音效都可以在线预览，用鼠标轻轻划过即可播放，如图 7－55 所示。在该网站不用注册账户即可下载音效，不过，需要注意的是，目前主流网站的音频素材正逐步转向收费进行版权保护，我们也应提倡版权保护，不随意传播多媒体素材。

2. 使用具有录音功能的设备进行录制

可以将话筒接到电脑上，使用专业的录音软件，如 Windows 自带的录音机或 Sound Forge、Adobe Audition 等进行录音。录制音频的具体操作请看下页“任务六：儿歌创编达人”。

图 7－55　站长素材——音效网站

三、音频素材的处理

一位音乐教师或者音乐爱好者的生活一定离不开一款音频处理软件。在处理音频的时候，可能经常会遇到噪声大、音乐太长要截取、没有效果器、音量需要调整、需要新建多轨混音等问题，这时候就需要借助专业的音频处理软件。大部分音频处理软件都包含录制、编辑和音效等功能。常见的音频处理软件如表7－8 所示。

表 7－8　　常见的音频处理软件

工具名称	功能描述
Adobe Audition	Adobe Audition 是一个专业音频编辑工具，前身为 Cool Edit Pro。Adobe Audition 3.0 中文版专为在照相室、广播和后期制作方面工作的音频专业人员设计，可提供先进的音频混合、编辑、控制和效果处理功能
Sound Forge	Sound Forge 被视为熔炼声音的熔炉，可以对音频文件进行各种处理，打造我们需要的声音效果
GoldWave	GoldWave 是一个集声音编辑、播放、录制和转换于一体的音频工具，体积小巧，功能却很强大
Cool Edit Pro	Cool Edit Pro 是美国 Adobe Systems 公司开发的一款功能强大、效果出色的多轨录音和音频处理软件，可以“绘”制音调、弦乐、颤音，降低噪声或调整静音

我们选取大家常用的 Adobe Audition 软件进行详细介绍，这是一款功能强大、效果出色的多轨录音和音频处理软件。有人把 Adobe Audition 形容为音频的“绘画”程序，因为它操作便捷，编辑直观，不仅能帮助我们“绘”制各种声音和音乐，它提供的多种特效还能为我们的作品增色——放大、降噪、回声、失真、延迟等。Adobe Audition 最多混合 128 个声道，可编辑单个音频文件，创建回路，使用 45 种以上的数字信号处理结果。

任务六：儿歌创编达人

● 问题情境

小海螺幼儿园要举行庆祝“六一”儿童节的活动，林老师希望为班里的幼儿创编一首儿歌，把《小星星》和 Twinkle Twinkle Little Star 进行组合编辑，然后录制开场教学指令，把创编后的歌曲发送给幼儿，请家长在家给幼儿播放，让幼儿反复练习。林老师经过分析认为，自己需要做的工作有四部分：网上下载歌曲、剪辑歌曲、录制声音、导出歌曲。

● 操作步骤

1）打开浏览器，在百度音乐中分别搜索《小星星》和 Twinkle Twinkle Little Star 并进行下载。在搜索框中输入关键词后，选择“音乐”类别（见图 7-56）。

图 7-56 选择“音乐”类别

2）搜到目标音乐，进行试听和下载，如图 7-57 所示。需要注意的是，下载音乐时，要根据自己的需求选择音乐品质，如图 7-58 所示。

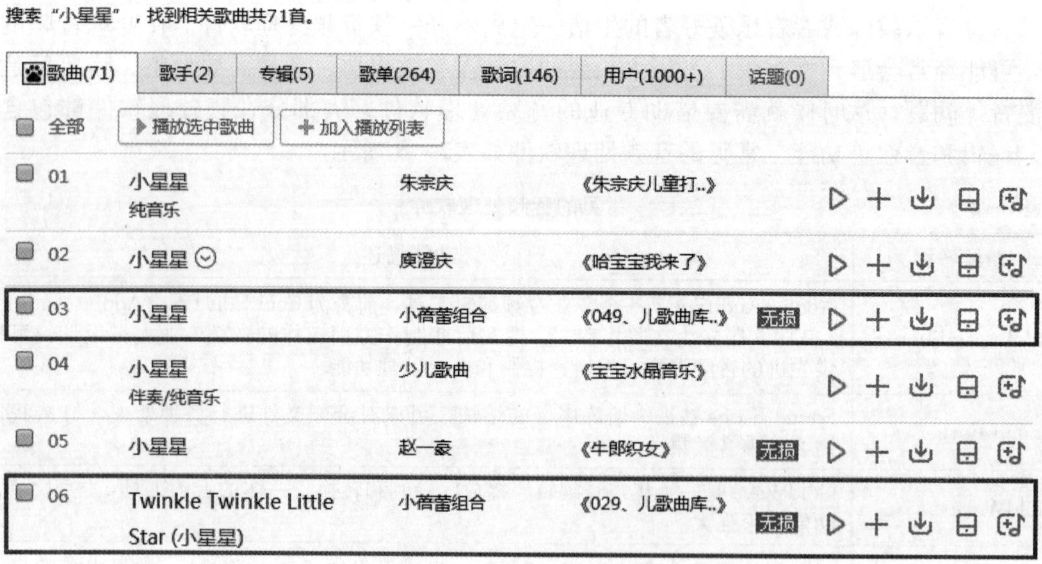

图 7-57 下载音乐

图 7 - 58　选择音乐品质

3）认识声音处理软件。我们可选择 Adobe Audition CS 6 编辑音乐。首先打开软件，界面如图 7 - 59 所示。Adobe Audition CS 6 的界面可以划分几个区域，我们先来认识几个专用名词：

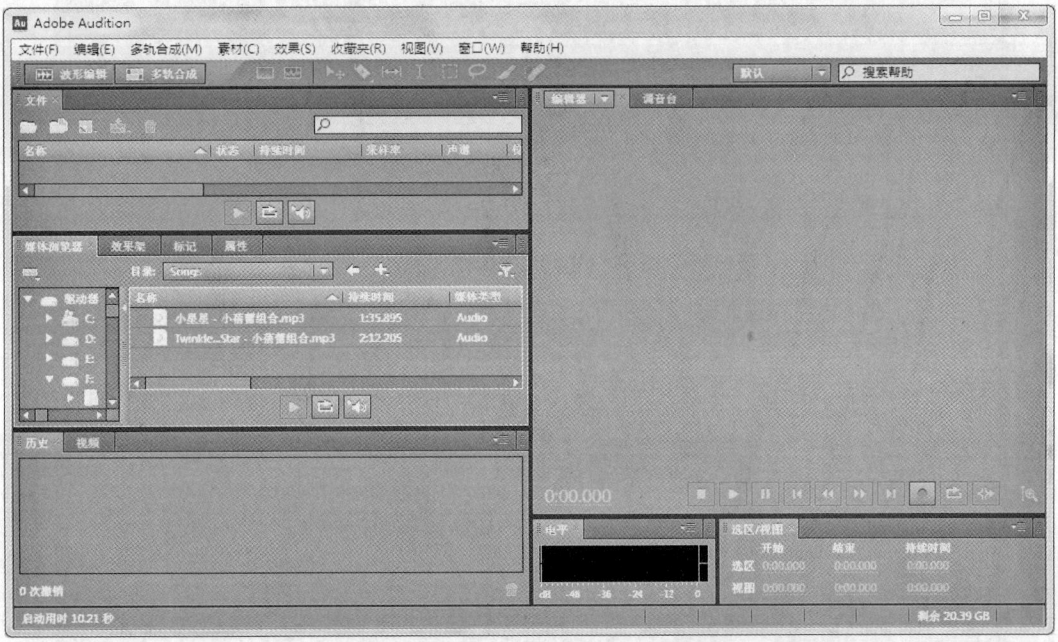

图 7 - 59　Adobe Audition CS 6 界面

第一，播放指针。播放指针即界面上可以沿着轨道拖动的黄色实线，代表的是当前音乐的播放位置。播放控制面板能够实现声音的播放、停止和录制。

第二，波形编辑。波形编辑是对其中一个轨道上的音乐进行编辑，个性化设置音乐的属性、左右声道及静音效果等。

第三，多轨合成。这是 Adobe Audition CS 6 的特色之一，我们可以把多段音乐导入不同的轨道同时编辑而互不影响。

第四，媒体浏览器。媒体浏览器类似于媒体库，所有选用的素材都会出现在这个库中，方便调用编辑。

4）导入并切割音乐。我们可以选择 Adobe Audition CS 6 的“多轨合成”模式，从左侧媒体浏览器中把下载好的《小星星》和 Twinkle Twinkle Little Star 两段音乐分别拖到右侧的声轨 1 和声轨 2 上。林老师打算把 Twinkle Twinkle Little Star 的中间一段插入《小星星》歌曲中，可在软件上方工具栏中选择即切割选中素材工具（见图 7-60），然后在声轨上切割相应的音乐片段，把不需要的部分删除，播放试听切割后的音乐，如图 7-61 所示。

图 7-60　选择切割工具

图 7-61　切割后的音乐

5）调整音量大小。在试听的过程中，如果某段音乐音量过大或过小，可以双击音频，或者右键单击选择“素材增益”，打开音量调节面板，调整片段音乐的音量大小如图 7-62 所示。

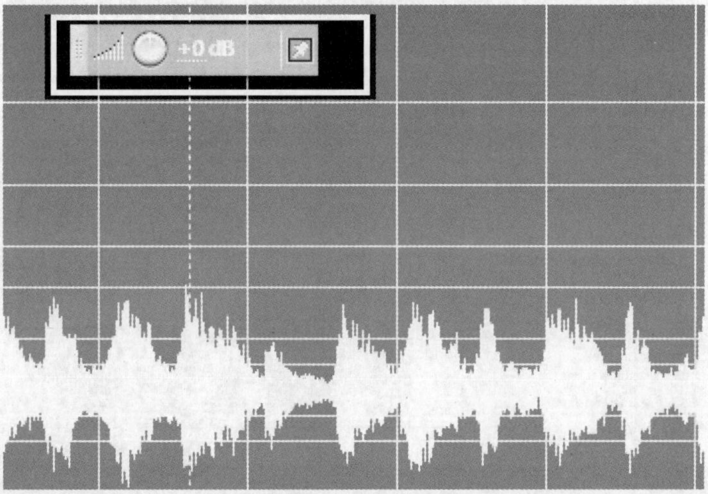

图 7-62　增加音量

6）录制声音。准备录制声音前，先把电脑硬件设备准备好，比如安装好专业的麦克风（见图 7-63），不建议使用笔记本电脑的内置话筒，那样录制出来的声音噪声比较大。接下来设置软件，选择没有音乐片段的声轨 3 作为录音轨道，对声轨 3 进行设置，在弹出的“首选项”对话框中默认输入为“麦克风”。最后单击播放控制面板上最右边的圆形按钮开始录音（见图 7-64）。

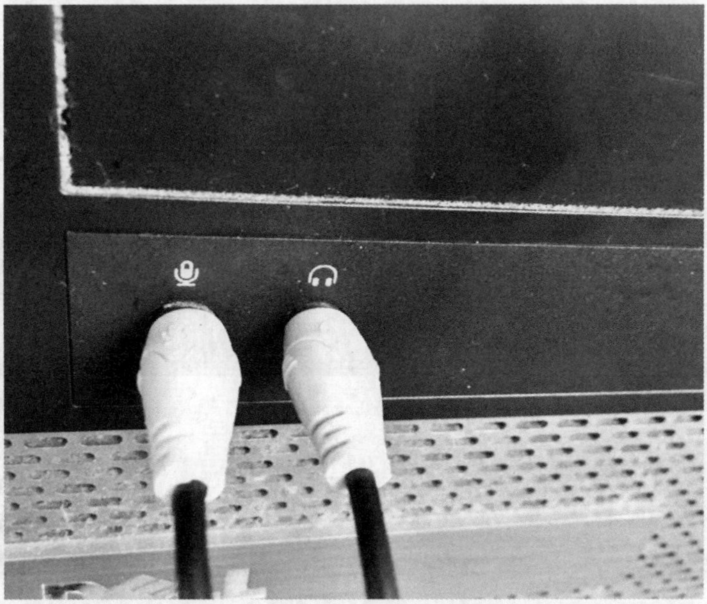

图 7-63　准备录音设备

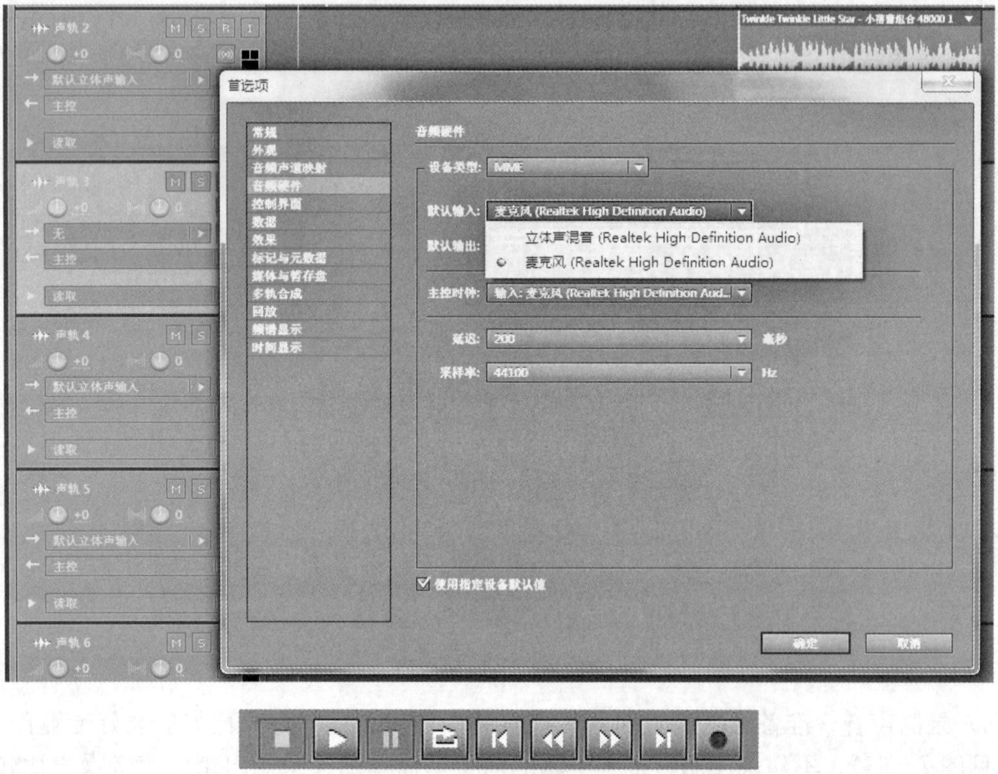

图 7-64　录音设置

7）去除噪声。去除噪声是我们常用的 Adobe Audition CS 6 的功能之一，选择菜单“效果”—降噪/修复—自适应降噪，即可进行声音降噪设置（见图 7-65、图 7-66）。

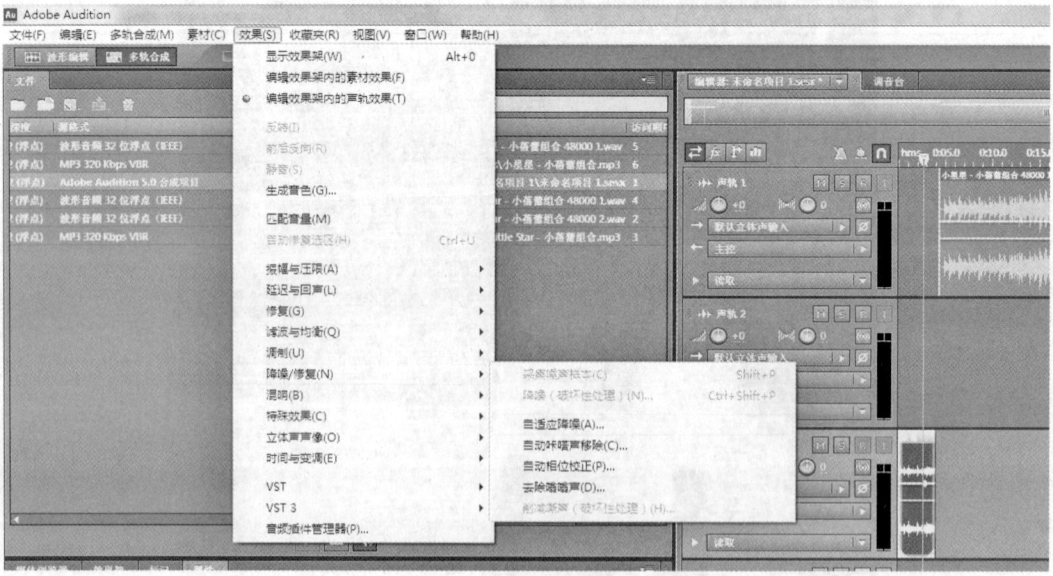

图 7-65　声音降噪界面

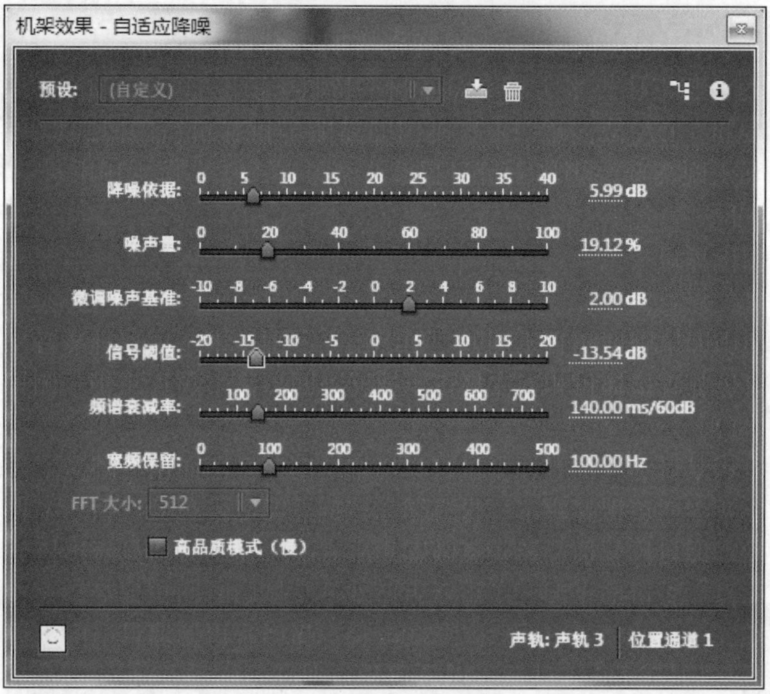

图 7－66　声音降噪设置

8）启用节拍器（见图 7－67)。节拍器是一种很好用的工具，可以启用节拍器在音乐中加入节拍的声音以方便练习，用边听音乐边改变速度值的方法来设定。

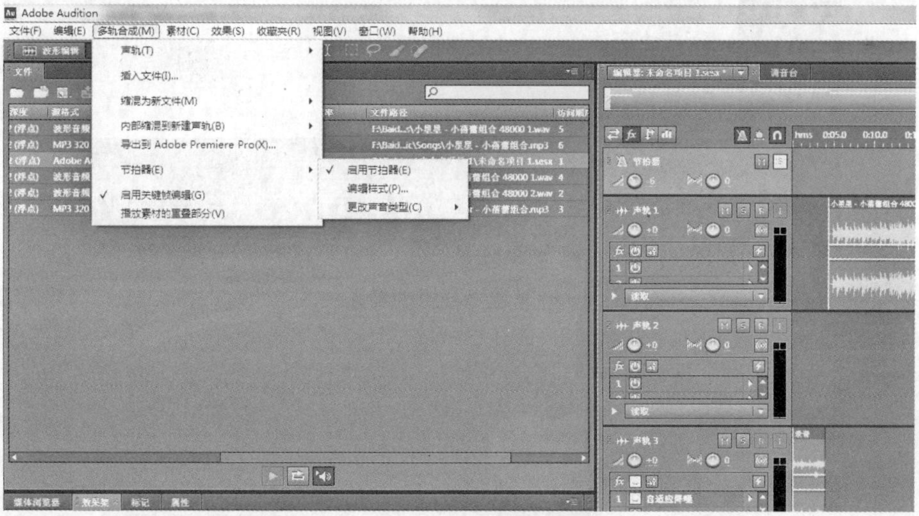

图 7－67　启用节拍器

9）导出合成后的音乐。我们可以选择“文件”—“导出”—“多轨混缩”—“整个项目”(见图 7－68)，然后选择导出的音乐格式（见图 7－69)，最后在指定目录位置生成“小星星儿歌创编 . mp3”文件（见图7－70)，林老师期待的音乐编辑工作就大功告成了。

图 7-68　导出合成后的音乐文件

图 7-69　选择导出的音乐格式

图 7-70　小星星儿歌创编

四、拓展学习

Adobe Audition 的大能量——效果器

用效果器来处理音频，可以获得需要的效果。Adobe Audition 有自带的效果器，也可以安装第三方插件作为效果器，如 Waves、Ultrafunk 等。以下重点介绍效果器制造的几种音频效果。

1）改变波形振幅。改变波形振幅是为了调整音量大小。例如，我们选定某个区域，如果调整波形振幅，就会整体提高或降低音量，而且如果调大音量，超过 0dB 被削波失真也是可能的，所以效果取决于调整的量（见图 7－71）。

图 7－71　振幅效果

2）音量标准化。音量标准化，即自动检测我们选中段落的最大音和最小音，当整体提升到一定的音量就不再进行调整了。例如，我们选择标准值为 0dB，那么选中段落的最大音量达到 0dB 后就不会再增益了，相当于平衡了一下最小音和最大音之间的差距，让整体的音量提上来又不超过事先确定的值。此外，音量标准化可以将声音的电平按比例放大，例如，我们在录音时，如果话筒和声卡质量一般，录制的声音音量就会很小，而使用此命令，可以快速提高声音的音量。

3）混响。在人的声音中加混响会营造出不同的声音效果，如立体环绕声混响、室内混响等。

4）时间与变调。时间可以控制声音的播放速度，可以实现快进慢放效果；变调可以改变声音的频率，例如，把成人声音改成儿童声音，达到个性化的效果。

5）延迟。延迟是指原始信号，使原始信号在毫秒间隔后再次出现，延迟效果的设置如图 7－72 所示，我们可以根据自己的需求尝试各种效果。

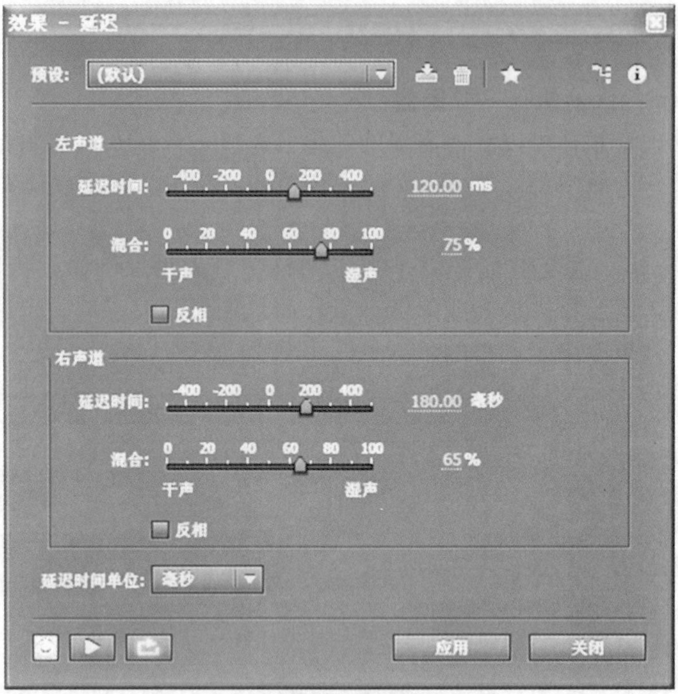

图 7-72　延迟效果的设置

第四节　视频素材的获取与处理

一、引言

视频是对现实世界的真实记录。当今的幼儿园教学活动越来越多地利用视频资源。通常情况下，视频会采用声像复合的形式，即在呈现事物图像的时候，会同时伴有解说或背景音乐。视频具有表现事物细节的能力，它的信息量比较大，具有比文本、图像、音频更强的感染力。视频在呈现丰富多彩的画面的同时，也可能传递大量的无关信息，如果不加以鉴别，便会对学习造成干扰。视频素材的类型如表 7-9 所示。

表 7-9　视频素材的类型

格式	简介
AVI 格式	AVI 是对视频、音频文件采用的一种有损压缩的格式，该格式的压缩率较高，且可将音频和视频混合到一起。尽管其画面质量不是太好，但应用范围非常广泛
VOB 格式	VOB 是 DVD 视频文件的存储格式
MPG/MPEG 格式	MPEG 视频文件
WMV 格式	WMV 是微软开发的一种视频文件格式
FLV 格式	Flash Video 流媒体视频格式

续前表

格式	简介
REAL 格式	REAL 格式的多媒体文件又称为实媒体（Real Media）或流格式文件，其扩展名是 .rm、.ra 或 .ram。在多媒体网页的制作中，REAL 已成为一种重要的多媒体文件格式
MOV 格式	Apple 公司推出的一种音频、视频文件格式

根据应用场景可将幼儿园中的视频大致分为以下三类：

1. 教学素材视频

在集体教学活动中，教师会呈现给幼儿视频片段，此类视频多为动态的画面，用于激发幼儿的学习兴趣，或者给幼儿呈现真实世界中难以捕捉的内容，以拓展幼儿的认知范围。有些信息化水平较高的幼儿园还会在区角活动中投放视频学习材料，幼儿可以自主查阅内容，但教师要控制幼儿看视频的时间。

2. 行为观察视频

对幼儿的行为进行观察与记录，是教师的工作之一。照片和视频是教师记录的好方式，有及时捕捉信息的优点。随着手机等设备越来越普及，拍摄一段幼儿活动视频已经成为幼儿园工作的常态。将幼儿的活动录成视频并剪辑后，分析幼儿行为背后的心理活动，有助于教师提升自己的专业水平，更好地设计和开展教学活动。

3. 宣传活动视频

幼儿园除了每天的常规活动，还有各种主题活动、节日庆祝活动和毕业留念活动等。幼儿园可为这些活动拍摄视频，使其成为重要的宣传和档案材料，也可以推送给家长，还可以用于展示幼儿园的风采。这些制作精美的宣传视频需要由专业人士来制作。

以上所述三种类型的视频，其制作都要经过采集获取、加工处理这两个环节。

二、视频素材的获取

1. 利用工具下载网络视频

(1) 使用视频网站客户端。优酷、爱奇艺等网站为视频下载提供了专门的客户端。以优酷客户端为例，只需要安装优酷视频网站的客户端，在其搜索栏输入视频名称，在搜索结果里找到所需视频，然后单击右键选择下载视频即可，如图 7-73 所示。

(2) 使用视频网址解析工具。例如，可以在 http://www.flvcd.com/网站上下载“硕鼠”并安装到电脑上。“硕鼠”是一款视频下载软件，可以下载多个视频网站的视频，如乐视视频、搜狐视频等中的视频。

以下将介绍用“硕鼠”软件下载搜狐视频中视频的方法。

首先，在搜狐视频中搜索与“母鸡萝丝去散步”有关的视频（见图 7-74）。

然后，点开需要的视频，复制浏览器中的地址，打开“硕鼠”软件的官网（见图 7-75），在地址栏粘贴刚刚复制的地址，单击“开始”进行解析，再选中链接进行下载（见图 7-76、图 7-77）。

图 7 - 73　使用优酷客户端下载视频

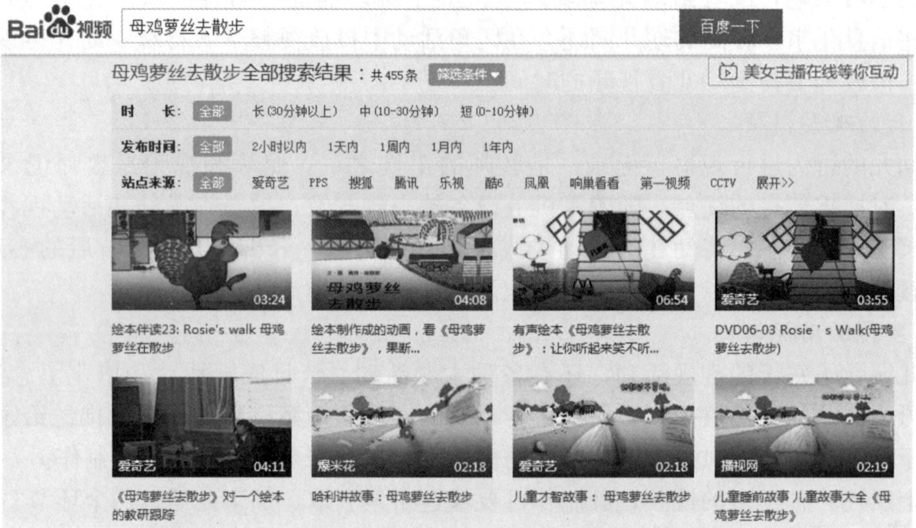

图 7 - 74　搜索与“母鸡萝丝去散步”有关的视频

图 7 - 75　硕鼠软件的官网

图 7-76　解析视频下载地址

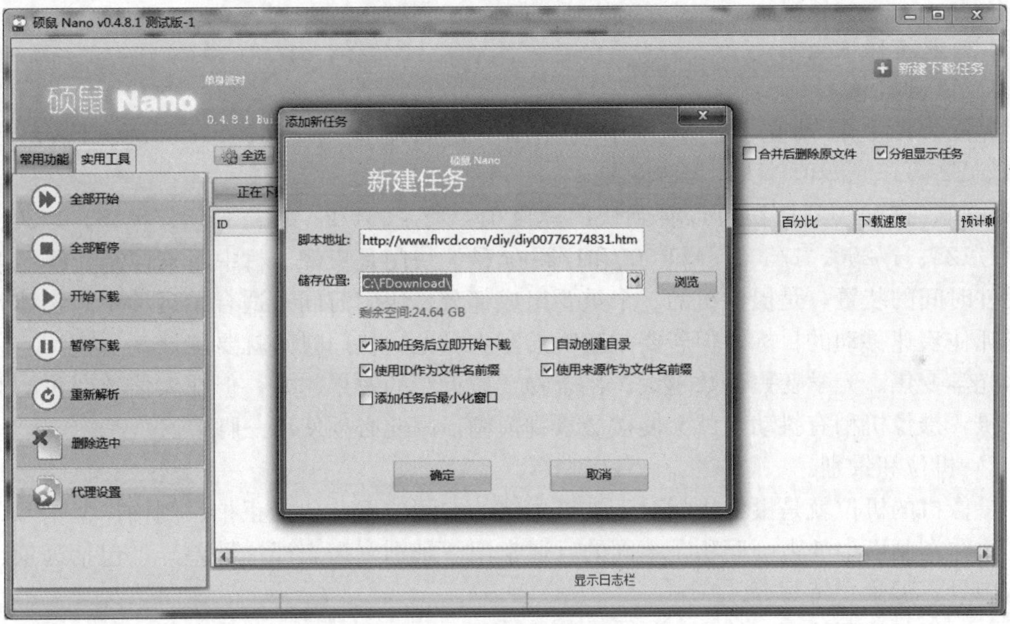

图 7-77　下载视频

2. 利用数码设备拍摄视频

(1) 常见的数码拍摄设备。

1) 专业摄像机（见图 7-78）。专业摄像机一般用于专业节目的拍摄，需要配备三脚架、存储卡、调音台等设备。目前的专业摄像机品牌较多，主要有索尼、佳能等，常用于演播室或其他相对固定的场所。

2) DV（见图 7-79）。DV 是指手持式数码摄像机，常用于家庭或工作记录等。DV 是全自动的，且功能较多，携带方便。

3) 手机。手机不仅可用于拍照片，还可用于摄录影像，已经成为大众生活必备的电子设备。手机拍摄最为便捷快速，因此在教学中的应用最为广泛。

图 7-78 专业摄像机

图 7-79 DV

(2) 基本摄像技术。

1) 基础概念。

光圈。A 是自动光圈，M 是手动光圈。光圈值包括 F16、F11、F8、F5.6、F4、F2.8、F2 等，光圈值越大，曝光量越少。

快门。打开快门按钮可以看到快门速度值，有 1、1/2、1/4、1/8、1/15、1/30、1/60、1/125、1/250、1/500、1/1 000和1/2 000秒。快门是摄像器材中用来控制光线照射感光元件时间的装置，是摄像机的一个重要组成部分。快门时间短适合拍运动中的物体，可轻松抓住疾速移动的目标，但若要拍夜晚的车水马龙，快门时间就要拉长。

光学变焦。光学变焦倍数越大，将景物“拉近”的效果越好，但在大倍数变焦的情况下拍摄，摄像机稍有抖动，就会使被摄景物模糊，因此必须使用三脚架。

2) 机位和景别。

摄像机的机位就是摄像机相对于被摄主体的空间位置，包括正拍、侧拍、背拍等。另外，主体在画面中的占画面积是不同的，通常用“景别”来表征这种差异，包括远景、全景、中景、近景、特写等。

(3) 视频拍摄技巧。

1) 巧用多机位。

随着科技的不断发展，拍摄不再只是专业人员的工作，也不用配备专业性很强的拍摄工具，如摄像机、DV 等。我们平常所用的智能手机就可以随时随地进行拍摄，它为我们的生活、学习和工作带来了很多的便利。我们在拍摄的时候可以用多机位的手法来丰富镜头效果。例如，我们在拍一个活动实录时，可用固定机位拍摄教师和幼儿的全景，用活动机位抓拍幼儿回答问题的表情和动作，以及教师的活动细节等。再如，我们拍摄教师手工演示的视频，可从上往下拍，也可特写手部动作，还可进行侧面拍摄，如此可获得丰富的画面，如图 7-80、图 7-81 和图 7-82 所示。

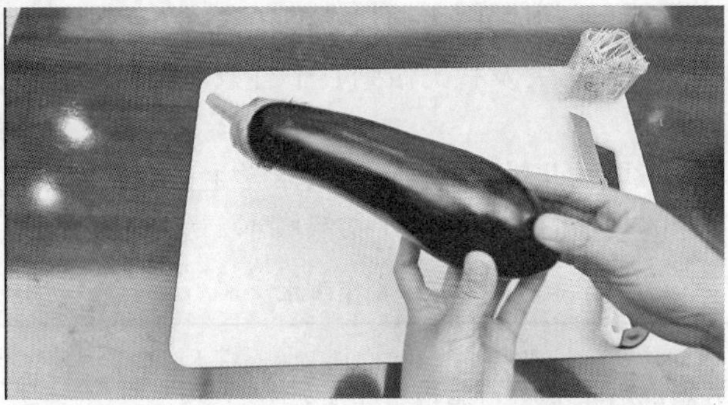

图 7-80　从上往下拍

图 7-81　特写手部动作

图 7-82　从侧面拍

2）学会运用光线。

专业演播室对光线的要求极高，要用专业的灯光设备进行调试。但总体上包括正面光、侧光和轮廓光这三大类。对教师而言，如果在普通的教室或者会议室进行拍摄，要保证拍摄所需的光线充足，就要考虑到光线的均匀度和明亮度这两个条件。只有一个光源的教室，光线强烈但可能不够均匀；多个光源的教室，光线均匀但可能不够明亮。最理想的室内光线要两个条件都具备。如果是在室外拍摄，为避免出现阴阳脸或者曝光过度等情况，要尽量选择光线均匀的位置。

3）撰写拍摄脚本。

拍摄前做充分的准备是成功拍摄的保障。在拍摄前，教师应该详细了解幼儿园当天活动的具体内容，根据活动方案构思不同类型活动的拍摄脚本。教师在现场按照拍摄脚本进行拍摄，能够避免手忙脚乱，对突发状况做到心中有数。拍摄脚本要简洁，但应该包括时长、景别、主角等信息。

某高校为了帮助学生考取幼儿教师资格证，要求学生拍摄一段示范视频，展示其作为一名教师应具备的回答问题的技巧，并策划一个拍摄脚本。示例拍摄脚本如表 7－10 所示。

表 7－10　　示例拍摄脚本

	景别	时长	画面	对白
1	中近景	2s	B同学穿着整齐，背挺得很直，坐在面试者的位置，面带微笑，眼睛始终平视面试官	
2	近景	1s	面试官 A 提问，要求 B 同学开始作答	面试官 A：“请开始作答。”
3	近景	1s	面试官 A 点头以示同意	
4	近景	15s	B 同学眼睛稍微往下看，思考了 10 秒左右，自信地平视面试官	B 同学认真地听完问题后，略做思考，然后开始回答：“好的，请给我 10 秒钟的思考时间。”
5	特写	60s	B 同学开始有逻辑地回答问题，在回答的过程中始终保持微笑并平视面试官	B 同学：“针对这一问题我将主要从以下几个方面回答：第一……第二……”“将心比心，人与人之间的沟通都是用心沟通……”
6	近景	5s	B 同学回答完之后，礼貌地请示面试官	B 同学礼貌地对面试官说：“以上就是我的回答，我的回答完毕，谢谢！”

三、视频素材的处理

在手机上通过各种方式获取的视频素材，有时候并不能直接用于实际教学，一般情况下需要根据教学需要和教材的具体内容对视频素材进行二次加工处理，即进行视频的剪辑工作。视频的剪辑工作有以下几个步骤：

- 采集视频素材。把拍摄完成或者从网络上下载的视频素材准备好。
- 简单剪辑视频。对视频中多余的镜头和画面做删除合并等基本的处理。
- 添加视频效果。为视频添加转场、特效、音效、字幕等效果，以丰富视频的可观赏性，加强衔接。
- 导出成品视频。把剪辑完成的视频导出为指定格式。

对于目前主流的视频处理软件，我们做了梳理，如表 7－11 所示。教师可以根据自己的需求去选择。

表 7－11　　各种视频处理软件

工具名称	功能描述	应用特色
QQ 影音	QQ 影音是一款视频播放软件，支持 FLA、SWF、RM、MPEG、AVI、WMV、DVD、3D 等一切视频和音频格式，且它有基本的视频剪辑功能，应用非常方便	视频剪辑 格式转换 视频合并 视频截图

续前表

工具名称	功能描述	应用特色
爱剪辑	爱剪辑是一款全能的视频剪辑软件，有给视频加字幕、调色、加相框等功能，且有诸多创新功能和影院级特效，已成为迄今最易用、强大的视频剪辑软件	爱剪辑里有很多卡通文字特效，娱乐性比较强。它采用故事板的方式进行视频剪辑，更容易上手
会声会影	会声会影已从早期的家庭版升级到现在的专业版，其X系列功能变得更加强大，拥有丰富的特效和动画效果。我们可以在傲视网等网站上下载到会声会影素材模板	会声会影可做宣传片等具有复杂效果的视频，相对于其他软件，其界面比较简洁
Camtasia Studio	详见第九章第三节第三部分内容	Camtasia Studio 可用于做微视频等具有教学性质的视频
威力导演（Power Director）	威力导演是一款非线性视频剪辑软件。用户可以利用截取、剪辑、特效、覆叠、标题、音频与输出等七大功能，把视频、图片、声音等素材结合成视频文件	威力导演可做宣传片等具有复杂效果的视频，可产生专业效果
Movie Maker	Movie Maker 是一款常用的家庭视频剪辑软件，能够非常容易地把图片和视频制作成流畅的影片。Movie Maker 能添加特别的效果、过场动画、配乐、声音以及字幕	Movie Maker 上手简单，效果简洁，可用于剪辑简单的视频
格式工厂	格式工厂是一款经典的格式转换软件，可以转换图片、视频、音频等	格式工厂专门用于格式转换、添加水印等

任务七：视频素材快处理

● 问题情境

为了准备一个教研活动讲座，凡凡老师拍摄了一节活动实录，要从视频中截取一些画面和一些视频片段作为展示的素材，技术操作包括截图和视频拼接。截图用于说明某些观点，视频拼接是指在活动实录中截取两段视频并拼接在一起。

凡凡老师对视频剪辑的需求并不高，但需要快速处理，因此选用了较为方便的 QQ 影音。一般用户只把 QQ 影音当播放器使用，其实这个软件还有很多其他功能。

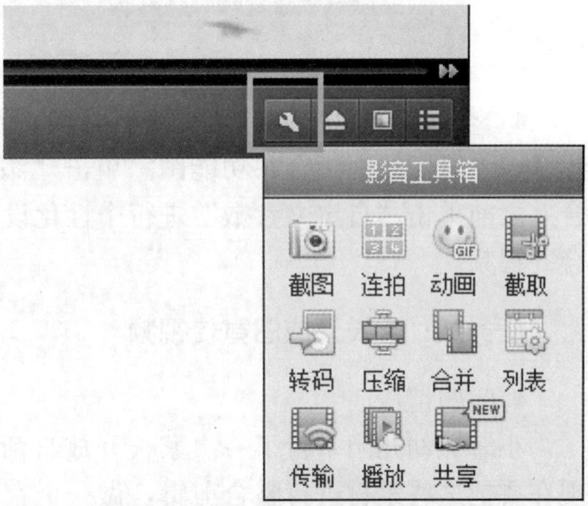

图 7-83　QQ 影音工具箱

● 操作步骤

1）认识新功能。打开 QQ 影音，单击播放控制栏右下角的工具按钮，打开影音工具箱，里面有截图、截取、合并、转码等功能（见图 7-83）。

2）截图。打开活动视频“心连心”，一边播放一边截图，并存储到相应位置（见图7－84）。

图7－84　使用QQ影音截图

3）截取视频片段。打开活动视频“心连心”，在工具箱中选择“截取”功能，可以拖动控制栏上的起止标志来选择视频的区域（见图7－85）。用此方法可在活动视频“心连心”中分别截取两段视频，命名为“片段1”“片段2”。

图7－85　截取视频片段

4）合并视频。准备好两个视频片段，在影音工具箱中选择“合并”功能，会弹出如图7－86所示的视频合并功能图。单击“添加文件”按钮可选择“片段1”“片段2”，在合并之前单击“自定义参数”进行个性化设置（见图7－87），然后单击“确定”就可导出合并视频。

任务八：家长开放日宣传视频

● 问题情境

小海螺幼儿园举行了一次家长开放日活动，活动过程中采集了很多照片和视频素材，现在要把这些素材进行整合剪辑，做一个家长开放日宣传视频，用于向同行和家长展示。

● 问题分析

宣传片的制作要根据观看对象的特点来设计，突出家长开放日特色。在制作之前，首先要整理拍摄素材，按照活动日当天的活动流程进行编排梳理，选取符合标准的照片和视频；其次，设计构思视频的片头和标题画面；最后，选择一款视频剪辑软件，如会声会影X8来剪辑视频。

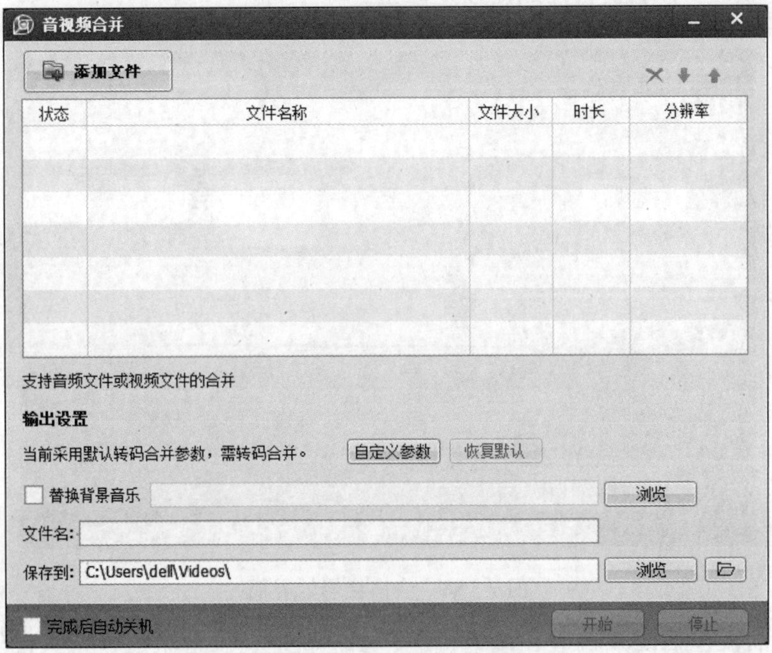

图 7-86　视频合并功能

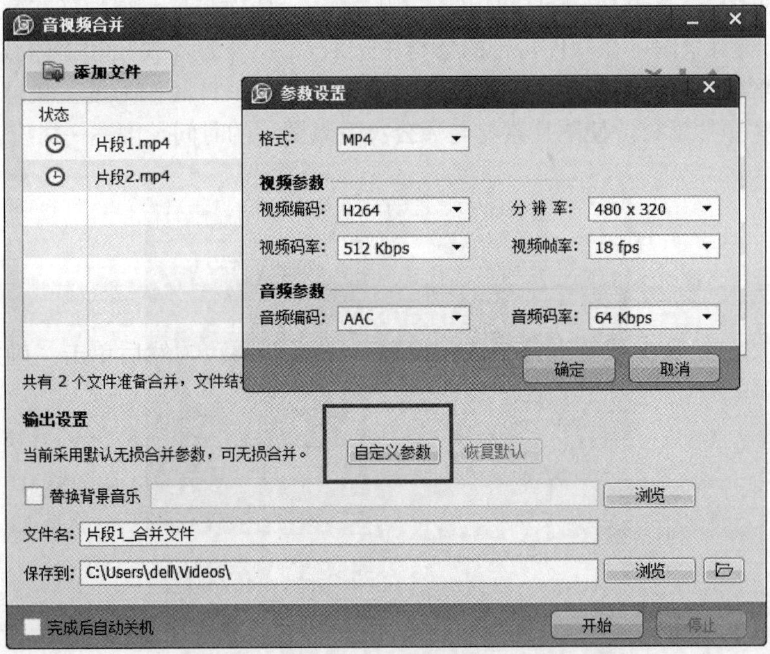

图 7-87　自定义参数

● 操作步骤

(1) 认识会声会影的功能。会声会影的界面如图 7－88 所示，左侧为预览窗口，右侧为素材库、特效库，下方为软件的轨道编辑面板。

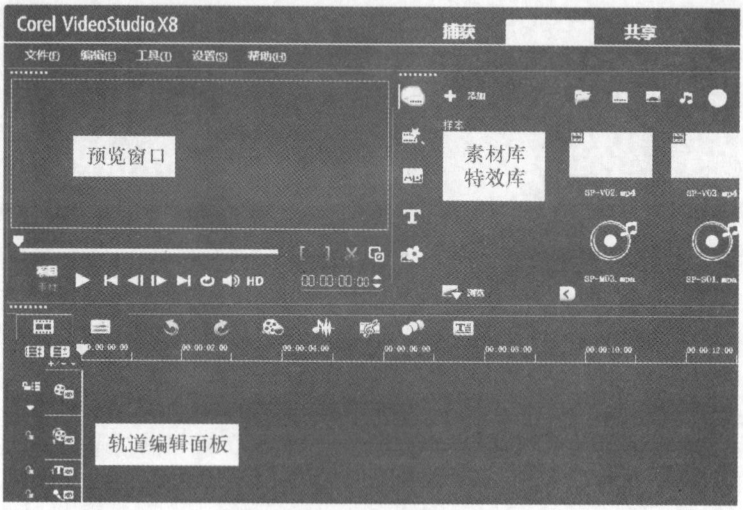

图 7－88　会声会影的界面

轨道编辑面板包括视频轨道、覆叠轨道、字幕轨道、录音轨道、背景音乐轨道。

(2) 导入素材。单击“文件”—“将媒体文件插入到素材库”—“插入视频”/“插入照片”，可将准备好的视频和图像素材导入右侧的媒体库中（见图 7－89），然后选中素材，拖到轨道上（见图 7－90）。按照时间顺序，视频轨道上依次是片头视频（在软件自带的素材中选取）、蒲公英背景图（在软件自带的素材中选取）、户外游戏视频和集体教学视频。覆叠轨道上是照片素材。复制视频轨道上多张蒲公英背景图片，将其作为覆盖轨道上每张照片素材的背景，调整照片素材，使图片素材与蒲公英背景图片的时间长度逐一对应。

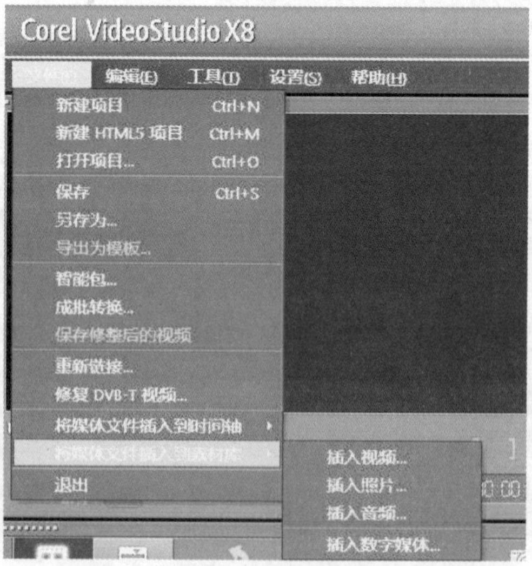

图 7－89　导入素材到媒体库

图 7－90　拖动素材到轨道上

（3）切割视频。素材导入轨道之后，需要对素材进行简单的剪切。利用工具即可切割视频，删除多余的视频片段。

（4）添加字幕。

单击会显示出大量的标题效果素材，选择“Lorem ipsum”标题拖动到字幕轨道上，即可为视频添加字幕，如图 7－91 所示。双击轨道上的字幕文件，右侧会出现相应的字幕编辑窗口，编辑窗口可以修改文字的字体、字号，添加动画效果等。

图 7－91　添加字幕

如果添加的文字比较多，可以单击工具栏上的图标▣，打开字幕编辑器（见图7-92），在视频的相应位置添加更多的文字。

图 7-92　字幕编辑器

（5）添加特效。

选中一张图片，单击▣，会显示特效编辑选项，拖动一种滤镜特效到选中的图片上（见图7-93）。拖动特效面板右侧的滚动条，会呈现更多特效选项，勾选面板中“应用覆叠选项”，并在下拉框中选择“遮罩帧”，可为图片添加一种遮罩特效（见图7-94）。

图 7-93　添加滤镜特效

图 7-94 为覆叠轨道素材添加遮罩特效

(6) 添加视频特效。

选中一段视频素材，右侧会出现视频的基本编辑功能，可以调整色彩、使音视频分离等（见图 7-95）。如果教师需要对某一段内容重新录音，使用音视频分离功能可以删除原来的声音。我们还可为视频添加滤镜，添加滤镜特效的视频左上角会有“FX”标志（见图 7-96）。

图 7-95 对视频进行编辑

图 7-96　为视频添加滤镜

(7) 添加转场。

为两段素材添加转场效果，只需要把转场特效拖到两段素材之间即可（见图 7-97）。

图 7-97　添加转场效果

(8) 添加音乐。

如果事先没有准备好背景音乐，我们可以选择会声会影自带的音乐。选中工具栏中“自动音乐”图标，即可自动添加音乐（见图 7-98）。将音乐成功添加到音乐轨道上，如图7-99 所示。还可以为音乐添加淡入淡出的效果，对音乐的切割编辑同视频一样。

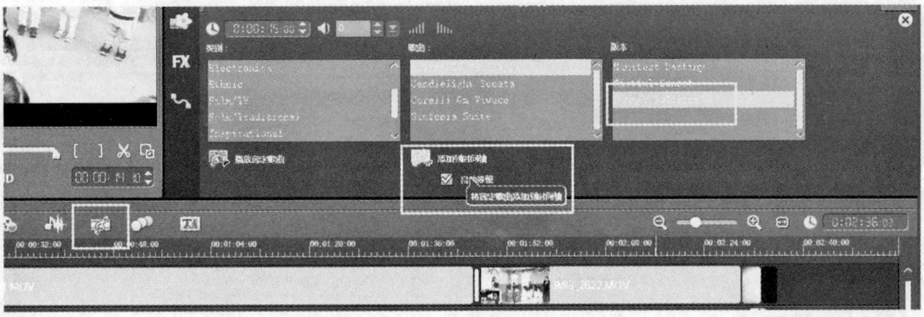

图 7－98 自动添加音乐

图 7－99 音乐素材轨道

（9）导出音乐。

选择“共享”，会出现导出视频的格式，如 AVI、MPEG、WMV、MOV 等，视频尺寸可以在右上角查看（见图 7－100），还可以通过“编辑”菜单下的“项目属性”进行调整（见图 7－101），调整后单击“确定”即可成功导出视频。

图 7－100 选择视频格式

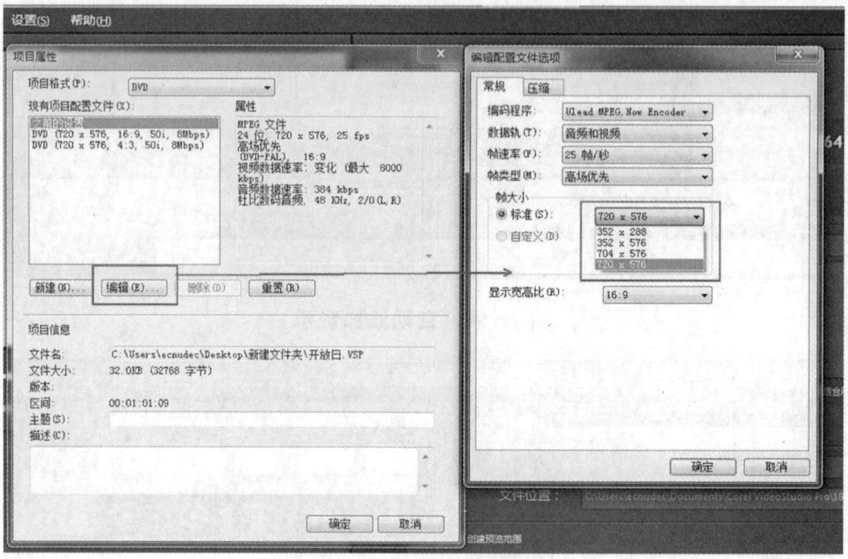

图 7-101　调整“项目属性”

四、拓展学习

1. 玩转会声会影 X8 的技巧

(1) 学会使用模板。

使用会声会影制作高水平的视频，可以借助专业素材网站上的模板。例如，登录傲视网 http://www.aoao365.com/ys/hshy，在傲视网上可以看到大量会声会影的模板素材(见图 7-102)，下载后，只需要替换模板中原有的图片或视频即可。

图 7-102　傲视网上的会声会影素材

（2）制作精确的动画。

会声会影的素材库里存放的和蒙版使用的都是透明的 Flash 素材，我们可以为会声会影覆叠轨道上的素材添加丰富的动画效果，选中覆叠轨道上的素材并在属性面板中单击“高级动作”，还可以自由控制对象的动作（见图 7－103）。

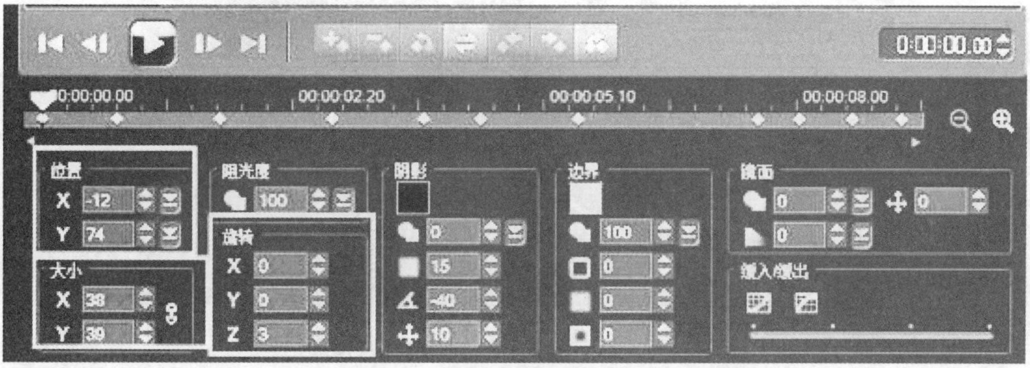

图 7－103　设置覆盖轨道素材的动作属性

会声会影 X8 新增的字幕特效是将标题转换为 Alpha 通道图像或动画，以创建时尚独特的标题样式。首先，预览并双击窗口，输入文字；其次，在标题轨道选中字幕，右击鼠标选择“将此帧转换为 PNG”，软件会自动将字幕变为 PNG 图片并存放到媒体库中，如图 7－104 所示。需要的时候只要将其移动到覆叠轨道中即可。

图 7－104　将字幕转换为 PNG

在标题轨道选中字幕，右击鼠标选择“转换为动画”，软件会自动将字幕变为动画存放在媒体库中（见图 7－105），之后需要的时候只要将其移动到覆叠轨道中即可。

图 7-105　将字幕变为动画存放在媒体库中

（3）利用好丰富的滤镜特效。

滤镜是会声会影的一大特色，现在在影视节目中可以看到越来越多的滤镜特效。它可以帮助掩盖拍摄造成的缺陷，让画面变得更生动，给用户一个美好的视觉感受。我们也可以自定义滤镜，用滤镜特效为不同的视频和音频设置各式各样的滤镜效果。

2. 几款视频剪辑 APP

使用手机拍摄视频之后，还可用手机直接剪辑视频，下面是一些当前常用的手机视频剪辑 APP：

（1）iMovie——制作你的专属电影。iMovie 的使用步骤如图 7-106 所示。

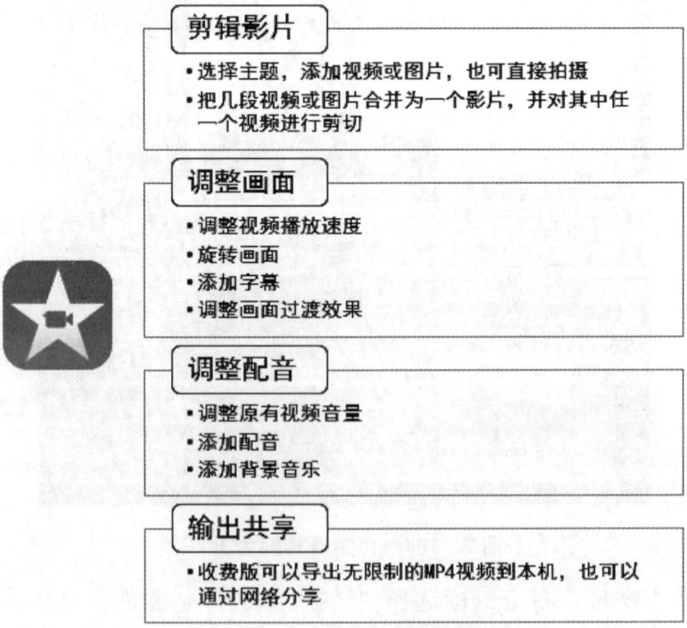

图 7-106　iMovie 的使用步骤

（2）完美视频——视频剪辑利器。

完美视频的使用步骤如图 7－107 所示。

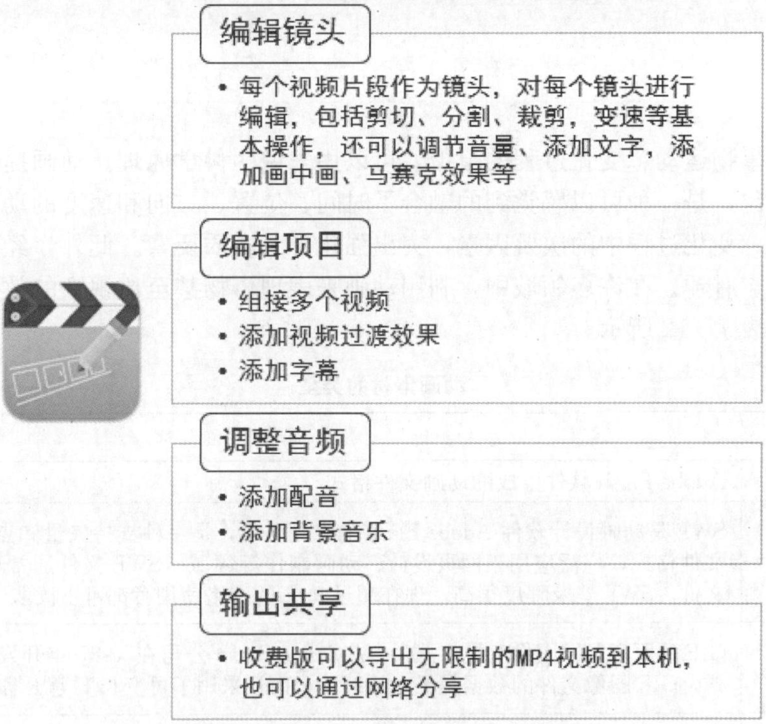

图 7－107　完美视频的使用步骤

（3）汇声绘影——制作酷炫电子相册。

“汇声绘影”与“会声会影”是两个软件，汇声绘影主要用于电子相册的制作，其图标和界面如图 7－108 所示。

图 7－108　汇声绘影的界面

第五节 动画素材的获取与处理

一、引言

动画是对事物运动、变化过程的模拟，可以用来说明科学原理。动画提供了静态图形缺少的运动景象，是一种可以感觉到的融合了时间、位置、方向和速度的动态媒体。它忽略了事物运动、变化过程中的次要因素，突出强化了其本质要素。此外，经过创造设计的动画更加生动、有趣。在许多领域中，利用动画来表现事物甚至比视频的效果更好。动画素材的类型如表 7－12 所示。

表 7－12 动画素材的类型

格式	简介
FLA 格式	Adobe Flash 软件生成的动画文件格式
SWF 格式	SWF 是动画设计软件 Adobe Flash 的专用格式，是一种支持矢量和点阵图形的动画文件格式，广泛应用于网页设计、动画制作等领域。SWF 文件通常也被称为 Flash 文件。SWF 普及程度很高，现在超过 99%的网络使用者都可以读取 SWF 档案
GIF 格式	GIF 的原意是“图像互换格式”，是 CompuServe 公司在 1987 年开发的图像文件格式。GIF 图像文件的数据是经过压缩的，而且采用了可变长度等压缩算法
AVI 格式	AVI 是对视频、音频文件采用的一种有损压缩方式，该方式的压缩率较高，并可将音频和视频混合在一起，尽管画面质量不是太好，但其应用范围非常广泛

在幼儿园中，使用动画素材开展教学活动更有利于激发幼儿的学习兴趣。趣味和创意是动画的两大特色，动画的交互性也是视频素材无法比拟的，这也是至今教师教学一直离不开动画素材的原因。

二、动画素材的获取

动画素材的格式为 .swf，获取动画素材与获取视频素材类似，海量的动画素材已经被转为视频素材传播于各大视频网站上，因此可以到视频网站去下载动画。除此之外，每个地域都有专门的教研素材网站，比如，上海学前教育网（http://www.age06.com/）就有大量的动画素材（见图 7－109），教师只要有账号就可以免费下载。

站长素材、傲视网等素材网站也有大量的 Flash 片头、片尾素材，但制作专业的 Flash 动画对教师要求过高，不如下载已有的动画。

三、快速制作动画

动画制作有二维动画和三维动画技术。网页上流行的 GIF 动画、Flash 动画是二维动

图 7-109　上海学前教育网素材网站

画。三维动画具有逼真的立体效果，创作相对复杂一些，我们见到的动画制作大片、电视广告片头、建筑动画等都要运用三维动画技术。

常用的二维动画制作工具有 Director、Animator Studio 和 Adobe Premiere。常用的三维动画制作工具有 3D Max、Autodesk Maya、Softimage、Ulead COOL 3D 等。

我们经常称动画为 Flash，因为大部分动画是用专业的 Flash 制作软件制作的。但我们不推荐教师使用专业的 Flash 制作动画，因为动画制作是一个需要密切配合的团体活动，个人制作往往耗费了大量精力也达不到理想的效果。常用的快速动画制作工具如下：

1. *皮影客——三分钟学会做动画*

皮影客是一个在线动画制作工具，将动画制作的过程模块化，分为场景、人物、动作等不同的模块。通过简单的操作将这些模块组合起来，就可以制作一个动画（见图 7-110）。幼儿园中的很多游戏活动需要教师创作个性化的动画，使用皮影客这个工具可以帮助教师快速地完成动画制作。教师只需要登录网站 http://pro. piyingke. com/，注册后即可制作动画，三分钟就能学会。

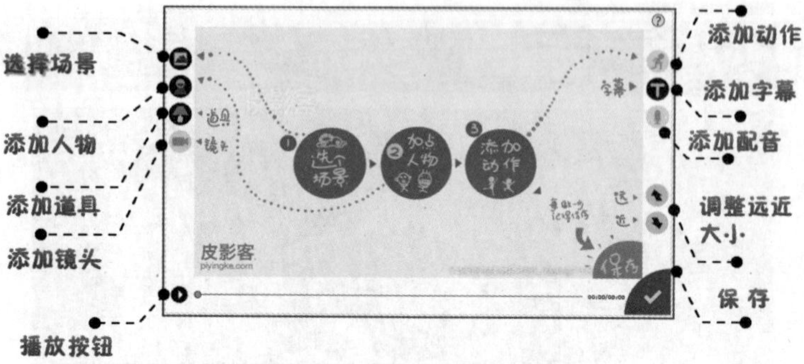

图 7－110　动画创作界面

2. VideoScribe

VideoScribe 以一种手绘的方式快速、轻松地创建引人入胜的动画或者视频。通过简单操作，我们便可以轻松地将多媒体对象添加到创意作品中，如手写文字、图画、照片、背景音乐、旁白等。VideoScribe 的创作界面如图 7－111 所示，VideoScribe 预览动画如图 7－112 所示。

图 7－111　VideoScribe 创作界面

图 7－112　VideoScribe 预览动画

3. Storyline

Storyline 是一款交互式课件制作工具，曾获得美国《培训》杂志“优秀模拟开发工具奖”、“最佳移动课件开发解决方案奖”和“最佳 E-Learning 开发工具奖”。它具有丰富的图像资源、强大的交互功能、直观的操作界面。我们只需要利用软件中的滑块、动作路径、时间轴、触发器、变量等功能，就能轻松构建一个有趣的互动动画，如拖拽式交互动画，且可以实现如单选题、多选题、判断题、拖拽式互动题等的制作（见图 7－113）。

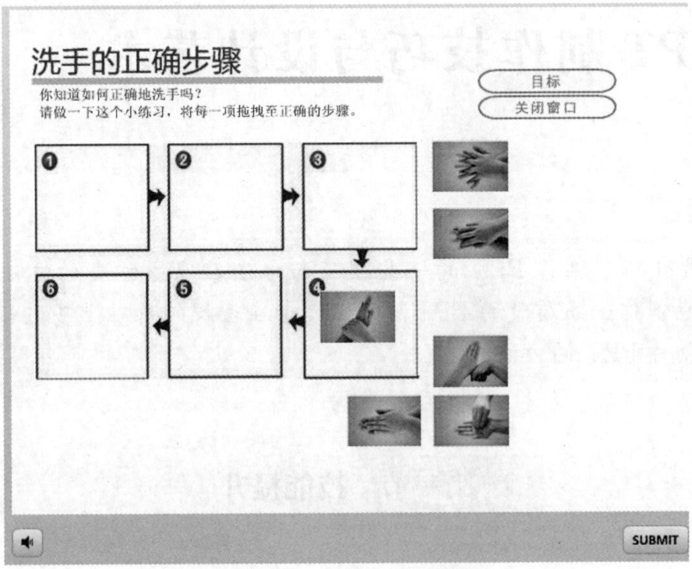

图 7－113　拖拽式交互动画

思考题

1. 在日常工作中，教师接触的多媒体素材格式有哪些？

2. 网络是多媒体素材的获取途径之一，请列出常用的素材网站。

3. （实践操作题，请提交作品）某幼儿园为了鼓励教师提升自己的多媒体课件制作水平，要通过微信投票开展“幼儿园多媒体课件评优”活动，每位教师要提供一个多媒体课件，并录制一段视频来说明课件的特色。要求如下：

（1）教学 PPT 图文并茂，动画合理。

（2）教学 PPT 图片素材风格统一、符合活动主题。

（3）录制的 PPT 介绍视频要声音清晰，视频画面要美观。

参考文献

[1] 祝智庭，闫寒冰．技术改变教学：中小学教师信息技术应用能力培训课程导学[M]．西安：陕西师范大学出版社，2015.

[2] 谢忠新．学前教育现代教育技术［M］．上海：复旦大学出版社，2013.

第八章

PPT 制作技巧与设计艺术

本章导读

这一章主要介绍了制作 PPT 的一些技巧与方法，以操作类的方法为主，主要是帮助教师高效地制作出高质量的 PPT。建议读者在理解的基础上多进行操作练习，从而更快地掌握制作 PPT 的方法。

第一节　技能提升

PPT 是 PowerPoint 的简称，是美国微软公司出品的办公软件系列的重要组件之一（还有 Excel、Word 等），是一款功能强大的演示文稿制作软件。PPT 主要是用文字、图形、色彩、音频、视频及动画等形式，将需要表达的内容直观、形象地展示出来。

随着技术的发展，PPT 在各行各业中已得到了广泛的应用，如用于工作汇报、企业宣传、产品推介、婚礼庆典、项目竞标等场合。在教育领域利用 PPT 辅助教学已成为一种常态，几乎所有教师都使用 PPT 来辅助授课。在教学中应用 PPT，一方面能够提高教学效率，在一定程度上节省教师写板书的时间，使教师有更多时间进行讲解、与学生交流等；另一方面能够优化教学效果，调动学生的积极性，让学生身临其境，引起学生的情感共鸣，使学生积极主动地投入课堂学习中去，积极地观察、思考、想象。因此，做好 PPT 是每个教师的必备技能。PPT 的制作一般可以分为菜鸟级、杂食级和肉鸟级三个级别：

菜鸟级：会使用模板，会插入图片，会更改文字的字体、间距等。

杂食级：会修改模板，会编辑图片，会使用图表工具制作简单的图表。

肉鸟级：会设计或改编模板来迎合主题；会自由改编图表，运用可视化逻辑；会创意使用图片和动画展现教学理念。

本章重点介绍制作 PPT 的方法和技巧。

一、受众分析

做 PPT 的目的是让受众明白想表达的内容，因此制作 PPT 时要以受众的需求为出发点。

（一）分析受众的需求

设计 PPT 的时候要学会分析受众的需求，将其作为出发点。

1. 分析受众的特点

教师做 PPT 主要应用于三个方面：一是教学，教学 PPT 主要用于辅助教学，可以增加课堂的趣味性，提高教学效率；二是说课，说课 PPT 用于教师设计教学课程、探讨教学实践，有利于不断修正与改进教学；三是汇报，汇报 PPT 用于教师向上级领导汇报工作情况，以调整与改进工作。应用不同，受众也不同，因此在制作 PPT 时要分析受众的特点（见表 8-1）。

表 8-1　PPT 受众分析对比表

PPT 类型	受众	关注内容	整体风格
教学 PPT	幼儿	趣味性 知识性	图文并茂 多媒体化
说课 PPT	同事	实用性	专业表达 案例说话
汇报 PPT	领导	价值点 问题解决	简洁明了 数据说话

2. 分析受众的学习风格

在分析完 PPT 的受众特点后，还要分析受众的学习风格。例如，做教学 PPT，受众自然是幼儿。在认知上幼儿更注重听觉和视觉，更喜欢多层次的视听结合的形式，喜欢色彩鲜艳、画面活泼和多媒体化的 PPT 页面，因此教师在 PPT 制作上要尽量根据幼儿的学习风格来设计。

（二）利用受众的共性心理

设计 PPT 的时候还要考虑受众的共性心理，学会利用这些共性心理为 PPT 添砖加瓦。受众的共性心理主要表现在以下三方面：

1. 爱简单

受众通常不会去关注与 PPT 内容无关的事物，因此，要避免 PPT 上出现多余的元素。制作 PPT 时应强调内容的萃取，尽量用最少的字数表达内容，可以通过分页或使用链接等功能来实现。

2. 爱读图

科学研究证实，图能帮助人更快地学习和记忆。在 PPT 制作时，要学会灵活使用图片，通过图片的形式更形象化地表现内容。用图文结合的形式，在一定程度上可以优化教学效果。

3. 爱变化

课堂教学中有一个实验测量了随着课堂时间的流逝学生注意水平的变化，业内将其称为“10 分钟法则”，具体实验结果如图 8-1 所示。

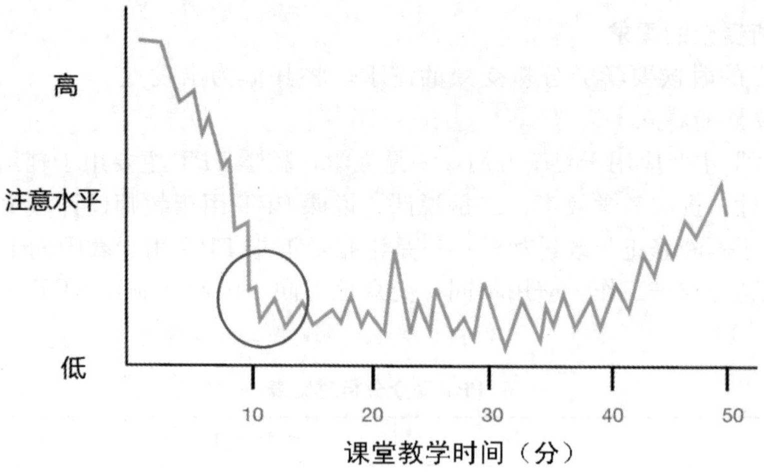

图 8-1　“10 分钟法则”实验结果图

通过图 8-1 我们可以发现，在课堂开始的 10 分钟内，学生的注意力水平是不断下降的，10 分钟以后学生的注意力则维持在一种较低的水平。因此，在幼儿教学中，为了不使幼儿的学习注意力转移，通常通过新的活动形式进行教学干预，比如，通过让幼儿观看一个视频、给幼儿讲一个故事或案例、组织幼儿做一个活动等来吸引幼儿的注意力。

二、提升效率

为了配合幼儿的认知，教师一般都会采用 PPT 进行辅助教学，以吸引幼儿的注意力，优化教学效果。在初步进行受众分析后，教师就要正式开始制作 PPT 了，那么如何提高 PPT 的制作效率？提高 PPT 制作效率的正确操作是什么？

要提高 PPT 的制作效率，要满足三个条件：电脑配置高、软件版本高、操作水平高。电脑配置越高，运行就越流畅，PPT 制作效率也就越高；软件版本越高，功能就越丰富，技术门槛越低，因而制作效率越高；操作水平越高，操作就越熟练，制作效率就越高。下面来介绍制作 PPT 的正确步骤：

1. 快捷菜单的使用

打开 PPT，左上方有一排快速访问工具栏，如图 8-2 所示，很多新手有时会忽略这个工具栏。需要注意的是，快速工具栏很方便，教师可以根据自己的需求进行设置，将常用的功能键放置在工具栏。单击工具栏的向下箭头会显示工具栏的完整内容，其中打钩的已经设置在快捷菜单中（见图 8-3），还可以根据自己的需要添加。如果还需要更多的工具，单击“其他命令”，会出现如图 8-4 所示的画面，教师同样可以根据自己的需要进行添加或删减。

图 8－2　快捷工具栏

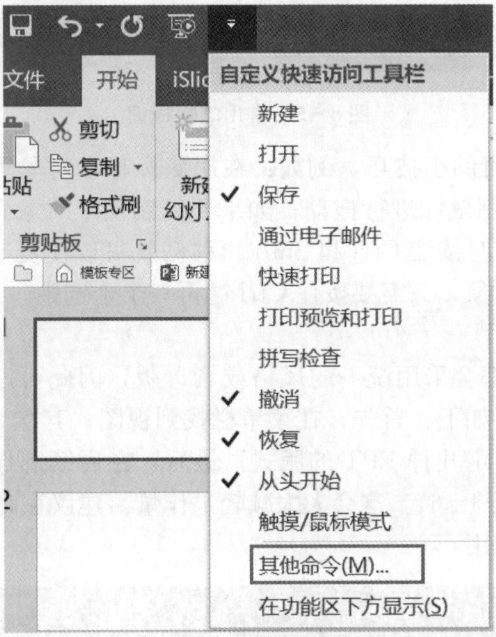

图 8－3　自定义快捷菜单栏设定（1）

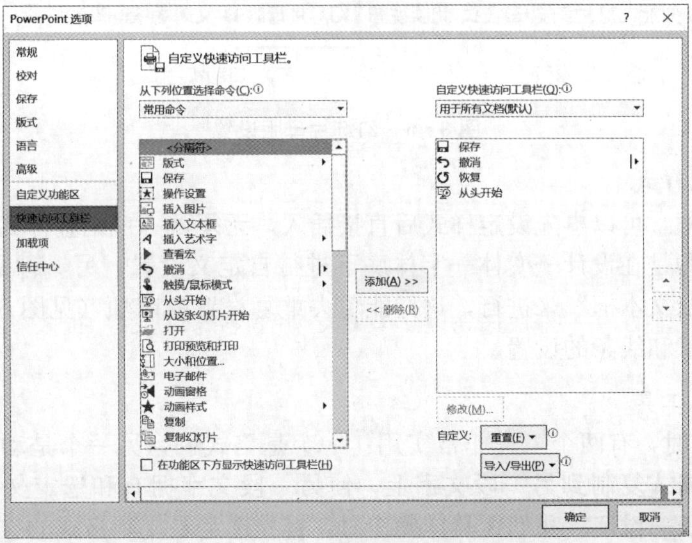

图 8－4　自定义快捷菜单栏设定（2）

2. 快捷键的使用

使用快捷键可以简化操作，常见的快捷键如图 8－5 所示。

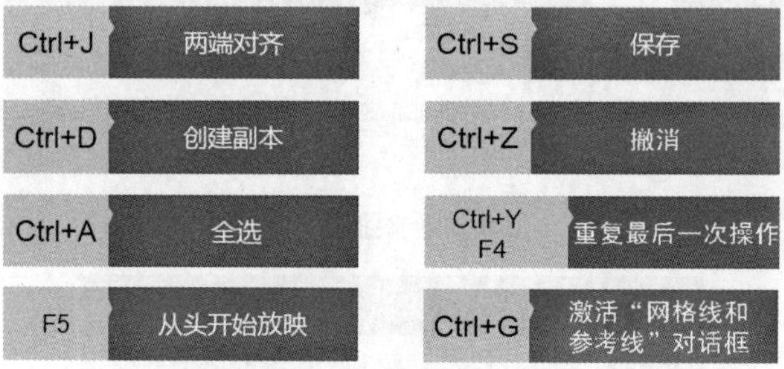

图 8－5　常用的快捷键

还有一些制作 PPT 时的小技巧，例如：在用鼠标移动对象时，若只需要垂直或水平移动，可按住 Shift 键再用鼠标进行拖动；如果要复制某个对象到指定地方，只需要按住 Ctrl 再移动即可实现，同时按住 Ctrl 和 Shift 再移动就可以使复制的对象和原对象垂直或水平；想要选中分散的对象，只需要按住 Ctrl 键再一个个选中。

3. 批量排版

在制作 PPT 时一般都会采用统一的风格或者母版，因此可以采用幻灯片母版功能来进行批量排版。具体步骤如下：首先，在菜单栏找到视图；其次，找到幻灯片母版，进入后可以根据自己的需求设定几种 PPT 的版式；最后，在后续制作时只要套用这些版式并稍做修改就可以了（见图 8－6）。这会大大减轻工作量。建议在制作 PPT 之前多设置几种母版的版式，方便后续使用。

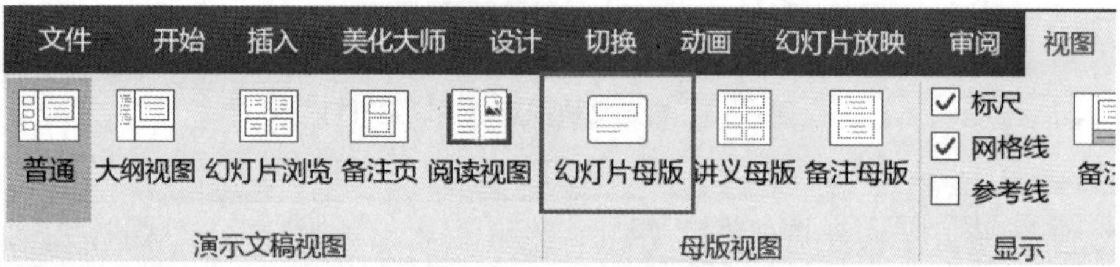

图 8－6　幻灯片母版设置

4. 设置默认样式

要插入文本框，可以事先设定样式后直接插入，无须再一一调整样式。设置默认样式有两种方式：一种是在设计—变体—字体底下进行自定义设置；另一种是利用右键菜单，通过“设置为默认文本框”来进行，这样能免去重复设置的麻烦（见图 8－7）。这两种方法同时适用于形状和线条的设置。

5. 使用特殊工具

在制作 PPT 时，有两个工具非常实用：一个是格式刷，另一个是动画刷。格式刷可以将选定文字的格式复制到另一段文字上，使另一段文字拥有和选定文字相同的格式属性，便于格式的统一设定。我们在具体操作时，首先选定要复制格式的文字，用鼠标左键单击工具栏上的格式刷图标复制选定的文字格式，复制完格式后，再用鼠标左键选定要修

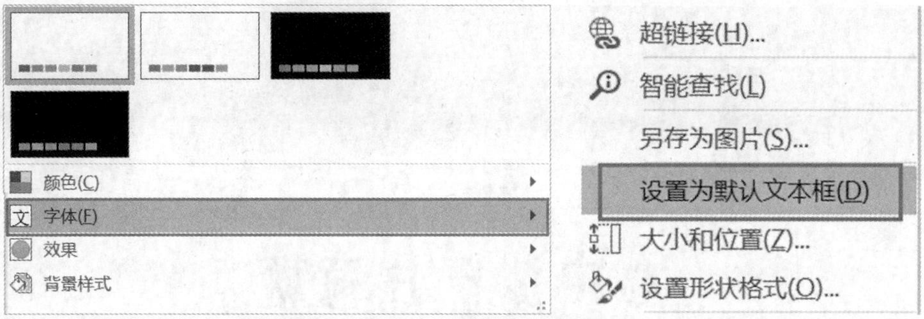

图 8-7　利用右键菜单设置默认样式

改的文字，放开鼠标左键后，段落格式就会复制到要修改的文字上了。动画刷可以将选定对象的动画复制到另一个对象上，操作方法同格式刷相似。格式刷和动画刷的界面如图 8-8 所示，学会灵活运用这两个工具，在制作 PPT 时就会事半功倍。

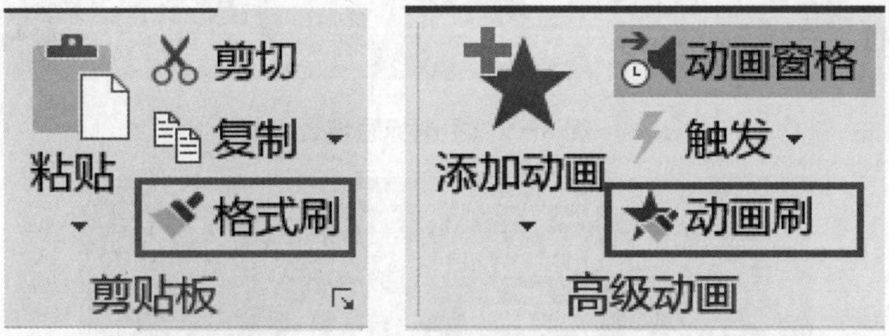

图 8-8　格式刷和动画刷的界面

三、内容设计

在内容上进行相应的设计，需要注意以下两方面的问题：

（一）内容要清晰可见

1. 使标题精练

标题是内容的概括，好的标题能让人有仔细阅读的欲望，而冗长烦琐的标题会让人失去阅读的兴趣。标题最基本的要求是清晰明了，一般采用易记、概括力强的短语，当然也可采用完整的句子。无论何种形式，一定要使标题精练，以增强可读性。若是标题内容过多，建议采用主副标题相结合的形式，如图 8-9 所示。

2. 突出关键信息

在内容上一般都会有关键信息和次要信息之分，关键信息是希望受众能记住、理解的部分，因此在制作 PPT 时要有意识地突出关键信息。关键信息一般用颜色和字号加以突出。有一个突出关键信息的方法叫作“高桥法”——日本工程师高桥强调用极端简单的方法呈现文字。他认为，采用极大的字体在屏幕中央来突出 PPT 中的关键词，有极强的视觉冲击力，让人难忘（见图 8-10）。这一方法可以在部分页面上借鉴使用。

图 8-9 主副标题结合

图 8-10 “高桥法”的应用

3. 剥离次要信息

教学 PPT 一般内容和文字较多，但是布满文字的 PPT 可读性较差，因此我们只能采用剥离次要信息的方式来精简 PPT，使内容更加清晰，也更方便受众的记忆和理解，如图 8-11 所示。

可以用表格的形式提炼信息，将次要信息剥离，使整个页面更清晰。

（二）内容要容易理解

1. 建立逻辑结构

PPT 在内容排版上一般都采用以下逻辑结构（见图 8-12）。

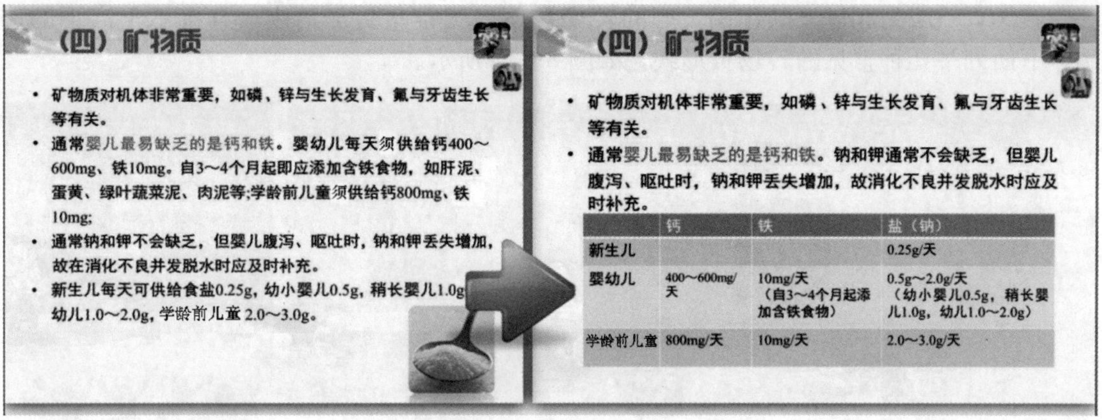

图 8-11　剥离次要信息

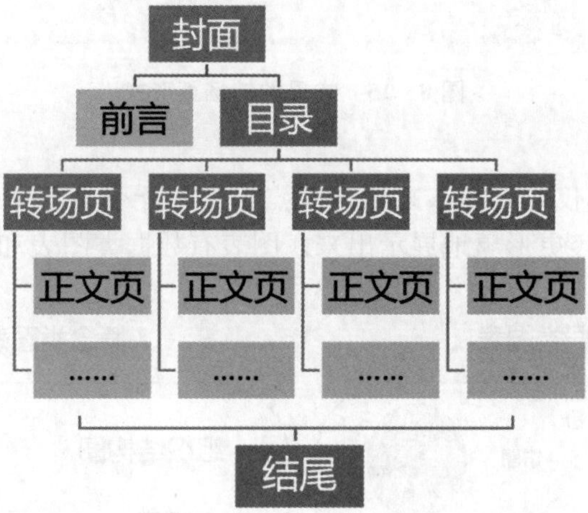

图 8-12　PPT 逻辑结构

为了增强逻辑性，可以在 PPT 设计中增加目录和转场页，这两者会使整个 PPT 结构清晰、逻辑鲜明。目录是对 PPT 内容的简要梳理，能让人在一开始就对主要内容有清晰的认识，尤其是对于内容较多的 PPT，目录是必不可少的。目录一般有两种形式，一种是列表型（见图 8-13），一种是图文型（见图 8-14）。

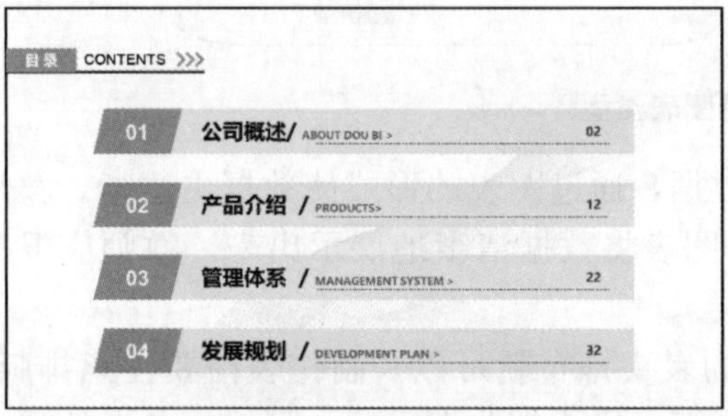

图 8-13　列表型目录

图 8-14　图文型目录

转场页一般是起过渡的作用，好的转场页使内容排布更加清晰，具有承上启下的作用。下面列举几种常见的转场页形式，如图 8－15 所示。

图 8－15　常见的转场页形式

2. 要点图表化

在制作 PPT 时，不仅要靠文字来传达观点，还要让受众形象地理解内容，因此要学会运用图表的形式使内容更形象地展示出来。图表有数据类图表和概念类图表两种，如图 8－16 所示。

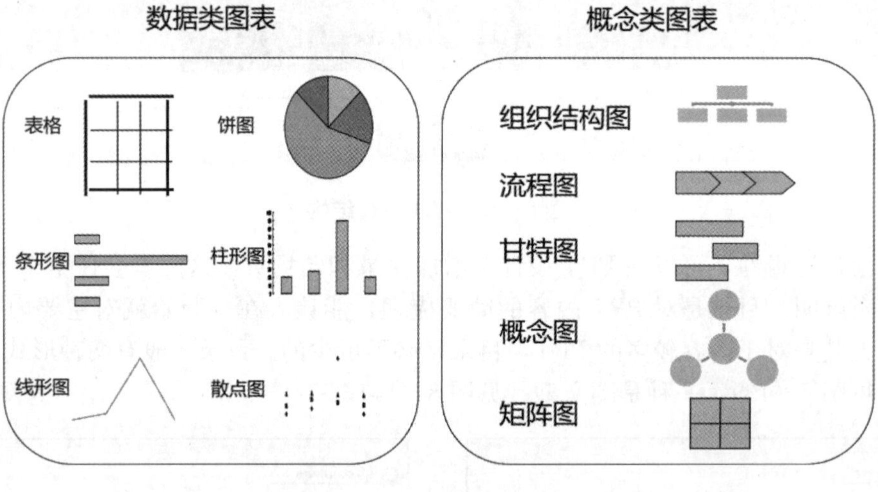

图 8－16　常见图表类型

一般情况下，数据类图表更多地用于呈现数据，通过图表的形式使数据更清晰。教师在上课时可能会用到数据，在 PPT 中可以利用图表将数据清晰地展示出来。教师应根据自己的需求来选择合适的图表。

一般表格都大同小异，根据数据选择合适的表头排布就可以。制作表格要注意排版，字体的类型、大小、格式以及单元格的大小、边框、格式都非常重要，可根据各自的需求进行相应的调整。在颜色的选择上尽量和主题颜色相一致，不要过于鲜艳，要注意区分文字颜色和背景颜色。

制图时选择什么样的类型，是和数据的形式密切相关的，不同类型的图适用于不同的数据。选择图形的基本原则有：

（1）独立性的数据用柱状图、条形图或雷达图。

（2）连续性的数据用折线图、面积图或直方图。

（3）构成比例的数据用百分比柱形图、条形图，或者饼图。

（4）成对的数据用散点图或气泡图。

图的制作要尽可能简化，以达到清晰明了的效果。图中横纵坐标的意义以及不同类型的图所要表现的内容和意义要明确，图中各元素间的关系要准确体现。图的背景尽量使用白色或透明色，或根据实际应用的场景进行调整，切莫选择太过于鲜艳的颜色。图中尽量不使用网格，不使用边框线，以使图更美观。图例周围尽量不要加边线，图例要放在显眼的位置。给图加上标题时，标题位置在图下方并水平居中。选择数据图的颜色时要遵循主、辅、备顺序以及浅色和深色搭配的原则。

无论是图还是表格，都是为了使数据更直观地显示出来（见图 8－17），切莫为了美观而刻意将图和表格放置于不合适的位置。

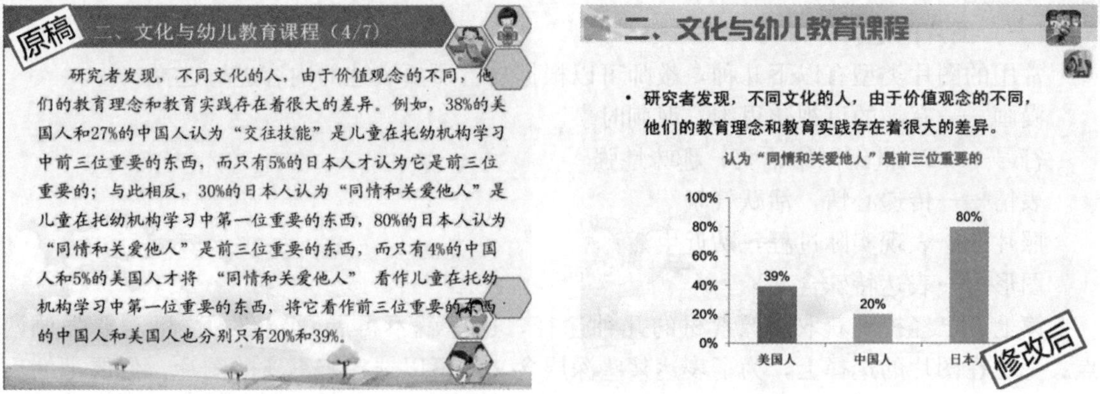

图 8－17　数据类的图

而概念类的图表多是呈现内容上的逻辑性，如图 8－18 和图 8－19 所示。

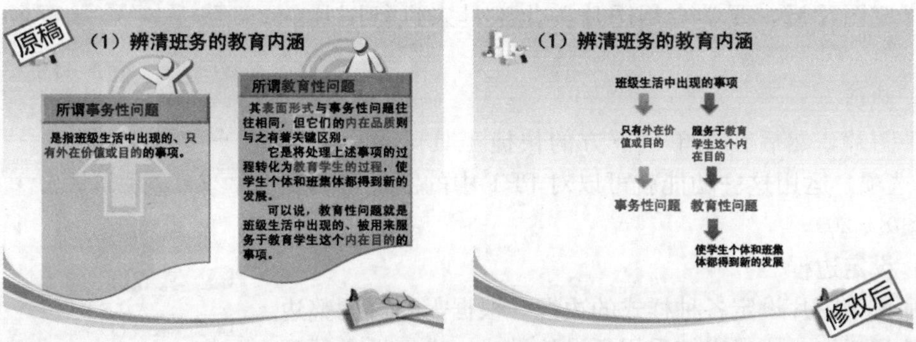

图 8－18　概念类的图（1）

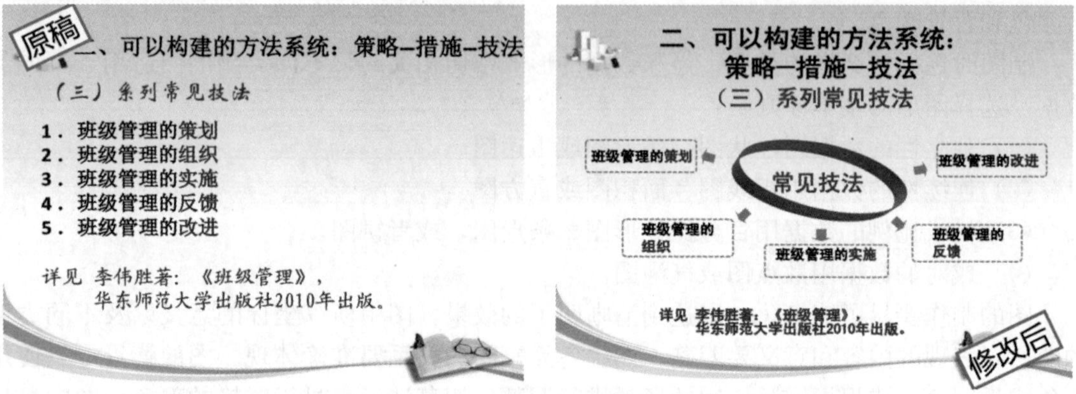

图 8－19 概念类的图（2）

四、图片的选择、处理与排布

在 PPT 中使用图片已成为一种常用的表达方式，图片不仅仅只是一种点缀，而是思想的可视化。

（一）图片的选择

常用的图片类型有以下几种，教师可以根据自己所要表达的内容进行选择。

漫画——有趣的可视化思维，讽刺时事

符号——21 世纪网络语言，趣味性强

表情——传递心情，活跃气氛

照片——表现实际过程，贴近生活

图形——表达特殊含义

第七章已经提到获取图像素材的几种途径，这里就不再展开介绍。这里需要强调两点：一是在图片的选择上，为了表达某些深层含义，可以选择有寓意的图片，但要把握尺度，不能使受众感到文不对图；二是要尽量选择有视觉冲击力的图片，用强烈的对比抓住受众的眼球，让受众投入其中，这一点尤其适用于 PPT 的开头部分。

（二）图片的处理

选择完图片后，要学会用图片美化工具来进行图片的处理。

（1）裁剪。

选中图片，然后在菜单栏下方的快捷工具区可以看到“裁剪”选项，运用这一功能就可以对 PPT 中的图片进行裁剪（见图 8－20）。

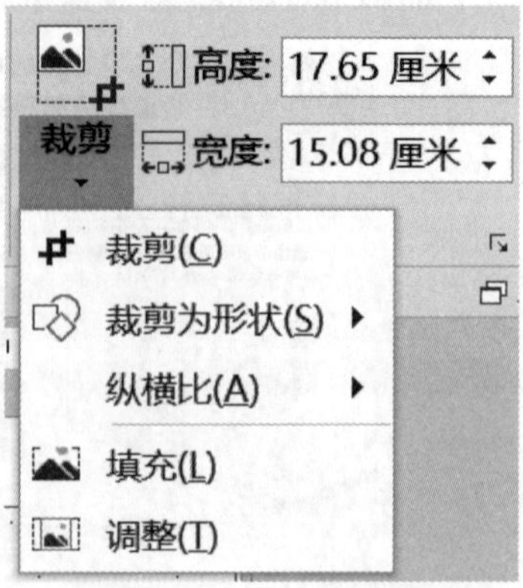

图 8－20 裁剪功能

（2）设定边框。

教师可为图片设定各种样式的边框，根据需要可调整边框的颜色和粗细；或者直接采用预设的样式，进行批量处理（见图 8－21）。

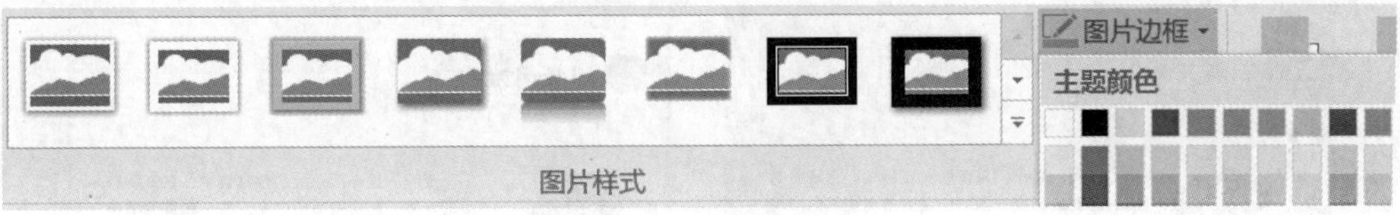

图 8－21　边框设定功能

（3）设定效果。

教师可为图片设定效果，系统预设了几种类型可供选择（见图 8－22）。教师可根据自己的需要进行相应的调整。

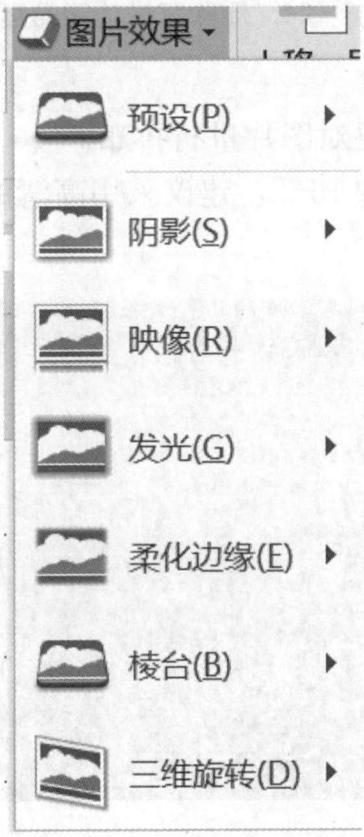

图 8－22　图片效果设定功能

（4）调整。

从网上下载的图片可能在色调上不符合模板的主题，教师可以进行相应的调色，还可以在艺术效果里将其处理成特殊照片，如胶片、玻璃等（见图 8－23）。

图 8－23　图片调整功能

这里要特别强调删除背景这一功能。教师如果不想要某张照片的背景，可以借助删除背景这一功能对照片的背景进行删除（见图 8－24）。

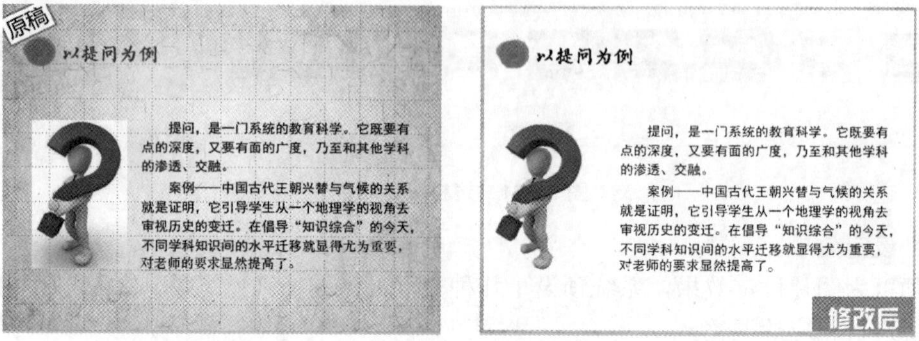

图 8-24　删除背景功能的运用

（三）图片的排布

在选择和处理完图片后，还要对图片进行排布。

一般情况下，如果是全图型的 PPT，建议采用高清的壁纸，可以用透明背景来强化标题（见图 8-25）。

图 8-25　透明背景强化标题

在多图的排布上，应遵循画面平衡的原则，平衡可通过统一和突出来表现。统一包括：统一类型，比如选择漫画就应该都选漫画，选择照片就应该都选照片，不建议混搭图片；统一位置，即使图片在页面上排布的位置平衡，遵循一定的规则；统一大小，即统一图片的大小、边框的粗细等；统一颜色，即采用有适当的色彩对比的图片，以使 PPT 效果更好（见图 8-26）。

图 8-26　多图排布

五、动画设计

动画设计在PPT中起着至关重要的作用，表现在以下三个方面：一是可清晰地表现事物之间的关系，比如可通过设置元素出现的先后顺序来表达某种逻辑关系；二是可通过控制动画的出现来配合演讲内容；三是可增强效果表现力，即绚丽的动画效果可增强PPT的表现力，以达到吸引眼球的目的。在教学PPT中，动画设计更多是用来控制教学内容呈现的顺序以及突显教学的关键内容。

PPT中的动画包含进入、强调、退出和动作路径四种效果。其中“进入”是指通过动画方式让效果从无到有；“强调”是指对象已经存在，通过大小、颜色、位置等发生变化来起强调的作用；“退出”是指通过动画方式让效果从有到无；“动作路径”是指使已有的动画沿着指定路线发生位置移动。在实际操作中，教师只需选择要添加动画的对象，在动画选项中选择合适的效果添加，同时要设置动画的开始方式、持续时间、延迟和效果选项等方面的参数。

1. 动画的形式

动画一般有以下五种形式：

（1）开场动画。

开场动画用于PPT的开头，以吸引学生注意，引出演示主题。开场动画一般采用淡入、跳跃等比较明显的动画形式。图8－27使用了人物跳跃、Logo淡入等动画形式来制作，显得非常有活力。

（2）转场动画。

转场动画一般用于目录的展现和章节的过渡，可衔接前后内容，可用场景的变换、动感的跳跃、图形的拼合、主题的再现等形式。这样既可以让学生注意到下一知识点，也可以让他们回顾前面的知识点。转场动画一般采用进入、淡出、放大或缩小等动画形式。图8－28在目录页用了转场动画，以动画的形式来展示目录，使目录条理化，并且更加清晰。

图8－27 开场动画

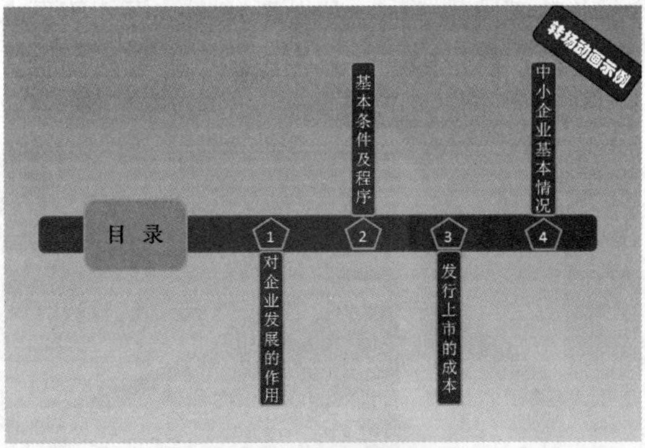

图8－28 转场动画

（3）情境动画。

情境动画较为形象生动，充满趣味，可以让学生充分理解授课内容。虽然情境动画在制作上有难度，但能很好地展示知识，接近于情境化教学。图8－29将所有人物都放在一个办公室内，通过逐个出现人物及人物简介的形式来介绍每个人，生动形象，很有创意。

图 8－29　情境动画

（4）修饰动画。

修饰动画一般用于点缀画面，避免画面的呆板和枯燥。修饰动画对教学表现或节奏的影响不大，但是能丰富 PPT 的内容，使内容更富有吸引力（见图 8－30）。

图 8－30　修饰动画

图 8－30 用旋转的樱花来代替字母“O”，使画面整体上更丰富，更有趣味性，不那么呆板。

（5）结尾动画。

结尾动画一般有三种形式：一是提示结束，相当于是一种谢幕告别；二是总结内容，一般与开场动画相呼应，总结本堂课所讲述的重点内容，起到提纲挈领的作用；三是升华主题，一般采用提出问题、引人深思的形式来给学生留下深刻的印象。图 8－31 就相当于总结内容，通过强调本堂课的重点内容，来作为教学的结束。

图 8－31　结尾动画

2. 制作动画应遵循的原则

在了解了几种常见的动画类型后，在制作动画时还应遵循以下几个原则：

（1）醒目原则。

醒目原则强调的是，在主次动画的搭配上一定要合理，对于重点内容，可以适当夸张，但切莫过度。规模动画可以震撼人心，但是在教学上还是尽量少用。

（2）自然原则。

动画的设置要自然，要符合正常的逻辑，且要与内容相贴合。应做到该动则动，该静则静；该进则进，该退则退；该快则快，该慢则慢；该直则直，该转则转。总之，动画的设置一定要有规律可循，例如，背景是由远到近的，那么事物就应该是由小到大的。

（3）简洁原则。

动画的设置切忌拖拉、烦琐，动画要有必要，要为教学服务，数量多、色彩绚丽的动画形式有时并不能有效地促进学习，反而会成为累赘。动画的作用是添砖加瓦、画龙点睛，而不是画蛇添足。

（4）适当原则。

动画的设置不能过多，一定要适当。要根据实际情况来设置动画，不能让动画喧宾夺主。动画效果要符合教学内容的特点、符合学生的特点、符合所要表达的主题。在什么情况下适合使用动画来展现内容？

1）展现原理，即用动画将难以描述的原理、过程、逻辑等在学生面前展示。比如，展现枪械的原理，用动画的形式可清晰地展示（见图 8－32）。

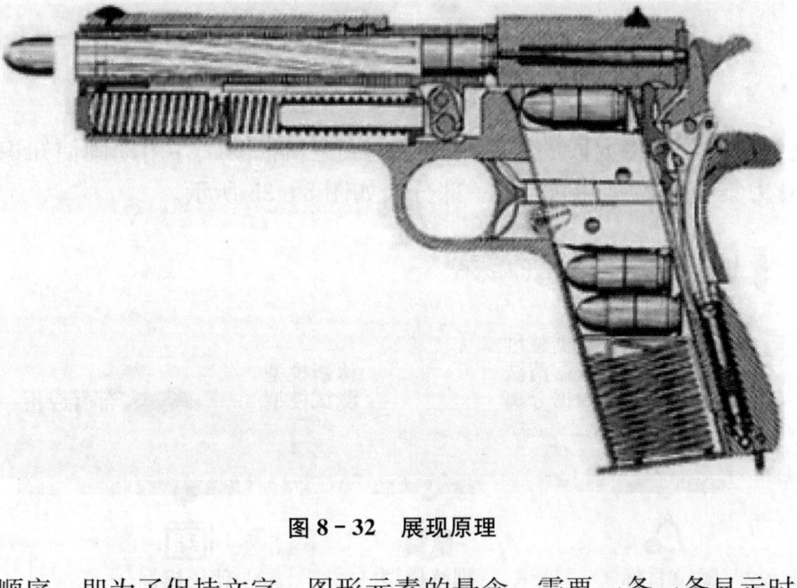

图 8－32　展现原理

2）表现顺序，即为了保持文字、图形元素的悬念，需要一条一条显示时就可以采用动画的形式。如图 8－33 所示，对比两种方式，上面一排采用的是三个不同页面的形式，下面一排采用的是动画的形式，使内容一条一条出现并突显关键信息。从下图的对比中可以知道，动画的形式既能表现顺序，又能清晰地表达内容。

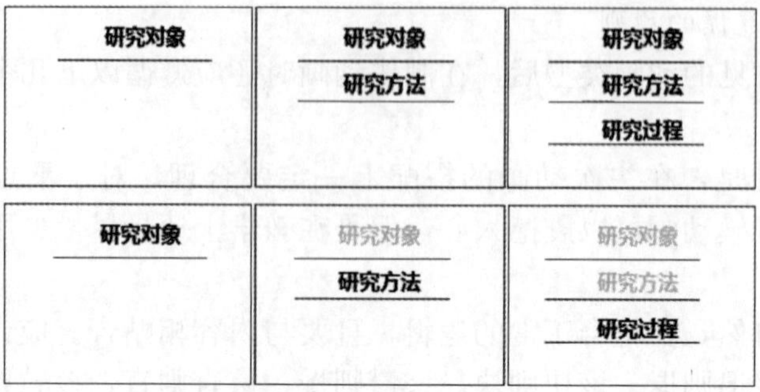

图 8-33　表现顺序

3）强调知识点，即用合适的方式让希望强调的重点内容动一动，能吸引学生的注意力。如图 8-34 所示，对第二季度不仅用了不同的颜色，还可以用动画使其动起来，如加了跷跷板的强调效果，来表现它的不同之处。

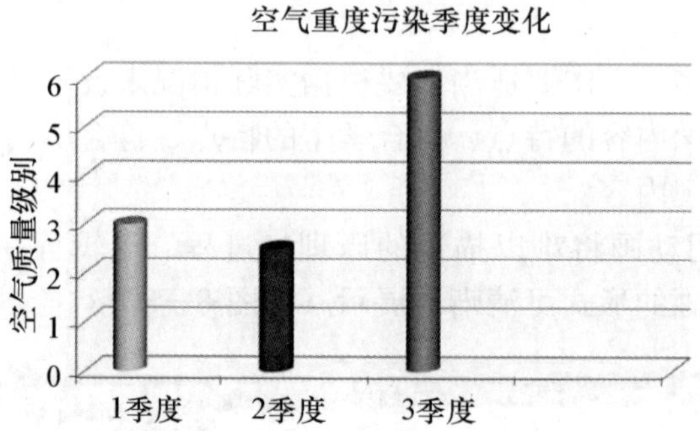

图 8-34　强调知识点

4）简化知识点，即将大段的文字内容简化成逻辑框图，并用动画使知识点逐一呈现，将学生的注意力集中到教师讲解的那一部分，如图 8-35 所示。

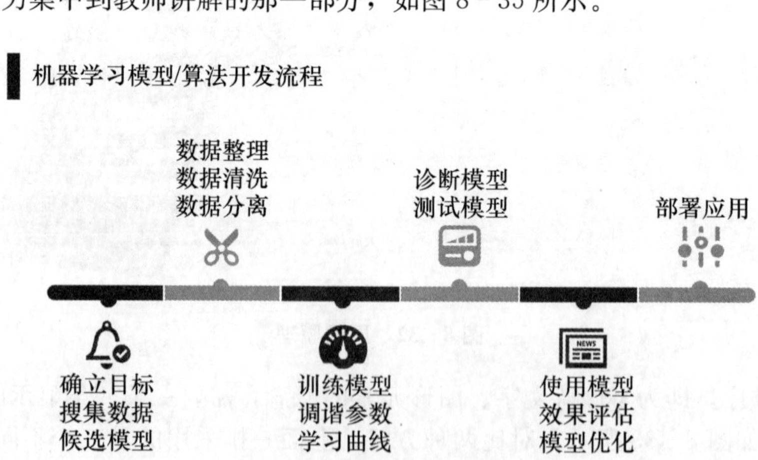

图 8-35　简化知识点

(5) 创意原则。

创意是无规律可循的，只能靠自己不断摸索，不断实践，但是创意又是非常重要的，正因为有了创意，动画才能千变万化。创意可以从新、巧、趣、准四方面拓展开来。

新——出其不意，新鲜的东西往往是富有创造性的。

巧——动画设计巧妙，使 PPT 演示变得生动。

趣——趣味性，将有趣的东西融入动画设计之中。

准——精准的动画才能更好地表达演示者的思想。

第二节　艺术设计

PPT 具有很多优点，如制作相对容易、能实现资源共享、形式多样、变化灵活、界面丰富、可以促进学生互动、能提供多样化的资源等，因而在教师的教育教学活动中得到了广泛应用。虽然 PPT 只是教师教学的辅助工具，但是 PPT 的设计仍然很重要。设计合理的 PPT 能为教学服务，为学生提供更为丰富的学习体验；反之，设计不合理的 PPT 既无法服务教学，又会影响学习效果。因此，教师需要重视 PPT 的艺术设计，掌握艺术设计方面的技巧，使制作的 PPT 更好地服务教学、辅助教学。

一、制作 PPT 常见的误区

PPT 制作的常见误区有以下七个方面：

(一) 滥用模板

目前，教师在制作 PPT 时大多会使用已有的模板，但是要注意 PPT 模板必须和内容相协调，简单的拿来主义不可取。一定要根据教学的内容、学生的特征来选择合适的模板，切莫为了追求好看而选择不恰当的模板。滥用模板图如图 8 - 36 所示。

图 8 - 36　滥用模板图

图 8 - 36 所示的模板明显与主题——升力并无关系，而且整体风格也与主题不搭，使用这种不恰当的模板背景反而不利于阅读。即使风格比较贴近主题，也不能将模板直接拿来使用。应尽量找到无论是在内容上还是在风格上都与主题相匹配的模板，比如，将图 8 - 36 中的模板改成图 8 - 37 所示的模板会更合适。

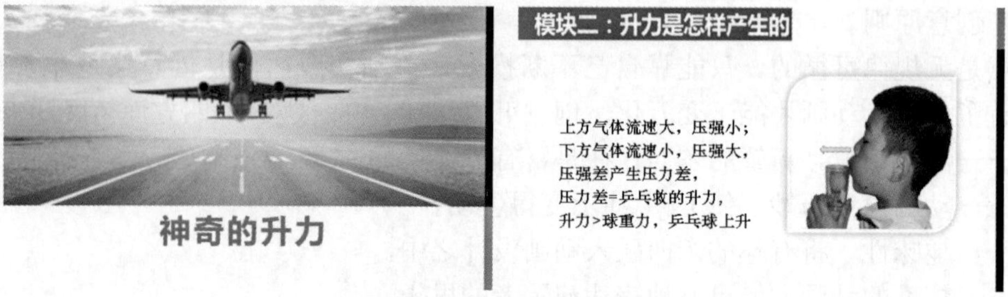

图 8－37　滥用模板图修改后

（二）文本冗余

在制作 PPT 时，切勿在 PPT 上放太多文字，把 PPT 当成 Word 来使用。大篇幅的文字堆砌会造成阅读的困难，且使内容显得没有主次，没有重点（见图 8－38）。所以，教师在制作 PPT 时一定要注意避免文本冗余，只提取并呈现必要信息即可（见图8－39）。

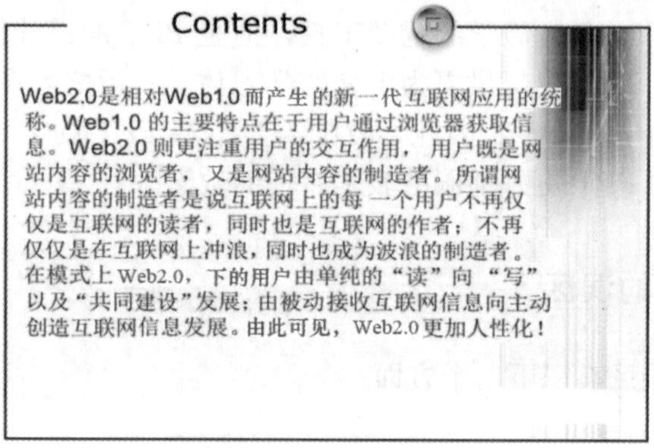

图 8－38　文本冗余图

图 8－38 所示的页面明显文字过多，且没有重点，不利于阅读，也不利于理解重点知识。因此在这种文字过多的情况下要学会提取关键词，列出重点信息，图 8－38 改成图 8－39 所示的这样则会清晰很多。

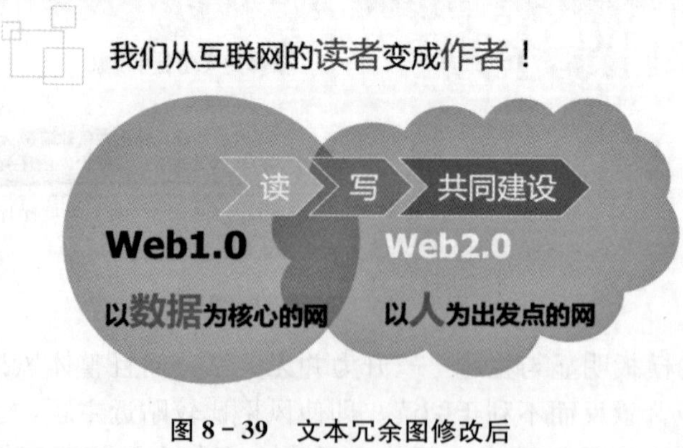

图 8－39　文本冗余图修改后

（三）风格迥异

PPT 在制作之初就应该确立其风格，在制作的过程中要保持前后统一，避免出现前后风格大相径庭的现象，否则 PPT 会非常混乱，不利于教学的开展。风格迥异图如图 8－40 所示。

图 8－40　风格迥异图

图 8－40 所示的两张图片风格迥异，左边是透明底的 PNG 格式的卡通图片，右边是普通的照片。右边的照片没有统一的主题色，而且颜色种类过多。避免风格迥异有三种方法：一是统一字体，同一个页面所用的字体尽量不要超过 3 种；二是统一颜色，尽量按照预设的主题色配色；三是统一图片风格，避免卡通图和照片的混搭。将图 8－40 右边的照片改成图 8－41 所示的形式可使图片风格一致，清晰整洁。

（四）配色不当

PPT 制作时要避免出现配色不当的现象。PPT 的配色一定要清晰，要将背景色与字体颜色区分开，常见的清晰配色有黄黑、黄紫、红白、咖黄、蓝白等，而不清晰配色有黄白、黄橙、红橙、咖绿、蓝黑等。要尽量少用渐变色，否则很容易掉进颜色的陷阱中。颜色的使用一定要与环境相融合，只有配合得当，页面才能呈现最佳的视觉效果。配色不当图如图 8－42 所示。

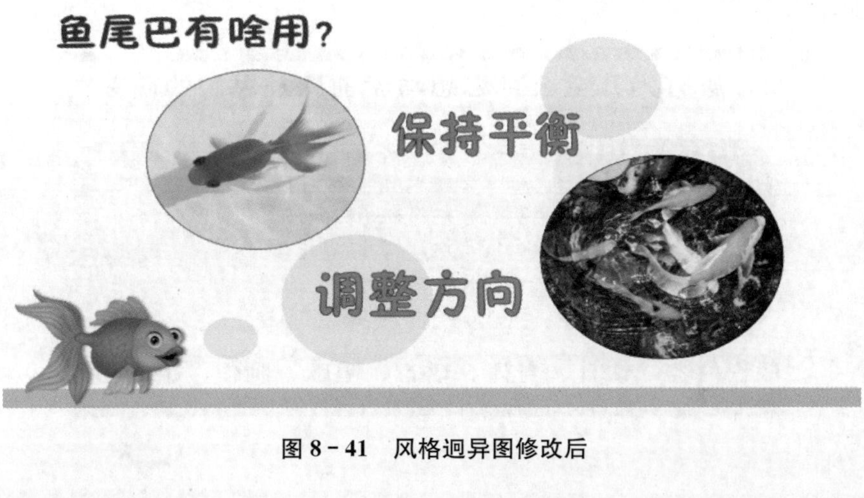

图 8－41　风格迥异图修改后

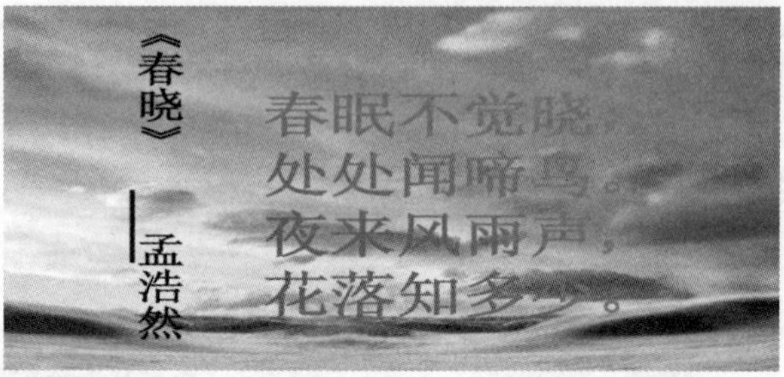

图 8-42　配色不当图

图 8-42 所示页面的配色明显不合适，背景与字使用的颜色太过接近，使页面缺乏可读性，改成图 8-43 所示的这样会更有利于阅读。配色不当图修改后如图 8-43 所示。

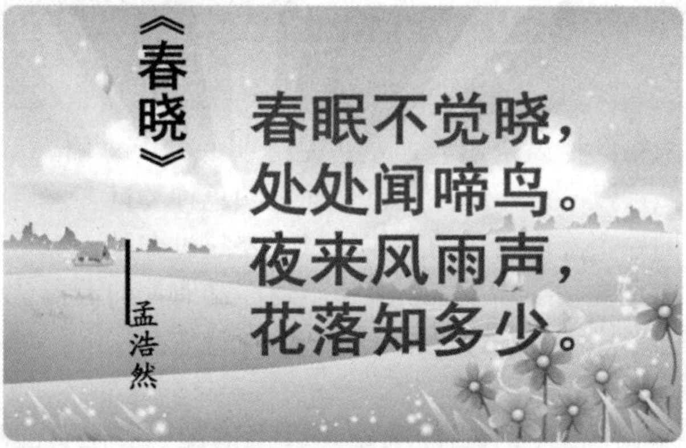

图 8-43　配色不当图修改后

（五）内容逻辑混乱

在 PPT 内容的呈现上，一定要避免内容逻辑不清晰。教师在制作 PPT 时要注意提炼内容，然后整理逻辑，可使用 SmartArt 图形来使内容逻辑条理。内容逻辑混乱图如图 8-44 所示。

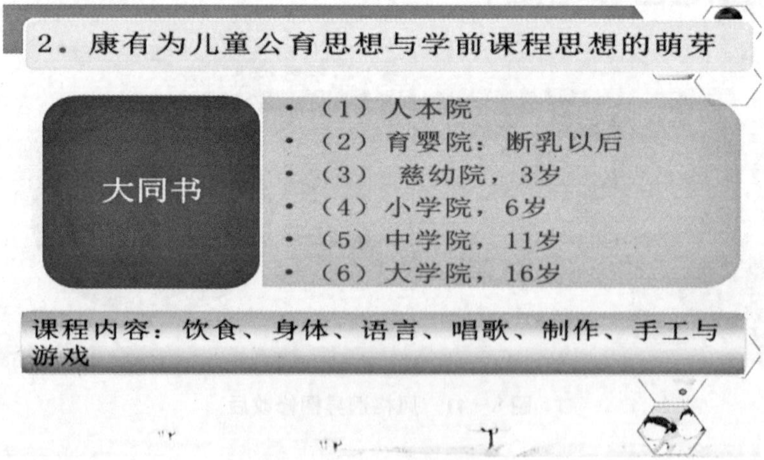

图 8-44　内容逻辑混乱图

图 8-44 所示的页面在内容的排布上分了太多层次，内容逻辑混乱，改成图 8-45 所示的这种形式会更清晰。内容逻辑混乱图修改后如图 8-45 所示。

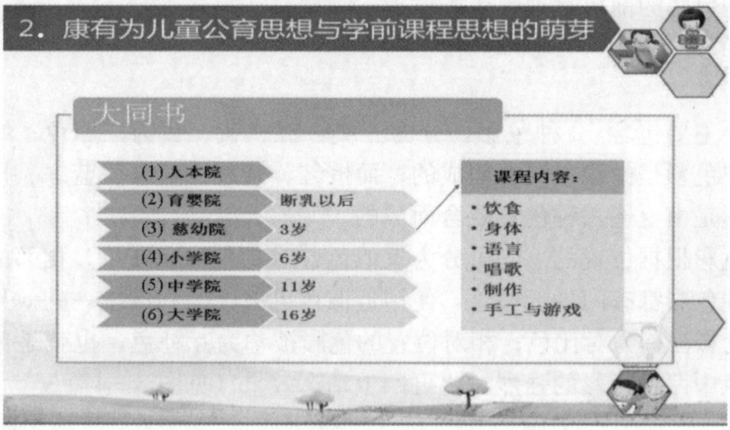

图 8-45 内容逻辑混乱图修改后

（六）文不对图

PPT 的制作离不开图片，但图片不是点缀，是对内容的补充。所有的图片都是为主题和内容服务的，要防止出现文不对图的现象。在如图 8-46 所示的页面中，立方体与小女孩并没有任何关系，将小女孩放在这一页面上显得格格不入，建议删除小女孩，这样能使整个页面更清晰。

图 8-46 文不对图

（七）动画不当

特效动画能够生动地呈现 PPT 的内容，但是动画的设置也要遵循一定的规律。设置动画要注意形式、方向、顺序和节奏等方面的规律性。在制作 PPT 时要统一动画的形式，调整动画的方向，理顺动画的顺序，协调动画的节奏。

二、设计攻略一：色彩搭配

设计攻略一是色彩搭配，制作 PPT 时色彩是非常重要的一部分，也是影响视觉效果的一大因素。色彩在PPT中具有突出和表现主体、渲染和烘托主题、深化事物意义、褒贬事物、艺术均衡、美化画面的作用。设计PPT时要合理地搭配色彩，只有这样才能吸引受众的目光。搭配色彩的前提是理解色彩原理。

(一) 色彩原理

1. 色环

常用的色环主要包含12种色彩，分为三类：红、蓝、黄为三原色；绿、紫、橙为三间色，即这三种色彩是由原色混合而成的；而橙红、紫红、蓝紫、蓝绿、橙黄和黄绿则为复色，这些色彩是由上述六种色彩混合而成的。

色环上的色彩根据位置的不同可分为近似色、对比色和互补色。相邻的色彩被称为近似色，因此每种色彩都有两种近似色，使用近似色可以产生和谐统一的效果；色环上相隔120°至240°的色彩被称为对比色；相对位置的色彩被称为互补色，也就是色环上相隔180°的色彩，互补色中两种色彩的强烈对比可产生动态效果（见图8-47）。

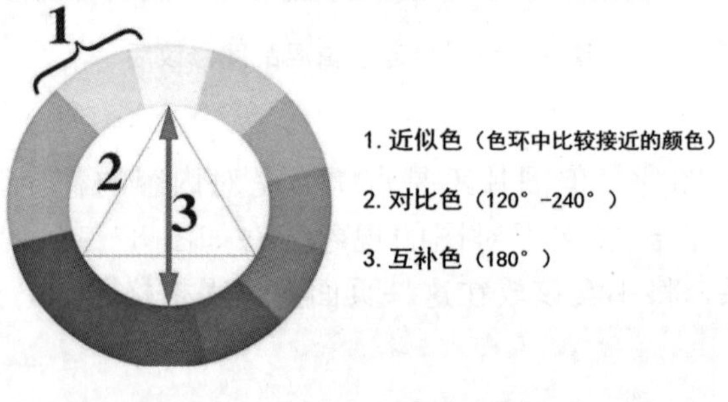

图8-47　十二色环与常见的色彩

2. 冷暖色

冷暖色主要是指具有不同冷暖风格的色彩。色彩学上根据人的心理感受把色彩分为暖色调（主要有红、黄、橙）、冷色调（主要有青、蓝）和中性色调（主要有紫、绿、黑、灰、白）。图8-48非常详细地列出了12色环中各种色彩的冷暖风格。在绘画与设计中，暖色调给人以亲密、温暖之感，冷色调给人以距离、凉爽之感，中性色则介于二者之间。

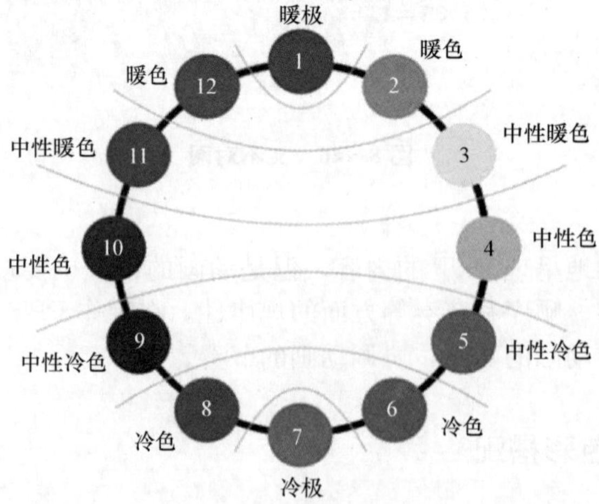

图8-48　冷暖色

3. 色彩与情感

不同的色彩代表不同的情感与风格，因此在不同的场景中可使用不同的颜色来表示特定的情感与风格。以下列举了常用色彩所代表的情感与风格，可以根据需要进行选择。

红色：热情、活泼、热闹、革命、温暖、幸福、吉祥、危险……

橙色：光明、华丽、兴奋、甜蜜、快乐……

黄色：明朗、愉快、高贵、希望、发展、注意……

绿色：新鲜、平静、安逸、和平、柔和、青春、安全、理想……

蓝色、深远、永恒、沉静、理智、诚实、寒冷……

紫色：优雅、高贵、魅力、自傲、轻率……

白色：纯洁、纯真、朴素、神圣、明快、柔弱、虚无……

灰色：谦虚、平凡、沉默、中庸、寂寞、忧郁、消极……

黑色：崇高、严肃、刚健、坚实、粗犷、沉默、黑暗、罪恶、恐怖、绝望、死亡……

褐色：强调格调、古典优雅……

4. 常用的色彩组合类型

常用的色彩搭配主要有以下几种：第一种是单色搭配，即利用同一种色彩的不同明亮度进行搭配，建议用单色的时候加一些黑、白、灰作为陪衬，否则会非常单调；第二种是近似色搭配，即利用相近的色彩进行搭配，风格一致，但要注意不同明亮度的使用，尽可能不使用同一明亮度的三个相邻色；第三种是补色搭配，即利用互补色进行搭配，这样会使整体画面非常和谐，但使用互补色的时候一定要有主次，不同色彩的比例和分量不要一样；第四种是分裂补色搭配，即同时使用近似色搭配和补色搭配的方法来确定色彩的搭配关系；第五种是原色搭配。即利用三原色红、黄、蓝进行搭配。常用的色彩搭配如图 8－49 所示。

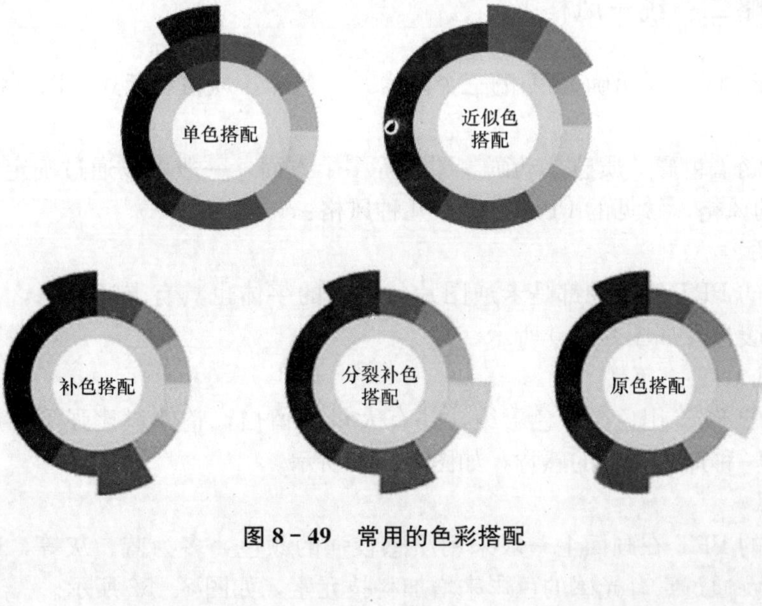

图 8－49　常用的色彩搭配

（二）制作 PPT 时的色彩搭配

1. 选取 PPT 的主色和辅助色

PPT 设计中一般都会存在主色和辅助色之分。PPT 主色是形成视觉冲击的中心点，是整个画面的中心点，它的明亮度、大小、饱和度都直接影响辅助色的存在形式以及整体的视觉效果；而 PPT 辅助色则在画面中起到平衡主色的冲击效果、减轻主色对观看者造成的视觉疲劳、形成一定的视觉分散效果的作用。需要注意的是，制作 PPT 时将两种或多种对比强烈的色彩作为主色的同时，还必须找到平衡它们之间关系的一种色彩，即辅助色，如黑色、灰色、白色等，且需要注意各辅助色的明亮度、对比度和占据的空间比例。

2. 确定 PPT 页面的色彩基调

在确定了 PPT 的主色和辅助色以后，还要确定页面色彩的基调，所有色彩的基调都要以页面整体基调为参照标准。相同色相的色彩在变淡、变深、变灰时的效果差异可能很大，但总体要有一种色调，比如是偏蓝或偏红，还是偏暖或偏冷。如果 PPT 没有一个统一的色调，就会显得杂乱无章。

3. 添加辅助色——黑、白、灰

在 PPT 的配色中，无论在什么色彩之间，黑、灰、白都能起到很好的过渡作用。黑、白起到的大都是间断式过渡的作用，而灰则能起到比较平稳过渡的作用，但它们往往并不是最好的过渡色。在利用黑、白、灰作为 PPT 辅助色的同时，不要忽略了它们过分稳定性对整个画面所造成的影响。其中，黑、白比其他色彩更容易成为视觉的中心。

在制作 PPT 时，色彩的搭配非常重要，但是色彩的搭配不外乎色彩的对比、色彩的辅助、色彩的平衡以及色彩的混合，在制作 PPT 时要有意识地注意这些，并多加练习，相信大家都可以将色彩搭配的很好。

三、设计攻略二：统一风格

在制作 PPT 时，要明确 PPT 的三个要素——色彩、风格和版式，以下将介绍 PPT 的风格。

风格一般涵盖色彩、质感、动画、图片等多个方面，一般可以通过确定关键词的方式来确定 PPT 的风格。常见的 PPT 有以下几种风格：

1. 卡通风

卡通风格的 PPT 使用的都是卡通图片，使用的字体也具有卡通风格，在色彩上整体柔和，多采用暖色，如图 8－50 所示。

2. 设计风

设计风格的 PPT 用色少、色彩纯，并有大量的留白，整体对比强烈、层次清晰、整齐均衡，给人一种简洁明了的感觉，如图 8－51 所示。

3. 科技风

科技风格的 PPT 在画面上一般采用质感较强的颜色，多为蓝、灰等，通过明显的对比来突显内容，通过富有光感的色彩来增加科技元素，如图 8－52 所示。

图 8-50　卡通风 PPT

图 8-51　设计风 PPT

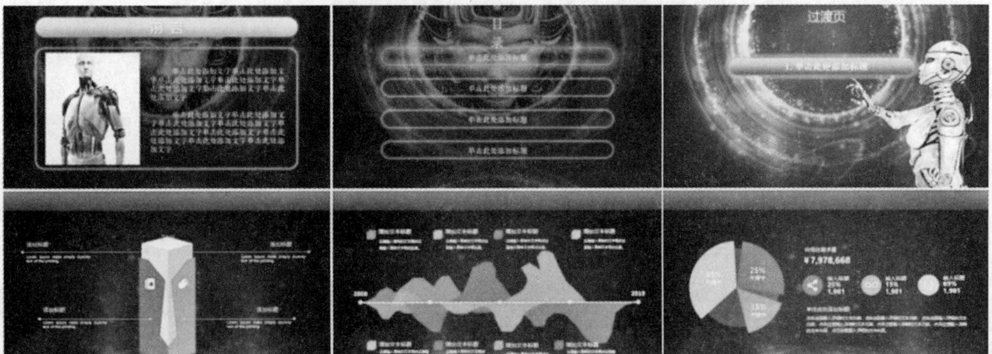

图 8-52　科技风 PPT

4. 商务风

商务风格的 PPT 画面干净清新，配以简洁的细线条，多采用图表形式，很有商务气息和国际风格，如图 8-53 所示。

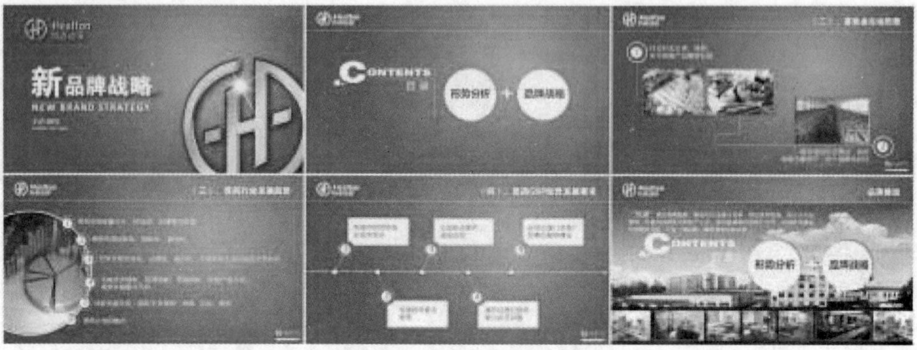

图 8－53　商务风 PPT

5．水墨风（见图 8－54）

水墨风格的 PPT 在配色上多采用黑、白、灰，当然也有使用红、蓝等颜色的，整体风格上加入了很多中国的古典元素，呈现出一种很低调的清新感，如图 8－54 所示。

图 8－54　水墨风 PPT

除上述几种风格的 PPT 外，还有很多其他风格，这里就不一一列举了。不管是哪种风格，一个 PPT 所有页面的风格都要保持一致。统一 PPT 风格的技巧有以下几个：

（1）使用模板。模板一般都是风格统一的设计，设计师在设计模板的时候已经考虑到了风格，所以使用模板就不需要考虑风格的问题。

（2）统一标题。例如，统一使用加大加粗的字体来突出标题。为了与正文区分，还可使用横线做修饰，且所有的标题文字都统一为这种形式。

（3）统一图形。前后对比使用的图形要完全一致，可以在颜色上有些许差异。统一的图形会给人一种很整齐的感觉。

（4）统一字体。在一个 PPT 中，最多使用 3 种字体。字体的统一不仅包括大小的统一，还包括颜色和字型的统一。不同层级的文字使用同一类型的字体，要注意层级的区分。

四、设计攻略三：创意版式

创意 PPT 的版式能使 PPT 更加美观、内容更有层次，更能吸引人的眼球。版式任务面板中将版式分为四类：文字版式、内容版式、文字和内容版式、其他版式，可根据需要单击选择版式后应用。PPT 的尺寸以 4∶3 和 16∶9 居多，但是近几年宽屏的 PPT 越来越多，这和人类的视觉特点有关系。

最初制作时就应设定 PPT 母版。母版是所有幻灯片的公共元素，母版上设置的标题、文本格式和元素会应用到所有幻灯片，便于统一版式和后期大规模的修改与调整。在 PPT 中，进入视图菜单栏里的幻灯片母版就能设置母版。

设置母版版式可以统一排布、统一标题、统一字体、统一字号、统一行距，甚至可以统一动画形式。但需要注意的是，设置了母版动画后，在逐个调整时是不能直接将母版动画删除的，只有进入母版设置后才可以修改，即使是使用从网上下载的母版，也是如此（见图 8-55）。

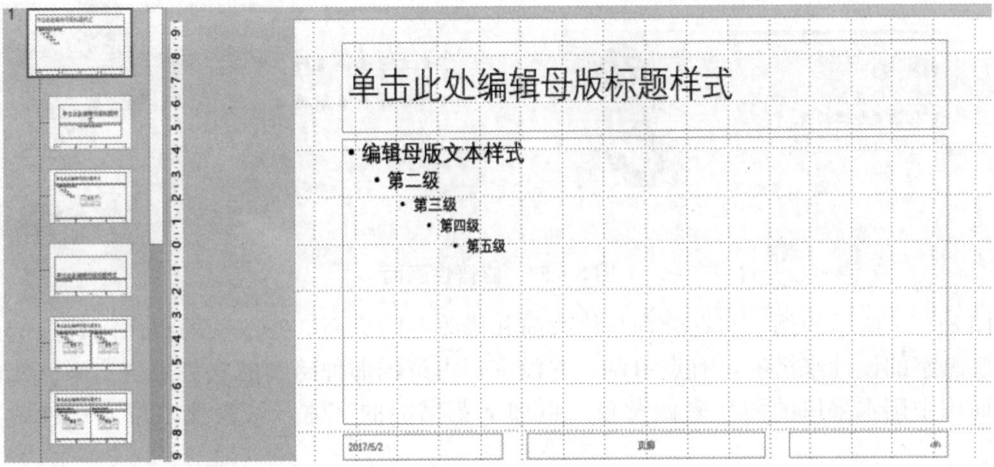

图 8-55　PPT 母版版式设置

大家可以根据自己的需求和喜好调整 PPT 的版式。一般常见的 PPT 版式有以下四种形式可以供大家借鉴参考：

1. 标题性画面

标题性画面一般用在首页、转场、结尾等处，或者用于表达一些核心观点。标题性画面由少量的文字和图片背景构成，因此在图片的选择和色彩的运用上是非常关键的；而且由于其只涉及标题，字体的选择和排布就显得非常重要。下图为两个标题性画面的例子（见图 8-56）。

图 8-56 所示的两个例子都选择了和教学内容相关的图片，前者用了卡通图片，后者用了实景图片，但由于教学的对象是幼儿，两者都采用了很多有关幼儿的元素，如选择了幼儿喜爱的字体，使用了绿色、蓝色等清新活泼的颜色，十分贴近幼儿的风格和偏好。

图 8-56　标题性画面的两个例子

2. 感悟性画面

感悟性画面一般是有一个情境，然后配上感悟性的文字，让文字和画面结合，来共同表达某种情怀。因此，感悟性画面中文字和画面的融合是很重要的，在很多情况下我们会采用全图的形式来增加视觉冲击力，表达深层次的情感（见图 8-57）。

图 8-57　感悟性画面

图 8-57 所示的例子左右分别是修改前和修改后的页面。修改前的页面用韩愈的照片和白底黑字的设计来搭配，有点单调，并没有把古诗词那种磅礴的气势表现出来。修改后的页面用中国水墨风的图片来做背景，再加上草书类的字体，可表现出诗人一种博大的情怀。

下面将介绍几个排布上的小技巧。

技巧一：顺势而为。可按照图片本身的特点，灵活铺设文字内容（见图 8-58）。

图 8-58　顺势而为

技巧二：给文字添加衬底。为了让文字更清晰，或者想要突出某些要点，可以灵活给文字添加衬底（见图 8-59）。

图 8-59 给文字添加衬底

技巧三：铺设蒙版。如果选用的图片虚化效果不好、色彩杂乱，可以为其添加蒙版，增强虚化效果，并突显文字（见图 8-60）。

图 8-60 铺设蒙版

技巧四：背景留白。当处理仅仅是横向或纵向铺满图片的画面时，可以将不能铺设图片的部分留白，将文字添加在留白处（见图 8-61）。

图 8-61 背景留白

技巧五：灵活裁剪。与色块或背景图片拼接时，为了体现设计感，可以对图片进行灵活的裁剪（见图 8-62）。

图 8-62 灵活裁剪

3. 叙事性画面

叙事性画面一般用来描述一个事件，或一连串的事件。采用叙事性画面，最关键的是要在大段的文字中提取重点和要点，突显关键信息，让人瞬间抓住事情的主要脉络。一般会采用萃取法来进行，萃取法由四个步骤组成，即萃取关键词、可视化表达、布局排版和动画组接。其中最重要的就是萃取关键词。在这一点上，要避免出现大段的文字说明，要有主次之分，否则难以找到重点（见图 8-63）。

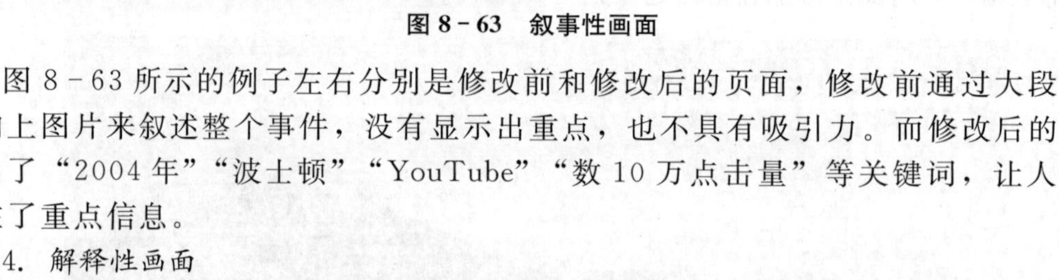

图 8-63 叙事性画面

图 8-63 所示的例子左右分别是修改前和修改后的页面，修改前通过大段的文字加上图片来叙述整个事件，没有显示出重点，也不具有吸引力。而修改后的页面突出了“2004 年”“波士顿”“YouTube”“数 10 万点击量”等关键词，让人瞬间抓住了重点信息。

4. 解释性画面

解释性画面一般是来解释一个概念、一个句子、一个事件等信息。解释性画面通常有两种形式：一种是图文解释画面，另一种是逻辑表达画面。

图文解释画面，顾名思义就是采用图文结合的方式来进行更好的解释。一幅好图胜过一千句话，图片的选择在解释画面上就显得尤为关键。一般会采用图标、漫画和富有寓意的图片进行解释说明（见图 8-64）。

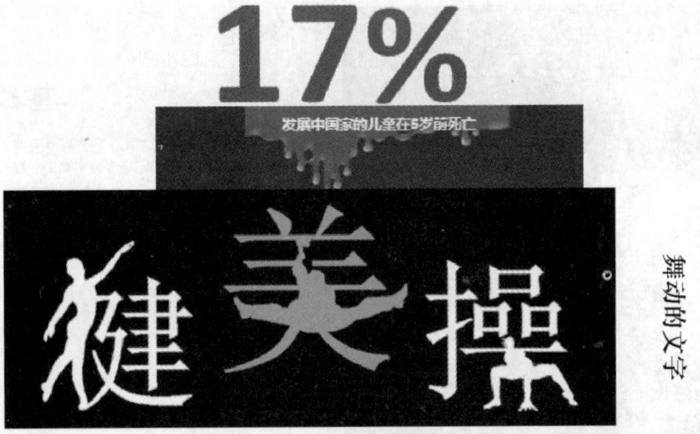

图 8-64　图文解释画面

图文解释画面要强调图片与文字的组织。在选择完图片后，文字放在什么位置更合适呢？以下将和大家分享几个常见的图文结合的版式。

版式一：边角文字。利用图片自身的特点，将文字放在边角（见图 8-65）。

图 8-65　边角文字

版式二：居中文字。为了突出文字内容，结合图片自身特点，文字可居中设置（见图 8-66）。

图 8-66　居中文字

版式三：图文左右均等。可以采用左图右文或右图左文的版式（见图 8-67）。

图 8－67　图文左右均等

版式四：窄图左右版式。同样是左图右文或右图左文的版式，只是较之前，图片所占面积变小，留给文字更多的空间（见图 8－68）。

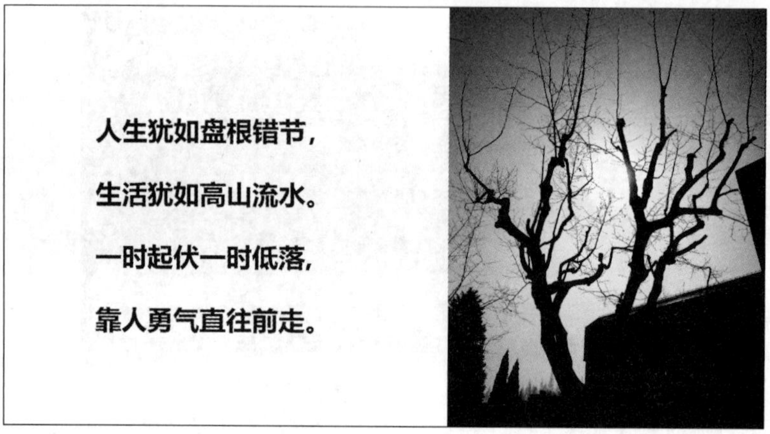

图 8－68　窄图左右版式

版式五：图文上下均等。可以采用上图下文或下图上文两种版式（见图 8－69）。

图 8－69　图文上下均等

版式六：图片居中。采用图片居中，文字上下排布的方式（见图 8－70）。

图 8－70　图片居中

版式七：多图与背景。通过多图与背景相结合的形式，在图片的排布上遵循一定的规律，讲究几何对称之美（见图 8－71）。

图 8－71　多图与背景

版式八：表格大法。主要采用类似于表格的形式来组合图片和文字，给人以整洁明朗的感觉（见图 8－72）。

图 8－72　表格大法

逻辑是设计的灵魂，逻辑表达画面就是按照内在的逻辑顺序进行内容的组织，可以按照时间的顺序、地点的变化、次序的流转、层级的递进等方式来排布。下图为两个逻辑表达画面的例子（见图 8－73）。

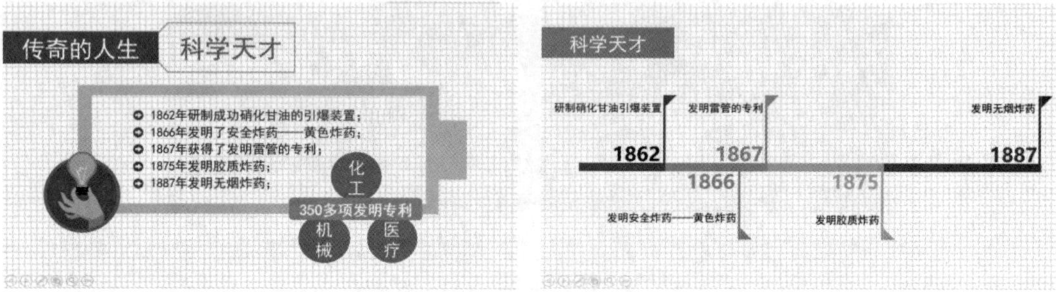

图 8－73　逻辑表达画面的两个例子

以上介绍的都是常见的图文结合的版式，大家可以根据具体的教学内容，发挥自己的创造力来设计更加丰富、更多样化的版式。

五、设计攻略四：“字”有妙计

对于 PPT 来说，文字是重要的组成部分，因此在文字设计上也要下一定的功夫。文字的设计包括字体的选择、字体的下载和安装、强化文字对比、字体的造型等方面，以下将围绕这些来讲。

1. 字体的选择

一般在制作 PPT 课件时使用的都是 Windows 自带的字体，也就是宋体、黑体、隶书、楷体等常见的字体，虽然本身字形变化不多，但经得起岁月的推敲。每种字体都有自己的风格，都有适宜的场合。先介绍几种常见的字体风格。

宋体：风格典雅、工整、严肃、大方，延展出“标宋、书宋、大宋、中宋、仿宋、细仿宋”等，种类繁多，差别不大，一般用于正文。

黑体：朴素大方、笔画单纯、结构严谨、引人注目，具有浑厚凝重的气度，是较为稳重、醒目的标题字，实用性很强。由不同的粗细延展出“中黑、平黑、细黑”等字体。常用于内文标题、封面和广告设计，具有现代感。在这里要特别说一下微软雅黑，对应的是兰亭黑，微软雅黑比一般黑体更清晰、更好看、更明亮，一般用于标题文字。

隶书：字形略扁，近乎方，整体看来具有流动性，笔画生动，造型优美。用来做标题较好，做投影时慎用。

楷体：古朴秀美、历史悠久、字体温和。现在的幼儿读物大多用楷体。书法界的楷体气象万千，几乎每位书法大家的楷体都独具个性，但发展到电脑里的楷体稍显呆板。一般用来点缀，不用在正文，尤其是投影时慎用。

这些都是比较常用的字体，还有一些比较新式的字体，如方正静蕾、方正正黑、方正粗雅宋、方正喵呜等（见图 8－74）。

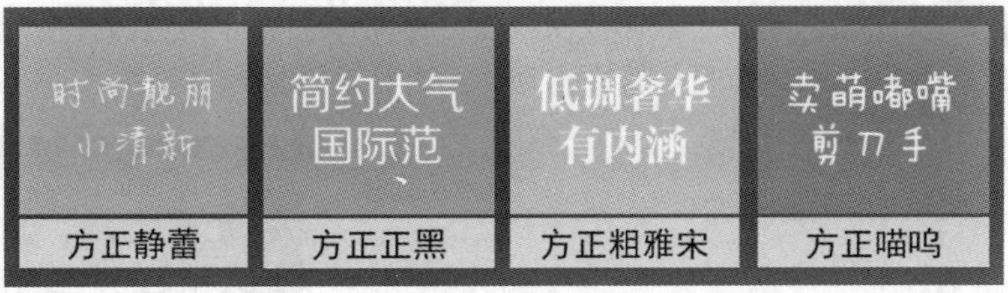

图 8-74　其他字体

字体种类很多，如何选择合适的字体？一般是根据学科属性和文字功能来选择，学科属性可以指导字体风格的选择，而文字功能则要求使用不同字体来区分。建议在一个 PPT 中使用文字不要超过三种，下面给大家介绍几种常见的字体搭配方式。

安全的搭配：微软雅黑＋黑体，适用于各种类型的 PPT。这样的搭配既不会因字体搭配出彩，也不会减分，虽然有些单调，但胜在安全和百搭（见图 8-75）。

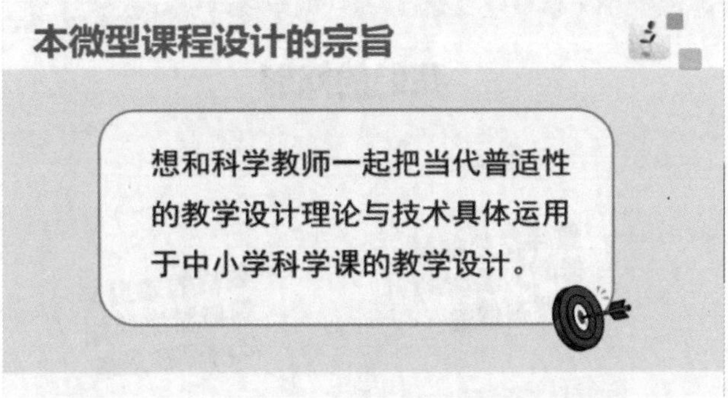

图 8-75　微软雅黑＋黑体

庄重的搭配：方正粗雅宋简体＋黑体，这种搭配适合于政治、历史等比较严肃的话题或者理论性比较强的知识（见图 8-76）。

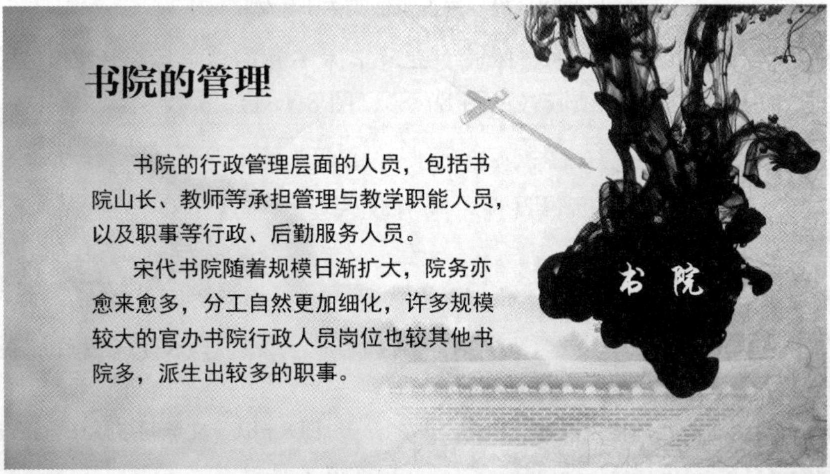

图 8-76　方正粗雅宋简体＋黑体

商务的搭配：汉仪综艺简体＋黑体或汉仪菱心体简体＋黑体，这两种搭配有棱有角，艺术感强，常在广告海报、综艺节目标题中出现，适合社会性话题（见图 8－77、图 8－78）。

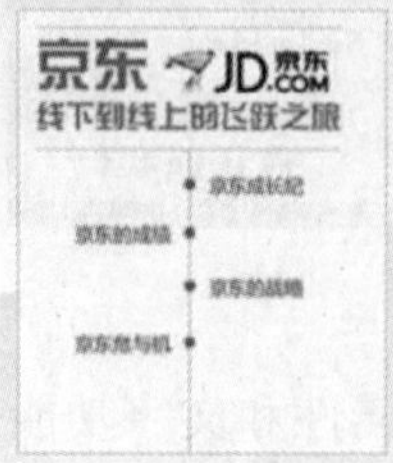

图 8－77　汉仪综艺简体＋黑体

图 8－78　汉仪菱心体简体＋黑体

优雅的搭配：方正粗倩简体＋黑体，这种搭配温和圆润，稳重而不呆板，适合用在较轻松的话题上（见图 8－79）。

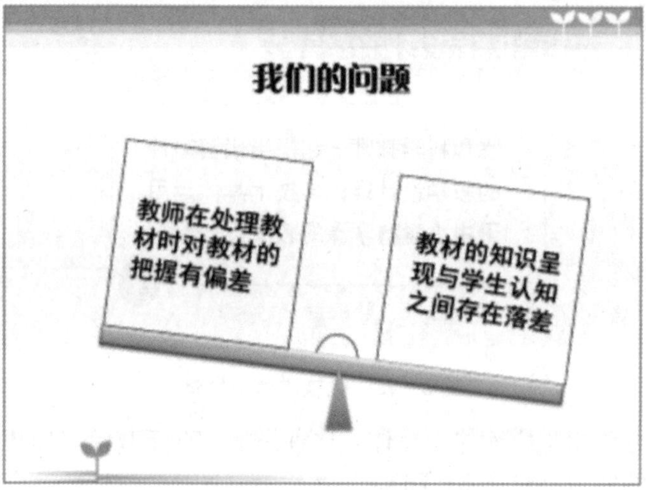

图 8－79　方正粗倩简体＋黑体

活泼的搭配：方正少儿简体＋黑体或文鼎习字体＋方正喵呜体，比较可爱，能表现俏皮的语言，适合用在学前教育领域（见图 8－80、图 8－81）。

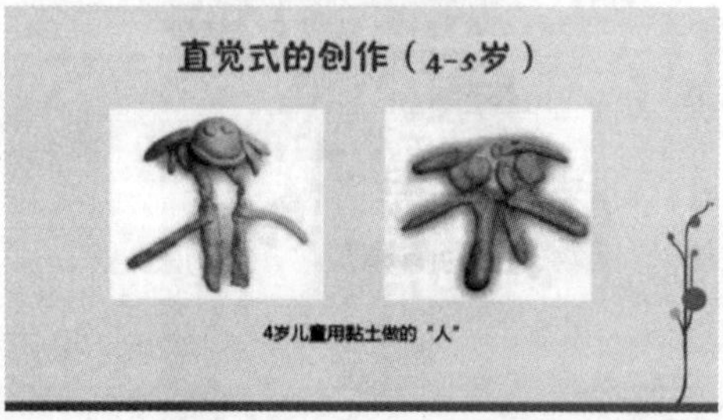

图 8－80　方正少儿简体＋黑体

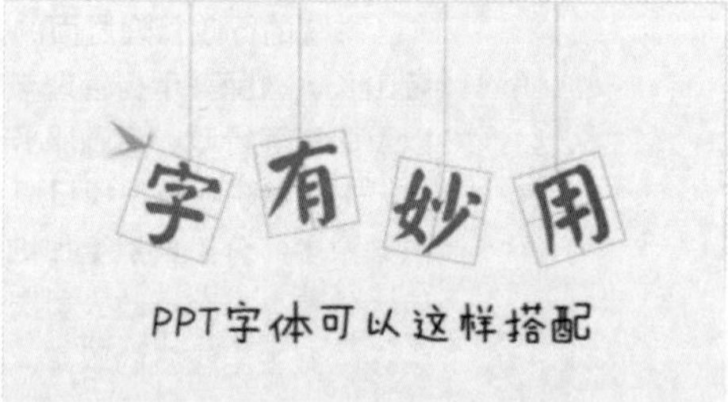

图 8－81　文鼎习字体＋方正喵呜体

国风的搭配：方正苏新诗柳楷简体＋方正北魏楷书简体或叶根友刀锋黑草＋楷体，这两种搭配具有强烈的中国风，适合表现古诗词和文言文（见图 8－82、图 8－83）。

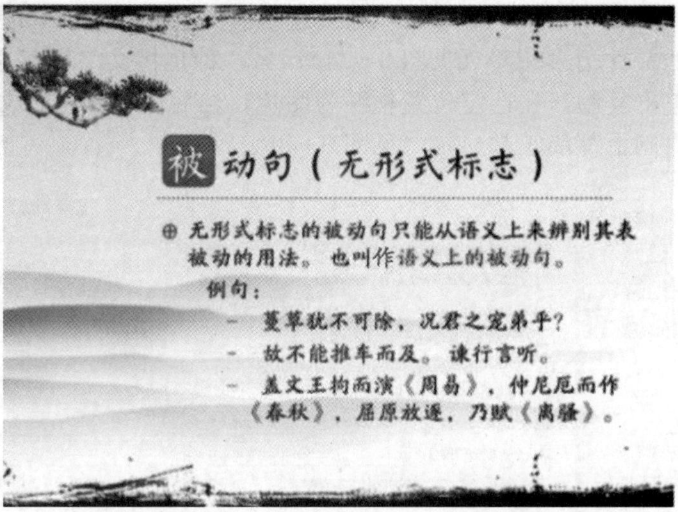

图 8－82　方正苏新诗柳楷简体＋方正北魏楷书简体

图 8－83　叶根友刀锋黑草＋楷体

2. 字体的下载和安装

下面提供几个网站供大家参考，大家可通过网络搜索就能很方便地找到自己需要的字体。

- 搜字网：http://www. sozi. cn/
- 站长素材——字体：http://font. chinaz. com/
- 字体下载网：http://www. ztxz. org/

安装字体只要将后缀名为“. tff”“. ttc”“. otf”的字体文件复制到电脑的字体库中即可，字体库可在控制面板中找到。

那么，如何让自己电脑上的字体在其他电脑上也能正常显示呢？有两种方法：一种是通过文件—选项—保存—将字体嵌入文件这一过程将文字内嵌到 PPT 中，这时 PPT 文件可能要比之前的文件稍大一些（见图 8-84）；另一种是将文字另存为图片，选定要显示的文字，右键单击复制，在选定位置粘贴为图片，然后保存，这时文字就以图片的形式存在，在任何电脑上都能正常显示（见图 8-85）。

图 8-84　第一种方法

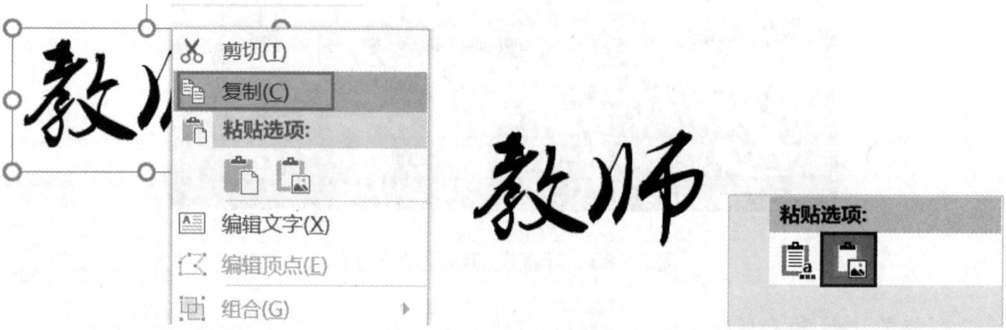

图 8-85　第二种方法

3. 强化文字对比

一般采用加粗标红的方式突出关键字，除此之外还有其他的方式，以下将介绍五种强化文字对比的方法。

方法一：大小对比，一般使用大字强调内容，小字详细陈述，字号大小的区分除提示主次、层次以外，还可突出情感的倾向。一般正文文字不要小于 20 号，标题文字除了特殊表达外，不要超过 40 号（见图 8-86）。

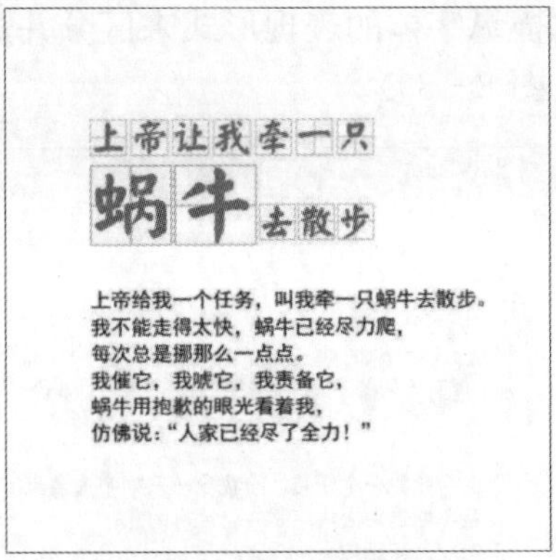

图 8-86 大小对比

方法二：粗细对比，通过字体的粗细对比来突显重点内容，但要注意有些字体本身就已经够粗，如汉仪菱心体简体，继续加粗反而影响阅读（见图 8-87）。

图 8-87 粗细对比

方法三：色彩对比，通过颜色的对比来突显重要内容，在颜色的选择上需要选择对比度较强的颜色。

方法四：纹理对比，通过设置不同纹理来区别，在纹理的选择上要尽量与主题风格一致（见图 8-88）。

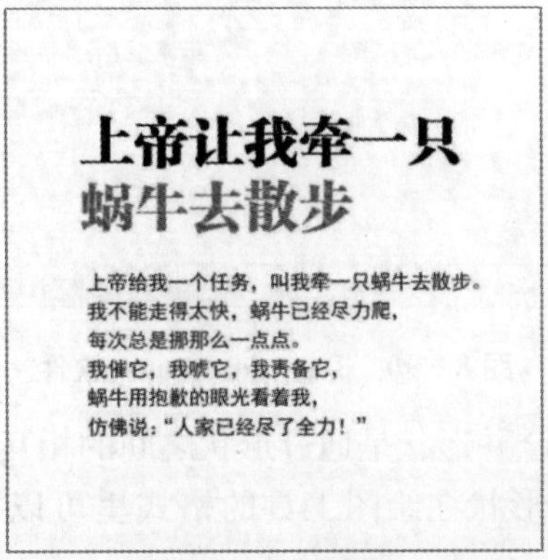

图 8-88 纹理对比

方法五：方向对比，通过横纵字体的表现形式来区分并进行对比，但这种方式在排布上要注意，不要影响阅读（见图 8－89）。

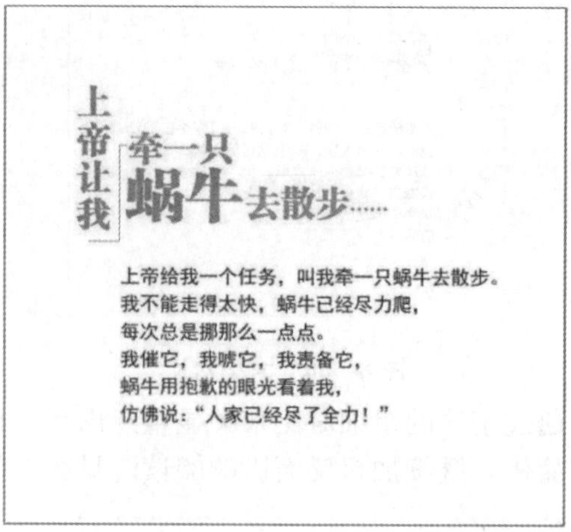

图 8－89　方向对比

4. 字体的造型

事实上，文字还可以有很多表现形式，可以设置成各种造型。可用以下方法设置：

方法一：可以利用词云图生成器来生成词云图，如 Tagxedo Creator。虽然目前 Tagxedo Creator 只有英文版，但是它能支持中文，能生成中文词云图，并且它还可以自定义形状（见图 8－90）。

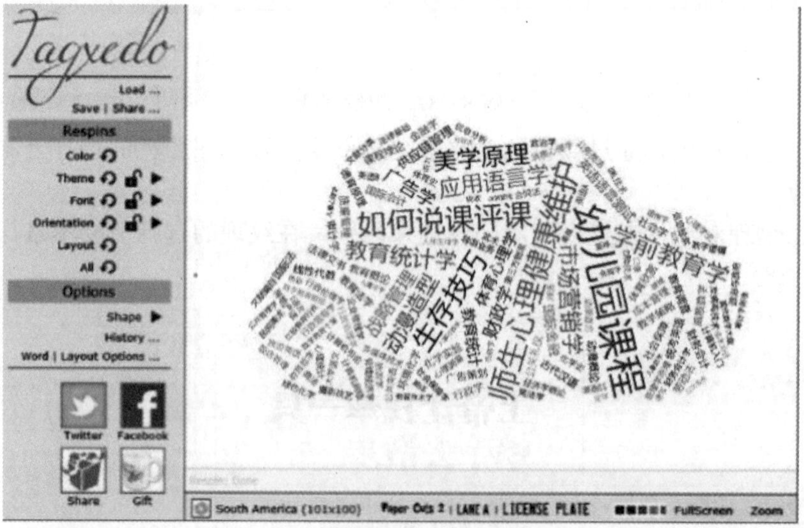

图 8－90　Tagxedo Creator 软件

方法二：妙用合并形状。合并形状是通过形状之间的相互处理，如剪除、拆分等，来得到新的富有创意的形状。合并形状在绘图工具的格式里可以找到，具体的原理如图 8－91 所示。

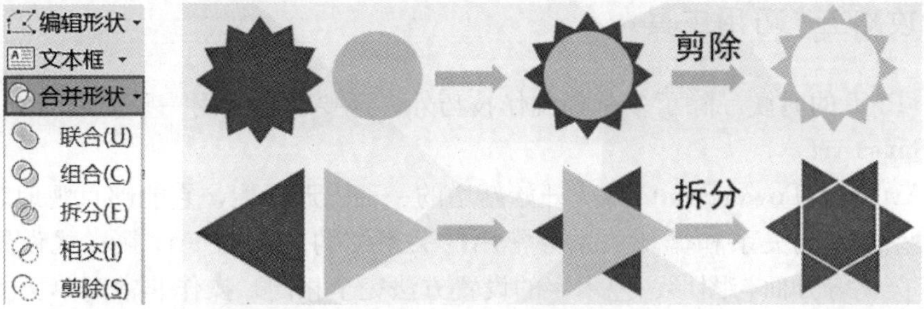

图 8－91　合并形状

合并形状中包含以下功能：

文字分体效果，使用合并形状里的相交功能（见图 8－92）。

图 8－92　文字分体效果

文字图片填充，使用合并形状里的相交功能（见图 8－93）。

图 8－93　文字图片填充

镂空文字效果，使用合并形状里的剪除功能（见图 8－94）。

图 8－94　镂空文字效果

六、设计攻略五：巧用工具

在制作 PPT 的时候，除了多掌握制作技巧外，还要学会利用一些现成的工具。

（一）SmartArt

SmartArt 是从 PowerPoint 2007 开始新增的一种图形功能，它能够直观地表现层级关系、附属关系、并列关系和循环关系等常用的关系结构。SmartArt 在样式设置、形状修改以及文字美化等方面与图形、艺术字的设置方法完全相同，操作非常简单。

如同图形和艺术字一样，它在“插入”菜单下（见图 8－95），打开后，可以看到很多图示类型，有列表、流程、循环、层次结构、关系、矩阵、棱锥图、图片等，可以根据不同的内容、不同的逻辑关系进行选择（见图 8－96）。

图 8－95　SmartArt 位置

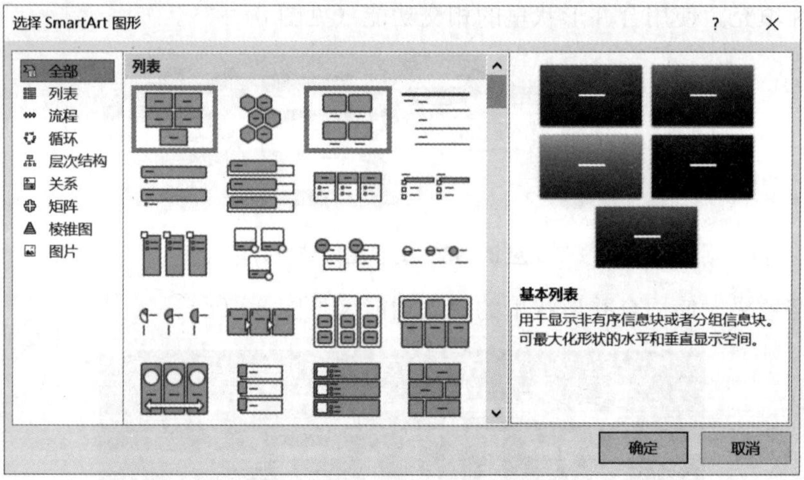

图 8－96　SmartArt 图形选择

1. 文字版 SmartArt 图示

选择所需要的 SmartArt 图形，插入 PPT 页面后，单击文本框就可以输入需要的文字。通常用于表现框图、流程图、组织结构等，通过 SmartArt 图形，可以使文本的内在逻辑一目了然，如图 8－97 所示。

2. 图形版 SmartArt 图示

选择所需要的 SmartArt 图形，将原本带有的文本框删除，然后利用逻辑组织现有形状，做成图示即可（见图 8－98）。

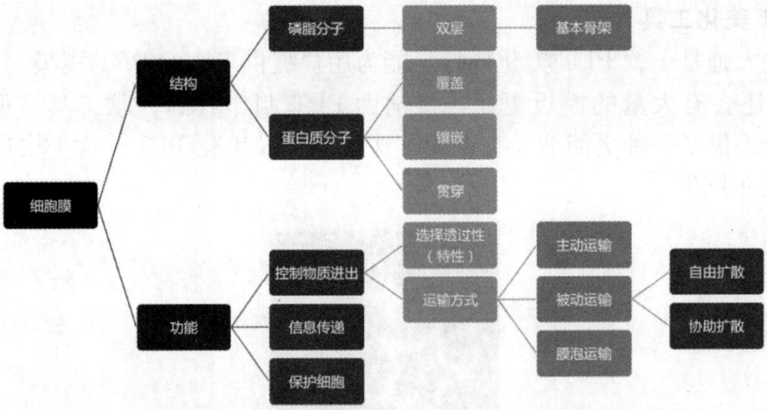

图 8-97 文字版 SmartArt 图示

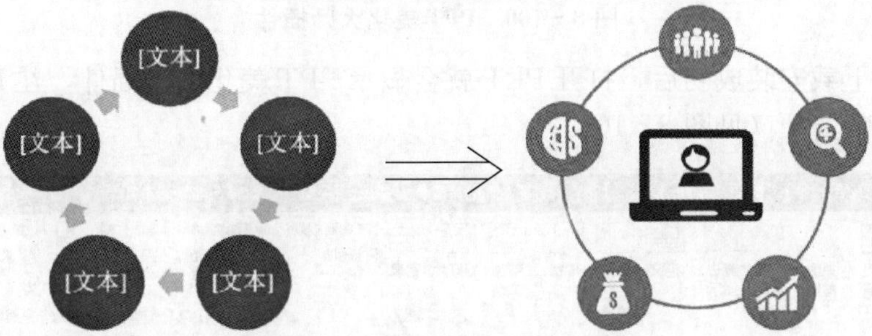

图 8-98 图形版 SmartArt 图示

右侧的图形版的 SmartArt 图示就是利用左侧的 SmartArt 图形做成的：一是先将文本框删除，或者不输入文字，且将所有的圆填充成想要的颜色，同时修改填充颜色和轮廓颜色；二是选中图示中的箭头，将箭头填充选为“无填充”，箭头轮廓选为“无轮廓”；三是使用绘图工具画一个大小合适的圆，将其填充选为“无填充”；四是适当调整轮廓线条的粗细，设成想要的颜色，将设好的圆放置在页面的最底层，调整位置然后选择所需要的图形加以组合即可。

3. 图片版 SmartArt 图示

在选择 SmartArt 图形的最后有一个图片选项，利用已有的图片布局可以很方便地进行多图的组合排列，在这里只需要记住一个原则：在多图的组合上图片类型一定要一致，否则会产生违和感（见图 8-99）。

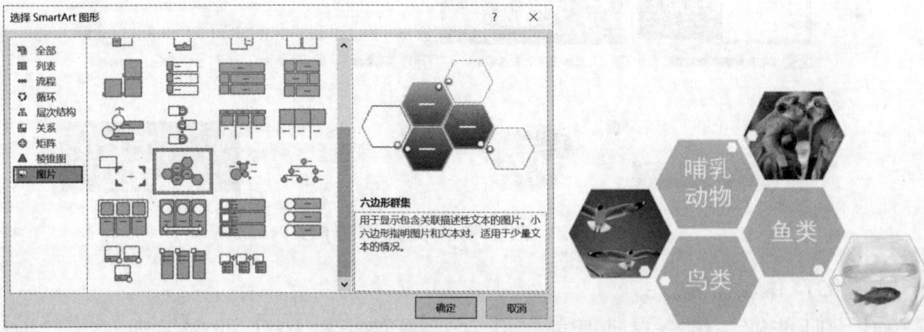

图 8-99 图片版 SmartArt 图示

（二）PPT 美化工具

PPT 美化大师是一款 PPT 美化插件，能为用户提供丰富的 PPT 模板，具有一键美化的特色，每周还会有大量的模板更新，是辅助 PPT 制作者的一款工具（见图 8－100）。PPT 美化大师提供了一种更简洁、直观的方法来制作及美化 PPT，这为快速制作 PPT 提供了更加便利的手段。

图 8－100　PPT 美化大师插件

在网络上下载安装成功后，打开 PPT 就会显示 PPT 美化大师插件，在 PPT 制作时就可以使用，非常方便（见图 8－101）。

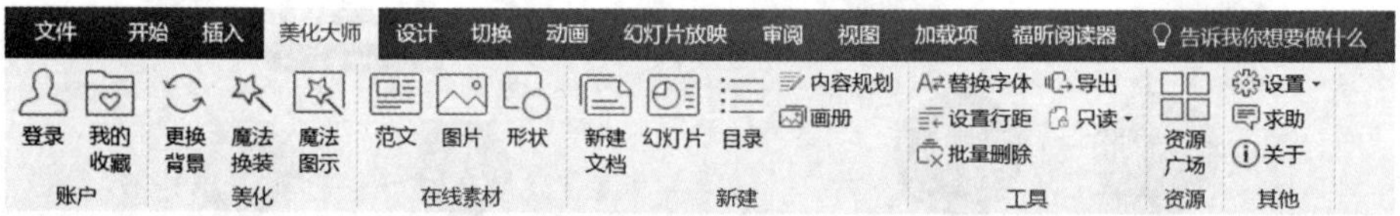

图 8－101　PPT 美化大师插件

如果需要更多的资源，可以进入美化大师资源广场，里面有很多模板可供挑选（见图 8－102）。

图 8－102　PPT 美化大师资源广场

1．一键美化，体验智能

PPT 美化大师能够一键全自动智能美化，精美专业的 PPT 即刻呈现。其“内容规划”

功能可以实现自动套用模板、自动新建页面，包括封面页、目录页、过渡页和内容页。它还可以通过“更换背景”“魔法换装”等方式实现一键美化。幻灯片库中有“更多版式”“魔法图示”等功能可以提供更多资源供用户选择。还有两个工具——“替换字体”“设置行距”可以实现批量替换。

2. 海量素材，高清无码

PPT美化大师最重要的功能是能提供很多资源供用户选择与使用，包括范文、形状、图片和画册等。这些资源对于PPT的制作来说很有帮助，在专业模板、常见版式、精美图示、创意画册、实用形状上，都可以利用PPT美化大师。

3. 一键输出，版权保护

利用PPT美化大师可以导出各种形式的文件，包括多页拼图、全图PPT、图片和视频。尤其是图片和视频，对教师制作微课或者录制课程是非常有用的。PPT美化大师还可以将PPT锁定为只读模式，锁定后不可更改、不可复制，以防别人冒用。

PPT课件应充分体现以多媒体为辅助手段、以教师为主导、以学生为主体的教学方式，要以充分发挥学习者的潜能、强化教学效果、提高教学质量为重心，因此应该不断积累经验，努力探索制作技巧，制作出更多图文并茂、形声俱佳的优秀多媒体课件，努力获得最佳的教学效果。

思考题

1. 常见的PPT制作误区有哪些？如何避免这些误区？
2. 请利用本章中给出的攻略和PPT制作技巧，美化你之前的教学PPT。
3. 利用本章所讲授的方法和技巧，制作一个教学PPT。

参考文献

[1] 陈丽霞，丁立刚. PPT精细化设计与应用［J］. 软件导刊（教育技术），2017，16（3）.

[2] 李全星，李士明. PPT制作误区一二三［J］. 现代教育科学，2015（4）.

[3] 刘宇容. 浅谈高质量PPT课件制作模式［J］. 广东农工商职业技术学院学报，2012，28（1）.

[4] 朱成斌. PPT演示文稿的设计与美化［J］. 中国教育信息化，2012（2）.

[5] 林艳. 优质教学PPT制作三步走［J］. 卫生职业教育，2011，29（21）.

[6] 钟志贤，张晓梅. 全新思维视域下的PowerPoint设计［J］. 中国电化教育，2011（4）.

第九章

微课程的设计与开发

本章导读

本章主要介绍了微课程的概念、设计开发的一般流程、选题与设计原则以及常见的开发工具，以概念类知识的讲解和操作类知识的方法展示为主，主要目的是帮助大家了解微课程的概念内涵、设计开发流程，理解微课程的设计原则，学会微课程的录制方法。建议读者在理解的基础上多进行操作练习，通过动手操作来掌握微课程的设计与制作方法。

第一节　概念引入

微课程（Micro-Course）是近几年教育受“微时代”发展所驱动和催化的直接产物，受到教育工作者的广泛关注。进入 21 世纪，社会生活的各个领域都发生着深刻的变化，网络技术和通信技术的发展催生了新的媒介生态环境，媒介终端设备和媒介内容都出现了微型化的倾向，“微”已应用于各领域，如微营销、微广告、微电影、微小说、微系统等。在“微时代”，人们利用排队等候、乘车、休息间隙或睡前的碎片化时间，通过手机、iPad、笔记本电脑等便携智能终端设备获取和发布微内容，开展学习和交流，“微学习”已经成为一种全新的生活方式。

一、微课程的概念

微课程的雏形最早见于美国北爱荷华大学勒罗伊埃·麦格鲁（Leroy A. McGrew）教授 1993 年所提出的 60 秒课程（60-Second Course）。勒罗伊埃·麦格鲁教授针对当时有机化学概论教材篇幅长且需要花很多精力去学习的情况，提出了 60 秒课程，希望在一些非正式场合，如在舞会、搭乘电梯时，为非化学专业的学生以及民众普及有机化学常识。显然，60 秒课程的设计初衷是在非正式学习中应用，且作为课程学习的辅助。他将 60 秒课程设计成三部分：概念引入、概念解读和生活实例。

无独有偶，2008 年美国新墨西哥州圣胡安学院的戴维·彭罗斯（David Penrose）提出了“Micro-Lecture”的概念，国内有专家将其翻译成微课程，自此我国有了对微课程理念与应用前景的阐释，以及在实践中基于微课程教学模式的探索，这里的翻译主要是戴维·彭罗斯对“Micro-Lecture”内涵解释的意译，而非字面上的直译。戴维·彭罗斯提出，微课程主要由三部分组成：一是用麦克风或摄像机针对核心概念录制的讲解视频，建议视频长度为 1～3 分钟；二是要包括讲解内容的简介和总结，以方便学习者了解核心概念的上下文；三是设计能够指导学生阅读或探索的课后任务，如案例分析、习题等，并建议将教学视频与课程任务上传到课程管理系统，供学习者自学。戴维·彭罗斯认为，微型的知识脉冲（knowledge burst）只要在相应的作业与讨论的支持下，就能够与传统的长时间的面对面授课取得相同的效果。莫里斯（Morris）认为，戴维·彭罗斯所提出的微课程概念以网络课程的形式存在，有可能为传统的面对面的课堂教学模式提供一种革新的思路。总之，这种在短时间内提炼出核心概念的微课程形式，能促使教师、学习者、研究者与利益相关者用一种新的思考方式开展教学。

近几年关于微课程的概念，主要形成了两种代表性的观点：一种观点是基于在线教学情境，认为微课程应是一种适应现代快节奏，适合移动学习、泛在学习、碎片化学习等，围绕某个知识点、技能点等教学主题而精细化设计的，讲解长度不长于 10 分钟，内容精、容量小的新型网络课程形态。这种观点认为微课程需要包含必要的课程要素，如教学目标、教学内容（通常以视频形式呈现）、教学活动（如讨论、案例评析、角色扮演、虚拟实验、拓展阅读等）、教学评价（如在线测试、习题）等，且这些内容均是在线呈现的。另一种观点是基于课堂教学情境，将微课程看作一个教学包，认为微课程以微视频为主要资源，除此之外还包括微教案、微课件、微点评、微反思、微反馈、微练习等。本书主要采用第一种观点中的概念，因为从微课程的起源及戴维·彭罗斯的研究成果来看，第一种观点更符合微课程的本质特点。

需要注意的是，在微课程的发展过程中，我们常常会看到“微视频”的概念，很多人通常将微课程和微视频视为同一个概念。其实不然，微课程与微视频虽有联系，却有明显的差别。首先，本质上微课程属于课程范畴，而微视频属于资源范畴，微课程需要包括必要的课程要素，但微视频没有这些要求；其次，以微视频形式呈现的讲解视频是微课程的核心组成部分，讲解微视频虽然从形式上说属于微视频，但不是一般意义上的微视频，需要进行精细化的教学设计，包括导入、具体的阐述和解释、归纳与小结。所以说，微课程不等于微视频，也不是一堂课的视频切片。为了将微课程中的讲解微视频与一般意义上的微视频区分开，在此将微课程中的讲解微视频称为“微讲座”。

二、微课程的应用案例

本质上讲，微课程的设计是启发式的，是设计实践的产物。为了加深大家对微课程的理解，本部分选择本领域较有影响力和知名度的两个国外项目——可汗学院和 TED-Ed，以及我国佛山市中小学优秀微课展播平台（简称佛山“微课”）作为案例，来了解一下微课程的具体内涵。

（一）可汗学院

可汗学院是由孟加拉裔美国人萨尔曼·可汗（Salman Khan）创立的一家教育性非营利组织，旨在向世界各地的网络学习者提供免费的高品质学习服务。目前，可汗在线学习网站的课程包括数学、科学、经济、人文等学科的内容。可汗学院的微课程架构及示例如图 9-1 所示。

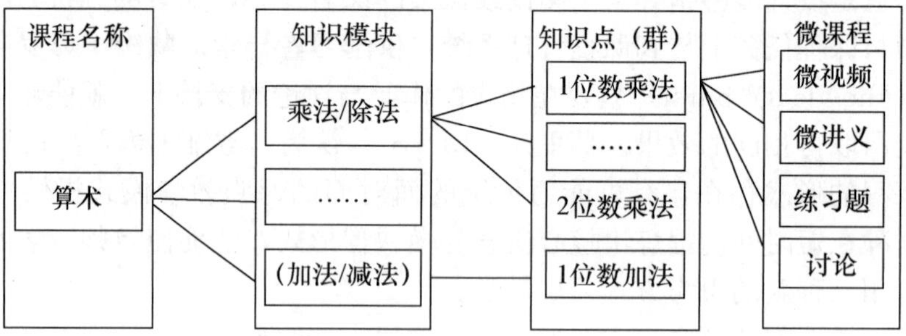

图 9-1　可汗学院的微课程架构及示例

从上图可见，在可汗学院中，课程学习网站的组织架构共分四层：第一层是课程名称，如“算术”；第二层是每一门课程中包含的知识模块，如乘法/除法、加法/减法等；第三层是每个知识模块下细分出的最小粒度的知识点，如 1 位数乘法、2 位数乘法等；第四层就是针对每个知识点学习的微课程，它包含多种微内容、微活动及学习支持工具，每一门微课程基本是由三类微型学习活动组成，即观看阅读微视频讲座或者文字讲义（watch）、练习（practice）和讨论（discuss）。

由此可见，在可汗学院中，每门课程是由多个微课程群组成的，即每个知识模块都是一个微课程群，且每一门微课程都是独立的，是一个学、测、评一体化的在线小课程。微课程与微课程之间松散又耦合，它们可以共同服务于某个大主题，也可以独立运行。这种组织架构与教材中通用的课程/章/节的组织结构一致，学习者很容易理解，并且能很容易查找到感兴趣的微课程进行学习。

（二）TED-Ed

TED-Ed 是 TED 近年来在 YouTube 上推出的新频道，此举是 TED① 在教育领域的一次新尝试。TED-Ed 中的微视频基本都少于 18 分钟，但截至 2017 年，它已经吸引了五亿多人次的播放。通过分析发现，TED-Ed 教育频道的课程架构如图 9-2 所示。

① TED 是一个非营利性组织，每年举办一次 TED 大会，每届大会都会邀请各领域的杰出人物演讲，分享他们在各自领域探索的最新成果。TED 初期的演讲范围主要设定为科技（technology）、娱乐（entertainment）和设计（design）领域，因此得名 TED，后来演讲范围发生了突破，延伸至教育、文化、商业和艺术等领域。TED 秉承“开放、共享、交互”的传播理念，致力于传播一切值得传播的思想，每年大会后，TED 都会将演讲视频免费放到网络上供公众下载学习。经过多年的发展（初创于 1984 年），TED 已从过去少数上层精英人士的“自娱自乐”，转变为今天享誉世界的全球知识传播和学习者创新、交流的共享社区。

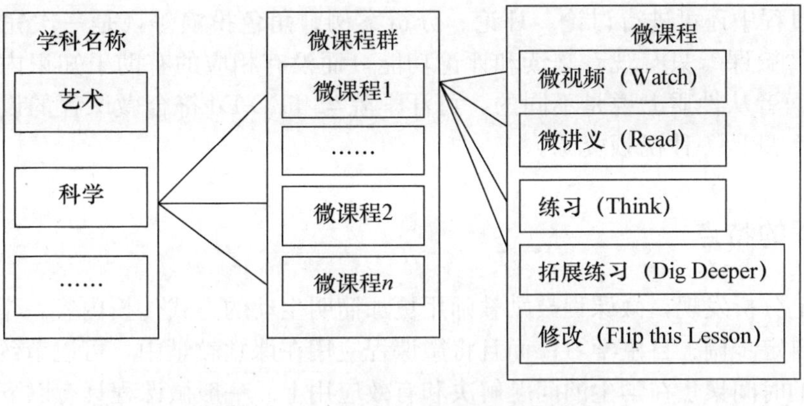

图 9-2 TED-Ed 教育频道的课程架构

从上图可见，在 TED-Ed 中，微课程网站的组织架构共有三层。第一层不是课程名称而是学科名称，如艺术、科学等；第二层是微课程群，包括进入各微课程的链接；第三层是具体的微课程学习，TED-Ed 中的微活动比较丰富，主要包括微视频（Watch）、微讲义（Read）、练习（Think）、拓展练习（Dig Deeper）、修改（Flip this Lesson）五种。

（三）佛山“微课”

佛山“微课”源于 2010 年 11 月佛山市教育局启动的首届中小学新课程优秀“微课”征集评审活动，全市共征集到 1 700 节优质规范的教师“微课”参赛作品，内容覆盖小学、初中和高中，教学形式丰富，“微课”类型多样，主要来自原有的教学资源库的重新加工改造，符合“微课”的特点，如图 9-3 所示。

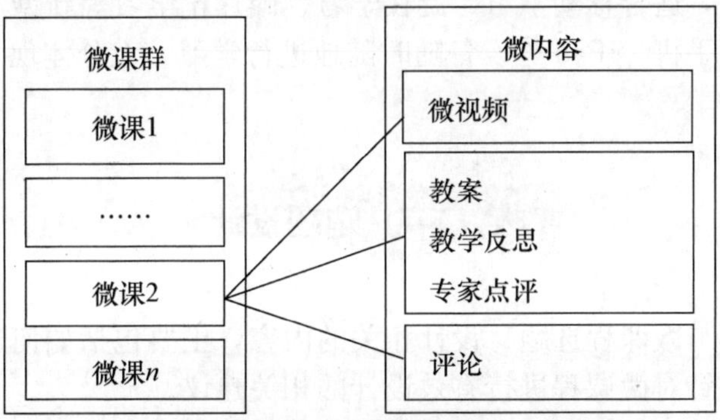

图 9-3 佛山“微课”的结构示意图

从上图可见，佛山“微课”网站的组织架构有两层：第一层是“微课”群，第二层是具体的微课学习，其微活动主要包括观看微视频、阅读教案、教学反思、专家点评及评论。

从以上三个案例的介绍中可以了解到，佛山“微课”与可汗学院、TED-Ed 在使用对象、活动构成等方面是不同的，主要区别有两方面：第一，面对的对象不同。可汗学院和 TED-Ed 的微课程是面向学习者的，是供学习者进行自主学习的；而佛山“微课”主要是面向教师的，是供教师互相学习、观摩用的。第二，活动构成不同。可汗学院和 TED-Ed 的微课程是学、测、评一体化设计，假设学习者先观看教师的讲解视频，然后做练习进行巩固，学习过程中还可进行讨论、评论、分析案例、角色扮演等，是一次完整的用户体验；而佛山“微课”只有观看阅读和评论功能，而没有相应的有助于知识内化的学习活动。所以，两者从性质上说是不同的，可汗学院与 TED-Ed 符合微课程的设计理念，而佛山“微课”只是一种视频资源。

三、微课程的特点

通过以上分析发现，微课程鼓励教师用更加简明生动的方式传授内容，学生可以根据自身需要来自定步调、自主学习；而且将微课程应用在课堂教学中，可以节约课程讲授时间，将更多的时间聚焦在学生的问题解决和有效应用上。一般微课程具有以下特点：

（1）容量小：微课程之所以称为微课程，很重要的一个特点就是“微”。普通课程的一节课可能包含很多知识点，还分重点和难点；但对于微课程而言，一般一个课程仅围绕一个特定的知识点或技能点而展开。

（2）时间短：微课程的“微”不仅体现在知识点的微小上，更体现在时间的短暂上。一般的微课程，教学视频（或其他媒体形式）时间较短，一般不长于 10 分钟。

（3）自足性：自足性是指微课程虽然微小，但是必要信息并不缺少，如学习目标、学习内容（主要以微视频的形式呈现）、学习活动、学习评价等。

（4）基元化：微课程本身就是小容量的学习单元，因此具有不可再分性，不能再进一步划分成更小的单元。

（5）易传播：微课程具有相对独立性，视频格式一般为支持网络传输的流媒体格式，非常便于传播与学习，适合移动学习、泛在学习、碎片化学习等新型学习方式。学习者可以利用笔记本电脑、手机、iPad 等设备随时随地进行学习，充分体现了数字技术的普适性和现代学习的泛在性。

第二节　选题设计

本节将重点介绍与微课程选题、设计相关的内容，主要包括如何选题、如何设计、微讲座的结构如何以及针对微课程进行有效设计的相关建议。

一、微课程的选题

微课程的设计开发一般按照选题、设计与制作三个阶段进行。首先我们要确定微课程的选题，选题要小，不可过大。一般从以下三个方面进行分析：

1. 分析幼儿

微课程的服务对象是幼儿，所以选题时首先要分析幼儿的年龄特点、学习风格、媒体偏好以及认知水平等，有针对性地选择难度适中的知识点。

2. 分析教材

教材是实现课程目标、实施教学最重要的课程资源，不管是小班、中班还是大班的幼儿，一般都会有相应的配套教材，但学前教材不像中小学教材那样分得那么清楚。编制幼儿园教材，主要关注幼儿园游戏等方面。换言之，如果将幼儿园教材与其他各级各类教材做比较，可以看到，编写者会在不同程度上或以不同的方式在幼儿园教材中加入游戏和故事，从而形成幼儿园教材的一个独特之处。此外，幼儿园教材的结构、过程和内容在幼儿的不同年龄阶段是不同的，在幼儿教育不同的历史时期也是有所不同的。所以，选题时除了分析学生外，也要对教材进行深入的分析。

3. 确定微课程的用途

除了分析幼儿和教材外，还需要分析微课程的应用场景。若是由幼儿自己通过 APP 或者网络平台随时随地进行自主学习，建议选择相对容易的知识点，这样幼儿可以在家或者在区角进行自主学习；若是在课堂上教学演示用，建议选择难一些、关键一些或者不用技术手段不太好表达的知识点。

除考虑以上问题外，还需要注意两点：一是不适合将容易随时间变化的知识点做成微课程，如时事政治之类的；二是建议实行主题教学，一个主题可以划分成多个知识点，将这些知识点做成微课程群，相对成体系。

二、微课程的设计要素

选定了微课程的主题后，要进行微课程的设计，具体地说包括教学设计和媒体设计两方面。一般主要针对以下几方面进行：

1. 设计教学目标

教学目标是教学的出发点和归宿，是教师对学生达到的学习成果或最终行为的明确阐述，一切教学活动都是围绕教学目标展开的。关于教学目标设计的相关理论，比较著名的当属布卢姆的教学目标分类法。布卢姆将教学目标从“知识”和“认知”两个维度进行了分类。知识维度从具体到抽象分成了四个类别：事实性知识、概念性知识、程序性知识和元认知知识。认知维度按认知的复杂程度由低到高排列，分为六个类别：记忆、理解、应用、分析、评价和创造。

2. 设计教学内容

在考虑教学内容时首先要有明确的教学目标，且这些目标是可达成的，根据教学目标有目的地选择和设计教学内容；其次，教学应具有层次性，从简单的知识点到学生技能的练习再到学生素养的培养，因此所设计的内容更应该注重学生能力培养和素养的养成。学前教师更需要注重培养幼儿的动手能力，引导幼儿去发现问题、解决问题；并且要注意微课程时间较短，因此在内容的设计上要充分考虑时间的有限性，使内容更集中。微课程学习时间的碎片化不等于课程设计的碎片化，课程设计应是课程内容的浓缩，具有完整的结构。只有朝着这样的方向去选择和设计教学内容，才能把握教学的正确方向；只有运用适当的教学方法，才能使教学取得良好的效果。

3. 设计学习活动

如上所述，微课程是由多个学习活动序列组成的，如观看微视频、阅读讲义、在线测试、讨论等。学习活动是指为了完成特定的学习目标，学习者与外部学习环境所进行的操作的总和。如何设计有效的学习活动，是教学设计时应重点考虑的问题，学习活动设计得合理与否将直接影响微课程的应用效果和学习目标的达成度。

设计学习活动时，一般要注意以下几方面问题：(1) 要围绕教学目标展开。(2) 以创设良好的学习环境为要素，这里的学习环境主要包括两方面的内容，即学习资源和人际关系。学习资源包括内容资源、工具手段和学习空间（教室或者网络）等。人际关系包括幼儿间的交往和教师与幼儿间的交往。幼儿可以得到教师的帮助和支持，幼儿之间也可以相互协作和支持，此外，还包括幼儿与资源之间的交互。(3) 需要根据不同的主题特点确定活动类型，比如，音乐类、美术类与语言类、数学类主题的学习活动类型肯定是不一样的。(4) 设计的学习活动一定要符合幼儿的年龄特点，符合幼儿的生活经验，要能引发和满足幼儿的兴趣需要，并且要考虑活动开展的季节及周边环境。(5) 学习活动的顺序不能凌乱，要从浅到深，一环扣着一环。总之，要设计适合幼儿年龄与认知特点的学习活动类型，并且新颖有趣，能够吸引幼儿的兴趣。

4. 设计学习评价

学习评价也是微课程的一个重要组成部分。有学者曾指出学习过程包括“知识接受”与“知识内化”两个阶段。微课程中的“知识接受”主要是幼儿通过观看教师的讲座视频、教材或讲义等加强对内容的理解；而“知识内化”主要是通过在线练习和测试实现的，练习和测试做完后能得到及时反馈，以便让幼儿及时了解自己的学习情况和知识掌握情况。所以在设计学习评价活动时，特别是所出的题目一定要紧扣教学目标，有的放矢，使学生真正能够做到学一点，会一点。

5. 分镜与画面设计

微课程的设计除了教学设计以外，还要考虑分镜和画面上的设计。关于课件的画面制作在第八章已经详细展开，这里就不再说明。但是，除了课件以外，利用其他方式，如拍摄、动画等进行微课程的设计时，都需要对镜头和画面进行设计，如选择哪种媒体进行教学更加合适，各镜头间如何切换，前后内容的剪接如何更加连贯、微视频片头片尾的设计等。

三、微讲座的结构

如前所述，微课程中的微讲座视频不同于一般的微视频，虽然时间短，但麻雀虽小，五脏俱全，一般也要包括教学导入、具体的阐述和解释、归纳与小结等几个环节，详述如下：

首先，教学导入环节。教师要注意建立新旧知识的联系，吸引学生的注意力，激发学生的认知需求，启迪学生的智慧，将无意注意转变成有意注意，以此确定整堂课的基调。教师要根据课程内容来设计合适的引入方式，可以通过游戏导入、复习导入、问题导入、情境导入、实验导入、故事导入等方法来巧妙设计，激发学生的兴趣。学前教师可以通过呈现小实验、描述小现象、讲述小故事，来创设情境，从而见微知著。导入的时间在30秒至1分钟为宜。

其次，具体的阐述和解释环节。教师要通过通俗易懂的讲解使核心概念和知识点的逻辑更加明确并增加深度，便于学生理解与掌握。语言上，教师需要运用通俗易懂的方式进行讲解，避免通过刻板的书面语言来讲解，避免照本宣科。讲解的时候，可以适当运用提问策略。教师要注意提问的有效性，有效的问题包含一定的思想性和哲理性，具有启发创意、生成思想、引起深层次思考的效果，而不是单纯的记忆、复述。一定要形成“问题—反馈”的提问模式，因为微课程缺乏教师与学生面对面的交流，所以在提问后，教师一定要主动给予反馈。提问要把握好挑战学生思维的“适当”时机，并避免使用重复的口头禅。讲解难度上，建议由浅入深，层层递进。阐述和解释的环节是微视频的主要部分，所以时间占比上相对更大，一般在3～6分钟。

最后，归纳与小结环节。教师需要对本微讲座的知识点做一个简单的总结与回顾，来帮助学生对本课程的知识有一个更加清晰的认识。归纳与小结不需要太长，20～40秒即可，要求简洁明了。

四、微课程的设计建议

根据微课程的特点，这里给出十条设计建议，供大家在微课程设计与制作时参考。

（一）时间一般不超过10分钟

如前所述，根据约翰·梅迪纳（John Medina）大脑定律的相关研究，人的注意力有一个“10分钟”法则，即学生在一节课中的注意力水平在前10分钟之内不断下降，10分钟以后注意力维持在一种较低的水平。因此，微课程的时间一般不超过10分钟。

而基于edX数据的统计，无论视频多长，用户实际观看时长的中位数都不超过6分钟。而且时长6～9分钟的视频是个拐点，更长的视频实际观看中位数反倒会下降。比如，长度超过12分钟的视频，实际观看中位数只有3分钟。所以，“短视频到底多短最合适”这个问题有了标准答案：6分钟。因此，在设计微课程时，微视频的长度在6分钟左右为宜。

（二）只讲一个知识点或技能点

在设计微课程时，要处理好微课程知识与学科系统知识之间的关系，微课程不是学科知识的系统讲解，也不是45分钟课堂的浓缩，更不是课堂授课的电子化。微课程是清晰简约的知识讲解，也是另辟蹊径的难点剖析，只需要聚焦于一个知识点或技能点即可。

（三）制造1对1氛围

微课程要与学生所处的学习环境，即坐在电脑前学习的情境契合，所以教师在讲解时，要制造单独辅导的讲课效果。语言上多用“你”而不是“你们”，用“咱们”而不是“大家”“同学们”，营造出1对1教学的氛围。

（四）不要轻易跳过教学步骤

在设计微课程的时候，要考虑到不同学生的已有基础和水平的不同，所以要兼顾学生的认知差异。设计的内容与活动要符合学生认知的规律，从浅到深，从易到难。不要轻易跳过任何教学步骤，即使是很容易、很简单的步骤，也会有学生出错，要学会合理编排内容。第三条和第四条统合起来看，可以发现设计微课程和讲解相当于面对一个基础比较差的学生在对他进行 1 对 1 辅导。

(五) 加强人与资源的互动和学生思维的参与

在微课程中，教师与学生不能面对面地交流，因此若只是一味地看视频，会让整个课程显得乏味与单调，这时候就需要加强人与资源的互动，并让学生的思维参与其中。在单向的视频中加入交互，要留给学生思考的空间，比如加入暂停，提出一些问题，让学生及时回忆课程要点，或者在操作过程中暂停，让学生单击一下按钮才能继续等，都能吸引学生的注意力。交互的方式可以有问题、测试、体验等，配合页面效果使用，小小的交互方式就能为课程添砖加瓦。

(六) 注意给学生提示重要信息

在设计课程的时候要注意给学生提示关键信息，例如，通过图形标注、画线、做记号、关键词改变颜色、关键词放大等形式突出重点信息，给学生以提示（见图 9-4)。

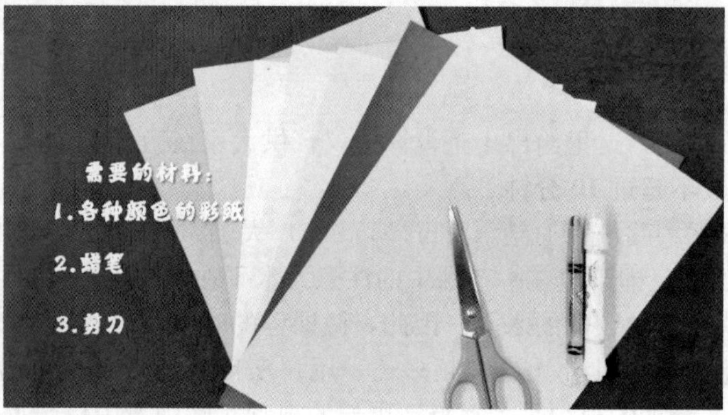

图 9-4 幼儿手印剪纸创意

(七) 用字幕方式补充晦涩的内容

可适当使用字幕，尤其是在一些语义易混淆、不易理解、较为晦涩的地方加入字幕，可以让表达更精确、易懂。但是，并不是所有的部分都适合添加字幕，有的加上反而显得多余。

(八) 结束的时候要有简短的回顾和总结

5 分钟以上的微课程一般就算是时间较长的微课程了，因此结束的时候最好加入回顾和总结，总结一般都是对课程脉络的梳理以及对重点知识的回顾，能帮助学生有效记忆课程重点。

(九) 适合多媒体表达

微课程的知识讲解和内容设计需要适合多媒体表达，比如实验操作型或者技能训练型的选题就比较适合微课程的制作，如韵律操、蔬果变变变等就可合理利用“中近特”，多机位、聚焦、慢镜头、重放等弥补或放大细节，充分发挥媒体优势。但是有些选题如语文的阅读理解，文字描述的林黛玉，可以是多样的，每个人的理解都不同，所设想的人物也不同，如果给出具体图片，就限制了学生的想象力。因此，在设计的时候要注意考虑微课程的知识讲解和内容设计是否适合多媒体表达。

（十）要考虑微课程的传播与分享，课程教学情景应具有相对独立性

微课程的最大价值在于其重用性，教师自己可以跨时空地反复使用，其他教师也可以使用。但每次使用时，教学对象不一样，如基础差的学生与基础好的学生，所以可以想象，每个人的微课程使用序列是不一样的，所以在微讲座的开头结尾不要使用承上启下的话，即每个微课程都应该是相对独立的，不管是在微课程的开始还是结束，与之前的知识点不要有过多的联系，要做到单独学习这个微课程也能掌握微课程的知识点，因此教学情境应具有相对独立性。

第三节　开发工具

介绍完设计与开发的流程以及相应的原则后，就要正式进入开发和制作的环节。

一、常见的开发工具

微视频设计与开发的工具主要可以分为以下几种类型：

（一）拍摄工具

微视频的录制很多时候都是基于拍摄完成的，拍摄可以使用多种拍摄工具，如手机、相机、DV 和摄像机。大家可以根据自己的需要和实际情况进行选择。拍摄工具主要不是看要什么，而是看有什么，记得拿起身边的“武器”，轻装亦可上阵。微课程拍摄示例如图 9-5 所示。

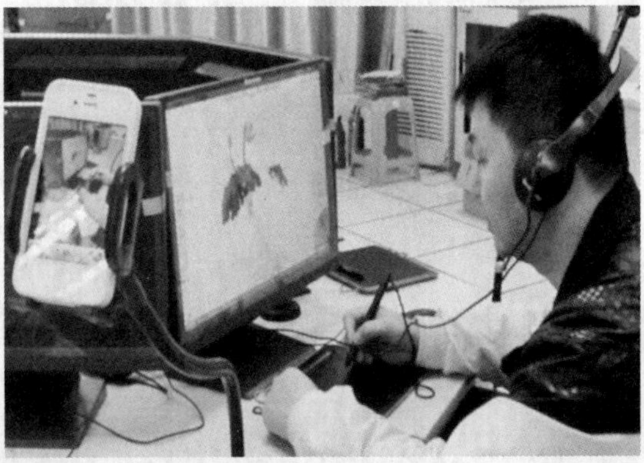

图 9-5　微课程拍摄示例

由图 9-5 可见，使用手机拍摄时，建议用手机支架协助拍摄，而不是手持的方式。

（二）录屏工具

微课程还可以通过录屏的形式来进行制作，一般是将制作精美的课件，配上教师的讲解，通过录屏软件录制，制作成微课程。当然也可以通过录屏软件来录制一些网上无法下载的教学资源，如图 9-6 所示。

图 9-6　录屏软件制作微课程示例

常见的录屏软件有很多，如 Camtasia Studio、WebEx Recorder、屏幕录像精灵、Screen2SWF、Bandicam、BB FlashBack、超级录屏等。大家可以根据自己的需要，从兼容性、编辑功能、输出格式等方面来考虑选择录屏软件。各个录屏软件的评测图如图 9-7 所示，大家可以据此选择合适的录屏软件。相对来说，Camtasia 的各个指标都比较高，所以最为常用。

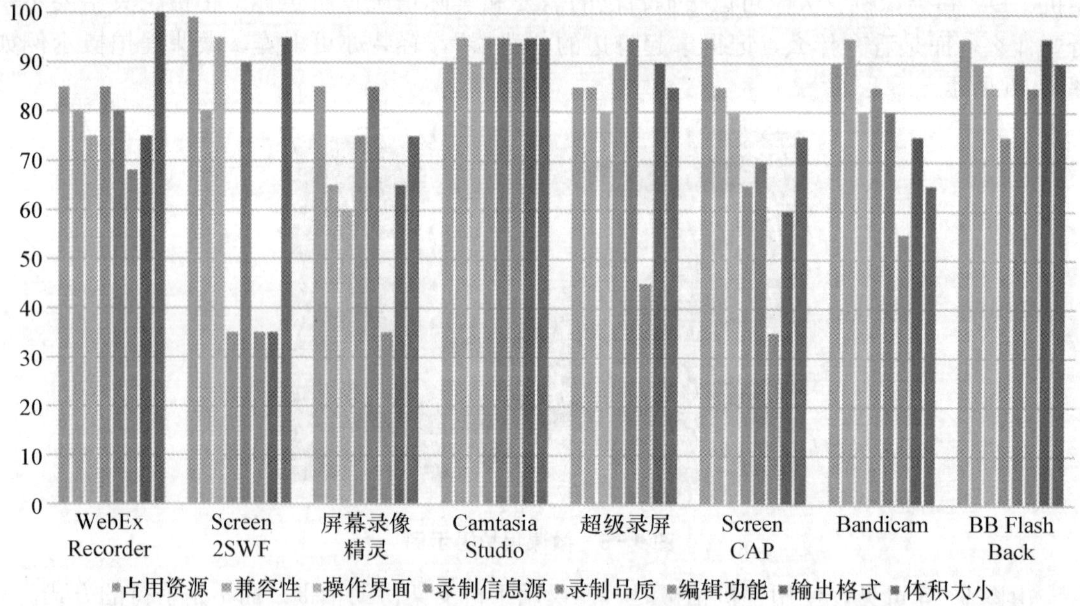

图 9-7　各个录屏软件评测图

（三）基于动画

微课程还可以基于动画来进行制作，简单可视化的软件如 Scratch、皮影客等，复杂一点的包括 Adobe Flash Professional、3D Max 等软件，通过这些软件可进行动画形象的制作以及简单动画的制作。由于幼儿倾向于形象思维，因此学前教师可以考虑使用这种方式来进行微课程的制作，如图 9－8 所示。

图 9－8 动画微课程示例

（四）交互软件

基于交互的微课程主要是指在课程中通过与学生交互来进行学习，如通过暂停、测验、提问等方式，交互是一种学习的手段与方式。这种微课程一般是通过专业的微课程交互软件来进行制作，难度较大，如图 9－9 所示。

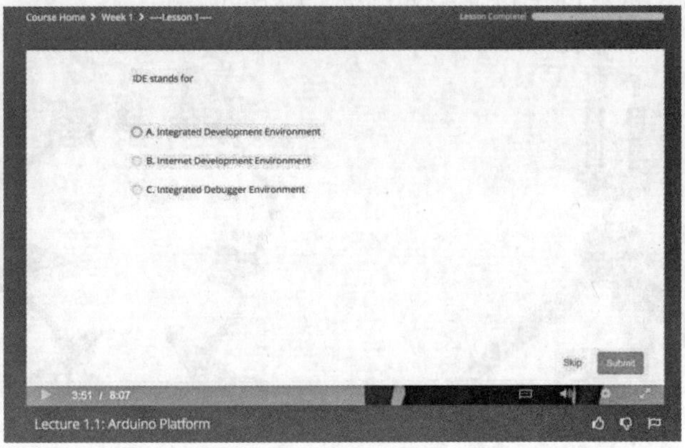

图 9－9 交互微课程示例

二、手机拍摄微课程素材

随着科技的不断发展，拍摄不再只是专业人员的工作，不用专门配备专业性很强的拍摄工具，如摄像机、DV 等，只需要一只小小的手机，就可以随时随地进行拍摄，这为我们的生活、学习和工作带来了很多的便利。因此，我们要学会利用手机来进行微课程的制作。虽然人人都会用手机进行拍摄，但是手机拍摄里也有大学问，掌握了用手机拍摄的方法，就可以用最不专业的拍摄工具——手机，拍摄出接近专业人员拍摄出的效果。

（一）拍摄前的设置

不同的手机有不同的拍照功能和属性设置，一定要熟悉和了解自己手机的拍照功能和属性设置，才能拍摄出理想的图片和视频。一般的手机都会提供如人像、风光、夜景等拍摄，因此，在拍摄前应先选择合适的拍照模式、测光模式以及感光度。此外，许多具有拍照功能的手机都有选择照片尺寸的功能，通常可选择低、中、高三种拍照分辨率。建议大家把自己的手机拍摄分辨率调到最高，以便获得最佳的影像品质。

（二）清晰拍摄的要点

手机没有像单反相机那样的巨大手柄，也不是所有的手机都内置了光学防抖功能，所以想要通过手机拍摄出清晰的图片和视频，稳定的机身是关键。在拍摄时应注意以下几点：

1. 拍摄时手机一定要拿稳

在对焦结束重新构图的时候尽量不要让镜头与焦点的角度变化过大，使焦点仍处在对焦同一平面内最好。

2. 不要急于抖手机

拍摄时按下快门后就急于看照片或视频，这是很多人不能用手机拍出清晰的照片和视频的重要原因之一。事实上，手机快门是有滞后性的，因此，拍摄完成后不要急于移动手机，停留半秒钟，当手机进入存储状态时再动。

3. 建议大家使用手机支架

用手机录制教学片段时，尽量不要用手拿着手机直接录制，最好用手机支架支撑，这样能稳定地进行拍摄。常见的手机支架如图 9－10 所示。

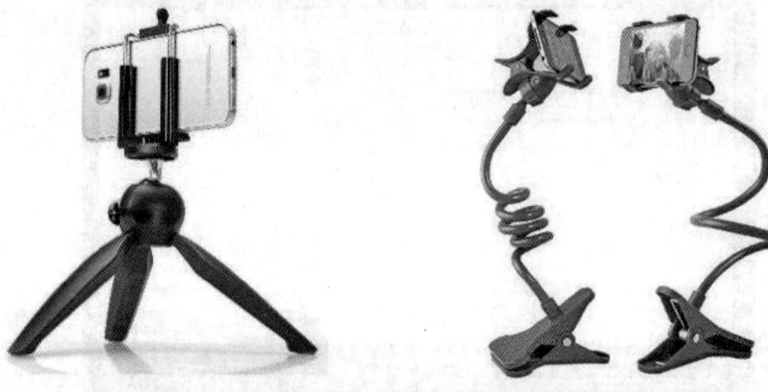

图 9－10　常见的手机支架

4. 靠近拍摄物体有利于更好地控制采光

在拍摄时，逆光会影响相机测光并使被摄物体光线变暗，这时可以缩短与被摄物体的距离，遮住光线。只要距离适当，就会拍出效果比较好的图。

5. 要认识到数码变焦是假象

目前，几乎所有可拍摄的手机都没有光学变焦功能，手机内所谓的变焦实际上是通过软件插值计算的数码变焦。与通过镜头光学变焦不同，数码变焦是用截取 COMS 上的像素点然后拉伸的方式完成的，以牺牲画面质量为代价。从使用数码变焦的图片中可以看出，对于远距离物体，变焦到最后，画面会变得很模糊。其实数码变焦在 2 倍以下还可用，再高就没有什么实际意义，因为图片的分辨率和细节准确度会大大降低，也会充满噪点。因此建议尽量不要使用拍照手机的数码变焦功能。实际上，最好的变焦利器是拍摄者位置的移动，通过拍摄者自身的移动来寻找最佳的取景位置，而不是依靠数码变焦，如图 9－11 所示。

图 9－11　数码变焦

（三）光的使用

对摄影知识有一定了解的人都知道，光线是影响成像好坏的重要因素，手机和照相机一样，对光线的要求也很高。在拍摄时，可以通过外部调节和内部调节两种方式实现调光。

1. 外部调光

选择良好的光线条件，尽量避免在逆光的情况下拍摄。

2. 内部调光

手机通常可通过辅助功能调节：一是调节亮度。当光线不足时可调节摄像的亮度，使得到理想的拍摄效果；二是使用夜间模式。夜间模式并不是只能在夜间使用，白天光线不足时也可以用。但应注意的是，该模式打开后取景的时间较长，如果手稍有抖动，拍出的照片就会重影。

另外，拍摄时要注意防噪。噪点是由感光部件的局限性造成的。现在大多数的手机是“阳光机”，在光线不足的时候会出现比较多的，甚至难以忍受的噪点。要减少照片中噪点的数量，可以选择低感光度（ISO100 甚至更低）或者在光线充足的条件下拍摄。如果使用人工光源，就要努力提高照明度，否则噪点是很难降低的。

拍摄时，尽量使拍摄物体受自然光照射，一般情况下，从侧面射入的光线能更好地突出物体的质感。手机拍照对光的要求比较高，同时画面的质感与光照强度也密不可分。在光照强、环境明亮的时候，拍摄效果较好。但光线是不以个人的意志为转移的，因此拍摄时需要注意观察光线的照射方向，并随时改变拍摄角度，尽量使拍摄物体能被自然光照射。

对于手机摄像头，在光线充足的情况下往往能拍摄出较好的照片，但也要耐心地寻找最合适的光线；而在阴影处等光线不足的条件下，可以用白纸反射光线，或使用手电筒及其他手机屏幕作为补充光源，尽量获得最佳的光线。

（四）构图

构图就是如何把要拍摄的人、景、物安排得当，以使照片画面布局最佳。构图是摄影的“骨架”，是画面的布局。

构图主要分为以下几个方面：

主体，就是画面中所要表现的主要对象，也就是画面的重点。它可以是某一个或一组被摄对象，可能是人，也可能是物。

陪体，是指画面中与主体有紧密联系或辅助表现主体的对象。

前景，是指画面中位于主体之前，或靠近镜头位置的人或物，有时也可能是陪体。

后景，与前景相对应，是位于主体之后的人物或景物，一般后景多为环境的组成部分。

环境，是指画面主体周围的人物、景物和空间，包括前景、后景和背景（镜头最远端）。背景可以是高山、大海、天空，也可以是建筑面墙或窗户。

以图 9－12 为例来剖析一下构图的基本要素。画面最前面的植物是前景，猫是主体，台阶是陪体，后面的植物是后景；而植物和后面的门则组成了照片画面中的环境。

图 9－12　画面构图示例

实际上，构图就是画面要表现的主题通过摄影者合理布局画面元素的过程。下面介绍几种常见的构图法：

1. 三分法构图

三分法构图是黄金分割构图的一种衍生，是指把画面横向或竖向平分为三份，被摄主体或主体边缘通常位于三分线上的一种构图方式。这种构图方式通常变为水平或者竖直的形态，具有构图简练的优点（见图 9－13）。

图 9－13　三分法构图示例

2. 三角形构图

三角形给人的第一印象就是稳定，所以三角形构图是一种稳定的构图形式。拍摄时，可使多个被摄主体形成三角形，有时被摄主体本身的轮廓就是一个三角形；此外，不光是物体，光影也能构成三角形的视觉效果（见图 9 - 14）。

图 9 - 14　三角形构图示例

3. 线条构图

根据拍摄主体的线条特点来构图，可以是一条、几条，也可以是多条。拍摄竹林就可以使用线条构图的方法（见图 9 - 15）。

图 9 - 15　线条构图示例

4. 对称法

对称法指能够把视线从画面边缘拉到画面中心的方法，通常传达安静平和的感觉。最常见的对称为左右对称、上下对称等形式，还有一种类型的对称是放射状的对称，是在一个方形的构图中存在一个中心点，所有元素引导视线到中心点。构成要素为：物体数量、颜色，或者其他方面在左右、上下是相似或相同的（见图 9 - 16）。

图 9-16　对称法构图示例

5. 平衡法

平衡法指构图中左边和右边根据我们的视觉重心和其重要性而产生对比。构成构图平衡的因素包括：空间位置、颜色、比例或者元素的运动方向（见图 9-17）。

图 9-17　平衡法构图示例

（五）拍摄应注意的问题

1. 先想后拍

很多人在使用手机拍摄时，往往不构图就先拍，但往往不能拍到令人满意的作品。虽然数字技术让获取图像的成本更低，但拍摄前大脑中应该有一个大概的构图与预计效果，这样更能有的放矢，拍出高质量的照片。

2. 保持镜头的清洁

与相机不同的是，手机是一个复合功能型设备，有时手指很可能会触碰到镜头上。所以在拍照前，应使用可以清洁镜头的东西稍微擦拭一下镜头，去除灰尘、指纹、油污，以提升拍照效果。

3. 必要的后期处理

用手机拍摄的照片、视频，还需要进行后期处理，如对照片、视频进行剪接、添加转场效果、添加字幕等，最好不要将拍摄的视频直接当作微视频。

（六）手机拍摄案例

手机拍摄可以给我们的教学带来很多便利，在拍摄时不仅要注意拍摄要点，还应结合不同学科以及学生学习的特点进行拍摄，从而真正发挥手机拍摄的价值，为教学和学习服务。下面介绍三个用手机拍摄的微视频案例（见图 9-18、图 9-19 和图 9-20）。

图 9-18　内容在思想品德课上的应用

图 9-18 所示的案例是利用图卡的方式进行拍摄，非常方便，也很形象，容易被学生所接受，可以改变学生上思想品德课的态度，引发学生的兴趣。

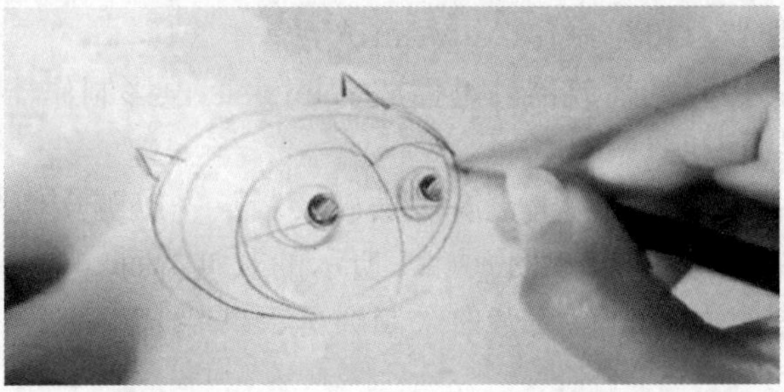

图 9-19　内容在美术课上的应用

图 9-19 所示的案例是直接使用教师演示的方式拍摄。美术课程中拍摄的微视频可以为美术爱好者提供便利，使其通过观看详细的步骤演示就可以学会一些有趣的卡通形象的绘制方法。

图 9-20　内容在物理课上的应用

图 9－20 所示的案例是通过在白纸上手写的方式进行拍摄，拍摄中主要是对重点的知识点进行讲解，这种方式要注意讲解的逻辑性，要让学生理解知识点，做到学以致用。教师的讲解速度应该适当放慢，便于学生理解。

三、屏幕录屏软件 Camtasia Studio 简介

Camtasia Studio 是 TechSmith 旗下一款专门录制屏幕动作的工具，同时包含 Camtasia 录像器、Camtasia 编辑器、Camtasia 菜单制作器、Camtasia 剧场、Camtasia 播放器和 Screencast 的内置功能。它能在任何颜色模式下轻松地记录屏幕动作，包括影像、音效、鼠标移动轨迹、解说声音等。此外，它还具有即时播放和编辑压缩的功能，可对视频片段进行剪接、添加转场效果。它输出的文件格式很多，包括 MP4、AVI、WMV、M4V、CAMV、MOV、RM、GIF 动画等，是制作视频演示的绝佳工具。

下面介绍 Camtasia Studio 主要的组件：

Camtasia 录像器：从电脑屏幕上录制视频，并可在视频中添加标题、水印、系统标记等；

Camtasia 编辑器：对录制的视频文件进行编辑，可在视频帧中添加注释、标题等；

Camtasia 电影制作器：把视频文件或图像文件合并成电影输出，可插入音频，裁剪视频，添加转换效果等，还可输出扩展名为 . exe 的文件；

Camtasia 菜单制作器：可以制作 Autorun 光盘；

Camtasia 播放器：内置的播放器，可播放 Camtasia 电影制作器制作的电影。

（一）Camtasia 界面说明

Camtasia 是英文版软件，在网上也有中文破解版。先以英文版软件为样例进行介绍。一进入 Camtasia 软件，就会跳出如图 9－21 所示的欢迎界面。从图 9－21 中能初步看到 Camtasia 所具备的功能，如录制语言旁白录制屏幕、录制 PPT、导入媒体等。

图 9－21　Camtasia 界面

单击屏幕录制，就会跳出如图 9－22 所示的快捷菜单栏，这是 Camtasia 录像器的工作界面，可以在上面进行录制，既可以全屏幕录制，也可以根据各自的需要调整录制屏幕的大小。对于录制的声音，可以选择麦克风进行声音输入，也可以选择系统声音。单击录制按钮即可进行录制。

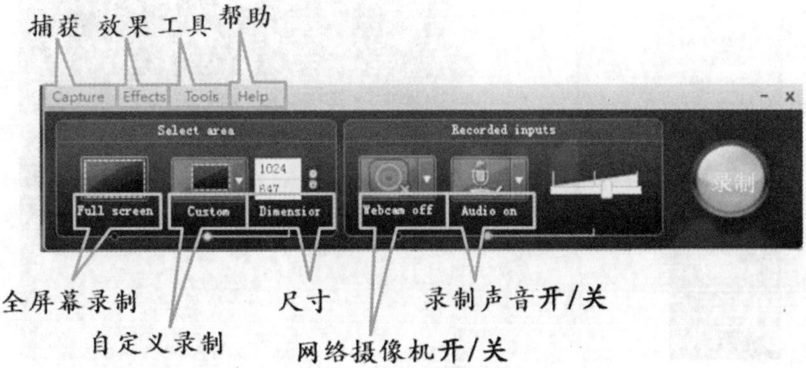

图 9－22　录制快捷菜单

图 9－23 所示的页面是 Camtasia 软件的主界面，可以看到 Camtasia 还具有很多其他功能。在 Camtasia 中，可以进行视频的剪辑、声音的调整、场景的转换、字幕的添加，还能做出画中画的效果。

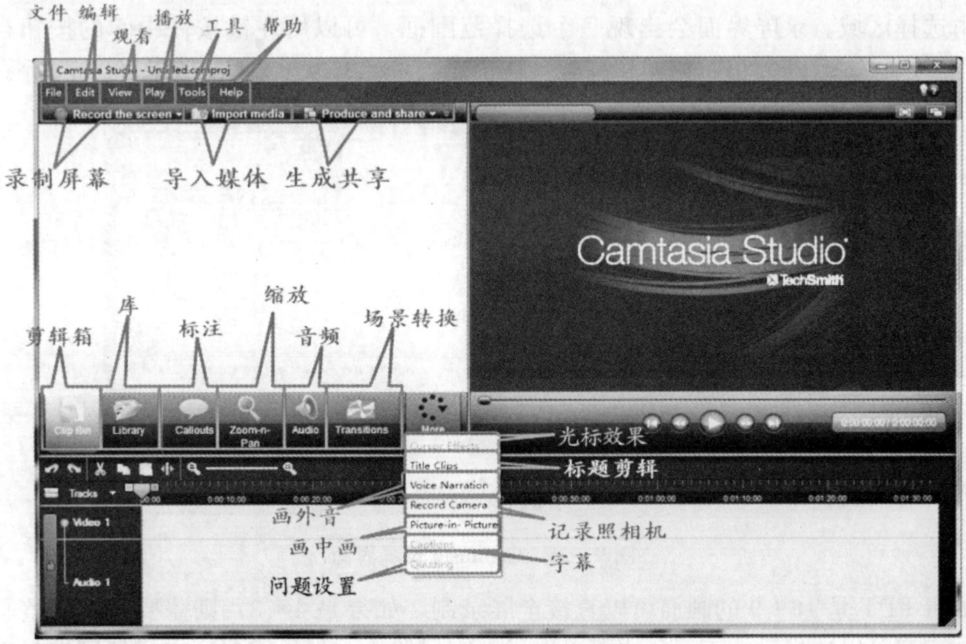

图 9－23　Camtasia 软件的主界面

图 9－24 所展示的是 Camtasia 的轨道分布，在轨道内可以进行素材的剪接与添加。

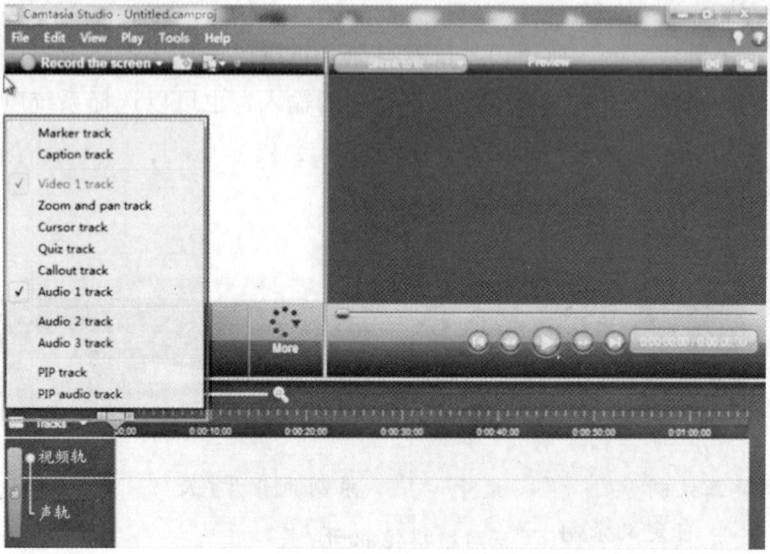

图 9-24　Camtasia 轨道分布

(二) 录制过程

1. 录制

进入 Camtasia 软件后，单击屏幕录制弹出录制快捷菜单栏，首先调整录制屏幕的大小。选择全屏模式，会看到整个屏幕边缘有绿色的虚线，那是录制视频的范围。自定义是指自由选择区域。录屏界面会出现一个选择范围框，可以用左键按住中间的按钮自由拖动，也可以设置范围大小，宽度和高度会在快捷菜单栏有数字显示，如图 9-25 所示。

图 9-25　Camtasia 录屏界面

如果 PPT 是 16∶9 的画面可以直接全屏录制，如果是 4∶3，则需要稍微调整画面的大小。声音可以选择系统声音，也可以选择麦克风输入。如果需要旁白讲解则选择麦克风输入，在使用麦克风的时候一定要注意保持周围环境的安静。如果不需要麦克风，建议将其关闭。直接选择系统声音，能有效降低环境噪声。选定后单击录制按钮即可直接录制（见图 9-26）。

图 9－26 开始录像前的界面

录制过程中按 F10 停止录制，F9 暂停。录制进行中会出现如图 9－27 所示的界面，但该界面默认最小化，只有退出全屏才可见，也可以通过这个界面来进行暂停和结束的操作。

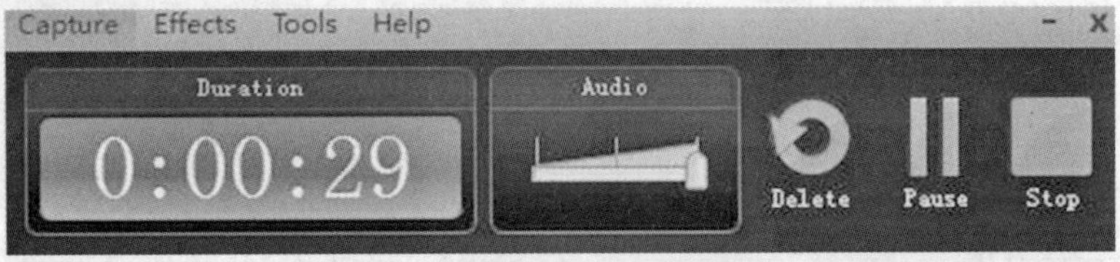

图 9－27 录像中的界面

录制完成按 F10 停止，就会自动出现 Preview 视频预览窗口，如图 9－28 所示。单击右下方 Save and Edit 键保存，软件可保存成两种格式，一种是 .camrec 格式，一种是 .avi 格式，前者只有 Camtasia 可以打开编辑，后者是通用的视频格式，但是后者保存时间较长容易死机。建议保存成 .camrec 格式，使用 Camtasia 进行编辑后再导出相应视频格式。

图 9－28 Preview 视频预览窗口

2. 编辑

录制完视频，就要对素材进行编辑，默认打开软件后就是一个新项目，或者使用菜单新建项目文件。

首先导入素材，可直接选择菜单里的“Import media”，或者在如图 9－29 所示的空白区域内单击右键，选择导入的素材文件。Camtasia 支持常规的文件格式，如扩展名为 .camrec、.avi、.mpg、.wav、.mp4、.jpg 等的视频、音频和图片。

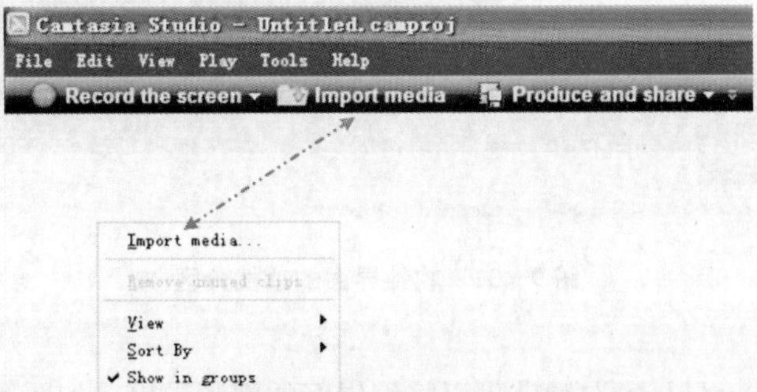

图 9－29 导入素材

导入素材后，即可进行后期编辑。首先，将录制的文件拖到时间轴上，这时会跳出如图9－30所示的对话框。在这里可以更改分辨率，“keep aspect ratio”是保持分辨率的长宽比，一般这里选择屏幕录制大小或者改成想要导出的视频尺寸大小，如常规的1280×720、720×680等，根据自己的需要选择即可。

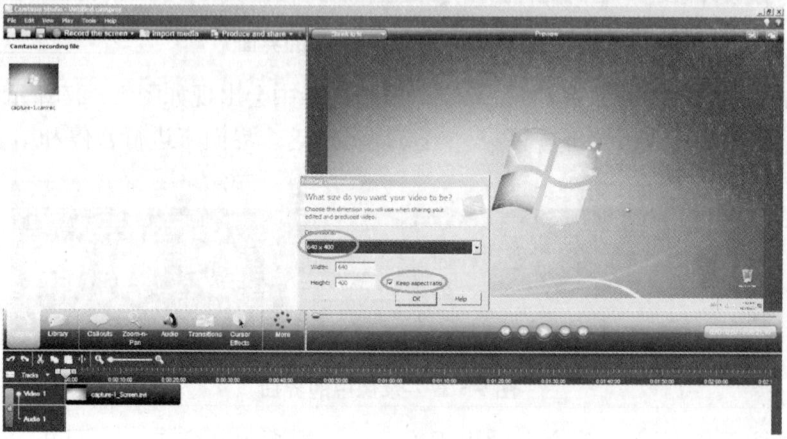

图9－30　项目分辨率修改

然后在Camtasia里进行编辑，主要的功能分区如图9－31所示。左上是资源区或者其他功能键的设定区，右上是预览区，在这里就可以直接看到视频制作的效果。时间轴部分是编辑区，可以进行相应素材的添加以及进行裁剪、拼接、添加字幕、添加转场、叠加画面做出画中画效果等。

图9－31　软件界面的功能分区

3. 导出

单击“Produce and share”键就可以将编辑好的视频导出，如图9－32所示。

图 9-32 视频输出操作

大家可以根据自己的需要来选择导出文件的类型，一般选择 MP4 格式，直接选择已经设定好的文件类型，或者自定义设置，自己选择需要导出的文件类型，单击完成即可，如图 9-33 所示。

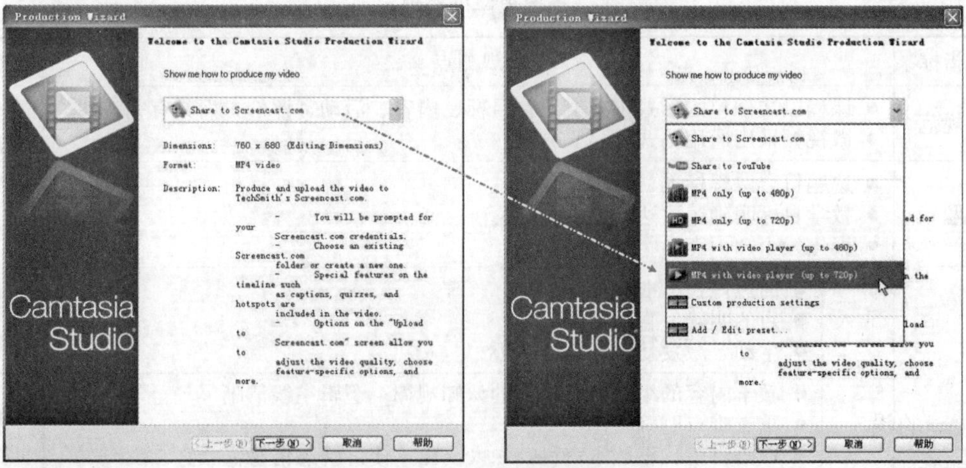

图 9-33 视频输出设置

（三）录制视频注意事项

制作微视频时，都是将制作好的课件配上旁白解说录制成视频，因此，我们在录制的时候要注意以下问题：

（1）一般是先按 F9 开始录制，然后再单击播放课件，宁可多录不能少录，方便后期编辑。

（2）因为是录制视频，不需要鼠标操作，所以尽量把鼠标移出框外，更不需要鼠标在屏幕上频繁抖动。不过新版的 Camtasia 已经出现光标效果功能，可以直接去除光标。因此不管是前期录制还是后期制作，都尽量不要出现鼠标指示针。

（3）录制时尽量不要使无关的图标（比如输入法等）出现在录制区域内，以防影响画面的整体美观。

（4）PPT 翻页时建议使用键盘上的方向键，不主张使用鼠标单击的方式进行 PPT 翻页，否则会将鼠标的声音录制进去，影响视频效果。

（5）PPT 左下角有透明的快捷工具栏，录制的时候注意去掉，使画面更加美观。

（6）录制的时候尽量保持环境的安静，降低背景噪声等。

思考题

1. 微视频和微课程之间的区别与联系是什么？

2. 谈一谈微课程的概念和内涵。

3. 微课程有哪些设计要素?

4. 谈一谈你对十条微课程设计建议的理解。

5. 谈一谈有哪些常见的视频制作工具或设备。

6. 请选择学前教育中某一学科为主题，设计与开发一个微课程，要求该微课程能够较好地体现你的教学设计意图，有亮点，也有教学应用价值，制作效果评价量规参考如表 9-1 所示。

表 9-1　　微课程评价量规

一级指标	观测点		权重
基本规范	● 课程以文件包的形式来提交，在目标、内容、活动、评价方面具有完整性 ● 微视频采用通用格式，易于分享		10
选题	● 选题符合课程标准 ● 教学目标明确、可达 ● 聚焦一个知识点		15
内容设计	导入	● 简短，1 分钟以内 ● 目的明确，直入主题 ● 生动，激发幼儿的学习兴趣	5
	讲解	● 教学内容的组织符合幼儿的认知规律，逻辑主线清晰 ● 重点难点明确突出 ● 口语讲解，不照本宣科，深入浅出，使讲解通俗易懂 ● 没有文字、语言、图片上的知识性错误或者误导性描述 ● 教学过程中擅用问题、案例等方法启发引导幼儿思考 ● 学习步骤完整，连贯性强 ● 教学方法有创意，形式与内容新颖，精彩有趣	20
	总结	● 对所讲知识加以总结、整理，突出重难点 ● 概括性强，便于记忆	5
活动设计	● 活动形式灵活多样，符合幼儿的学习习惯 ● 有效运用信息技术，能实现有效的反馈和共享交流 ● 能够符合幼儿的学习需要和教学内容特点		20
媒体效果	● 根据内容选择合适的媒体表现形式 ● 设计风格符合幼儿年龄特点，和内容匹配度高 ● 画面设计美观大方，配色合理，图像和内容契合度高 ● 动画运用合理流畅，能有效引导幼儿学习，而不分散幼儿的注意力 ● 合理运用字幕、标注、放大细节等手法突出关键信息 ● 配音清晰，语速音量适中，有利于幼儿理解内容 ● 根据内容需要合理选配音乐和音效，能有效烘托气氛		25

参考文献

[1] 刘名卓，祝智庭. 微课程的设计分析与模型构建 [J]. 中国电化教育，2013 (12).

[2] 刘名卓，祝智庭. 视频微课的实用学分析 [J]. 开放教育研究，2015 (1).

［3］祝智庭，张浩，顾小清．微型学习：非正式学习的实用模式［J］．中国电化教育，2008（2）．

［4］王觅．面向碎片化学习时代微视频课程的内容设计［D］．上海：华东师范大学，2013．

［5］梁乐明，曹俏俏，张宝辉．微课程设计模式研究：基于国内外微课程的对比分析［J］．开放教育研究，2013（2）．

［6］McGrew L. A. A 60-Second Course in Organic Chemistry［J］．Journal of Chemistry Education，1993，70（7）．

［7］胡铁生．"微课"：区域教育信息资源发展的新趋势［J］．电化教育研究，2011（10）．

教学支持说明

（教学课件）

中国人民大学出版社教育学科秉承“出教材学术精品，育人文社科英才”的出版宗旨，多年来，出版了大批高质量的教育学、小学教育、学前教育专业教材和学术著作。

我们为本教材制作了相应的 PPT 教学课件，任何一位采用本书作为授课教材的教师均可免费获得该课件。为了确保该课件仅为授课教师获得，烦请您填写如下材料，并将相关信息通过 E-mail 发送给我们，我们将在收到相关信息后通过 E-mail 给您发送该课件。欢迎您加入我们的 QQ 群（教育新视野交流群，群号为 159813080），或登录我社官方网站（www. crup. com. cn），注册并认证成为教师会员，以获得更好的服务。

我们的联系方式：

地址：（100872）北京市中关村大街甲 59 号文化大厦 1202 室

中国人民大学出版社

电话：（010）82502724　62514775（传真）

E-mail：ggglcbfs@vip. 163. com

QQ 群：159813080

兹证明____________大学/学院____________院/系____________专业____________学年第____________学期开设的____________课程，采用中国人民大学出版社出版的________________________（书名、作者）作为本课程教材。授课教师为____________，授课班级共________个、学生________人。授课教师需要与本书配套的教学课件。

联 系 人：________________________

通信地址：________________________

邮　　编：________________________

电　　话：________________________

E-mail：________________________

系/院主任：____________（签字）

（系/院办公室章）

________年______月______日